CW00927636

FACHWÖRTERBUCH

Werkstofftechnik · Werkstoffprüfung

Maschinenbau · Elektrotechnik · Elektronik

Englisch-Deutsch/Deutsch-Englisch

DICTIONARY

Materials Engineering · Materials Testing

Mechanical Engineering · Electrical and Electronic Engineering

English-German/German-English

DICTIONARY

Materials Engineering
Materials Testing

Mechanical Engineering · Electrical and Electronic Engineering

English-German
German-English

With about 9500 entries in each part

Edited by
Technische Universität Dresden

Promoted by
Bundesministerium für Forschung und Technologie

VERLAG ALEXANDRE HATIER BERLIN – PARIS

FACHWÖRTERBUCH

Werkstofftechnik
Werkstoffprüfung

Maschinenbau · Elektrotechnik · Elektronik

Englisch-Deutsch
Deutsch-Englisch

Mit je etwa 9500 Wortstellen

Herausgegeben von der
Technischen Universität Dresden

Gefördert vom
Bundesministerium für Forschung und Technologie

Verlag Alexandre Hatier Berlin – Paris

Erarbeitet von den wissenschaftlichen Mitarbeitern der Arbeitsgruppe Fachlexikographie des Instituts für Sprachwissenschaft und Germanistik der TU Dresden

Dipl.-Phys. *Radoměr Wićaz* (leitender Autor)
Diplomlehrerin *Aranka Gütter*
Dipl.-Ing. *Gerolf Koch*
Dipl.-Komm. *Annekathrin Witzmann*

Die Deutsche Bibliothek – CIP-Einheitsaufnahme

Fachwörterbuch Werkstofftechnik, Werkstoffprüfung :
Maschinenbau, Elektrotechnik, Elektronik ; Englisch-Deutsch,
Deutsch-Englisch ; mit je etwa 9500 Wortstellen / hrsg. von
der Technischen Universität Dresden. – 1. Aufl. – Berlin ; Paris
: Hatier, 1994
Parallelt.: Dictionary materials engineering, materials testing
ISBN 3-86117-070-1
NE: Technische Universität <Dresden>; Werkstofftechnik,
Werkstoffprüfung; Dictionary materials engineering, materials testing;
Materials engineering, materials testing

ISBN 3-86117-070-1

1. Auflage

Printed in Germany
Gesamtherstellung: Druckhaus „Thomas Müntzer“ GmbH, Bad Langensalza/Thür.
Lektor: *Helga Kautz*

Vorwort

Die Werkstofftechnik – einschließlich der Werkstoffprüfung – ist ein extrem innovatives Wissensgebiet von ausgesprochenem Querschnittscharakter: Es hat Bezugspunkte zur Werkstoffwissenschaft, wo im einzelnen rein naturwissenschaftliche Fragestellungen im Vordergrund stehen, und ebenso zur rein pragmatischen Werkstoffauswahl und -anwendung zum Zwecke der Realisierung technischer Funktionen.

Wir haben eben diese Funktionen der Werkstoffe in den Mittelpunkt bei der Erarbeitung des vorliegenden Wörterbuches gestellt und uns auf den Maschinenbau und die Elektrotechnik/Elektronik beschränkt. Das weite Feld der Mikroelektronik wurde bewußt ausgespart, ist aber in gewissem Umfang dennoch enthalten, da die Übergänge zwischen Elektronik und Mikroelektronik fließend sind. Ökologische und gesundheitliche Fragestellungen sind nur peripher entsprechend ihrem Stellenwert in der Werkstofftechnik und -prüfung berücksichtigt worden. Fachgebietsangaben kennzeichnen im allgemeinen den Hauptverwendungsbereich eines Terminus, das schließt jedoch nicht aus, daß dieser auch in anderen Gebieten verwendet wird. Für Fachgebietsangaben bei Werkstoffen war vorwiegend deren Funktion bestimmend.

Für die Hilfe bei der Bedeutungserschließung komplizierter Termini und bei der Klärung von Äquivalenzen möchten wir uns beim Institut für Werkstoffwissenschaft der TU Dresden, insbesondere bei Frau Dr. Worch und Herrn Dr. Wibbeler, sowie bei der Dresdner Einrichtung der Fraunhofer-Gesellschaft für keramische Technologien und Sinterwerkstoffe, insbesondere bei Herrn Dr. Krell, herzlich bedanken. Bei Herrn Prof. Dr. Worch, dem Leiter des Instituts für Werkstoffwissenschaft der TU Dresden, bedanken wir uns für hilfreiche Gespräche in der Planungsphase des Projekts sowie für eine kritische Durchsicht und Einschätzung eines repräsentativen Teils des entstandenen Wörterbuchs. Besonderen Dank schulden wir dem Bundesministerium für Forschung und Technologie, ohne dessen finanzielle Unterstützung das Werk nicht hätte vollendet werden können, sowie dem Verlag A. Hatier in Berlin für intensive Mitwirkung bei der Gestaltung des Manuskripts.

Dresden, im Februar 1994 *R. Wićaz*

Preface

Materials engineering – including materials testing – is an extremely innovative field of an avowedly interdisciplinary nature. It touches on materials science, which is chiefly concerned with pure science issues, just as it does on the entirely practical selection of materials and their use for the performance of specific technical functions.

In preparing the present volume, we have focused on these functions and confined ourselves to mechanical engineering and electrical and electronic engineering. The broad domain of microelectronics has been deliberately omitted, but is present to some extent nevertheless, since there ist no precise definition of where electronics ends and microelectronics begins. Ecological and health issues have only been covered in passing, to the extent that they are significant to materials engineering and testing. Where a field label has been attached to a term, this generally indicates the most common usage and does not rule out the term‘s application in other fields as well. The field labels for materials are based mainly on their function.

We would like to put on record our thanks for their help in pinpointing the meaning of complex terms and finding equivalents to the Materials Science Institute at Dresden Technical University, notably Dr Helga Worch and Dr Wibbeler, and to the Dresden-based Fraunhofer Centre for Ceramic Technologies and Sintered Materials, especially Dr Krell. Our thanks also go out to Prof. Dr Worch, head of the Materials Science Institute at Dresden Technical University, for useful discussions in the project planning stage and for his critical revision and assessment of a representative section of the dictionary. We are particularly indebted to the Federal Ministry of Research and Technology for its generous financial assistance without which the work could not have been completed, and to Verlag A. Hatier Berlin for its intensive collaboration in preparing the manuscript.

Dresden, February 1994 *R. Wićaz*

Benutzungshinweise · Directions for Use

1. Beispiele für die alphabetische Ordnung · Examples of Alphabetization

Gemäß dem Brauch in englischsprachigen Nachschlagewerken sind die Einträge streng alphabetisch geordnet, also ohne Rücksicht auf etwaige Lücken zwischen den Wörtern.
Bei gleichgeschriebenen Einträgen verschiedener Wortkategorien folgt das Substantiv auf das Adjektiv, das Verb auf das Substantiv.
According to usage in English dictionaries the entries are inserted in strict alphabetical order, i.e. without respect to voids between word components.
With equally spelt entries of different word categories the noun follows the adjective, the verb follows the noun.

bauxite
b. c. c.
BCS theory
b. c. t.
beach mark
~ marking
bearing
bench life
bend fatigue strength
bending
~ impact test
~ strength
~ test
bend properties

Whiskerwerkstoff
Widerstand... • mit niedrigem spezifischen ~
  adaptiver ~
  ~ bei Zimmertemperatur/spezifischer
  dielektrischer ~
  diskreter ~
  elektrischer ~
  spezifischer [elektrischer] ~
Widerstandscharakteristik
Widerstands-Temperaturkoeffizient
Widerstandswerkstoff
Widerstand-Temperatur-Kennlinie
wiederausscheiden
wiedereinbauen

2. Bedeutung der Zeichen · Meaning of Signs

/	penetrate/to = to penetrate Komposit/strukturelles = strukturelles Komposit
( )	visual examination (inspection) = visual examination *or* visual inspection Werkstoff für Bubble-Speicher (Magnetblasenspeicher) = Werkstoff für Bubble-Speicher *oder* Werkstoff für Magnetblasenspeicher
[ ]	drain [electrode] = drain electrode *or* drain Weißeinstrahlung[stiefe] = Weißeinstrahlung *oder* Weißeinstrahlungstiefe
( )	Diese Klammern enthalten Erklärungen These brackets contain explanations
•	kennzeichnet Wendungen marks phrases

Abkürzungen · Abbreviations

EE	Werkstoffe der Elektrotechnik Elektronik/electrical and electronic materials
elopt	elektrooptische Werkstoffe/electro-optic materials
f	Femininum/feminine noun
Glas	Gläser/glasses
Halbl	Halbleiter/semiconductors
i.e.S.	im engeren Sinne/in a narrower sense
i.w.S.	im weiteren Sinne/in a broader sense
Korr	Korrosion/corrosion
Krist	Kristallographie/crystallography
Kunst	Kunststoffe/plastics
Leit	Leiterwerkstoffe/conductor materials
m	Maskulinum/masculine noun
Magn	Magnetwerkstoffe/magnetic materials
Met	Metallurgie und Gießereiwesen/metallurgy and foundry technology
n	Neutrum/neuter noun
Nichtl	Nichtleiterwerkstoffe/non-conducting materials
P	Werkstoffprüfung/materials testing
pl	Plural/plural
Pulv	Pulvermetallurgie/powder metallurgy
s.	siehe/see
s.a.	siehe auch/see also
UK	Großbritannien/United Kingdom
US	Vereinigte Staaten von Amerika/United States of America
Verarb	Kunststoffverarbeitung/plastics processing
Verb	Verbundwerkstoffe/composites
z. B.	zum Beispiel/for example
comp	composites/Verbundwerkstoffe
cond	conductor materials/Leiterwerkstoffe
corr	corrosion/Korrosion
cryst	crystallography/Kristallographie
ee	electrical and electronic materials/Werkstoffe der Elektrotechnik/Elektronik
elopt	electro-optic materials/elektrooptische Werkstoffe
esp.	especially/besonders
etc.	and so on/und so weiter
f	feminine noun/Femininum
glass	glasses/Gläser
m	masculine noun/Maskulinum
magn	magnetic materials/Magnetwerkstoffe
mech	mechanical engineering materials/Werkstoffe des Maschinenbaus
met	metallurgy and foundry technology/Metallurgie und Gießereiwesen
n	neuter noun/Neutrum
noncond	non-conducting materials/Nichtleiterwerkstoffe
pl	plural/Plural
plast	plastics/Kunststoffe
powd	powder metallurgy/Pulvermetallurgie
process	plastics processing/Kunststoffverarbeitung
s.	see/siehe
s.a.	see also/siehe auch
semic	semiconductors/Halbleiter
specif.	specifically/im engeren Sinne
t	materials testing/Werkstoffprüfung
UK	United Kingdom/Großbritannien
US	United States of America/Vereinigte Staaten von Amerika

Englisch-Deutsch

A

abnormal aging abnormes Altern *n*, abnorme Alterung *f*
ABR (acrylonitrile-butadiene rubber) Akrylnitril-Butadienkautschuk *m*, Nitrilkautschuk *m*
abradability Zerreiblichkeit *f*, Zerreibbarkeit *f*
abradable zerreiblich, zerreibbar
abrade/to abreiben; abschaben, abschleifen, abschmirgeln; verschleißen
abrasion Abreiben *n*; Abrieb *m*; Abnutzung *f* [durch Abrieb], Abriebabnutzung *f*, [reibender] Verschleiß *m*, Reibungsverschleiß *m*, Schleifabnutzung *f*
~ **resistance** Abriebwiderstand *m*, Abriebfestigkeit *f*, Abriebbeständigkeit *f*
~**-resistant** abriebfest
abrasive Schleifmittel *n*
~ **paper** Schleifpapier *n*
~ **resistance** Abriebwiderstand *m*
~ **trimming** Schleiftrimmen *n*, Abgleich *m* mittels Sandstrahls
~ **wear** Abrieb *m*
abrupt cross-section change abrupter Wechsel *m* der Wanddicke
absence of electrons *(Halbl)* Abwesenheit *f* von Elektronen
~ **of porosity** Porenfreiheit *f*
absolute atomic arrangement absolute Atomanordnung *f*
~ **gap** *(Halbl)* absoluter Bandabstand *m*
~ **permittivity of vacuum** ε_0 Influenzkonstante *f*, Dielektrizitätskonstante *f* des Vakuums
~ **sense** absolute Richtung *f*
~ **temperature** absolute Temperatur *f*, Kelvin-Temperatur *f*
~ **zero** absoluter Nullpunkt *m*
absorb/to absorbieren, aufnehmen
absorbing medium Absorptionsmittel *n*, Absorbens *n*
absorption Absorption *f*, Aufnahme *f*, Aufnehmen *n*
~ **coefficient** Absorptionskoeffizient *m*
~ **edge** Absorptionskante *f*
~ **factor** Absorptionskoeffizient *m*
~ **peak** Absorptionsmaximum *n*
~ **spectroscopy** Absorptionsspektroskopie *f*
~ **spectrum** Absorptionsspektrum *n*
absorptive power Absorptionsvermögen *n*
absorptivity Absorptionsfähigkeit *f*, Aufnahmefähigkeit *f*
accelerate/to beschleunigen
accelerated ag[e]ing beschleunigte (künstliche) Alterung *f*
~ **cooling** beschleunigtes Abkühlen *n*
~ **creep** *(beschleunigtes)* tertiäres Kriechen *n*, Tertiärbereich *m (der Kriechkurve)*
~ **fatigue testing** Kurzzeit-Ermüdungsprüfung *f*, beschleunigte Ermüdungsprüfung *f*
~ **testing** Kurzzeitprüfung *f*, beschleunigte Prüfung *f*
accelerating creep *s.* accelerated creep
~ **voltage** *(Halbl)* Beschleunigungsspannung *f*
acceleration Beschleunigung *f*
~ **of the electron distribution** *(Leit)* Beschleunigung *f* der Elektronenverteilung
accelerator Beschleuniger *m*, Akzelerator *m*; Aktivator *m*
acceptance inspection Abnahmeprüfung *f*, Zulassungsprüfung *f*
~ **report** Abnahmebericht *m*
~ **test** Abnahmeversuch *m*
~ **testing** Abnahmeprüfung *f*, Zulassungsprüfung *f*
acceptor *(Halbl)* Akzeptor *m*
~ **doping** Akzeptordotierung *f*
~ **ion** Akzeptorion *n*
~ **level** Akzeptorniveau *n*
~ **to donor ratio** Verhältnis *n* von Akzeptoren zu Donatoren
access of oxygen Sauerstoffzutritt *m*
accommodate/to anpassen, ausgleichen, aufnehmen
accommodation Anpassung *f*
accretion Ansätze *mpl*, Anwüchse *mpl*, Zuwachs *m*
accumulation of strain Dehnungszunahme *f*
accuracy Genauigkeit *f*, Richtigkeit *f*
~ **of measurement** Meßgenauigkeit *f*
acetal resin Azetalharz *n*
acicular nadelförmig, nadelartig, nadelig
~ **crystal** Nadelkristall *m*
~ **ferrite** Nadelferrit *m*, nadelförmiger Ferrit *m*
~ **martensite** nadeliger Martensit *m*, Plattenmartensit *m*
~ **powder** nadeliges Pulver *n*
~ **structure** Nadelstruktur *f*
acid corrosion Säurekorrosion *f*; Korrosion *f* in sauren Medien
acidic sauer, säurehaltig
acidify/to ansäuern
acidity Azidität *f*
acid lining saure Zustellung (Auskleidung) *f*, saures Futter *n (eines metallurgischen Ofens)*
~ **polishing** Säurepolieren *n*
~**-proof** säurebeständig, säurefest
~ **resistance** Säurebestandigkeit *f*, Säurefestigkeit *f*, Säureresistenz *f*
~**-resistant** säurebeständig, säurefest
acknowledgement Bestätigung *f*
A15 compound superconductor A15-Verbindung-Supraleiter *m*
acoustical holography akustische Holographie *f*
acoustic emission Schallemission *f*
~ **emission method** Schallemissionsmethode *f*
~ **impedance** akustische Impedanz *f*, Schallimpedanz *f*
~ **method** akustische Methode *f*
acrylate-butadiene rubber Acryl-Butadienkautschuk *m*

acrylic resin Akrylharz *n*, Polyakrylat *n*
~ **rubber** Akrylatkautschuk *m*
acrylonitrile-butadiene rubber Akrylnitril-Butadien-kautschuk *m*, Nitrilkautschuk *m*
activate/to aktivieren
activated sintering aktiviertes Sintern *n*
activation analysis Aktivierungsanalyse *f*
~ **energy** Aktivierungsenergie *f*
~ **energy for creep** Aktivierungsenergie *f* für das Kriechen
~ **polarization** Aktivierungspolarisation *f*, Abscheidungspolarisation *f*, Durchtrittspolarisation *f*
activator Aktivator *m*, Aktivierungsmittel *n*
active aktiv, wirksam
~ **corrosion** aktive Korrosion *f (ohne Reaktionsprodukt)*
~ **device** *(EE)* aktives Bauelement *n*
~ **layer** *(Halbl)* aktive Schicht *f*
~ **region** *(Halbl)* aktiver Bereich *m*
activity Aktivität *f*
~ **coefficient** Aktivitätskoeffizient *m*
adaptability Anpassungsfähigkeit *f*, Anpassungsvermögen *n*
adaptable anpassungsfähig
adaptive resistor adaptiver Widerstand *m*
~ **transistor** adaptiver Transistor *m*
adatom *(Halbl)* absorbiertes Atom *n*, ad-Atom *n*
add deliberately (intentionally)/to absichtlich zugeben
addition 1. Zusetzen *n*, Zusatz *m*; 2. *s.* additive
additional factor Zusatzfaktor *m*
addition polymerization Additionspolymerisation *n*, Polyaddition *f*
~ **technique** Zugabetechnik *f*, Legiertechnik *f*
additive additiv
additive Zusatzmittel *n*, Zusatzstoff *m*, Zusatz *m*, Additiv *n*; Hilfsmittel *n*, Hilfsstoff *m*, Additiv *n*
adduct *(Halbl)* Addukt *n*
adhere/to haften, anhaften
adherence Adhäsion *f*, Anhaften *n*, Haften *n*
adhesion Adhäsion *f*, Haften *n*, Anhaften *n*
adhesive Klebstoff *m*, Kleber *m*
~ **bond** Klebeverbindung *f*
~ **bonding** Haftung *f*
~ **strength** Bindefestigkeit *f*, Haftfestigkeit *f*
~ **wear** adhäsiver Verschleiß *m*
adiabatic adiabatisch
~ **calorimeter** adiabatisches Kalorimeter *n*
~ **deformation** adiabatische Verformung *f*
~ **expansion** adiabatische Expansion *f*
adjacent angrenzend, benachbart
~ **grain** Nachbarkorn *n*
adjust/to abgleichen, ausgleichen, angleichen, anpassen, justieren, einstellen, ausrichten
adjustment Justieren *n*, Einstellen *n*, Einregeln *n*
admittance Admittanz *f*, Scheinleitwert *m*, Wechselstromleitwert *m*
admix/to zumischen, beimischen, beimengen, [hin]zusetzen
admixing Zumischen *n*, Beimischen *n*, Beimengen *n*, Zusetzen *n*
admixture Beimischung *f*
ADP (ammonium dihydrogen phosphate) $NH_4H_2PO_4$ *(elopt)* Ammoniumdihydrogenphosphat *n*, Monoammoniumphosphat *n*, Adenosindiphosphat *n*
AD*P $ND_4D_2PO_4$ deuteriummarkiertes (deuteriertes) ADP *n*, AD*P *n*
adsorption Adsorption *f*
adulterate/to verfälschen
adulteration Verfälschung *f*
advanced composite *(Verb)* neuerer Verbundwerkstoff *m*
~ **fibre composite** *(Verb)* neuerer Faserverbundwerkstoff *m*
adverse effect nachteiliger Effekt *m*, schädliche Wirkung *f*
aeration Belüftung *f*
aerogel Aerogel *n (Gel mit gasförmigem Dispersionsmittel)*
affect/to beeinträchtigen, beeinflussen, in Mitleidenschaft ziehen, angreifen
affinity Affinität *f*, Triebkraft *f*, treibende Kraft *f (einer Reaktion)*
afterglow Nachleuchten *n*
afertreat/to nachbehandeln
aftertreatment Nachbehandlung *f*
afteryellowing Vergilben *n*, Gelbwerden *n*
~ **resistance** *(Kunst)* Vergilbungsbeständigkeit *f*
age/to altern
~-**harden/to** ausscheidungshärten
~-**hardenable** aus[scheidungs]härtbar
~-**hardened** ausgehärtet
~-**hardened casting** warm ausgehärtetes Gußstück *n*
~-**hardening casting** Aus[scheidungs]härten *n*, Ausscheidungsverfestigung *f*
~-**hardening curve** Aushärtungskurve *f*
~-**hardening time** Aushärtungszeit *f*
ageing Altern *n*, Alterung *f*
~ **index** Alterungsindex *m*
~ **resistance** Alterungsbeständigkeit *f*, Alterungswiderstand *m*
~ **temperature** Alterungstemperatur *f*
agglomeration Agglomerieren *n*, Agglomeration *f*, Zusammenballen *n*, Klumpen *n*
aggregate Aggregat *n*
aggregate/to aggregieren, anhäufen, ein Aggregat bilden
aging *s.* ageing
~ **characteristic** *(Nichtl)* Alterungskurve *f*
~ **resistance** Alterungsbeständigkeit *f*, Alterungswiderstand *m*
~ **time** Alterungszeit *f*
a-glass Alkaliglas *n*, alkalihaltiges Glas *n*, A-Glas *n*
aim Ziel *n*
air atomization Luftverdüsung *f*

~ **classification** *(Pulv)* Windsichten *n* von Pulvern
~-**cooled** luftgekühlt
~ **cooling** Luftkühlung *f*
~ **drying** Lufttrocknung *f*
~ **furnace** Luftumwälzofen *m*, Luftofen *m*
~ **gap** Luftspalt *m*
~ **harden/to** lufthärten
~ **hardenable** lufthärtbar
~ **hardening** Lufthärtung *f*
~-**hardening steel** lufthärtender Stahl *m*, Lufthärtestahl *m*
~ **patenting** Luftpatentieren *n*
~ **pollution** Luftverunreinigung *f*, Luftverschmutzung *f*
~ **sensitive** luftempfindlich
~-**setting coating** lufttrocknende Schicht *f*
airworthiness Lufttüchtigkeit *f*, Luftfahrttauglichkeit *f (z.B. von Verbundwerkstoffen)*
AISI American Iron and Steel Institute
alclad aluminiumplattiert
alcogel Gel *n* mit Alkohol
ALE (atomic layer epitaxy) *(Halbl)* Atomschichtepitaxie *f*
AlGaAs/GaAs heterointerface *(Halbl)* Grenzschicht *f* zwischen AlGaAs und GaAs
align/to ausrichten; sich ausrichten, sich [regelmäßig] anordnen
aligned gerichtet, ausgerichtet
alignment Ausrichtung *f*, Orientierung *f*, [regelmäßig ausgerichtete] Anordnung *f*
alkali glass Alkaliglas *n*, alkalihaltiges Glas *n*, A-Glas *n*
~ **metal alloy** Alkalimetallegierung *f*
~ **metal-free-composition** alkalimetallfreie Zusammensetzung *f*
alkaline-earth chalcogenide Erdalkalichalkogenid *n*
~-**earth sulphide** Erdalkalisulfid *n*
~-**earth titanate** Erdalkalititanat *n*
alkalinity Alkalität *f*, Basizität *f*
alkalinization Alkalisierung *f*
alkalinize/to alkalisieren, alkalisch machen
alkali-resistant alkalibeständig, alkalifest, laugenbeständig
~-**resistant glass** alkalibeständiges Glas *n*
alkyd varnish Alkydharzklarlack *m*
allotriomorphic allotriomorph
allotropic allotrop
~ **form** allotrope Modifikation *f*
allowable working stress zulässige Betriebsspannung *f*
alloy Legierung *f*
alloy/to sich legieren lassen, eine Legierung eingehen; legieren, zusammenschmelzen
alloy case-hardening steel legierter Einsatzstahl *m*
~ **cast iron** legiertes Gußeisen *n*
~ **composition** Legierungszusammensetzung *f*
~ **containing aluminium** aluminiumhaltige Legierung *f*
~ **content** Legierungsgehalt *m*
~ **crystal** Legierungskristall *m*
~ **designation** Legierungsbezeichnung *f*
~ **formation** Legierungsbildung *f*
~ **hardening** Legierungshärtung *f*, Legierungsverfestigung *f*
alloying Zulegieren *n*, Legieren *n*
~ **addition** Legierungszusatz *m*, Legierungszuschlag *m*
~ **behaviour** Legierungsverhalten *n*
~ **element** Legierungselement *n*, Legierungsbestandteil *m*, Legierungskomponente *f*, Legierungspartner *m*
~ **powder** Legierungspulver *n*
~ **procedure** Legierungstechnik *f*
alloy metal Legierungsmetall *n*
~ **of semimetals** Halbmetallegierung *f*
~ **scattering** Legierungsstreuen *n*
~ **steel** legierter Stahl *m*
~ **strength** Legierungsfestigkeit *f*
~ **system** Legierungssystem *n*
~ **tool steel** legierter Werkzeugstahl *m*
~ **type** Legierungstyp *m*, Legierungsart *f*
allyl plastic Allylharz-Kunststoff *m*
alnico *(Magn)* Aluminium-Nickel-Cobalt-Legierung *f*, AlNiCo-Magnet *n*, AlNiCo-Dauermagnet *m*, Alnico-Legierung *f*
alpax *(AlSi10-13)* Silumin *n (AlSi10-13)*
alpha iron Ferrit *m*
alter/to modifizieren, verändern
alteration Modifikation *f*, Veränderung *f*
alternate immersion test Wechseltauchversuch *m*, Wechseltauchtest *m*
~ **immersion testing** Wechseltauchprüfung *f*
alternating bonding test Wechselbiegeprüfung *f*
~ **stress** Wechsel[last]beanspruchung *f*
~ **tension and compression test** Zug-Druck-Wechselprüfung *f*
~-**tension-compression** Zug-Druck-Beanspruchung *f*
~ **torsion fatigue test** Dauerwechseldrehversuch *m*
~ **torsion test** Drehschwingversuch *m*
alumina Aluminiumoxid *n*, Tonerde *f*
~ **bobbin** Aluminiumoxidspule *f*
~ **ceramic** Aluminiumoxidkeramik *f*
~ **inclusion** Alumiumoxideinschluß *m*
~ **paste** Tonerdepaste *f*
aluminium Al Aluminium *n*
~ **alloy** Aluminiumlegierung *f*, Al-Legierung *f*
~ **arsenide** AlAs *(Halbl)* Aluminiumarsenid *n*
~ **base alloy** Legierung auf Aluminiumbasis *f*
~ **can** Einkapselung *f* aus Aluminium , Aluminiumgehäuse *n*
~ **casting alloy** Aluminiumgußlegierung *f*
~-**dipped** feueraluminiert
~ **fibre** Aluminiumfaser *f*
~ **gallium arsenic alloy** $Al_xGa_{1-x}As$ *(Halbl)* Aluminium-Gallium-Arsen-Legierung *f*

~ **gallium arsenide structure** $Al_xGa_{1-x}As$-GaAs *(Halbl)* ternäres Legierungssystem *n* Gallium-Aluminium-Arsenid
~-**killed** aluminiumberuhigt
~-**killed steel** aluminiumberuhigter Stahl *m*
~-**magnesium alloy** Aluminium-Magnesium-Legierung *f*
~-**matrix composite** Aluminiummatrixwerkstoff *m*
~-**nickel-cobalt alloy** *(Magn)* Aluminium-Nickel-Cobalt-Legierung *f*, AlNiCo-Magnet *n*, AlNiCo-Dauermagnet, *m*, Alnico-Legierung *f*
aluminize/to aluminieren; alitieren
aluminizing Aluminierung *f*, Aluminisieren *n*
aluminosilicate Alumosilicat *n*
~ **glass** Tonerdesilikatglas *n*, Aluminiumsilikatglas *n*
aluminum *(US)* *s.* aluminium
ambient charged particle umgebendes geladenes Teilchen *n*
~ **pressure** Umgebungsdruck *m*
~ **radiation** Umgebungsstrahlung *f*
~ **temperature** Umgebungstemperatur *f*, Raumtemperatur *f*, Zimmertemperatur *f*
ambipolar conductivity *(Halbl)* ambipolare Leitfähigkeit *f*
aminoplastic Aminoplast *m*
ammonia atmosphere Ammoniakatmosphäre *f*
~-**containig environment** ammoniakalische Atmosphäre *f*
ammonium dihydrogen phosphate (ADP) $NH_4H_2PO_4$ *(elopt)* Ammoniumdihydrogenphosphat *n*, Monoammoniumphosphat *n*
~ **iodate** NH_4IO_3 Ammoniumiodat *n*
~ **sulphate** $(NH_4)_2SO_4$ Ammoniumsulfat *n*, Ammonsulfat *n*
amorphous amorph, nichtkristallin
~ **material** amorpher (nichtkristalliner) Werkstoff *m*
~ **phase** amorphe Phase *f*
~ **semiconductor** amorpher Halbleiter *m*
~ **silicon** amorphes Silizium *n*
~ **soft-magnetic alloy** amorphe weichmagnetische Legierung *f*
~ **solid** amorpher Festkörper *m*
~ **structure** amorphes Gefüge *n*
amphoteric amphoter, zwitterhaft
~ **element** amphoteres Element *n*
amplification Verstärkung *f*
amplitude of a light beam Amplitude *f* eines Lichtstrahls
anaerobic anaerob
analyse/to 1. analysieren; 2. enthalten; 3. sich erweisen
analysis by elutriation Schlämmanalyse *f*
~ **of structure** Strukturanalyse *f*
~ **of variance** Varianzanalyse *f*
~ **report** Analysenbericht *m*
analyst Analytiker *m*, analytisch arbeitender Chemiker *m*
analytical equipment (facility) Analysenausrüstung *f*
~ **instrument** Analysengerät *n*
~ **instrumentation** Analyseninstrumentierung *f*
~ **method** Analysenverfahren *n*
~ **strategy** Analysenstrategie *f*
~ **technique** Analysenmethodik *f*, Analysenverfahren *n*
analyze/to *(US)* *s.* analyse/to
anelastic anelastisch
~ **behaviour** anelastisches Verhalten *n*
~ **damping** unelastische Dämpfung *f*
anelasticity Anelastizität *f*
anelastic strain anelastische Dehnung *f*
angle Winkel *m*
~-**ply** *(Verb)* winkelversetzt
angular momentum Drehimpuls *m*, Impulsmoment *n*
anhydrous wasserfrei
anisotropic anisotrop
~ **material** anisotroper Werkstoff *m*
anisotropy Anisotropie *f*
~ **energy** Anisotropieenergie *f*
ANM Akrylatkautschuk *m (Butadien-Akrylsäureester-Mischpolymerisat)*
anneal *s.* annealing
anneal/to glühen *(Metalle)*, *(i.e.S.)* stabilglühen, spannungsfrei (spannungsarm) glühen; *(Halbl)* tempern, entspannen *(durch gelenktes Kühlen)*
annealability Glühbarkeit *f*
annealing Glühen *n (von Metall)*, *(i.e.S.)* Stabilglühen *n*, Spannungsarmglühen *n*; *(Halbl)* Temperbehandlung *f*, Entspannen *n (durch gelenktes Kühlen)*
~ **atmosphere** Glühatmosphäre *f*
~ **conditions** Glühbedingungen *fpl*
~ **cycle** Glühzyklus *m*
~ **temperature** Glühtemperatur *f*, Ausglühtemperatur *f*
~ **texture** Glühtextur *f*
~ **treatment** Glühbehandlung *f*
annihilate/to *(Krist)* vernichten *(Versetzungen)*
annihilation *(Krist)* Vernichtung *f*, Aufhebung *f*
anode Anode *f*, Lösungselektrode *f*
anodic coating 1. anodisch wirksame Schicht *f*; 2. Anodisier[ungs]schicht *f*, anodisch hergestellte Schicht *f*
~ **metal** anodisches Metall *n*, Anodenmetall *n*
anodization Anodisieren *n*, anodische Oxidation *f*, elektrochemisches (elektrolytisches) Oxidieren *n*
anodize/to anodisieren, anodisch behandeln (oxidieren), elektrochemisch (elektrolytisch) oxidieren
anomalous scattering unregelmäßige Streuung *f*
anomaly Anomalie *f*, Regelwidrigkeit *f*, Unregelmäßigkeit *f*
antibonding level *(Halbl)* Hochenergie-Niveau *n*, Antivalenzniveau *n*
anticipate/to erwarten, voraussagen

antiferroelectric Antiferroelektrikum *n*
anti-fretting compound reibkorrosionsvermindernde Verbindung *f*
antimonial lead Hartblei *n*, Blei-Antimon-Legierung *f*
antimonic oxide Sb_2O_5 Antimon(V)-oxid *n*, Antimonpentoxid *n*
antimony Sb Antimon *n*
antimony(III) chloride $SbCl_3$ Antimon(III)-chlorid *n*
antioxidant Antioxydans *n*, Antioxydationsmittel *n*
antiparallel direction entgegengesetzte Richtung *f*
~ **spontaneous polarization** entgegengesetzte spontane Polarisierung *f*
antiphase boundary *(Krist)* Antiphasenkorngrenze *f*
antireflection coating reflexmindernde Beschichtung *f*
antisite defect *(Halbl)* Antisitedefekt *m*
anti-skin agent Hautverhinderungsmittel *n*, Hautverhütungsmittel *n*, Antihautmittel *n*, Hautbildungsinhibitor *m*
antiwear ability Verschleißfestigkeit *f*
~ **properties** Verschleißschutzeigenschaften *fpl*
APD (avalanche photodiode) *(Halbl)* Photodiode *f* mit Avalanche-Effekt
apparent density Schüttdichte *f (von Schüttgütern)*, Rohdichte *f (von porigen Stoffen)*, scheinbare Dichte *f*
~ **porosity** Scheinporosität *f*, scheinbare Porosität *f*
appear/to vorkommen, auftreten
appearance Aussehen *n*
~ **of fracture** Bruchbild *n*, Bruchaussehen *n*
applicability Anwendbarkeit *f*, Einsetzbarkeit *f*
applicable anwendbar, einsetzbar
application Anwendung *f*
~**-based requirement** anwendungsspezifische Forderung *f*
~ **temperature** Anwendungstemperatur *f*
applied electric field angelegtes elektrisches Feld *n*
~ **stress** ausgeübter Druck *m*
~ **voltage** angelegte Spannung *f*
approach Herangehen *n*; Annäherung *f*
approximation 1. Näherung *(Mathematik)* *f*; 2. Näherungsverfahren *n*
aquagel Aquagel *n*
aqueous wäßrig
aramid-epoxy Aramid-Epoxid *n*
~ **fibre** Aramidfaser *f*
arbitrary willkürlich, beliebig
~ **analysis** Schiedsanalyse *f*
arbitration test Schiedsverfahren *n*
arc erosion *(Nichtl)* Lichtbogenabbrand *m*
~**-erosion resistance** Abbrandfestigkeit *f*
arcing *(Leit)* Lichtbogenbildung *f*, Bogenüberschlag *m*
~ **tips** Abbrennkontakt *m*, Kurzschlußkontakt *m*
arc interrupting characteristic *(Leit)* Lichtbogenlöschkennlinie *f*
~ **quenching** *(Nichtl)* Lichtbogenlöschung *f*
~**-resistant** *(Leit)* lichtbogenbeständig
~**-resisting characteristic** *(Leit)* Kennlinie *f* der Lichtbogenbeständigkeit
AR glass (alkali-resistant glass) alkalibeständiges Glas *n*
argon oxygen decarburization AOD-Verfahren *n* *(sekundärmetallurgisches Verfahren)*
armour steel Panzerstahl *m*
array of atoms *(Halbl)* Anordnung *f* von Atomen
arrest temperature Haltetemperatur *f*
Arrhenius equation Arrhenius-Gleichuung *f*, Arrheniussche Gleichung *f*
~ **law** Arrhenius-Funktion *f*
~ **relationship** Arrhenius-Beziehung *f*
arsenic Arsen *n*
~ **dimer** *(Halbl)* Arsendimer[es] *n*
~ **evaporation** *(Halbl)* Verdampfung *f* von Arsen
arsenic(III) hydride AsH_3 *(Halbl)* Arsen(III)-hydrid *n*
arsenic trichloride AsC_3 *(Halbl)* Arsentrichlorid *n*
arsine AsH_3 *(Halbl)* Arsin *n*
artificial künstlich, synthetisch
~ **aging** künstliche Alterung *f*, beschleunigte Alterung *f*, Warmaushärten *n*, Warmauslagern *n*
artificially aged warmausgehärtet, warmausgelagert
asbestos Asbest *m*
~ **fibre** Asbestfaser *f*
~**-reinforced plastic** asbestverstärkter Kunststoff *m*
as-cast im Gußzustand
~**-cast condition** Gußzustand *m*
~**-cast material** Werkstoff *m* im Gußzustand
~**-cast state** Gußzustand *m*
~**-cast structure** Gußgefüge *n*
~**-consolidated** im erstarrten Zustand, im verfestigten Zustand
~**-extruded** im stranggepreßten Zustand
~**-fabricated** im Herstellungszustand
~**-forged** im geschmiedeten Zustand
~**-grown crystal** *(Halbl)* unbehandelter Kristall *m*
~**-grown ferroelectric material** unbehandeltes ferroelektrisches Material *n*
~**-heat-treated** im wärmebehandelten Zustand
aspect ratio Schlankheitsverhältnis *n*, Längenverhältnis *n*
as-peened im kugelgestrahlten Zustand
asperity Oberflächenunebenheit *f*, Unebenheit *f*
asphalt Asphalt *m*, Erdölasphalt *m*, Naturasphalt *m*
as-quenched im abgeschreckten Zustand
~**-quenched hardness** Härte *f* im abgeschreckten Zustand
~**-received** unbehandelt *(Zustand)*, im Auslieferzustand

~-**rolled** im gewalzten Zustand, im Walzzustand
~-**welded** im geschweißten Zustand
assess/to bewerten
assessment Bewertung *f*
as-sintered im Sinterzustand
Aston process Astonscher Prozeß *m*
as-trimmed resistance value quasijustierter Widerstandswert
~-**welded** im geschweißten Zustand
atmospheric corrosion atmosphärische Korrosion *f*
~-**exposure testing** Freibewitterungsprüfung *f*, Bewitterungsprüfung *f*
~ **pollutant** Verunreinigung *f* (Schmutzstoff *m*) in der Luft, Luftverunreinigung *f*
~ **pressure** atmosphärischer Druck *m*
atomic abruptness *(Halbl)* atomare Abruptheit *f*
~ **absorbate** *(Halbl)* atomares Absorbat *n*
~ **absorption** Atomabsorption *f*
~ **arrangement** Atomanordnung *f*
~ **displacement** Atomverschiebung *f*
~ **displacement vector** Vektor *m* der Atomverschiebung
~ **layer** atomare Schicht *f*
~ **layer epitaxy** *(Halbl)* Atomschichtepitaxie *f*
~ **number** *(Halbl)* Ordnungszahl *f*
~ **position** Atomlage *f*
~ **weight** Atomgewicht *n*
atomizable zerstäubbar, verdüsbar
atomization Zerstäuben *n*, Versprühen *n*, Druckverdüsen *n*
~ **agent** Verdüsungsmittel *n*
~ **powder** Verdüsungspulver *n*
~ **pressure** Verdüsungsdruck *m*
~ **technique** Verdüsungstechnologie *f*
~ **temperature** Verdüsungstemperatur *f*
atomize/to zerstäuben, versprühen, verdüsen
atomized powder verdüstes Pulver *n*
atom layer atomare Schicht *f*
~ **packing** Atompackung *f*
attach/to befestigen, anbringen *(mechanisch)*
attachment Befestigung *f*, Anbringung *f (mechanisch)*
attack/to angreifen *(chemisch oder elektrochemisch)*
attackability Angreifbarkeit *f*
attackable angreifbar
attacked surface angegriffene Oberfläche *f*
attenuate/to dämpfen, abschwächen, herabsetzen
attenuation Dämpfung *f*, Abschwächung *f*, Herabsetzung *f*
~ **measurement** Dämpfungsmessung *f*
attract dust/to Staub anziehen
attraction Attraktion *f*, Anziehung *f*
attrited abgerieben, verschlissen
attrition Abreiben *n*, Abrieb *m*, Abtragen *n*
attritor mill *(Pulv)* Attritor *m*
Auger electron spectroscopy Auger-Elektronenspektroskopie *f*
ausforming Austenitformhärten *n*
austempering Zwischenstufenvergüten *n*
austenite Austenit *m*, **g**-Eisen *n (kubisch-flächenzentrierter Mischkristall in Eisen-Kohlenstoff-Legierungen)*
~ **formation** Austenitbildung *f*
~ **forming** austenitbildend
~ **forming element** Austenitbildner *m*
~ **grain boundary** Austenitkorngrenze *f*
~ **grain refinement** Austenitkornfeinung *f*
~ **grain size** Austenitkorngröße *f*
~ **nucleation** Austenitkeimbildung *f*
~ **recrystallization** Austenitrekristallisation *f*
~ **stabilization** Austenitstabilisierung *f*
~ **stabilizer** Austenitstabilisator *m*
~ **stabilizing element** austenitstabilisierendes Element *n*
~ **transformation** Austenitumwandlung *f*
austenitic austenitisch
~ **alloy steel** legierter austenitischer Stahl *m*
~ **grain boundary** Austenitkorngrenze *f*
~ **microstructure** austenitisches Mikrogefüge *n*
~ **nickel-chromium steel** austenitischer Chrom-Nickel-Stahl *m*
~ **stainless steel** nichtrostender Austenitstahl *m*
~ **steel** Austenitstahl *m*
austenitization Austenitisierung *f*
austenitize/to austenitisieren
austenitizing temperature Austenitisierungstemperatur *f*
~ **time** Austenitisierungsdauer *f*
automatic steel Automatenstahl *m*; leicht spanbarer Stahl *m*
automation Automatisierung *f*
automotive relay *(Leit)* Kfz-Relais *n*
~ **starting switch** *(Leit)* Kfz-Anlaßschalter *m*
autoradiograph Autoradiograph *m*
auxiliary electrode Hilfselektrode *f*
availability Verfügbarkeit *f*, Lieferbarkeit *f*
available verfügbar, lieferbar
avalanche breakdown *(Nichtl)* Lawinendurchbruch *m*
~ **photodiode** *(Halbl)* Photodiode *f* mit Avalanche-Effekt
avalanching *(Nichtl)* Lawinenwirkung *f*
average direct gap *(Halbl)* durchschnittlicher direkter Bandabstand *m*
~ **pore size** durchschnittliche Porengröße *f*
Avogadro's number *(Halbl)* Avogadrosche Zahl *f*
axial axial
~ **force** Längskraft *f*
~ **stress** Axialspannung *f*
axis Achse *f (Kristall)*
axisymmetrical achsensymmetrisch, axialsymmetrisch
azeotrope Azeotrop *n*
azeotropic azeotrop
azeotropy Azeotropie *f*

B

back bond surface state *(Halbl)* „back bond"-Oberflächenzustand *m*
background concentration Grundkonzentration *f*
backing Träger *m*, Stütze *f*, Grundschicht *f*, Unterlage *f*
back-reflection camera Rückstreukammer *f*, Rückstreukamera *f*
backscattered-electron image Elektronenrückstreubild *n*
back scattering Rückstreuung *f*
~-to-back p-n junction *(Halbl)* rückwärtiger pn-Übergang *m* zum Substrat
bainite Bainit *m*, Bainitgefüge *n (grobnadliges Zwischenstufengefüge bei Stahl)*
~ formation Bainitbildung *f*, Bildung *f* von Zwischenstufengefüge
bainitic ferrite bainitischer Ferrit *m*
~ microstructure bainitisches Mikrogefüge *n*
bake/to 1. backen; 2. erwärmen, wärmebehandeln, brennen, einbrennen, im Ofen trocknen (härten)
bake hardening Aushärtung *f*
baking 1. Backen *n*; 2. Brennen *n*, Brand *m*; Härten *n*
~ process Härteprozeß *m*
~ speed Härtegeschwindigkeit *f*
~ time Härtezeit *f*
balanced sampling ausgewogene Stichprobennahme *f*
~ steel halbberuhigter Stahl *m*
bale-out crucible furnace Schöpf-Tiegelofen *m*
ballast resistor *(EE)* Ballastwiderstand *m*
ball-bearing Kugellager *n*
~ indentation hardness Kugeldruckhärte *f*
~ milling Kugelmahlen *n*
band-bending *(Halbl)* Bandverbiegung *f*
~ edge *(Halbl)* Bandkante *f*
~ edge offset *(Halbl)* Bandkantenabstand *m*
~-gap-composition curve *(Halbl)* Bandabstand-Zusammensetzungs-Kurve *f*
~-gap III-V-compound *(Halbl)* III-V-Verbindung *f* mit Bandstruktur
~-gap discontinuity *(Halbl)* Diskontinuität *f* zwischen Band und verbotener Zone
~-gap energy *(Halbl)* Bandabstandsenergie *f*
~ gap engineering (tailoring) *(Halbl)* Herstellung *f* maßgeschneiderter Halbleiterbauelemente
~ tail *(Halbl)* verwischte Bandkante *f*
~-to-band radiative recombination *(Halbl)* strahlende Zwischenbandrekombination *f*
~-to-band tunneling *(Nichtl)* Durchtunnelung *f* von Band zu Band
bar Stange *f*, Stab *m*, Barren *m*
Bardeen-Cooper-Schrieffer theory Theorie *f* von Bardeen-Cooper-Schrieffer, BCS-Theorie *f*
barium carbonate $BaCO_3$ Bariumcarbonat *n*
~ cobalt fluorid $BaCoF_4$ Bariumcobaltfluorid *n*
~ niobate Bariumniobat *n*
~ oxide BaO Bariumoxid *n*
~ titanate $BaTiO_3$ Bariumtitanat *n*
~ titanate thermistor *(EE)* Bariumtitanat-Thermistor *m*
Barkhausen effect Barkhausen-Effekt *m*
~ jump Barkhausen-Sprung *m*
~ noise Barkhausen-Rauschen *n*
bar of GaAs *(Halbl)* GaAs-Barren *m*
barrier Barriere *f*, Grenzschicht *f*, Isolierung *f*
~ height Barrierenhöhe *f*, Höhe *f* der Potentialschwelle *f*, Sperrschichthöhe
~ resistance Grenzschichtwiderstand *m*
basal plane Basisebene *f*
basalt Basalt *m*
base 1. Träger *m*, Schichtträger *m*; 2. *(Halbl)* Basis *f (Transistor)*
~-collector junction *(Halbl)* Basis-Kollektorübergang *m*
~-doping level *(Halbl)* Basisdotierungsniveau *n*
~ material Basiswerkstoff *m (bei Hartmetall)*, Grundwerkstoff *m (bei Schichtverbundwerkstoff)*
~ metal Grundmetall *n*, Substratmetall *n (unter einer Deckschicht)*
~ transport factor *(Halbl)* Basistransportfaktor *m*
~ width *(Halbl)* Basisbreite *f*
basic lining basische Auskleidung (Zustellung) *f*
~- oxygen converter process Sauerstoff[auf]-blasverfahren *n*, Sauerstoff-Frischverfahren *n*, [Sauerstoff-]Blasstahlverfahren *n*, Oberwindfrischverfahren *n*
~ structure Grundstruktur *f*, Idealstruktur *f*
basis metal *s.* basic metal
Basquin's Law Basquin-Beziehung *f*, Basquin-Gesetz *n (Langzeitermüdung)*
batch Charge *f*, Beschickung *f*, Satz *m*
~ annealing Chargenglühen *n*, diskontinuierliches Glühen *n*
~ operation Chargenbetrieb *m*, diskontinuierlicher Betrieb *m*
~ production Losfertigung *f*
Bauschinger effect Bauschinger-Effekt *m*
bauxite Bauxit *m*
b. c. c. *(Krist)* kubisch-raumzentriert, krz
~ metal *(Krist)* krz-Metall *n*
BCS theory (Bardeen-Cooper-Schrieffer theory) Theorie *f* von Bardeen-Cooper-Schrieffer, BCS-Theorie *f*
b. c. t. *(Krist)* tetragonal raumzentriert
beach mark Rastlinie *f (Ermüdung)*
~ marking Rastlinienbildung *f (Ermüdung)*
bearing Lager *n*, Lagerung *f*, Lagerstelle *f*, Auflagerung *f*
~ bronze Lagerbronze *f*
~ effect Tragwirkung *f*
~ material Lagerwerkstoff *m*
~ property Gleiteigenschaft *f*
~ steel Lagerstahl *m*
~ strength Tragfähigkeit *f*

be chemically unreactive towards/to chemisch nicht reagieren mit
~ **eroded by corona attack** *(EE)* durch Lichtbogenabbrand korrodiert werden
behave/to sich verhalten
behaviour Verhalten *n*, Reaktion *f (eines chemischen Stoffes)*
~ **of a material in processing** Materialverhalten *n* bei der Bearbeitung
~ **of material in manufacturing** Materialverhalten *n* bei der Fertigung
belt Transportband *n*
bench life Lagerfähigkeit *f*, Haltbarkeit *f*
~ **test** Prüfstandversuch *m*
bendability Biegefähigkeit *f*, Biegsamkeit *f*
bend fatigue strength Biegewechselfestigkeit *f*
bending Biegen *n*
~ **beam** Biegeträger *m*
~ **impact test** Biegeschlagversuch *m*
~ **moment** Biegemoment *n*
~ **process** Biegeprozeß *m*
~ **stiffness** Biegesteifigkeit *f*
~ **strength** Biegefestigkeit *f*
~ **stress** Biegespannung *f*
~ **test** Biegeversuch *m*, Biegeprüfung *f*
~ **test specimen** Biegetestprobe *f*
bend properties Biegeeigenschaften *fpl*
~ **radius** Biegehalbmesser *m*
~ **test** Biegeversuch *m*, Biegeprüfung *f*
beneficial effect günstige Wirkung *f*, positive Auswirkung *f*
benefit / cost analysis Nutzen-Kosten-Analyse *f*
benzene Benzol *n*, Benzen *n*
beryllium Be Beryllium *n*
~ **copper** *(Leit)* Kupfer-Beryllium *n*, Berylliumbronze *f*
be susceptible/to anfällig sein für, neigen zu
beta dislocation *(Halbl)* Beta-Versetzung *f*
BET equation *(Pulv)* BET-Gleichung *f*, Brunauer-Emmet-Teller-Gleichung *f*
~ **method** *(Pulv)* BET-Verfahren *n (Verfahren zur Bestimmung der Oberfläche von Sinterpulver mittels Gasadsorption)*
be wound onto/to gewickelt werden auf
BH laser (buried heterostructure laser) *(Halbl)* vergrabener Heterostrukturlaser *m*
bias/to *(EE)* vorspannen, vormagnetisieren
bias voltage *(EE)* Vorspannung *f*
biaxial biaxial
~ **loading** zweiachsige Belastung *f*
~ **tension** zweiachsiger Zug *m (Spannungszustand)*
bidirectional fabric *(Verb)* bidirektionales Gewebe *n*
billet Bolzen *m*, Block *m*
~ **straightness** Geradheit *f* von Rundbarren
bimetal couple *s.* bimetallic couple
bimetallic corrosion Kontaktkorrosion *f*, galvanische Korrosion *f (durch Kontakt zweier Metalle)*
~ **couple** Paarung *f* zweier Metalle, Metallpaarung *f*
binary alloy binäre Legierung *f*, Zweistofflegierung *f*
~ **compound** binäre Verbindung *f*
~ **substrate** *(Halbl)* binäres Substrat *n*
binder Bindemittel *n*, Bindelack *m*
~ **metal** Bindemetall *n (bei Hartmetall)*
binodal binodal
biocompatibility Körperverträglichkeit *f*, Biokompatibilität *f*
biocompatible körperverträglich
biodegradable material biologisch abbaubares Material *n*
biodegrade/to biologisch abbauen
bioinert körperbeständig, biobeständig
biomedical material biomedizinisches Material *n*
bipolar device *(Halbl)* bipolares Bauelement *n*
~ **junction transistor** (BJT) *(Halbl)* bipolarer Sperrschichttransistor *m*
~ **transistor** *(Halbl)* bipolarer Transistor *m*
~**-transistor technology** *(Halbl)* Bipolartechnik *f*
birefringence Doppelbrechung *f*
~ **measurement** Messung *f* der Doppelbrechung, Doppelbrechungsmessung *f*
birefringent doppelbrechend
bismuth Bi Wismut *n*
~ **oxid** Wismutoxid *n*
bituminous paint Bitumenanstrichstoff *m*, bituminöser Anstrichstoff *m*
BJT (bipolar junction transistor) *(Halbl)* bipolarer Sperrschichttransistor *m*
black-body radiation schwarze Strahlung *f*, Hohlraumstrahlung *f*
~ **plate** Schwarzblech *n*
blank Rohling *m*, Rohteil *n*, Preßling *m*, Ausgangsteil *n*
~ **hardening** Blindhärtung *f*
blanking Stanzen *n*
blast furnace Gebläse[schacht]ofen *m*, Blashochofen *m*, Hochofen *m*
bleach/to bleichen, entfärben, aufhellen
bleaching Bleichen *n*
~ **agent** Bleichmittel *n*
blending Mischen *n*, Vermischen *n*
blister Blase *f (in Schutzschichten oder Werkstoffen)*
blister/to Blasen bilden; sich blasig (blasenartig) abheben *(Deckschichten)*
blister copper Blasenkupfer *n*, Blisterkupfer *n*
blistering Blasenbildung *f*
Bloch wave vector *(Halbl)* Blochscher Wellenvektor *m*
block/to blockieren, absperren *(Oberflächenbereiche)*
block copolymer *(Kunst)* Blockcopolymer *n*
bloom Block *m*, Gußblock *m*, Rohblock *m*, Ingot *m*, Barren *m*
blow moulding Blasformen *n*, Extrusionsblasformen *n*, Hohlkörperblasen *n*
blue brittleness Blausprödigkeit *f*

blueing Niedertemperaturanlassen *n*, Erwärmen *n* bis zur blauen Anlaßfarbe
blunt/to abstumpfen *(eine Spitze)*
BMC (bulk moulding compound) *(Verb)* teigige Halbzeugmasse *f* für die Verbundwerkstoffherstellung
bobbin *(EE)* Spule *f*, Wicklung *f*; Spulenkörper *m*, Spulenträger *m*, Wickelkern *m*
body centre Raumzentrum *n*
~-centred *(Krist)* raumzentriert
~-centred cubic *(Krist)* kubisch-raumzentriert, krz
~-centred tetragonal *(Krist)* tetragonal raumzentriert
Bohr model *(Halbl)* Bohrsches Atommodell *n*, Wasserstoffmodell *n*
boiling curve Siedelinie *f*
~ point Siedetemperatur *f*, Siedepunkt *m*, Kochpunkt *m*
Boltzmann approximation *(Halbl)* Boltzmann-Näherung *f*
~ constant Boltzmann-Konstante *f*
~ limit *(Halbl)* Grenze *f* der Nichtentartung
bond Bindung *f*
bond/to sich verbinden, eine Bindung eingehen
bond angle strain *(Halbl)* Bindungswinkelspannung *f*
~ energy Bindungsenergie *f*
bonding [chemische] Bindung *f (Vorgang)*
~ agent Bindemittel *n*
~ force Bindungskraft *f*, Bindekraft *f*
~ integrity Bindestabilität *f*
~ metal Bindemetall *n (bei Hartmetall)*
~ strength Bindefestigkeit *f*; Haftfestigkeit *f*
bond length distortion *(Halbl)* Verzerrung *f* der Bindungslänge
~ orbital *(Halbl)* Bindungsorbital *n*
~ stiffness Bindungsfestigkeit *f*
~ strength Bindefestigkeit *f*, Haftfestigkeit *f*
~ wave function *(Halbl)* Bindungsorbital *n*
bone implant Knochenimplantat *n*
boracite $Mg_3B_7O_{13}Cl$ Boracit *n (ein Tektoborat)*
boron B Bor *n*
boron arsenide B_6As *(Halbl)* Borarsenid *n*
~ carbide B_4C Borkarbid *n*
~ fibre Borfaser *f*
~-fibre epoxy Borfaser-Epoxid *n*
~-fibre/epoxy-composite Borfaser/Epoxidharz-Verbund *m*
~-fibre-reinforced borfaserverstärkt
~-fibre reinforced polymer borfaserverstärkter Kunststoff *m*, BFK
boronize/to borieren *(Stahl)*
boronizing Borieren *n*
boron nitride BN *(Halbl)* Bornitrid *n*
boron(III) oxide B_2O_3 *(Halbl)* Bor(III)-oxid *n*
~ steel Borstahl *m*
~ subphosphide B_6P, $B_{12}P_2$ *(Halbl)* Borsubphosphid *n*
~ trioxide B_2O_3 *(Halbl)* Bor(III)-oxid *n*
borosilicate Borosilicat *n*
~ glass Borosilikatglas *n*
bottom of a band *(Halbl)* Unterkante *f* eines Bandes
~ of the conduction band *(Halbl)* untere Leitungsbandkante *f*
boule *(Halbl)* Einkristallkörper *m*
boundary layer Grenzschicht *f*
~ lubrication Grenzschichtschmierung *f*
~ of the material Materialgrenze *f*
box casting Kastenguß *m*
bracket Träger *m*, Unterlage *f*, Halter *m*, Halterung *f*
Bragg diffraction Braggsche Beugung *f*
~ law Braggsches Brechungsgesetz *n*
~ reflector Braggscher Reflektor *m*
branch/to sich verzweigen *(Moleküle, Risse)*
branched structure verzweigte Struktur *f*
branching Verzweigung *f*, Rißverzweigung *f*
branch of a dendrite Dendritenarm *m*
brass Messing *n*
brass messingen, aus Messing; Messing...
~ and bronze Buntmetall *n*
Bravais lattice *(Krist)* Bravais-Gitter *n*
brazability Hartlötbarkeit *f*
braze/to hartlöten
brazed joint Lötfuge *f*, Lötverbindung *f*
brazing Hartlötung *f*, Hartlöten *n*
~ alloy Hartlotlegierung *f*
break/to brechen; zerstören
breakage Brechen *n*, Bruch *m*
break-away Aufreißen *n*
~ away/to aufreißen
~-away oxidation katastrophale Oxidation *f*
~ down/to zerstört werden, durchbrochen werden *(Passivität)*; zusammenbrechen *(Potential)*; abgebaut (zerstört) werden *(Passivschichten)*
breakdown Zerstörung *f*, Durchbrechen*n (der Passivität)*; Zusammenbrechen *n (des Potentials)*; Abbau *m* Zerstörung *f (einer Passivschicht)*
~ resistance *(EE)* Durchschlagsbeständigkeit *f*
~ voltage *(EE)* Durchschlagspannung *f*, Durchbruchspannung *f*
breaking point Brechpunkt *m*, Bruchpunkt *m*, Zerreißpunkt *m*
~ strength Bruchfestigkeit *f*, Reißfestigkeit *f*
bridging oxygen *(Glas)* Brückensauerstoff *m*
Bridgman-Stockbarger technique *(Halbl)* Bridgman-Stockbarger-Verfahren *n*
bright glänzend, hell
~-drawn blankgezogen
brighten/to glänzen *(chemisch oder elektrochemisch)*; auf Hochglanz polieren *(mechanisch)*
brightness 1. Glanz *m*, Helligkeit *f*; 2. Leuchtdichte *f (Maßeinheit: cd m^{-2})*
~ meter Helligkeitsmeßgerät *n*, Glanzmeßgerät *n*

bright steel Blankstahl *m*
Brinell hardness Brinellhärte *f*, HB
~ **hardness test** Härteprüfung *f* nach Brinell
brine quenching Salzbadabschrecken *n*
brittle spröde, brüchig
~ **alloy** spröde Werkstofflegierung *f*
~ **behaviour** Sprödverhalten *n*, sprödes Verhalten *n*
~ **fracture** Sprödbruch *m*
~ **fracture temperature** Sprödbruchtemperatur *f*
~ **intermetallic compound** spröde intermetallische Verbindung *f*
~ **material behaviour** sprödes Werkstoffverhalten *n*
~ **matrix** spröde Matrix *f*
brittleness Sprödigkeit *f*, Spröde *f*, Brüchigkeit *f*
brittle temperature Versprödungstemperatur *f*
~**-tough transition temperature** Temperatur *f* des Spröd-Zäh-Übergangs *(Kerbschlagbiegeversuch)*
broad-band pulse *(EE)* Breitbandimpuls *m*, Impuls *m* mit langer Dauer, Halbzeilenimpuls *m*
~**-band resonant use** *(EE)* Nutzung *f* als Breitband-Resonator
broadband... *s.* broad-band...
broad resonance *(Halbl)* Breitresonanz *f*
broken bond *(Halbl)* aufgebrochene Bindung *f*
~**-bond band** *(Halbl)* broken-bond-Band *n*
~**-bond surface state** *(Halbl)* broken-bond Oberflächenzustand *m*
bronze Bronze *f*
Brownian motion Brownsche Molekularbewegung *f*
bubble *(Magn)* Blasendomäne *f*, Bubble-Domäne *f*
~ **[domain] material** *(Magn)* Werkstoff *m* für Magnetblasenspeicher (Bubble-Speicher)
~ **point test** Luftblasentest *m (Porositätsprüfung)*
bubbling Blasenbildung *f*, Bläschenbildung *f*
buckle/to ausknicken, knicken
buckling Ausknicken *n*, Knicken *n*
~ **reconstruction** *(Halbl)* Knickrekonstruktion *f*
~ **resistance** Knickfestigkeit *f*, Ausknickfestigkeit *f*
~ **stress** Knickspannung *f*
building block Baueinheit *f*
~ **wire** *(EE)* Elektroinstallationskabel *n*
built-in potential *(Halbl)* Diffusionspotential *n*
~**-up** zusammengesetzt
bulge Ausbauchung *f*, Aufweitung *f*
bulging Ausbauchen *n*
bulk Grundmaterial *n*, massives Material *n*, Inneres *n*
~ **crystal** *(Halbl)* Volumenkristall *m*
~ **density** Schüttdichte *f (von Schüttgütern)*, Rohdichte *f (von porigen Stoffen)*, scheinbare Dichte *f*
~ **diffusion** Volumendiffusion *f*
~ **gallium arsenide** *(Halbl)* massives Galliumarsenid *n*
~ **growth** *(Halbl)* Volumenaufwachsen *n*
~**-growth technique** *(Halbl)* Schmelzziehverfahren *n*
bulking agent Füllstoff *m*, Füllmittel *n*
bulk-lattice site *(Halbl)* innerer Gitterplatz *m*
~ **material** Vollmaterial *n*, Volumenmaterial *n*
~ **moulding compound** (BMC) *(Verb)* teigige Halbzeugmasse *f* für die Verbundwerkstoffherstellung
~ **silicon band** *(Halbl)* Leitband *n* des massiven Siliziums *n*
~ **solid** kompakter Festkörper *m*
~ **solid insulation** *(Nichtl)* Grundmaterial *n* für feste Isolierstoffe
~ **specimen** Bulk-Probe *f*
~ **strain** Volumenverformung *f*
~ **substrate** *(Halbl)* massives Substrat *n*
~ **superconductor** massiver Supraleiter *m*
~ **volume** Rohvolumen *n*, Volumen *n*, Schüttvolumen *n*
bulls-eye structure Ochsenaugenstruktur *f (Graphitkugel mit Ferrithof)*
Buna-N Acrylntril-Butadien-Kautschuk *n*
~**-S** Styrol-Butadien-Kautschuk *m*, SBR
bundle of fibres *(Verb)* Faserbündel *n*
buoyancy [hydrostatischer] Auftrieb *m*
Burgers vector *(Krist)* Burgersvektor *m*
burglar-proof einbruchsicher
buried heterostructure laser (BH laser) *(Halbl)* vergrabener Heterostrukturlaser *m*
~ **metal** erdverlegtes (eingeerdetes) Metall *n*
burn-off Abbrand *m*, Abbrennen *n*
burn out/to durchbrennen, ausbrennen
burr Grat *m*
burr/to entgraten
burring Entgraten *n*
~ **press** Abgratpresse *f*
bushing Durchführung[shülse] *f*; Ausfüttern *n*
butadiene-acrylonitrile-polyvinylchloride Butadien-Acrylnitril-PVC *n*
~**-acrylonitrile rubber** Butadien-Acrylnitril-Kautschuk *m*
butt welding Stumpfschweißen *n*, Stoßschweißen *n*
butyl elastomer Butylelastomer *n*
~ **rubber** Butylkautschuk *m*
by-pass/to umgehen, umleiten, vorbeiführen

C

cable coating Kabelummantelung *f*, Kabelisolation *f*
~ **jacket** Kabelmantel *m*, Kabelummantelung *f*
cadmium Cadmium *n*
~ **fluoride** CdF_2 *(elopt)* Cadmiumfluorid *n*
~ **sulphide** Cadmiumsulfid *n*
cake *(Pulv)* Pulverkuchen *m*, Pulverkörper *m*
calcareous kalkreich, kalkhaltig, kalkig
calcination Kalzinieren *n*, Kalzinierung *f*, Kalzination *f*, Brennen *n (einer Mischung)*; Rösten *n*, Röstung *f (von Erzen)*
calcine/to kalzinieren , brennen, glühen

calcium carbonate $CaCO_3$ Calciumcarbonat *n*
~ **oxide** CaO Calciumoxid *n*
~ **selenide** CaSe *(elopt)* Calciumselenid *n*
~ **sulphate** $CaSO_4$ *(elopt)* Calciumsulfat *n*
~ **sulphide** CaS *(elopt)* Calciumsulfid *n*
calculate a charge/to gattieren
~ **from** errechnen (berechnen) aus
calculation Rechnung *f*, Berechnung *f*
~ **of a charge** Gattierungsrechnung *f*
calendering Kalandrieren *n*
calibrate/to kalibrieren , mit genauer Einteilung versehen
calibration Eichen *n*, Eichung *f (von Glaselektroden, Kalorimetern)*
~ **spectrum** Eichspektrum *n*
calomel elctrode Kalomelelektrode *f*
~ **half-cell** Kalomelelektrode *f*
calorimeter Kalorimeter *n*, Wärmemesser *m*
cancer-causing *s.* carcinogenic
cap Kappe *f*, Haube *f*, Kapsel *f*, Deckel *m*
capacitance loss Kapazitätsverlust *m*
capacitor Kondensator *m*
~ **dielectric** Kondensatordielektrikum *n*
~ **failure** Kondensatorausfall *m*
~ **material** Kondensatorwerkstoff *m*
capillarity Kapillarität *f*, Kapillarwirkung *f*
capillary crack Mikroriß *m*, Haarriß *m*
~**-depression method** Methode *f* der kapillaren Depression
~ **flow** Kapillarfluß *m*
~ **force** Kapillarkraft *f*
capped steel gedeckelter (gedeckt vergossener) Stahl *m*
capping Verschluß *m*
~ **layer** *(Halbl)* Verkappungsschicht *f*, Deckschicht *f*
capture cross section *(elopt)* Einfangquerschnitt *m*
CAQ (computer-aided quality control) rechnergestützte Qualitätskontrolle *f*
carbide Karbid *n*, Carbid *n*
~ **ceramics** Karbidkeramik *f*
~ **formation** Karbidbildung *f*
~ **former** Karbidbildner *m*
~**-forming** karbidbildend
~**-forming element** karbidbildendes Element *n*
~ **precipitation** Karbidausscheidung *f*
~ **stabilizer** Karbidstabilisator *m*
carbon C Kohlenstoff *m*
carbonaceous kohlenstoffhaltig, kohlenstoffreich
carbon-carbon-composite kohlenstoffaserverstärkter Kohlenstoff *m*, C/C-Verbundwerkstoff *m*, CFC
~**-composition resistor** Kohleschicht-Masse-Widerstand *m*, Kohle[schicht]widerstand *m*, Massewiderstand *m*
~ **content** Kohlenstoffgehalt *m*
~ **equivalent** Kohlenstoffäquivalent *n*
~**-fabric-reinforced** kohlenstoffgewebeverstärkt
~**-fabric-reinforced epoxy** kohlenstoffgewebeverstärktes Epoxidharz *n*
~ **fibre** Kohlenstoffaser *f*, Kohlefaser *f*
~**-fibre composite** Kohlenstoffaserverbund *m*
~**-fibre-epoxy [composite]** Kohlenstoffaser-Epoxidharz *n*
~**-fibre-epoxy prepreg** Kohlenstoffaser-Epoxidharz-Prepreg *n*
~**-fibre reinforced polymer** kohlefaserverstärkter (kohlenstoffaserverstärkter) Kunststoff *m*
~**-film resistor** Kohleschichtwiderstand *m*
carbonitriding Karbonitrieren *n*
carbonization Verkohlung *f*
carbonize/to *s.* carburize/to
carbon resistor Kohlenschicht-Masse-Widerstand *m*, Kohle[schicht]widerstand *m*, Massewiderstand *m*
~ **solubility** Kohlenstofflöslichkeit *f*
~ **steel** Kohlenstoffstahl *m*, unlegierter Stahl *m* *(mit bis zu 2% C)*
~**-to-carbon contact** Kohlenstoff-Kohlenstoff-Kontakt *m*
~ **tool steel** unlegierter Werkzeugstahl *m*
carburize/to [auf]kohlen
carburizing Aufkohlen *n*, Kohlen *n*, Zementieren *n*
~ **agent** Aufkohlungsmittel *n*
~ **steel** Einsatzstahl *m*
carcinogenic kanzerogen, karzinogen, krebsauslösend
carrier Trägermaterial *n*
~ **concentration** *(Halbl)* Trägerkonzentration *f*
~ **confinement** *(Halbl)* Ladungsträgerbegrenzung *f*
~ **density** Trägerdichte *f*
~ **gas** Trägergas *n*
~ **injection** *(elopt)* Trägerinjektion *f*
~ **mobility** *(Halbl)* Beweglichkeit *f* der Ladungsträger
carry/to ausführen, durchführen, anstellen *(ein Experiment)*
case gehärtete (aufgekohlte) Randschicht *f*
~ **depth** Einsatz[härte]tiefe *f*
~**-hardened** rand[schicht]gehärtet
~ **hardening** Rand[schicht]härten *n*, Einsatzhärten *n*, *(i.w.S.)* Oberflächenhärten *n*
~**-hardening steel** Einsatzstahl *m*
~ **hardness** Einsatzhärte *f*, Randhärte *f*
~ **history** Arbeitsbeispiel *n*, Fallbeispiel *n*
cast/to gießen, abgießen, vergießen
castability Gießbarkeit *f*
castable [ver]gießbar
cast alloy Gußlegierung *f*, Gußwerkstoff *m*
~ **aluminium** Aluminiumguß *m*
casting 1. Gießen *n*, Guß *m*, Vergießen *n*; 2. Gußstück *n*, Gußteil *n*, Formgußstück *n*, Gießling *m*
~ **defect** Gußfehler *m*
~ **skin** Gußhaut *f*
~ **wall thickness** Gußstückwanddicke *f*

cast iron Gußeisen *n*
~ **steel** Gußstahl *m*, Stahlguß *m*
~ **structure** Gußgefüge *n*, Gußstruktur *f*
catalyst Katalysator *m*
catastrophic failure katastrophales Materialversagen *n*
~ **fracture** katastrophenartiger Bruch *m*
cathode Katode *f*
~ **sputtering** Katodenzerstäubung *f*
cathodically protected katodisch geschützt
cathodic metal katodisches Metall *n*, Katodenmetall *n*
~ **protection** katodischer Schutz (Korrosionsschutz) *m*, Katodenschutz *m*
~ **protective** katodisches Schutzmittel *n*
cathodoluminescence *(elopt)* Katodenlumineszenz *f*
caustic cracking Laugensprödigkeit *f*, Laugenbrüchigkeit *f*, Laugen[riß]korrosion *f*
cavitate/to der Kavitation unterliegen
cavitation Kavitation *f*
~ **corrosion** Kavitationskorrosion *f*
~ **erosion** Kavitationserosion *f*, Kavitation *f*
cavity Hohlraum *m*, Gußblase *f*, Lunker *m*; Hohlraum *m*, Pore *f*, Leerstelle *f (im Kristall)*
~ **formation** Hohlraumbildung *f*
CBED (convergent beam electron diffraction) konvergente Elektronenstrahlbeugung *f*
~ **pattern** durch konvergente Elektronenstrahlbeugung erzeugtes Bild *n*
CBR (chlorobutyl rubber) Chlorbutylkautschuk *m*
ccp (cubic close packing) *(Krist)* kubisch dichteste Kugelpackung *f*
CCT (continuous cooling transformation) Umwandlung *f* bei kontinuierlicher (stetiger, fortschreitender) Abkühlung
c-direction *(Krist)* c-Richtung *f*
cell current Zell[en]strom *m*, Elementstrom *m*, Kettenstrom *m*
cellular dislocation structure *(Halbl)* zellartige Versetzungsstruktur *f*
cellulose acetate Celluloseacetat *n*, Acetylcellulose *f*
~ **acetate butyrate** Celluloseacetobutyrat *n*, Acetylbutyrylcellulose *f*
~ **acetate lacqueur** Celluloseacetatlack *n*
~ **derivate** Celluloseabkömmling *m*, Cellulosederivat *n*
~ **nitrate** Cellulosenitrat *n*, Nitratcellulose *f*, Cellulosesalpetersäureester *m*
cement Zement *m*
cemented carbide Hartmetall *n*
cementite Eisenkarbid *n*, Zementit *m*
~ **network** Zementitnetzwerk *n*
central loading mittige Last *f*
centre crack Mittenriß *m*
~ **cracking** Kernriß *m*
~**-of-gravity method** Schwerpunktmethode *f*, Massenmittelpunktmethode *f*
~ **of inversion** Inversionszentrum *n*
~ **of symmetry** Symmetriezentrum *n*
~ **of the Brillouin zone** *(Halbl)* Mitte *f* der Brillouinzone
~ **of the energy band gap** *(Halbl)* Zentrum *n* der Energiebandlücke
centrifugal atomization *(Pulv)* Schleuderverdüsung *f*
~ **casting** Schleudergußteil *f*
~ **casting process** Schleudergußverfahren *n*, Zentrifugalguß *m*, Zentrifugalgießen *n*, Rotationsguß *m*
ceramic keramisch, Keramik...
~ **capacitor** keramischer Kondensator *m*, Keramikkondensator *m*
~ **coating** keramische Beschichtung *f*
~ **component** keramisches Bauteil *n*
~**-fibre twisted roving** *(Verb)* Keramikfaservorgespinst *n*
~ **grain** Keramikkorn *n*
~ **insulating material** keramischer Isolierstoff *m*
~**-matrix-composite** Keramikmatrix-Verbund *m*
~**-metal composite** Keramik-Metall-Verbund *m*
ceramics Keramik *f*, Keramikerzeugnisse *npl*
ceramic substrate Keramiksubstrat *n*
~ **whisker** keramischer Whisker *m*
~**-whisker-reinforced** keramikwhiskerverstärkt
cerium Ce Cer *n*
cermet composite Cermet-Verbund *m*
~ **element** Cermetelement *n*
~ **thin-film resistor** Cermet-Dünnfilmwiderstand *m*
certificate of compliance with the order Werksbescheinigung *f*
CEV (carbon equivalent) Kohlenstoffäquivalent *n*
cf-epoxy Kohlenstoffaser-Epoxidharz *n*
CFRP (carbon-fibre reinforced plastic) kohlefaserverstärkter (kohlenstoffaserverstärkter) Kunststoff *m*
CG cast iron Gußeisen *n* mit Vermiculargraphit, GGV
C-glass chemisches Glas *n*
chain Kette *f*
~ **backbone** Hauptkette *f*, Hauptstrang *m*
~ **length** Kettenlänge *f*
~ **molecule** Kettenmolekül *n*
~ **orientation** Kettenausrichtung *f*
~ **polymerization** Kettenpolymerisation *f*
~ **scission** Kettenspaltung *f*, Kettensprengung *f*
change in length Längenänderung *f*
~ **in temperature** Temperaturänderung *f*
~ **of resistivity with temperature** temperaturabhängige Widerstandsänderung *f*
~ **of volume** Volumenänderung *f*
channel *(Halbl)* Kanalgebiet *n*
~ **conductivity** *(Halbl)* Kanalleitwert *m*
***n*-channel device** *(Halbl)* Bauelement *n* mit *n*-leitendem Kanal
***p*-channel device** *(Halbl)* Bauelement *n* mit *p*-leitendem Kanal *n*

channeling *(Halbl)* Kanalbildung *f*
chapmanizing Nitrierhärten *n* mit Ammoniak in Cyanidschmelze
characteristic Kenngröße *f*
~ **curve** Kennlinie *f*
characterization technique Analyseverfahren *n*
charge 1. Charge *f*, Beschickungsgut *n*, Füllung *f*, Einsatzgut *n*, Einsatzmaterial *n*; 2. *(elektrische)* Ladung *f*; 3. Metalleinsatz *m*, Gattierung *f*
charge/to 1. beschicken, besetzen, speisen, füllen; 2. chargenweise zugeben, zuteilen, dosieren; 3. *(elektrisch)* aufladen, beladen
charge compensation *(elopt)* Ladungskompensation *f*
~ **density** Ladungsdichte *f*
charged particle geladenes Teilchen *n*
charge make-up Chargenzusammensetzung *f*
~ **scattering** *(Halbl)* Streuung *f* von Ladungen
Charpy test Charpy-Prüfung *f*, Schlagzähigkeitsprüfung *f* nach Charpy
check/to prüfen, kontrollieren
checkable kontrollierbar
checker Prüfer *m*, Kontrolleur *m*
chemical analysis chemische Analyse *f*
~ **attack** chemischer Angriff *m*
~ **characterization** chemische Charakterisierung *f*
~ **coating** chemisches Beschichten *n*
~ **composition** chemische Zusammensetzung *f*
~ **decomposition** chemische Zersetzung *f*, chemischer Abbau *m*
~ **disorder** chemische Fehlordnung *f*
~ **glass** chemisches Glas *n*
~ **impurity** *(Halbl)* chemische Störstelle *f*
chemically deposited chemisch niedergeschlagen (aufgebracht)
~ **precipitated powder** chemisch abgeschiedenes Pulver *n*
chemical potential *(Halbl)* chemisches Potential *n*, Fermi-Energie *f*
~ **property** chemische Eigenschaft *f*
~ **reactivity** chemische Reaktionsfähigkeit *f*
~ **resistance (stability)** chemische Beständigkeit (Stabilität) *f*, Chemikalienbeständigkeit *f*
~ **structure** chemische Struktur *f*
~ **vapour deposition** CVD-Verfahren *n*, CVD-Beschichtung *f*, chemische Gasphasenabscheidung *f*
~ **vapour epitaxy** *(Halbl)* chemische Epitaxie *f* aus der Gasphase
~ **vapour infiltration** chemische Dampfinfiltration *f*
chemisorbed atom *(Halbl)* chemisch absorbiertes Atom *n*
~ **hydrogen** *(Halbl)* chemisch absorbierter Wasserstoff *m*
chevron *(Halbl)* Winkel *m*
chill/to abschrecken, abkühlen
chill cast iron Hartguß *m*, Schalen[hart]guß *m* *(Produkt)*
~ **depth** Schrecktiefe *f*, Weißeinstrahlung[stiefe] *f*
chilled iron *s.* chill cast iron
chilling Abschrecken *n*, Abschreckung *f*, Abkühlen *n*
chip form Spanform *f*
chloride corrosion Chloridkorrosion *f*
~ **transport process** *(Halbl)* Chloridtransportprozeß *m*
chlorine Cl Chlor *n*
chlorobutyl rubber Chlorbutylkautschuk *m*
chloroprene rubber Neopren *n*, Polychloropren *n*
chlorosulphonated polyethylene chlorosulfoniertes Polyethylen *n*
chlortrifluoroethylene Chlortrifluorethen *n*, Chlortrifluorethylen *n*
choice of materials Materialauswahl *f*
cholesteric phase cholesterische Phase *f*
chop/to [zer]hacken, zerkleinern, schneiden, schnitzeln
chopped fibre Schnittfaser *f*
~**-fibre-reinforced** schnittfaserverstärkt
~ **filler** *(Nichtl)* zerkleinerter Füllstoff *m*
~ **strand mat** Glasseidenmatte *f*, gehackte Glasseidenstränge *mpl*
chromating Chromatieren *n*
chromatographic analysis chromatographische Analyse *f*
chromatography Chromatographie *f*
chrome-molybdenum steel Chrom-Molybdän-Stahl *m*
~ **steel** Chromstahl *m*
chromium Cr Chrom *n*
~ **casting alloy** Chromgußlegierung *f*
~**-cobalt-iron alloy** FeCrCo-Legierung *f*, Fe-Cr-Co-Legierung *f*
~**-depleted** chromverarmt
~ **equivalent** Chromäquivalent *n (Edelstähle)*
~ **manganese steel** Chrom-Mangan-Stahl *m*
~ **molybdenum steel** Chrom-Molybdän-Stahl *m*
~**-rich** chromreich, hochchromhaltig
~**-rich material** chromreicher Werkstoff *m*, hochchromhaltiger Werkstoff *m*
~ **steel** Chromstahl *m*
~**-vanadium steel** Chrom-Vanadium-Stahl *m*
chromize/to inchromieren, chromdiffundieren, [diffusions]verchromen; diffusionschromieren, einsatzverchromen
chuck Aufspannvorrichtung *f*
CIP (cold isostatic pressing) *(Pulv)* isostatisches Kaltpressen *n*
circuit breaker *(Leit)* Leistungsschalter *m*, Schalter *m*, Ausschalter *m*, Unterbrecher *m*, Stromunterbrecher *m*
~ **control** Schaltkreisregelung *f*
~ **output** Schaltungsausgang *m*
~ **resistor** Schaltwiderstand *m*
circuitry Steuerschaltung *f*
circularly polarized light zirkular polarisiertes Licht *n*
circular pit Krater *m*

circumferential crack peripherer Riß *m*
~ **stress** periphere Spannung *f*
clad/to plattieren, *(i.w.S.)* verkleiden, umhüllen, überziehen
cladding 1. Plattieren*n*, *(i.w.S.)* Verkleiden *n*, Umhüllen *n*, Überziehen *n*; 2. Plattierung *f*, Plattierüberzug *m*, *(i.w.S.)* Verkleidung *f*, Umhüllung *f*, Überzug *m*
~ **by rolling** Walzplattieren *n*
~ **layer** ummantelnde Schicht *f*
clad metal plattiertes Metall *n*, Verbundmetall *n*
clamp/to einspannen
clamping pressure Schließdruck *m*, Spanndruck *m*
Clapeyron equation Clausius-Clapeyronsche Gleichung *f*
class/to *s.* classify/to
classical chemical analysis technique klassische chemische Analysentechnik *f*
classification Klassifizierung *f*, Klassifikation *f*, Einteilung *f*, Unterteilung *f*
classify/to klassifizieren, einteilen, unterteilen
class of analysis Analysengruppe *f*, Analysenklasse *f*
~ **of material** Werkstoffgruppe *f*, Werkstoffklasse *f*
~ **of non-metallic materials** Klasse *f* der nichtmetallischen Werkstoffe
clay Ton *m*
clean rein, sauber
cleaner 1. Reiniger *m*, Reinigungsmittel *n*; 2. Putzmaschine *f*
cleaning Reinigung *f*, Säuberung *f*
cleanness Reinheit *f*, Sauberkeit *f*
cleanse/to reinigen , säubern
clean semiconductor surface saubere Halbleiteroberfläche *f*
~ **steel** reiner Stahl *m*
~ **surface** reine (saubere) Oberfläche *f*
~ **water** Reinwasser *n*, reines Wasser *n*
cleavage 1. Spalt *m*; 2. Spalten *n*, Spaltung *f*, Aufspalten *n*, Aufspaltung *f*
~ **crack propagation** Spaltbruchausbreitung *f*
~ **fracture** Spaltbruch *m*
~ **fracture with river pattern** Spaltlinienbruch *m*
~ **plane** *(Krist)* Spaltebene *f*, Spaltfläche *f*
cleaved Si(III) *(Halbl)* gespaltenes Si(III) *n*
climatic testing Klimaprüfung *f*
climb Klettern *n*
~ **direction** Kletterrichtung *f*
~**-glide sequence** Kletter- und Gleitfolge *f*
~ **of dislocations** Klettern *n* von Versetzungen
clinker Klinker *m*
closed-loop recycling Kreislauf-Recycling *n*, Recyceln *n* im geschlossenen Kreislauf
~ **pore** geschlossene Pore *f*
closely matched lattice parameters *(Krist)* naheliegende Gitterparameter *mpl*
close-packed *(Krist)* dichtgepackt, dichtest gepackt
~**-packed hexagonal** *(Krist)* hexagonal dicht gepackt, hdP
~**-packed plane** *(Krist)* dicht bepackte Ebene *f*
cloudiness Trübung *f*
cloudy getrübt
CLPE (cross-linked polyethylene) vernetztes Polyethylen *n*
cluster Cluster *m*, Zusammenballung *f*
~ **formation** Clusterbildung *f*
clustering Zusammenlagerung *f*
CMOS circuit *(Halbl)* CMOS-Schaltkreis *m*
CNC (computer numerical control) rechnergeführte numerische Steuerung *f*, CNC
coal chemistry Carbochemie *f*, Karbochemie *f*
coalesce/to sich vereinigen, miteinander verschmelzen, koalieren
coalescence Zusammenfließen *n*, Koaleszenz *f*, Vereinigung *f*, Verschweißung *f (z.B. von Pulvern)*
coalescing aid Filmbildungshilfsmittel *n*
coarse-crystalline grobkristallin
~**-dendritic** grobdendritisch
~ **focusing** Grobeinstellung *f (Mikroskopie)*
~ **grain** grobes Korn *n*
~**-grain annealing** Grobkornglühen *n*
~**-grained ceramic** grobkörnige Keramik *f*
~**-grained powder** grobkörniges Pulver *n*
~**-grained region** grobkörniger Bereich *m*
~**-grained steel** Grobkornstahl *m*
~**-grained structure** grobkörniges Gefüge *n*
~**-grain growth** Grobkornbildung *f*
~**-grain recrystallisation** Grobkornrekristallisation *f*
~ **grinding** Grobschleifen *n*
coarsen/to vergröbern *(Korn, Gefüge)*
coarseness Grobkörnigkeit *f*
coarsening Grobkornbildung *f*
~ **rate** Kornvergröberungsgeschwindigkeit *f*
coarse particle grobes Teilchen *n*
~ **sand** Kies *m*
coat/to beschichten; [an]streichen
coated metal beschichtetes Metall *n*
coating 1. Beschichten *n*; Anstreichen *n*; 2. Schutzschicht *f*; 3. Beschichtungsmaterial *n*, Schutzschichtstoff *m*; Anstrichstoff *m*
~ **adherence** Haftung *f* der Schutzschicht, Haftfestigkeit *f* der Schutzschicht
~ **material** *s.* coating 3.
~ **metal** Schichtmetall *n*, Beschichtungsmetall *n*
~ **of permanent-magnetic particles** Überzug *m* aus permanentmagnetischen Teilchen
~ **treatment** Überzugsbehandlung *f*
cobalt Co Cobalt *n*, Kobalt *n*
~**-base alloy** Cobalt[basis]legierung *f*
cobweb whisker *(Verb)* Spinnwebwhisker *m*
codeposition gemeinsame Abscheidung *f*, Mitabscheidung *f*, Mitablagerung *f*, Koabscheidung *f*
coefficient of expansion Ausdehnungskoeffizient *m*

~ **of kinetic friction** kinetischer Reibungskoeffizient *m*, Gleitreibungskoeffizient *m*
~ **of static friction** statischer Reibungskoeffizient *m*, Haftreibungskoeffizient *m*
~ **of thermal expansion** Wärme[aus]dehnungskoeffizient *m*, thermischer Ausdehnungskoeffizient *m*
coercive force *(Magn)* Koerzitivkraft *f*, Koerzitivfeldstärke *f*
coherence length Kohärenzlänge *f*
~ **of the illuminating electrons** *(Halbl)* Kohärenz *f* der belichtenden Elektronen
coherency Zusammenhalt *m*, Kohärenz *f*
coherent grain boundary *(Krist)* kohärente Korngrenze *f*
~ **phase** kohärente Phase *f*
~ **precipitate** kohärente Ausscheidung *f*
~ **structure** kohärentes Gefüge *n*
cohesive energy *(Halbl)* Kohäsivenergie *f*
~ **strength** Trennfestigkeit *f*
coil-coated material bandbeschichtetes Material *n*
~ **coating** Bandbeschichtung *f (von Materialien)*
coiled configuration gewendelte Konfiguration *f*
coincide/to zusammenfallen, übereinstimmen
coincidence Zusammenfallen *n*, *(zufälliges)* Zusammentreffen *n*
coining Prägen *n*
cold cracking Kaltrißbildung *f*, Kaltrissigkeit *f*
~ **cracking susceptibility** Kaltrißempfindlichkeit *f*
~ **dipping** Kalttauchen *n*, Kalttauchbehandlung *f*
~**-drawable** kaltziehbar
~**-drawing** Kaltziehen *n*
~**-drawn** kaltgezogen
~**-drawn wire** kaltgezogener Draht *m*
~ **ductility** Kaltbildsamkeit *f*, Kaltduktilität *f*
~**-extruded steel** Kaltfließpreßstahl *m*
~ **extrusion** Kaltfließpressen *n*
~ **finishing** Kaltnachwalzen *n*
~ **formability** Kaltbearbeitbarkeit *f*, Kaltumformbarkeit *f*
~ **forming** Kaltbearbeitung *f*, Kalt[um]formen *n*
~ **heading** Kaltstauchen *n*
~ **isostatic pressing** *(Pulv)* isostatisches Kaltpressen *n*
~**-reduce/to** kaltreduzieren, kaltumformen
~ **reduction** Kaltreduzieren *n (z.B. von Blechen)*, Kaltumformen *n* mit hoher Reduktion
~**-roll/to** kaltwalzen
~**-rolled sheet** kaltgewalztes Blech *n*
~**-rolled steel** kaltgewalzter Stahl *m*
~ **rolling** Kaltwalzen *n*
~**-short** kaltbrüchig
~ **shortness** Kaltbrüchigkeit *f*, Kaltsprödigkeit *f*
~**-twisting** Kaltverwinden *n*
~**-wall reactor** *(Halbl)* cold-wall-Reaktor *m*
~ **welding** Kaltverschweißung *f*
~ **workability** Kaltbearbeitbarkeit *f*, Kaltumformbarkeit *f*
~**-workable** kaltumformbar
~ **work embrittlement** Kaltverfestigungsversprödung *f*
~ **working** Kaltbearbeitung *f*, Kalt[um]formen *n*
~**-work tool steel** Kaltarbeitsstahl *m*
collect/to sammeln, auffangen
collective oscillation *(Halbl)* Gruppenschwingung *f*
collector *(Halbl)* Kollektor *m*
~ **current** I_C *(Halbl)* Kollektorstrom *m*
collimate/to kollimieren, parallel richten *(Strahlen)*
collimator Kollimator *m*
colloid Kolloid *n*
colony microstructure Kolonienmikrogefüge *n*
coloured glass farbiges Glas *n*, Farbglas *n*, Buntglas *n*
columbium *s.* niobium
columnar crystal Stengelkristall *m*, säulenförmiger Kristall *m*
~ **grain** steng[e]liges Korn *n*
combat/to bekämpfen
combination of properties Verbindung (Kombination) *f* von Eigenschaften
combustion chamber Verbrennungskammer *f*, Verbrennungsraum *m*, Brennkammer *f*, Feuerraum *m*, Brennschacht *m*
~ **product** Verbrennungsprodukt *n*
~ **sintering** *(Pulv)* Verbrennungssintern *n*
commercial alloy handelsübliche Legierung *f*, Handelslegierung *f*
~ **availability** kommerzielle Verfügbarkeit *f*
~ **grade** Handelsgüte *f*
commercially pure von handelsüblicher Reinheit , technisch rein
commercial quality Handelsgüte *f*
~ **register** Handelsregister *n*
~ **steel** Handelsstahl *m*
~ **use** kommerzieller Gebrauch *m*, kommerzielle Anwendung *f*
comminute/to fein zerkleinern, zerkleinern, pulverisieren
comminution [mechanische] Zerkleinerung *f*, Zerkleinern *n*
common-base current gain *(Halbl)* Stromverstärkung *f* eines Transistors in Basisschaltung
~**-emitter current gain** *(Halbl)* Stromverstärkung *f* eines Transistors in Emitterschaltung
communication wire Fernmeldekabel *n*, Nachrichtenkabel *n*
compact *(Pulv)* Preßteil *n*, Preßling *m*, Pulverpreßkörper *m*
compact/to verdichten
compactability Preßbarkeit *f*
compacted graphite [cast] iron Gußeisen *n* mit Vermiculargraphit, GGV
compact homogeneity *(Pulv)* Preßlingshomogenität *f*
compactibility Verdichtbarkeit *f*, Kompaktierfähigkeit *f*
compaction Verdichtung *f*

~ **pressure** Verdichtungsdruck *m*
~ **technique** Verdichtungstechnologie *f*
compactness Kompaktheit *f*
comparability Vergleichbarkeit *f*
~ **study** Vergleichbarkeitsstudie *f*
comparative measurement Vergleichsmessung *f*
~ **steel** Vergleichsstahl *m*
~ **test** Vergleichstest *m*
~ **value** Vergleichswert *m*
comparison Vergleich *m*
~ **melt** Vergleichsschmelze *f*
~ **specimen** Vergleichsprobe *f*
~ **test** Vergleichstest *m*, Vergleichsuntersuchung *f*
compatibility Verträglichkeit *f*, Kompatibilität *f*
~ **constraints** Kompatibilitätsbeschränkungen *fpl*
compensating dipol Ausgleichsdipol *m*
competition Wettbewerb *m*, Konkurrenz *f*
competitiveness Konkurrenzfähigkeit *f*, Wettbewerbsfähigkeit *f*
competitive reaction Konkurrenzreaktion *f*, Parallelreaktion *f*
competitor material Konkurrenzwerkstoff *m*, wettbewerbsfähiger Werkstoff *m*
complaint Beschwerde *f*, Beanstandung *f*
complementary MOS circuit *(Halbl)* CMOS-Schaltkreis *m*
~ **pattern** Komplementärmuster *n*
completely filled *(Halbl)* vollständig besetzt
complete seizure vollständige Haftung *f*
complex/to komplexieren
complexing reaction *(Halbl)* komplexbildende Reaktion *f*
complexity Komplexität *f*, Kompliziertheit *f*
~ **of geometric shape** Komplexität *f* der goemetrischen Form
compliance Nachgiebigkeit *f*
compliant nachgiebig
component Komponente *f*, Bestandteil *m*; Bauteil *n*
component's resistance Widerstand *m* eines Bauteils, Widerstand *m* einer Komponente
component failure Komponentenausfall *m*, Bauteilausfall *m*
~ **sectioning** Querschliffanfertigung *f* von einem Bauteil
composite Verbundwerkstoff *m*, Verbund *m*
~ **between thermoplastic polymers and carbon black** Verbundwerkstoff *m* aus thermoplastischen Polymeren und Ruß
~ **contact material** Durchdringungsverbundwerkstoff *m*, Sintertränkwerkstoff *m*
~ **laminate** laminierter Verbund *m*, Verbundlaminat *n*
~ **material** Verbundwerkstoff *m*
~ **matrix** Verbundwerkstoffmatrix *f*
~ **metal** Verbundmetall *n (auf beiden Seiten beschichtetes Metall)*
~ **principle** Verbundprinzip *n*
~ **properties** Verbundeigenschaften *fpl*
composites technology Verbundtechnologie *f*
composite structure Verbundaufbau *m*
composition Zusammensetzung *f*
compositional characterization Feststellung *f* der Zusammensetzung, chemische Analyse *f*
~ **superlattice** *(Halbl)* Legierungsübergitter *n*
composition control Zusammensetzungsbeeinflussung *f*, Steuerung *f* der Legierungszusammensetzung
~ **resistor** Kohleschicht-Masse-Widerstand *m*, Kohle[schicht]widerstand *m*, Massewiderstand *m*
compound 1. chemische Verbindung *f*; 2. Kompound *n*, Kompoundmasse *f (bituminöser Isolierstoff)*
III-V compound *(Halbl)* III-V-Verbindung *f*
compound crystal Verbindungskristall *m*
~ **formation** Bildung *f* von chemischen Verbindungen, Verbindungsbildung *f*
compounding stage *(Halbl)* Mischstufe *f*
compound semiconductor Verbindungshalbleiter *m*, zusammengesetzter Halbleiter *m*
~ **semiconductor material** Verbindungshalbleitermaterial *n*
compressibility Kompressibilität *f*
compression Komprimieren *n*, Zusammenpressen *n*, Pressen *n*, Verdichten *n*
~ **hot strength** Heißdruckfestigkeit *f*
~ **moulding** Formpressen *n*, Druckverformen *n*
~ **strength** Druckfestigkeit *f*
~ **test** Druckversuch *m*, Stauchversuch *m*
~ **texture** Stauchtextur *f*
compressive load Druckbelastung *f*
~ **performance** Druckbeständigkeit *f*
~ **residual stress** innere Druckspannung *f*, Druckeigenspannung *f*, Druckrestspannung *f*
~ **strength** Druckfestigkeit *f*
~ **stress** Druckspannung *f*
~ **surface** Kompressionsoberfläche *f*
computer-aided materials selection computergestützte Werkstoffauswahl *f*, rechnergestützte Materialauswahl *f*
~**-aided quality control** rechnergestützte Qualitätskontrolle *f*
~ **numerical control** rechnergeführte numerische Steuerung *f*, CNC
~**-optimized** rechneroptimiert
~ **package** Rechnerprogrammpaket *n*
~ **simulation** Computersimulation *f*
concentration 1. Anreichern *n*, Anreicherung *f (beim Gewinnen von Metall aus Erzen)*; 2. Konzentration *f*, Gehalt *m*
~ **gradient** Konzentrationsgradient *m*, Konzentrationsgefälle *n*
~ **of dopant** *(Halbl)* Dotierungskonzentration *f*
~ **of free carriers** *(Halbl)* Konzentration *f* beweglicher Ladungsträger, Konzentration *f* der freien Ladungsträger
~ **polarization** Konzentrationspolarisation *f*

~ **profile** Konzentrationsprofil *n*
~ **tail** *(Halbl)* Diffusionsschwanz *m (Ionenimplantation)*
concomitant element Begleitelement *n*
concrete Beton *m*
~ **reinforcement** Betonbewehrung *f*
~ **steel** Bewehrungsstahl *m*
condensation polymer Polykondensat *n*
~ **polymerization** Kondensationspolymerisation *f*, Polykondensation *f*
condense/to kondensieren
condenser Kondensator *m*, Verflüssiger *m*, Kühler *m*
condition Zustand *m*, Lage *f*, Beschaffenheit *f*
condition/to konditionieren, aufbereiten, vorbehandeln, anpassen
conditioning Aufbereitung *f*
condition of fracture Bruchbedingung *f*
conditions of environment Umgebungsbedingungen *fpl*
~ **of service** Betriebsbedingungen *fpl*
conducting channel Leitungskanal *m*
~ **material** Leiterwerkstoff *m*
~ **region** leitender Bereich *m*
~ **state** leitender Zustand *m*
conduction Leitung *f (z.B. von Wärme, Elektrizität)*
~ **band** *(Halbl)* Leit[ungs]band *n*
~**-band edge** *(Halbl)* Leitbandkante *f*; *(elopt)* Leitungsbandkante *f*
~**-band minimum** *(Halbl)* Leitungsbandminimum *n*
~ **electron** *(Leit)* Leitungselektron *n*
~ **electron energy spectrum** Leitungselektronen-Energiespektrum *n*
~ **to ground** *(EE)* Erdschluß *m*
conductive leitend, leitfähig
~ **infiltrant** leitfähiges Infiltrant *n*
~ **phase** leitende Phase *f*
~ **pigment** leitendes Pigment *n*
~ **termination** leitender Abschluß *m*
conductivity Leitfähigkeit *f*
conductor material Leiterwerkstoff *m*
conduit Leitungsrohr *n*, Installationsrohr *n*, Kabelrohr *n*
confinement of the mode *(Halbl)* Modusbegrenzung *f*
conform/to sich anpassen
conformability Anpassbarkeit *f*, Anschmiegsamkeit *f*
conformal coating konforme Schutzschicht *f*
congruent melting point zusammenfallender Schmelzpunkt *m*
conjoint action Verbundwirkung *f*, kombinierte Einwirkung *f*
connectivity Bindungsfähigkeit *f*
connector Stecker *m*, Steckverbinder *m*
consolidate/to verfestigen , verdichten
consolidation Verfestigung *f*, Verdichtung *f*
constantan Konstantan *n*
constant load konstante Belastung (Last) *f*
~**-straining corrosion** Constant-Straining-Korrosion *f*
constituent Bestandteil *m (eines Werkstoffs)*
~ **phase** Konstituentenphase *f*
~ **with the larger band gap** *(Halbl)* Bestandteil *m* mit der größeren Bandlücke
constitutional diagram Zustandsdiagramm *n*
~ **supercooling** *(Halbl)* konstitutionelles Unterkühlen *n*
constitutive equation Stoffgesetz *n*
constrained cavity growth *Behinderung des diffusiven Porenwachstums durch das umgebende Material*
constructional steel Konstruktionsstahl *m*, Baustahl *m*
construction material Baustoff *m*
consumable electrode abschmelzende Elektrode *f (beim Auftragschweißen)*
consume/to aufnehmen *(Strom, Leistung)*, verbrauchen; abnehmen, sich [selbst] verzehren
consumption Aufzehrung *f*, Verbrauch *m*
contact bracket *(Leit)* Kontaktunterlage *f*
~ **corrosion** Kontaktkorrosion *f*
~ **flattening** *(Pulv)* Kontaktverbreiterung *f*, Kontaktabflachung *f*
~ **force** *(Leit)* Kontaktkraft *f*
~ **material** *(Leit)* Kontaktwerkstoff *m*
contactor *(Leit)* Schaltschütz *n*, Schütz *n*, Kontaktgeber *m*
contact resistance Kontaktwiderstand *m*
~ **stripe** *(Halbl)* Kontaktstreifen *m*
~ **surface** Kontaktoberfläche *f*
~ **testing** Kontaktprüfung *f*
~ **welding** *(Leit)* Kontaktschweißen *n*
contaminate/to verunreinigen, verschmutzen, kontaminieren
contamination Verunreinigung *f*, Verschmutzung *f*, Kontamination *f*
~ **of the specimen** Probenverunreinigung *f*
continuity Geschlossenheit *f (von Schutzschichten)*
continuous kontinuierlich, endlos
~ **annealing** Durchlaufglühung *f*
~ **casting** Stranggießen *n*, kontinuierliches Gießen *n*, kontinuierlicher Guß *m*
~ **cooling** kontinuierliche Abkühlung *f*
~ **cooling transformation** Umwandlung *f* bei kontinuierlicher (stetiger, fortschreitender) Abkühlung
~ **cooling transformation curve** Umwandlungskurve *f* für konstante Abkühlung
~ **cooling transformation diagram** Zeit-Temperatur-Umwandlungsdiagramm *n* für kontinuierliche Abkühlung, ZTU-Diagramm *n* für kontinuierliche Abkühlung
~ **fibre** Endlosfaser *f*, kontinuierliche Faser *f*
~**-fibre-reinforced** *(Verb)* endlosfaserverstärkt, langfaserverstärkt
~**-filament fibre** Endlosfadenfaser *f*

~-**filament glass fibre** Endlosfaden-Glasfaser *f*
~-**immersion test** Dauertauchversuch *m*, Tauchversuch *m*
continuously annealed steel durchlaufgeglühter Stahl *m*
~ **cast** stranggegossen
continuous phase kontinuierliche Phase *f*
~ **processing** kontinuierliches Verfahren *n*
~ **sintering** *(Pulv)* kontinuierliches Sintern *n*, Bandsintern *n*
contour plot Konturendiagramm *n*
contraction Zusammenziehung *f*, Kontraktion *f*, Einschnürung *f*
~ **cavity** Schrumpflunker *m*, Erstarrungslunker *m*
control cable Steuerkabel *n*
controlled transformation gesteuerte Umwandlung *f*
conventional materials konventionelle Werkstoffe *mpl*
convergent beam electron diffraction konvergente Elektronenstrahlbeugung *f*
converse effect inverser Effekt *m*
~ **piezoelectric effect** reziproker (inverser) piezoelektrischer Effekt *m*
cool/to kühlen, abkühlen
cooling Kühlen *n*, Abkühlen *n*
~ **condition** Kühlbedingung *f*
~ **curve** Abkühlungskurve *f*
~ **cycle** Abkühlungszyklus *m*
~ **rate** Kühlgeschwindigkeit *f*, Abkühl[ungs]geschwindigkeit *f*, Abkühlungsrate *f*
~ **stress** Kühlspannung *f*, Abkühl[ungs]spannung *f*
coordination number Koordinationszahl *f*
copolymer Copolymer *n*, Ko-Polymer *n*
copolymerization Copolymerisation *f*
copolymerize/to copolymerisieren
copper Cu Kupfer *n*
copper/to verkupfern
copper alloy Kupferlegierung *f*
~-**bearing** kupferhaltig
copper(I) chloride CuCl Kupfer(I)-chlorid *n*
copper conductor Kupferleiter *m*
coppering 1. Verkupfern *n*; 2. Abscheiden *n* von Schwammkupfer
copper matrix Kupfermatrix *f*
~-**nickel-cobalt alloy** *(Magn)* CuNiCo-Legierung *f*
~-**nickel-iron alloy** *(Magn)* CuNiFe-Legierung *f*
~ **plate** Kupferschutzschicht *f*, Kupferschicht *f*
coprecipitation Mitfällung *f*
cordierite Cordierit *n*, Magnesiumaluminiumalumopentasilicat *n*
core baking Kerntrocknung *f*
~-**baking oven** Kerntrockenofen *m*
~ **breakdown** Kernzerfall *m* *(Gießereitechnik)*
~-**drying oven** Kerntrockenofen *m*
~ **flash** Kerngrat *m*
~ **hardening** Kernhärtung *f*
~ **hardness** Kernhärte *f*
~ **oven** Kernofen *m*
~ **structure** *(Halbl)* Struktur *f* einer Versetzungsquelle
coring 1. Kernen *n*, Kernbohren *n*, Ziehen *n* von Bohrkernen; 2. Kristallseigerung *f*, Kornseigerung *f*
corona attack *(Nichtl)* Lichtbogenabbrand *m*
~ **resistance (resistivity)** *(Nichtl)* Koronawiderstandsfähigkeit *f*
corrode/to korrodieren, [ver]rosten *(Eisenwerkstoffe)*
corroded component korrodiertes Bauteil *n*
corrodent Korrosionsmedium *n*, Korrosionsmittel *n*, aggressives Medium *n*, Angriffsmittel *n*
~ **reaction** Korrosionsreaktion *f*
corrodibility Korrosionsanfälligkeit *f*, Korrodierbarkeit *f*
corrodible korrosionsanfällig, korrosionsfähig
corroding material korrodierender Werkstoff *m*
~ **metal** korrodierendes Metall *n*
corrosion attack Korrosionsangriff *m*, korrosiver Angriff *m*
~ **behaviour** Korrosionsverhalten *n*
~ **cell** Korrosionselement *n*, Korrosions[kurzschluß]zelle *f*
~ **damage** Korrosionsschaden *m*
~ **failure** Ausfall *m* (Versagen *n*)durch Korrosion, Korrosionsbruch *m*
~ **fatigue** Schwingungsrißkorrosion *f*, Korrosionsermüdung *f*
~ **inhibitor** Korrosionsinhibitor *m*, Korrosionshemmstoff *m*, Korrosionsverzögerer *m*
~ **mechanism** Korrosionsmechanismus *m*
~ **performance** Korrosionsverhalten *n*
~ **prevention** Korrosionsverhütung *f*, Korrosionsverhinderung *f*
~ **problem** Korrosionsproblem *n*
~ **process** Korrosionsvorgang *m*
~ **property** Korrosionseigenschaft *f*
~ **protection** Korrosionsschutz *m*
~ **rate** Korrosionsgeschwindigkeit *f*
~ **resistance** Korrosionsbeständigkeit *f*, Korrosionsfestigkeit *f*, Korrosionswiderstand *m*
~-**resistant** korrosionsbeständig, korrosionsfest, korrosionssicher
~-**resistant alloy** korrosionsbeständige Legierung *f*
~-**resistant material** korrosionsbeständiger Werkstoff *m*
~-**resistant steel** korrosionsbeständiger Stahl *m*
~ **science** Korrosionswissenschaft *f*, Korrosionslehre *f*
~-**sensitive** korrosionsanfällig , korrosionsfähig
~ **studies** Korrosionsuntersuchungen *fpl*
~ **susceptibility** Korrosionsanfälligkeit *f*, Korrodierbarkeit *f*
~ **test** Korrosionsversuch *m*
corrosive korrosiv
~ **attack** Korrosionsangriff *m*, korrosiver Angriff *m*
~ **environment** korrosive Umgebung *f*, Korrosionsmilieu *n*, Korrosionsumgebung *f*

~ **medium** Korrosionsmedium *n*
~ **pit** Korrosionsmulde *f*
~ **reaction** Korrosionsreaktion *f*
~ **wear** korrosiver Verschleiß *m*
corrosivity Korrosivität *f*, Korrosionsvermögen *n*, korrodierende Wirkung *f*
corrugate/to riffeln, riefen , wellen
corrugated geriffelt, gerieft, gewellt
corrugation Riffelung *f*, Wellung *f*, Riefung *f*
corundum Korund *m (α-Aluminiumoxid)*
cosegregate/to mitausscheiden
cosegregation Mitausscheidung *f*
cost of repairs Reparaturkosten *pl*
cotton Baumwolle *f*
counterpressure casting Gegendruckgießen *n*
coupling agent Haftmittel *n*, Haftvermittler *m*
~ **out** *(Halbl)* Auskopplung *f (von Licht)*
covalence Kovalenz *f*
covalent kovalent
~ **bond** kovalente Bindung *f*, Atombindung *m*
~ **radius** Radius *m* der Atombindung
~ **semiconductor** Halbleiter *m* mit kovalenter Bindung
c.p.h. *(Krist)* hexagonal dicht gepackt , hdP
crack Riß *m*
crack/to reißen, rissig werden; [zer]platzen, [zer]springen, bersten, aufspringen, zerreißen
crack advance Rißausbreitung *f*, Rißfortpflanzung *f*, Rißfortschritt *m*
~ **arrest** Rißauffangen *n*, Rißstopp *m*
~ **arrest temperature** Rißauffangtemperatur *f*
~ **blunting** Rißabstumpfung *f*
~ **branching** Verzweigung *f*, Rißverzweigung *f*
~ **closure** Rißschließen *n*
~ **deflection** Rißablenkung *f*
~ **deflection toughening** Rißablenkungsverfestigung *f*
~ **detection** Rißprüfung *f*
~ **direction** Rißrichtung *f*
cracked asphalt rissiger Asphalt *m*
crackedness Rissigkeit *f*
crack extension Rißausweitung *f*, Rißausbreitung *f*
~ **front** Rißfront *f*
~ **geometry** Rißgeometrie *f*
~ **growth** Rißwachstum *n*
~ **growth rate** Rißwachstumsrate *f*
~-**growth toughness** Rißwachstumszähigkeit *f*
~ **impregnation** Rißeindringverfahren *n (Prüfung)*
cracking Reißen *n*, Aufreißen *n*, Rissigwerden *n*, Rißbildung *f*
~ **mechanism** Rißbildungsmechanismus *m*
crack initiation Rißauslösung *f*, Rißkeimbildung *f*, Rißbeginn *m*
~ **initiation temperature** Rißauslösungstemperatur *f*
~ **length** Rißlänge *f*
cracklike rißartig
crack morphology Rißgestalt *f*, Rißform *f*
~ **nucleation** Rißauslösung *f*, Rißkeimbildung *f*, Rißbeginn *m*
~ **opening** Rißöffnung *f*
~ **opening displacement** Rißöffnungsverschiebung *f*, Rißaufweitung *f*
~ **propagation** Rißausbreitung *f*, Rißfortpflanzung *f*, Rißfortschritt *m*
~ **propagation resistance** Rißausbreitungswiderstand *m*, Rißausbreitungsbeständigkeit *f*
~ **route** Rißverlauf *m*
~-**sensitive** rißempfindlich
~ **sensitivity** Rißempfindlichkeit *f*
~ **speed** Rißgeschwindigkeit *f*
~ **stopper** Rißbegrenzer *m*
~ **stopping** Rißabstumpfung *f*
~ **tip** Rißspitze *f*, Rißfront *f*, Rißende *n*
~ **tip blunting** Abrunden (Abstumpfen) *n* der Rißspitze
~ **tip opening displacement** Rißspitzenöffnungsverschiebung *f*
~ **tolerance** Rißtoleranz *f*
~ **velocity** Rißgeschwindigkeit *f*
~-**wake debonding** *(Verb)* Rißspur-Delaminierung *f*
~ **zone** Rißgebiet *n*
craze Mikroriß *m*, Haarriß *m*
craze/to Haarrisse bilden, reißen *(Oberfläche)*
crazing Haarrißbildung *f*
Cr-bearing steel chromhaltiger Stahl *m*
creep Kriechen *n (von Werkstoffen)*, Kriechvorgang *m*
creep/to kriechen *(Werkstoffe)*
creep behaviour Kriechverhalten *n*
~ **crack growth** Kriechrißwachstum *n*
~ **curve** Kriechkurve *f*
~ **damage** Kriechschädigung *f*
~ **deformation** Kriechverformung *f*
~-**deformed** kriechverformt
~ **ductility** Kriechbruchdehnung *f*
~ **fatigue** Kriechermüdung *f*
~ **fracture** Kriechbruch *m*
~ **mechanism** Kriechvorgang *m*
~ **performance** Kriechbeständigkeit *f*
~ **rate** Kriechrate *f*, Kriechgeschwindigkeit *f*
~ **resistance** Kriechfestigkeit *f*, Kriechwiderstand *m*
~-**resistant** kriechfest *a*
~-**resisting steel** kriechfester Stahl *m*
~ **rupture** Kriechbruch *m*
~ **rupture diagram** Zeitstanddiagramm *n*
~ **rupture strength** Kriechbruchfestigkeit *f*
~ **strain** Kriechdehnung *f*, Kriechverformung *f*
~ **straining** Kriechbeanspruchung *f*
~ **strength** Kriechfestigkeit *f*
~ **test** Kriechversuch *m*, Zeitstandversuch *m*
crevice Spalt *m*
~ **corrosion** Spaltkorrosion *f*, *(i.w.S.)* Berührungskorrosion *f*
~ **formation** Spaltbildung *f*

crimp Falte *f*
crimp/to wellig machen, falten
C-ring test C-Ring-Prüfverfahren *n*
critical cold work kritische Kaltverformung *f*
~ **cooling rate** kritische Abkühlungsgeschwindigkeit *f*
~ **cooling time** kritische Abkühlungsdauer *f*
~ **crack length** kritische Rißlänge *f*
~ **current density** kritische Stromdichte *f*
~ **density** kritische Dichte *f*
~ **material properties** kritische Materialeigenschaften *fpl*
~ **particle size** kritische Teilchengröße *f*
~ **point** *(Met)* kritischer Punkt *m*, Haltepunkt *m*
~ **pressure** kritischer Druck *m*
~ **pull-out length** *(Verb)* kritische Faserausreißlänge *f*
~ **shear stress** kritische Schubspannung *f*
~ **strain energy release rate** kritische Geschwindigkeit *f* zum Abbau von Eigenspannungen
~ **strain rate** kritische Dehngeschwindigkeit *f*
~ **stress** kritische Spannung *f*
~ **temperature** kritische Temperatur *f*, Sprungtemperatur *f*, Übergangstemperatur *f*
~ **thickness** kritische Dicke *f*
~ **transformation temperature** kritische Umwandlungstemperatur *f*
Cr-Mo steel Chrom-Molybdän-Stahl *m*
cross-link/to vernetzen
cross-linkable vernetzbar
crosslinked polyethylene vernetztes Polyethylen *n*
~ **polymer** vernetztes Polymer *n*
crosslinking Vernetzung *f*
~ **agent** Vernetzungsmittel *n*
~ **density** Vernetzungsdichte *f*
~ **technique** Vernetzungstechnik *f*
cross-ply *(Verb)* kreuzförmig angeordnet
~**-ply fabric** *(Verb)* Kreuzgewebeverbund *m*
~**-ply laminate** *(Verb)* Kreuzlaminat *n*, Crossply-Laminat *n*, Winkellaminat *n*
~ **section** Querschnitt *m*
~**-sectional area** Querschnittsfläche *f*, Querschnitt *m*
~ **slip** Quergleiten *n*
~**-slip/to** quergleiten *v*
~**-slip frequency** Quergleithäufigkeit *f (Schraubenversetzung)*
~**-slip line** Quergleitlinie *f*
~ **the gap/to** *(Halbl)* die verbotene Zone überwinden
crucible Tiegel *m*, Schmelztiegel *m*
~ **steel** Tiegelstahl *m*
crude rubber Rohkautschuk *m*
~ **steel** Rohstahl *m*
~ **steel production** Rohstahlproduktion *f*
crush/to brechen, [grob]zerkleinern
cryogenic temperature Tieftemperatur *f*
crystal Kristall *m*
~ **analysis** Kristallstrukturanalyse *f*, Feinstrukturanalyse *f*
~ **anisotropy** Kristallanisotropie *f*
~ **column** Kristallsäule *f*
~**-controlled clock** quarzgesteuerter Taktgenerator *m*; Quarzuhr *f*
~ **grower** *(Halbl)* Kristallzüchter *m*
~ **growth** *(Halbl)* Kristallzüchtung *f*, Kristallwachstum *n*
~**-growth process** *(Halbl)* Kristallwachstumsprozeß *m*
~**-growth technology** *(Halbl)* Kristallzüchtungsverfahren *n*
~ **interface** *(Halbl)* Kristallgrenzfläche *f*
~ **lattice** Kristallgitter *n*
crystalline kristallin
~ **defect** Kristallfehler *m*
~ **fracture** kristalliner Bruch *m*
~ **perfection** fehlerfreie Kristallgitterstruktur *f*
~ **phase** kristalline Phase *f*, Kristallphase *f*
~ **polymer** kristallines Polymer *n*
~ **semiconductor** kristalliner Halbleiter *m*
~ **silicon** *(Halbl)* kristallines Silicium *n*
~ **solid** kristalliner Festkörper *m*
~ **to amorphous phase transition** Übergang *m* von der kristallinen zur amorphen Phase
crystallinity Kristallinität *f*
crystallization Kristallisation *f*
~ **velocity** Kristallisationsgeschwindigkeit *f*
crystallize/to kristallisieren
crystallographic kristallographisch
~ **orientation** kristallographische Orientierung *f*
~ **orientation of specimen** kristallographische Probenorientierung *f*
~ **plane** Kristallebene *f*
~ **slip** kristallographisches Gleiten *n*
~ **texture** kristallographische Textur *f*
crystallography Kristallographie *f*
crystal-melt equilibrium Kristallschmelzengleichgewicht *n*
~ **plane** Kristallfläche *f*, Kristallebene *f*
~ **polarity** Polarität *f* eines Kristalls
~ **potential** Kristallpotential *n*
~ **puller** *(Halbl)* Kristallziehanlage *f*
~ **stoichiometry** Kristallstöchiometrie *f*
~ **structure** Kristallstruktur *f*, Kristallbau *m*
~ **symmetry** Kristallsymmetrie *f*
~ **system** Kristallsystem *n*
CSM (chopped strand mat) Glasseidenmatte *f*, gehackte Glasseidenstränge *mpl*
cubic kubisch
~ **close packed** *(Krist)* kubisch dicht gepackt
~ **close packing** *(Krist)* kubisch dichteste Kugelpackung *f*
~ **structure** kubische Struktur *f*
~ **tetragonal structure** kubisch tetragonale Struktur *f*
~ **Pm3m** kubische Raumgruppe *f* Pm3m
cumulative damage kumulativer Schaden *m*

~ **distribution** Summenverteilung *f*
~ **fracture** kumulativer Bruch *m*
~ **particle size distribution** Summenhäufigkeit *f* der Teilchengrößenverteilung
Cunico alloy *(Magn)* CuNiCo-Legierung *f*
Cunife alloy *(Magn)* CuNiFe-Legierung *f*
cup fracture kegelförmiger Bruch *m*, Napfbruch *m*, Becherbruch *m*
cupola Kupolofen *m*, Kuppelofen *m*
cupronickel Kupfer-Nickel-Legierung *f*, Kupfernickel *n*
cure *s.* curing
cure/to [aus]härten
cure cycle Härtungszyklus *m*
~ **time** Aushärtungszeit *f*, Trockenzeit *f*, Härtezeit *f*
Curie temperature T_C kritische Temperatur *f*, Curie-Temperatur *f*
curing Aushärten *n (Farbe, Polymer)*; Trocknung *f*
~ **agent** Aushärtungsmittel *n*, Vulkanisiermittel *n*, Vernetzer *m*
~ **process** Aushärteprozeß *m*
~ **shrinkage** *(Kunst)* Schrumpfen *n* beim Aushärten
~ **temperature** Aushärtungstemperatur *f*, Härtetemperatur *f*
~ **time** Aushärtzeit *f*
current-carrying stromführend *v*
~**-carrying capacity** Strombelastbarkeit *f*
~ **configuration** Momentankonfiguration *f*
~ **density** Stromdichte *f*
~ **direction** Stromrichtung *f*
~ **flow** Stromfluß *m*
~ **gain** *(Halbl)* Stromverstärkung *f*
~ **limitation** Strombegrenzung *f*
~**-noise level** Stromrauschpegel *m*
~ **path** *(Halbl)* Strompfad *m*
~ **saturation** *(Halbl)* Stromsättigung *f*
cusp *(Krist)* Kuspidalpunkt *m*
cut/to schneiden *(z.B. Glas, Papier)*; [zer]schneiden, trennen *(z.B. Kristalle)*; ausschneiden; eingravieren
cutoff mode *(Halbl)* Sperrmodus *m*
~ **wavelength** *(Halbl)* Grenzwellenlänge *f*
cutting Trennen *n*, Schneiden *n*
~ **process** spanendes Verfahren *n*
~ **process** Trennverfahren *n*, Schneidverfahren *n*
~ **process** Brennschneidverfahren *n*
~ **property** Zerspanbarkeit *f*, Schneidfähigkeit *f*
CVD (chemical vapour deposition) CVD-Verfahren *n*, CVD-Beschichtung *f*, chemische Gasphasenabscheidung *f*
cyanidation Cyanidlaugung *f*
cyanide [case-]hardening Karbonitrierhärten *n*
cyaniding Cyanidlaugung *m*
cycles to fracture Bruchlastspielzahl *f*
cyclic failure zyklisches Versagen *n*
~ **fatigue** zyklische Ermüdung *f*
~ **plastic deformation** plastische zyklische Deformation (Verformung) *f*
~ **straining** Dauerschwingbeanspruchung *f*
~ **stress** zyklische Spannung *f*
~ **stress range** zyklischer Spannungsbereich *m*
cylindrical resistor core zylindrischer Widerstandskörper *m*
Czochralski crystal-pulling method Czochralski-Methode *f*, Czochralski-Ziehverfahren *n*
~**-grown** nach dem Czochralski-Verfahren gezüchtet
~ **pulling** Czochralski-Methode *f*, Czochralski-Ziehverfahren *n*

D

Dacron Dacron *n (Polyterephthalat)*
~ **fibre** Dacronfaser *f*
damage/to beschädigen, schädigen
damage accumulation Schadensakkumulation *f*
~ **analysis** Schadenskunde *f*
~ **assessment** Schadenseinschätzung *f*
~ **prediction** Schadensvorhersage *f*, Schadensvoraussage *f*
~ **recovery** Schadensbeseitigung *f*
~ **to fibres** Faserschädigung *f*
~ **tolerance** Schadenstoleranz *f*
~**-tolerant** schadenstolerant
~**-tolerant material** schadenstoleranter Werkstoff *m*
~ **zone** Schadensbereich *m*, Schadenszone *f*
damping Dämmpfungsverhalten *n*, Dämpfen *n (von Schwingungen)*
~ **capacity** Dämpfungskapazität *f*
~ **capacity of materials** Werkstoffdämpfung *f*
~ **properties** Dämpfungsverhalten *n*
dangling bond *(Halbl)* nichtpaarige (lose) Bindung *f (im Kristallgitter)*
dark current *(Halbl)* Dunkelstrom *m*
„dark-line" defect *(Halbl)* „dark-line"-Defekt *m*
data base Datenbank *f*
DCB test Doppelbalkenbiegeversuch *m*
d.c. field Gleichfeld *n*
dead beruhigt, ruhig
~ **mild (soft) steel** weicher Stahl *m*, Flußstahl *m*
deagglomeration Deagglomeration *f*
deal with/to befassen mit
debris Bruchstücke *npl*, Schutt *m*, Kristalltrümmer *pl*
~ **particle** Verschleißteilchen *n*
decarburization Entkohlen *n*
~ **resistance** Entkohlungswiderstand *m*
decarburize/to entkohlen
decay/to abfallen, abklingen
decay constant Zerfallskonstante *f*
decohesion Dekohäsion *f*
decolourization Entfärbung *f*
decompose/to zerfallen, sich zersetzen
decomposition Zerlegung *f*, Zersetzung *f*, Zerfall *m*, Abbau *m*
~ **of hydroxyl groups** Abspaltung *f* der Hydroxylgruppen

~ **of the solid solution** Mischkristallzerfall *m*
~ **point** Zersetzungspunkt *m*, Zerfallspunkt *m*
decoration Dekoration *f*
decorative casting decoratives Gußstück *n*
decrease/to abnehmen, reduzieren, verringern
decreasing temperature abnehmende Temperatur *f*
deep drawability Tiefziehfähigkeit *f*
~ **drawing** Tiefziehen *n*
~ **drawing steel** Tiefziehstahl *m*
~ **hardening steel** tiefhärtender Stahl *m*
~ **level** *(Halbl)* tiefliegendes Niveau *n*
~**-lying impurity centre** *(Halbl)* tiefliegendes Störstellenzentrum *n*
~ **non-radiative recombination level** *(Halbl)* tiefes nichtstrahlendes Rekombinationsniveau *n*
~ **trap** *(Halbl)* tiefliegende Haftstelle *f*
defect Defekt *m*, Fehler *m*, Baufehler *m*, Fehlstelle *f*
~ **aggregation** *(Halbl)* Baufehleraggregation *f*
~ **analysis** Fehleranalyse *f*; Störstellenanalyse *f*
~ **chemistry** Störstellenchemie *f*
~ **density** Fehlstellendichte *f*
~ **distribution** Fehlstellenverteilung *f*
~ **formation** Fehlstellenbildung *f*
~**-free** defektfrei
~**-free crystal** idealer Kristall *n*, Idealkristall *n*
~**-free superconductor** störstellenfreier Supraleiter *m*
~ **in welding** Schweißfehler *m*
defective part Ausschußteil *n*
defect scattering Streuung *f* an Störstellen
~ **state** Defektzustand *m*
~ **structure** Realstruktur *f*
deficiency of anions Anionenmangel *m*
~ **of cations** Kationenmangel *m*
deflect/to 1. ablenken, auslenken; 2. sich durchbiegen *(Strukturwerkstoff)*
deflection 1. Ablenkung *f*, Auslenkung *f*; 2. Durchbiegung *f*
deflective strength Biegefestigkeit *f*
defoaming agent Entschäumer *m*, Entschäumungsmittel *n*, Antischaummittel *n*
defocus Fokusfehler *m*
deform/to deformieren, verformen; sich verformen
deformability Verformbarkeit *f*
deformable verformbar; umformbar
deformation Deformation *f*; Umformung *f*
~ **band** Deformationsband *n*
~ **behaviour** Verformungsverhalten *n*
~ **crack** Verformungsriß *m*
~ **energy** Formänderungsarbeit *f*
~ **gradient** Deformationsgradient *m*
~ **heat** Umformwärme *f*
~**-induced** verformungsinduziert
~**-induced martensite transformation** verformungsinduzierte Martensitumwandlung *f*
~**-induced recrystallization** verformungsinduzierte Rekristallisation *f*
~ **martensite** Verformungsmartensit *m*
~ **measurement** Deformationsmessung *f*
~**-potential scattering** *(Halbl)* Streuung *f* am Verformungspotential
~ **process** Verformungsvorgang *m*; Umformvorgang *m*
~ **rate** Verformungsgeschwindigkeit *f*; Umformgeschwindigkeit *f*
~ **resistance** Verformungswiderstand *m*; Umformwiderstand *m*
~ **structure** Verformungsgefüge *n*, Verformungsstruktur *f*
~ **texture** Verformungstextur *f*
~ **twin** Deformationszwilling *m*
2DEG (two-dimensional electron gas) *(Halbl)* zweidimensionales Elektronengas *n*, 2DEG *n*
degassing Entgasen *n*, Entlüften *n*
degeneracy Entartung *f*
degenerate/to entarten
degenerated graphite entarteter Graphit *m*
~ **structure** entartetes Gefüge *n*
degenerate eutectic structure entartetes eutektisches Gefüge *n*
~ **valence-band maximum** *(Halbl)* entartetes Valenzbandmaximum *n*
degradation 1. Abbau *m*, Zersetzung *f*; 2. Verschlechterung *f*, Güteverlust *m*
~ **of properties** Verschlechterung *f* der Eigenschaften
degrade/to abbauen, zerlegen, degradieren; sich zersetzen
degree of compaction Verdichtungsgrad *m*
~ **of compactness** Kompaktheitsgrad *m*
~ **of compatibility** Kompatibilitätsgrad *m*
~ **of conversion** Umwandlungsgrad *m*
~ **of crosslinking** Vernetzungsgrad *m*
~ **of crystallinity** Kristallinitätsgrad *m*
~ **of difficulty** Schwierigkeitsgrad *m*
~ **of dilution** Verdünnungsgrad *m*
~ **of formation** Verformungsgrad *m*
~ **of freedom** Schwingungsfreiheitsgrad *m*, Freiheitsgrad *m*
~ **of homogenization** Homogenisierungsgrad *m*
~ **of order** Ordnungsgrad *m*
~ **of orientation** Orientierungsgrad *m*
~ **of oxidation** Oxidationsgrad *m*
~ **of plasticity** Grad *m* der Formbarkeit
~ **of protection** Schutzgrad *m*
~ **of purity** Reinheitsgrad *m*
~ **of saturation** Sättigungsgrad *m*
~ **of supersaturation** Grad *m* der Übersättigung
~ **of swelling** Quellungsgrad *m*
dehydrate/to entwässern, dehydratisieren
dehydrogenization annealing Wasserstoffarmglühung *f*
delaminate/to aufblättern, sich [schichtenweise] aufspalten; [auf]spalten *(Schichtstoffe)*
delamination *(Verb)* Delamination *f*, Schichtentrennung *f*, Schicht[en]spaltung *f*
~ **cracking** Delaminationsreißen *n*

delayed fracture verzögerter Sprödbruch *m*
deleterious schädlich
~ **effect** nachteiliger Effekt *m*, schädliche Wirkung *f*
deliberate addition absichtliche Zugabe *f*
delivery date Liefertermin *m*
~ **schedule** Lieferfrist *f*
delocalized state *(Halbl)* delokalisierter Zustand *m*
delta ferrite Delta-Ferrit *m*
~ **iron** Deltaeisen *n*
demagnetized state *(Magn)* entmagnetisierter Zustand *m*
demonstrate/to vorführen
dendrite arm spacing Dendritenarmabstand *m* *(Maß für die Entmischung)*
~ **boundary** Dendritengrenze *f*
~ **crystal** Dendrit *m*, dendritischer Kristall *m*, Baumkristall *m*
dendritic dendritisch, verzweigt, verästelt
~ **grain** dendritisches Korn *n*
~ **powder** dendritisches Pulver *n*
~ **segregation** dendritische Seigerung *f*
~ **structure** Dendritengefüge *n*
denitration Denitrierung *f*, Denitrieren *n*
dense dicht
densest-packed atomic plane dichtest gepackte Atomebene *f*
~**-packed atomic row** dichtest gepackte Atomreihe *f*
~ **packing** *(Krist)* dichteste Packung *f*
densifiable verdichtbar
densification Verdichtung *f*
~ **aid** Verdichtungshilfsmittel *n*
~ **rate** Verdichtungsgeschwindigkeit *f*
densify/to verdichten
density Dichte *f*, Raumdichte *f (Masse je Volumeneinheit)*; Wichte *f*, spezifisches Gewicht *n* *(Gewicht je Volumeneinheit)*
~ **of elements** *(Halbl)* Integrationsgrad *m*
~ **of packing** Packungsdichte *f*
dent Eindruck *m*, Beule *f*, Delle *f*
dental amalgam Zahnamalgam *n*
denting Eindrücken *n*, Einbeulen *n*
deoxidant Desoxidationsmittel *n*, Reduktionsmittel *n*
deoxidation Desoxidation *f*, Reduktion *f*
~ **technique** Desoxidationstechnologie *f*
deoxidize/to desoxidieren, reduzieren
deoxidizer, deoxidizing agent *s.* deoxidant
~ **effect** Desoxidationseffekt *m*
dependence Abhängigkeit *f*
depend on/to abhängen von
dephosphorization Entphosphorung *f*
dephosphorize/to entphosphoren
deplete/to erschöpfen; entleeren
depletion Erschöpfung *f*; Entleerung *f*
~**-mode** *(Halbl)* Verarmungsbetrieb *m*
~**-mode device** *(Halbl)* selbstleitendes Bauelement *n (z.B. MOSFET)*, Bauelement *n* im Verarmungsbetrieb
~ **of carbon** Kohlenstoffverarmung *f*
~ **region** *(Halbl)* Verarmungsgebiet *n*
depolymerized rubber fließfähiger Kautschuk *m*
deposit/to sich absetzen, sich abscheiden; ablagern, abscheiden
~ **from the vapour phase** aufdampfen
~ **layers onto substrates** *(Halbl)* Schichten auf Substrate aufbringen
deposition Abscheiden *n*, Ablagerung *f*
~ **of insulating material** *(Halbl)* Isolierstoffabscheiden *n*
~ **rate** Abscheidungsgeschwindigkeit *f*
~ **reaction** Abscheidungsreaktion *f*
depth of hardening Härtungstiefe *f*, Härtetiefe *f*
~ **of penetration** Eindringtiefe *f*
~ **profile** Tiefenprofil *n*
desalination Entsalzung *f*
desalt/to entsalzen
desalter Wasserentsalzungsapparat *m*
design konstruktive Gestaltung *f*, Bauteilgestaltung *f*, Formgestaltung *f*, Formgebung *f*
design/to gestalten
designate/to bezeichnen, benennen
designation Bezeichnung *f*, Benennung *f*; Typenbezeichnung *f*
design deficiency Konstruktionsfehler *m*, Konstruktionsmangel *m*
~ **life** Einsatzzeit *f*, geplante Lebensdauer *f*
desiliconization Entsilizierung *f*
desiliconize/to entsilizieren
desirable erwünscht
destabilization Entstabilisierung *f*
destroy/to zerstören
destruction Zerstörung *f*
destructive chemical reaction zerstörende chemische Reaktion *f*
~ **electrochemical reaction** zerstörende elektrochemische Reaktion *f*
~ **testing** zerstörende Werkstoffprüfung *f*
~ **testing** zerstörende Prüfung *f*
desulphurization Entschwefeln *n*
desulphurize/to entschwefeln
desulphurizing Entschwefeln *n*
detach/to ablösen
detachment Ablösung *f*
detailed crystal lattice potential *(Leit)* konkretes Kristallgitterpotential *n*
detection of radioactivity Nachweis *m* von Radioaktivität
~ **sensitivity** Nachweisempfindlichkeit *f*
detectivity Nachweisfähigkeit *f*
detergency Reinigungsvermögen *n*, Reinigungskraft *f*
detergent Waschmittel *n*, Reinigungsmittel *n*
deteriorate/to sich zersetzen *(Werkstoff)*; verschlechtern
deterioration Verschlechterung *f*; Herabminderung *f*
determination of melting point Schmelzpunktbestimmung *f*
~ **of order** Ordnungsbestimmung *f*

determine/to bestimmen, feststellen
detrimental schädlich
~ **effect** nachteiliger Effekt *m*, schädliche Wirkung *f*
deuterated ammonium dihydrogen phosphate $ND_4D_2PO_4$ deuteriummarkiertes (deuteriertes) ADP *n*, AD*P *n*
~ **potassium dihydrogen phosphate** (KD*P) *(elopt)* deuteriummarkiertes Kaliumdihydrogenphosphat *n*
deviate/to abweichen *(z.B. Meßergebnisse)*; ablenken
deviation Abweichung *f*
device operating temperature *(Halbl)* Betriebstemperatur *f* eines Bauelements
~ **operation** *(Halbl)* Betreiben *n* eines Bauelements
~ **processing** *(Halbl)* Bauelementbearbeitung *f*
~ **use** Verwendung *f* in Bauelementen (Komponenten)
~**-worthy substrate** *(Halbl)* bauelement-geeignetes Substrat *n*
devitrification Entglasung *f*
devitrified glass Glaskeramik *f*
devitrify/to entglasen
dewetting *(Halbl)* Entnetzen *n*
dewpoint Taupunkt *m*
dezincification Entzinkung *f*
diamond Diamant *m*
~ **indenter** Eindringkörper *m* aus Diamant
~**-pyramid hardness** Vickershärte *f*, HV
~**-pyramid hardness number** Härtekennwert *m* nach Vickers
~**-pyramid hardness test** Härteprüfverfahren *n* nach Vickers
~ **structure** Diamantstruktur *f*
diborane B_2H_6 *(Halbl)* Diboran *n*
die Form *f*, Gesenk *n*, metallische Dauergießform *f*, Metallform *f*, Kokille *f*, Preßwerkzeug *n (Pulvermetallurgie)*; *(Kunst)* Düse *f*
~ **casting** 1. Druckguß *m*, Druckgießen *n*, Kokillenguß *m (i.e.S.)*; 2. Druckgußstück *n*, Druckgußteil *n*
~ **compaction** *(Pulv)* Preßverformung *f*
dielectric Dielektrikum *n*, Nichtleiter *m*
~ **breakdown strength** *(Halbl)* dielektrische Durchschlagfestigkeit *f*
~ **coefficient (constant)** $\varepsilon = \varepsilon_0 \cdot \varepsilon_r$ Permittivität *f*, dielektrische Konstante *f*, Dielektrizitätskonstante *f*
~ **heating** *(Nichtl)* HF-Heizung *f*, HF-Erwärmung *f*
~ **hysteresis** dielektrische Nachwirkung (Hysterese) *f*
~ **imperfection** dielektrischer Defekt *m*
~ **insulation** *(Nichtl)* Feststoffisolation *f*, Massivisolation *f*, Isolierung *f* aus festen Isolierstoffen
~ **loss** *(Halbl)* dielektrischer Verlust *m*
~ **medium** *(Nichtl)* dielektrisches Medium *n*
~ **property** *(Nichtl)* isolierende (dielektrische) Eigenschaft *f*
~ **strength** *(Nichtl)* Durchschlag[s]festigkeit *f*, Spannungsfestigkeit *f*, dielektrische Festigkeit *f*
~ **strength after aging** *(Nichtl)* Durchschlagfestigkeit *f* nach Alterung
~ **strength after corona attack** *(Nichtl)* Durchschlagfestigkeit *f* nach Lichtbogenabbrand
~ **strength in humidity** *(Nichtl)* Durchschlagfestigkeit *f* bei Feuchtigkeit
~ **test method** dielektrische Prüfmethode *f*
die steel Formen[bau]stahl *m*, Matrizenstahl *m (Umformtechnik)*
differential aeration unterschiedliche Belüftung *f*
~ **thermal analysis** Differentialthermoanalyse *f*
diffracted beam gebeugter Strahl *m*
diffraction of electrons *(Leit)* Elektronenbeugung *f*
~ **pattern** Beugungsbild *n*, Beugungsdiagramm *n*
~ **peak broadening** Beugungspeakverbreiterung *f*
diffractometer Diffraktometer *n*
diffractometric diffraktiometrisch
diffuse/to [ein]diffundieren, eindringen *(in feiner Verteilung)*
diffuse reflection *(elopt)* diffuse Reflexion *f*
diffusion Diffusion *f*
diffusional creep Diffusionskriechen *n*
~ **homogenization** Homogenisieren *n*, Homogenisierungsglühen *n*, Diffusionsglühen *n*
~ **solidification** Diffusionserstarrung *f*
~ **transport** Diffusionstransport *m*
diffusion annealing Diffusionsglühen *n*, Ausgleichsglühen *n*
~ **barrier** Diffusionsbarriere *f*
~ **bonding** Diffusionsverbindung *f*, Diffusionsbindung *f*
~ **coefficient** Diffusionskoeffizient *m*, Diffusionskonstante *f*
~ **condition** Diffusionsbedingung *f*
~**-controlled growth** diffusionsgesteuertes Wachstum *n*
~**-controlled nucleation** diffusionsgesteuerte Keimbildung *f*
~**-controlled shear transformation** diffusionsgesteuerte Scherumwandlung *f*
~**-controlled transformation** diffusionsgesteuerte Umwandlung *f*
~ **current** *(Halbl)* Diffusionsstrom *m*
~ **distance** Diffusionsabstand *m*
~ **equation** Diffusionsgleichung *f*, Diffusionsgesetz *n*
~ **length** Diffusionslänge *f*
~ **path** Diffusionsweg *m*
~ **rate** Diffusionsgeschwindigkeit *f*
~ **saturation** Diffusionssättigung *f*
~ **welding** Diffusionsverschweißen *n*
diffusive flux Diffusionsstrom *m*
diffusivity 1. Diffusionsfähigkeit *f*, Diffusionsvermögen *n*; 2. Diffusionskoeffizient *m*, Diffusionskonstante *f*
dihedral angle *(Pulv)* Dihedralwinkel *m*, Kontaktgrenzenfurchenwinkel *m*
dilatation Dilatation *f*, Ausweitung *f*, Expansion *f*; Wärmeausdehnung *f*

dilatometric dilatometrisch
dilatometry Dilatometrie *f*
diluent Verdünnungsmittel *n*, Verdünner *m*, Streckungsmittel *n*
dilute verdünnt; schwach
~ **acid** verdünnte Säure *f*
~ **alloy** niedriglegierte Legierung *f*
~ **pearlite** verdünnter Perlit *m (mit geringerem Zementitgehalt)*
~ **solution** verdünnte Lösung *f*
~ **state** verdünnter Zustand *m*
dilution Verdünnung *f*, Streckung *f*
dimension Dimension *f*
dimensional accuracy Maßgenauigkeit *f*
~ **change** Maßänderung *f*
~ **instability** Formunbeständigkeit *f*
dimensionality of ferroelectric crystals Dimensionalität *f* ferroelektrischer Kristalle
dimensional shrinkage Volumenschwund *m*, Volumenverkleinerung *f*
~ **stability** Formbeständigkeit *f*
~ **tolerance** Maßtoleranz *f*
dimerization Dimerisation *f*, Dimerisierung *f*
dimple Grübchen *n*
~ **fracture** Grübchenbruch *m*
diode Diode *f*
~ **array** *(Halbl)* Diodenfeld *n*
dip/to eintauchen, tauchen
dip coating Tauchbeschichten *n*
~ **hardening** Tauchhärten *n*
dipolar molecule *(Nichtl)* Dipolmolekül *n*, polares Molekül *n*
~ **rotation** Dipolrotation *f*
dipole layer Dipolschicht *f*
dipping Tauchen *n*, Tauchbehandlung *f*
~ **technique** Tauchtechnik *f*
direct-band-gap *(Halbl)* mit direktem Bandabstand
direct band gap *(Halbl)* direkter Bandabstand *m*
directed metal melt oxidation gerichtete Oxidation *f* von Metallschmelzen *(Verfahren zur Herstellung von Keramik-Matrix-Verbundwerkstoffen)*
direct-gap III-V compound *(Halbl)* III-V-Verbindung *f* mit direktem Bandabstand
~**-gap material** Halbleitermaterial *n* mit direktem Bandabstand
~**-gap semiconductor** Halbleiter *m* mit direktem Bandabstand
directional covalent bond *(Halbl)* gerichtete kovalente Bindung *f*
~ **fibre composite** *(Verb)* gerichteter Faserverbund *m*
directionality Richtungsabhängigkeit *f*
directionally solidified alloy gerichtet erstarrte Legierung *f*
directional recrystallisation gerichtete Rekristallisation *f*
~ **solidification** gerichtete Erstarrung *f*
direct ion implantation *(Halbl)* direkte Ionenimplantation *f*
direction of a light beam Richtung *f* eines Lichtstrahls
~ **of emission** Emissionsrichtung *f*
~ **of growth** Wachstumsrichtung *f*
~ **of projection** Projektionsrichtung *f*
direct orbital overlap *(Halbl)* direkte Überlappung *f* der Orbitale
~ **piezoelectric effect** direkter Piezoeffekt (piezoelektrischer Effekt) *m*
~ **recombination** *(Halbl)* direkte Rekombination *f*
~ **reduction process** *(Met)* Direktreduktionsverfahren *n*
disadvantage Schaden *m*
disappearing-filament pyrometer Glühfadenpyrometer *n*
discharge treatment Entladungsbehandlung *f*
discoloration Verfärbung *f*, Farb[ver]änderung *f*
discolour/to verfärben; entfärben; sich verfärben
discontinuity Unstetigkeitsstelle *f*, Unterbrechung *f*
discontinuous diskontinuierlich
~ **fibre** diskontinuierliche Faser *f*
~ **grain growth** diskontinuierliches Kornwachstum *n*
discrete device *(Halbl)* diskretes Bauelement *n*
~ **leaded resistor** diskreter Widerstand *m* mit Anschlüssen
~ **resistor** diskreter Widerstand *m*
discriminate/to einzeln erkennen
discrimination Unterscheidung *f*
disintegration Zerkleinerung *f (Herstellung von Pulvern)*; Zerstörung *f*
dislocation Versetzung *f*, Dislokation *f (Werkstofffehler)*
~ **annihilation** Versetzungsauflösung *f*
~ **annihilation rate** Versetzungsauflösungsgeschwindigkeit *f*
~ **climb** Versetzungsklettern *n*
~**-controlled densification** *(Pulv)* versetzungsgesteuerte Verdichtung *f*
~**-core diffusion** Diffusion *f* durch den Versetzungskern
~ **creep** Wandern *n* von Versetzungen, Versetzungskriechen *n*
~ **density** Versetzungsdichte *f*
~ **etching** Versetzungsätzen *n*
~ **forest** Versetzungswald *m*
~ **formation** Bildung *f* von Versetzungen
~**-free** versetzungsfrei
~**-free material** versetzungsfreies Material *n*
~ **glide** Versetzungsgleiten *n*
~ **interaction** Versetzungswechselwirkung *f*
~ **loop** Versetzungsschleife *f*, Versetzungsring *m*, Versetzungsdipol *m*
~ **mobility** Versetzungsbeweglichkeit *f*
~ **motion** Versetzungsbewegung *f*
~ **network** Versetzungsnetzwerk *n*
~ **pile-up** Versetzungsanhäufung *f*, Versetzungsaufstauung *f*
~ **pinning** Versetzungsverankerung *f*

~ **population** Versetzungspopulation *f*
~ **slip** Versetzungsgleiten *n*
~ **source** Versetzungsquelle *f*
~ **strengthening** Versetzungsverfestigung *f*
~ **structure** Versetzungsstruktur *f*
~ **velocity** Versetzungsgeschwindigkeit *f*
~ **wall** Versetzungswall *m*
disorder Fehlordnung *f*
disordered interface *(Halbl)* fehlgeordnete Grenzschicht *f*
dispersed phase dispergierte Phase *f*
dispersion Dispersion *f*
~ **ceramics** Dispersionskeramik *f*
~ **hardening** Dispersionsaushärtung *f*
~**-hardening alloy** dispersionshärtende Legierung *f*
~ **strengthen/to** dispersionsverfestigen
~**-strengthened** dispersionsgehärtet
~**-strengthened alloy** dispersionsgehärtete Legierung *f*
~**-strengthened material** dispersionsverfestigter Werkstoff *m*
~ **strengthening** Dispersionshärtung *f*
dispersoid Dispersoid *m*
displace/to verdrängen; verschieben
~ **domain walls** Domänenwände verschieben
displacement Verdrängen *n*, Verdrängung *f*; Verschiebung *f*
~ **vector** Verschiebungsvektor *m*
display device Anzeigeeinrichtung *f*, Wiedergabeeinrichtung *f*
disposal Beseitigung *f*, Entsorgung *f*, Entfernen *n*
disrupt/to zerreißen, [zer]trennen, unterbrechen
dissipation Dissipation *f*, Vernichtung *f*, Verlust *m* *(Energie, Leistung)*
~ **factor** *(Nichtl)* tan d, [dielektrischer] Verlustfaktor *m*
dissociability Dissoziationsfähigkeit *f*
dissociable compound *(Halbl)* dissoziable Verbindung *f*
dissociation pressure *(Halbl)* Dissoziationsdruck *m*
dissociative[ly] *(Nichtl)* dissoziativ
dissolution process Auflösungsprozeß *m*, Auflösungsvorgang *m*
dissolve/to sich auflösen
dissolved oxygen gelöster Sauerstoff *m*, Gelöstsauerstoff *m*
distillation Destillieren *n*
~ **process** Destillationsverfahren *n*, Retortenverfahren *n*
distort/to verdrehen, verzerren, verziehen; sich verformen *(Kunststoff)*
distortion Verdrehung *f*, Verzerrung *f*, Verziehung *f* *(Formfehler)*
distribute/to verteilen
distribution Verteilung *f*
~ **function** Verteilungsfunktion *f*
disturb/to stören
disturbance Störung *f*
divorced cementite Kugelzementit *m*
~ **pearlite** kugeliger Perlit *m*
DMC (dough moulding compound) *(Verb)* teigige Halbzeugmasse *f* zur Verbundwerkstoffherstellung
domain Domäne *f*
~ **boundary** Domänengrenze *f*
~ **structure** Domänenstruktur *f*
~ **volume** Domänenvolumen *n*
~ **wall** Domänenwand *f*; Blochsche Wand *f*, Blochwand *f*
dome LED *(Halbl)* Kugelleuchtdiode *f*
donor *(Halbl)* Donator *m*
~ **atom** *(Halbl)* Dotierungsatom *n*
~ **concentration** *(Halbl)* Donatordichte *f*
~ **level** Donatorniveau *n*
~ **state** *(Halbl)* Donatorzustand *m*
dopant *(Halbl)* Dotierungssubstanz *f*, Verunreinigungssubstanz *f*, Dotand *m*
~ **concentration** *(Halbl)* Dotierungskonzentration *f*
~ **impurity** *(Halbl)* Dotierungsverunreinigung *f*, Fremdverunreinigung *f*
~ **incorporation** *(Halbl)* Einbau *m* von Dotierungsatomen
~ **profile** *(Halbl)* Störstellenprofil *n*, Dotierungskonzentrationsprofil *n*
~ **segregation** *(Halbl)* Abscheidung *f* der Dotierungssubstanz
dope/to *(Halbl)* dotieren, zusetzen
doped barium titanate *(Halbl)* dotiertes Bariumtitanat *n*
doping *(Halbl)* Dotierung *f*
~ **additive** Dotierzusatz *m*, Dotierwirkstoff *m*
~ **level** *(Halbl)* Dotierungsniveau *n*
double cantilever beam test Doppelbalkenbiegeversuch *m*
~ **heterostructure design** *(Halbl)* Doppel-Heterostruktur-Konstruktion *f*
~ **quenching** Doppelabschrecken *n*
~ **tempering** Zweifachtempern *n*
~ **tensor** Tensor *m* 2. Stufe, zweistufiger Tensor *m*
doubly degenerated valence-band maximum *(Halbl)* zweifach entartetes Valenzbandmaximum *n*
~ **metallized paper** beidseitig metallisiertes Papier *n*
dough teigartige Masse *f*, Paste *f*
~ **moulding compound** (DMC) *(Verb)* teigige Halbzeugmasse *f* zur Verbundwerkstoffherstellung
downward transitions rate *(Halbl)* Anteil *m* der Abwärtsübergänge
drain *(Halbl)* Drain *m*, Drain-Elektrode *f*, Ausgangselektrode *f*, Senke *f*
drapability *(Verb)* Drapierfähigkeit *f*
drape *(Verb)* Formbarkeit *f* *(eines Prepregs)*
draw/to ziehen *(z.B. Glas, Kunststoffe)*; recken, strecken *(Fasern, Folien)*

drawability Ziehfähigkeit *f*, Ziehvermögen *n*
drawable ziehbar
drawing Ziehen *n (von Glas, Kunststoffen)*
drawn wire gezogener Draht *m*
drift Drift *f*, Abdrift *f*, Abtreiben *n*
~ **current** *(Halbl)* Driftstrom *m*
~ **velocity** *(Halbl)* Driftgeschwindigkeit *f*
drive current *(Halbl)* Ansteuerungsstrom *m*
driving force Triebkraft *f*, treibende Kraft *f*
drop 1. Tropfen *m*; 2. Sinken *n*, Abfallen *n*, Abfall *m (von Meßwerten)*
drop/to [ab]sinken, [ab]fallen *(z.B. Meßwerte)*
~ **energy** *(Halbl)* Energie absenken
drop in drift velocity *(Halbl)* Abfall *m* der Driftgeschwindigkeit
droplet Schmelztropfen *m*
dross Schaum *m*, Schlacke *f*
drossing Abziehen *n*, Schaumabheben *n (Nichteisenmetalle)*
dry/to trocknen
dry air Heißluft *f*
~ **atmospheric corrosion** Trockenkorrosion *f*
drying process Trocknungsverfahren *n*, Trockenprozeß *m*
~ **rate** Trocknungsgeschwindigkeit *f*
~ **shrinkage** Trocknungsschrumpfen *n*
dry oxidation Hochtemperaturoxidation *f*, trockene Oxidation *f*, chemische Korrosion *f*, Oxidation *f* in trockener Atmosphäre
~**-press process** Trockenpreßverfahren *n*
~ **process** Trockenverfahren *n*, trockenes Verfahren *n*
~**-sand moulded test bar** in Trockensand geformter Prüfstab *m*
~**-type** *(Nichtl)* Trocken...
~**-type apparatus** *(Nichtl)* Trockengerät *n*
~ **weight** Trocken[stoff]masse *f*
dual in-line moulded package Doppelreihengehäuse *n*
~**-phase steel** Dualphasenstahl *m*
~ **phase strengthening** Zweiphasenverfestigung *f*
~ **phase structure** Zweiphasengefüge *n*
ductile duktil, dehnbar, streckbar
~ **alloy** duktile Legierung *f*
~ **behaviour** duktiles Verhalten *n*
~**-brittle transition** Zäh-Spröd-Übergang *m*
~**-brittle transition temperature** Versprödungstemperatur *f*
~ **cast iron** Gußeisen *n* mit Kugelgraphit, sphärolithischer Grauguß *m*, globularer Grauguß *m*, GGG
~ **fracture** Verformungsbruch *m*, Dehnungsbruch *m*, Zähbruch *m*
~ **iron** *s.* ~ cast iron
~ **material** duktiler Werkstoff *m*
~ **material behaviour** zähes Werkstoffverhalten *n*
~ **metal** ductiles Metall *n*
ductility 1. Duktilität *f*, Bruchverformung *f*; 2. Duktilität *f*, Dehnbarkeit *f*, Streckbarkeit *f*, Formbarkeit *f*

dumb[b]ell *(Halbl)* Hantel *f*
duplex process Zweistufenverfahren *n*
~ **[stainless] steel** Duplexstahl *m*
~ **structure** zweiphasiges Gefüge *n (von Mischkristallen)*
durability Haltbarkeit *f*, Dauerhaftigkeit *f*, Dauerbeständigkeit *f*
duraluminium Duraluminium *n*
duranickel Duranickel *n*
duration Dauer *f*
duromer Duromer *n (hartelastischer Kunststoff)*
duty cycle Arbeitszyklus *m*, Betriebszyklus *m*
dye Farbstoff *m (als Füllstoff)*
dye/to einfärben *(z.B. Oxidschichten)*
dye penetrant inspection [method] Farbdiffusionsverfahren *n (Oberflächenrißprüfung)*
dynamic compaction *(Pulv)* Rüttelverdichtung *f*, Vibrationsverdichtung *f*
~ **fatigue** dynamische Ermüdung *f*
~ **loading** dynamische Belastung *f*
~ **recrystallization** dynamische Rekristallisation *f*
~ **tensile test** dynamischer Zugversuch *m*
dysprosium Dy Dysprosium *n*

E

earing Zipfelbildung *f (beim Tiefziehen)*
earthenware Steingut *n*
ease of fabrication leichte Herstellbarkeit *f*
~ **of forming** leichte Formbarkeit *f*
~ **of joining** leichte Fügbarkeit *f*
~ **of machining** leichte Zerspanbarkeit *f*
ecological harmlessness ökologische Unbedenklichkeit *f*
economic feasibility ökonomische Machbarkeit (Durchführbarkeit) *f*
eddy current *(EE)* Wirbelstrom *m*
~**-current losses** *(EE)* Wirbelstromverluste *mpl*
~**-current method** Wirbelstromverfahren *n (zur Bestimmung der Schichtdicke)*
~**-current test** Wirbelstromprüfung *f*
edge Kante *f*
~ **crack** Kantenriß *m*, Randriß *m*
~ **delamination** Randdelamination *f*
~ **delamination test** Edge Delamination Test *m (interlaminarer Bruchtest)*
~ **dislocation** *(Krist)* Stufenversetzung *f*
~**-emitting diode** *(Halbl)* Kantenleuchtdiode *f*, Kantenstrahler *m*
EDX (energy-dispersive X-ray analysis) energiedispersive Röntgenanalyse *f*
effect Effekt *m*, Auswirkung *f*, Wirkung *f*
effect/to bewirken, hervorrufen
effective band gap *(Halbl)* effektiver Bandabstand *m*
~ **channel** *(Halbl)* Wirkkanal *m*
~ **channel definition** *(Halbl)* effektive Kanalfestlegung *f*

~ **channel isolation** *(Halbl)* effektive Kanalisolation *f*
~ **dipole** effektiver Dipol *m*
~ **mass** *(Halbl)* effektive Masse *f*
~ **mass of an electron** *(Halbl)* effektive (fiktive) Masse *f* eines Elektrons
~ **mass of holes** *(Halbl)* effektive Masse *f* der Löcher
effectiveness Wirksamkeit *f*, Effektivität *f*
effective number of free electrons *(Leit)* Effektivitätszahl *f* freier Elektronen
~ **point charge distribution** Verteilung *f* effektiver Punktladungen
~ **Richardson constant** A* *(Halbl)* Richardson-Konstante *f*
~ **stress** Vergleichsspannung *f*
effuse/to ausströmen, ausfließen
effusion Ausströmen *n*, Ausfließen *n*, Ausfluß *m*
~ **cell** *(Halbl)* Effusionsofen *m*
e-glass *s.* electrical glass
elastic elastisch
~ **behaviour** elastisches Verhalten *n*
~ **constant** elastische Konstante *f*, Elastizitätskonstante *f*
~ **deflection** elastische Durchbiegung *f*
~ **deformation** elastische Verformung *f*
~ **energy** elastische Energie *f*
elasticity Elastizität *f*
elastic limit Elastizitätsgrenze *f*
~ **modulus** Elastizitätsmodul *m*, E-Modul *m*, Youngscher Modul (Elastizitätsmodul) *m*
~ **prestrain** elastische Vordehnung *f*
~ **relaxation** elastische Relaxation *f*, elastische Entspannung *f*
~ **strain** elastische Dehnung *f*
~ **stress concentration factor** elastischer Spannungskonzentrationsfaktor *m*
~ **stress intensity factor** elastischer Spannungsintensitätsfaktor *m*
elastomer Elastomer *n*, Elast *m*
elastomeric insulation Gummiisolation *f*
electrical and magnetical materials Werkstoffe *mpl* der Elektrotechnik *f*
~ **breakdown** *(Nichtl)* [elektrischer] Durchschlag *m*
~ **conduction** [elektrische] Leitung *f*
~ **conductivity** [elektrische] Leitfähigkeit *f*
~ **conductor** *(Leit)* elektrischer Leiter *m*
~ **contact** *(Leit)* elektrischer Kontakt *m*
~ **erosion** *(Leit)* Elektrodenerosion *f*
~ **glass** E-Glas *n (alkalifreies Boraluminiumsilikatglas)*
~**-glass-epoxy** E-Glas-Epoxid *n*
~ **insulation** *(Nichtl)* elektrische Isolierung *f*
~ **insulator** Nichtleiter *m*
~ **losses** *(Nichtl)* elektrische Verluste *mpl*
electrically active impurity *(Halbl)* elektrisch aktives Störatom *n*
~ **conductive** elektrisch leitfähig
~ **twinned** elektrisch gepaart
electrical neutrality Elektronenneutralität *f*
~ **polarization** elektrische Polarisation *f*
~ **porcelain** Isolationskeramik *f*, Isolierporzellan *n*
~ **porcelain bobbin** Elektroporzellanspule *f*
~ **property** elektrische Eigenschaft *f*
~ **resistivity** spezifischer elektrischer Widerstand *m*
~ **resistor** elektrischer Widerstand *m*
~ **steel** Elektrostahl *m*
~ **stress** *(Nichtl)* elektrische Beanspruchung *f*; elektrische Feldstärke *f*
electric arc steelmaking Stahlerzeugung *f* im Lichtbogenofen
~ **charge redistribution** Neuverteilung *f* der Elektronenladung
~ **double layer** elektrische Doppelschicht *f*
~ **field** elektrisches Feld *n*
~ **field strength** elektrische Feldstärke *f*
~ **furnace** Elektroofen *m*, E-Ofen *m*
~ **polarization** elektrische Polarisation *f*
~ **polarization vector** Vektor *m* der elektrischen Polarisation
~ **resistivity** spezifischer Widerstand *m*, Resistivität *f*
~ **stress** elektrische Feldstärke *f*
~**-stress concentration** Konzentration *f* der elektrischen Feldstärke, Feldstärkekonzentration *f*
electrify/to elektrisch laden
electrochemical corrosion elektrochemische (elektrolytische) Korrosion *f*
~ **deposition** elektrochemische Abscheidung *f*
~ **stability** *(Nichtl)* elektrochemische Beständigkeit *f*
electrocoating Elektrotauchlackierung *f*
electrode Elektrode *f*
~ **delamination** Schichtenspaltung *f* bei Elektroden
~ **geometry** *(Nichtl)* Elektrodengeometrie *f*, Form *f* der Elektrode
electrodeposition elektrochemisches (galvanisches) Abscheiden *n*
electrode potential Elektrodenpotential *n*
~ **seperation** *(Nichtl)* Elektrodenabstand *m*
electrogalvanize/to elektrochemisch (galvanisch) verzinken
electrogalvanizing elektrochemisches Verzinken *n*, galvanisches Verzinken *n*
electroluminescence Elektrolumineszenz *f*
electrolysis Elektrolyse *f*
electrolyte Elektrolyt *m*, *(Galv auch)* Badflüssigkeit *f*
~ **decomposition voltage** elektrolytische Zersetzungsspannung *f*
electrolytic anodization elektrolytisches Oberflächenoxydieren *n*
~ **attack** elektrolytischer (elektrochemischer) Angriff *m*
~ **brightening** elektrolytisches Glänzen *n*
~ **copper** *(Halbl)* E-Kupfer *n*

~ **corrosion** elektrochemische (elektrolytische) Korrosion *f*
~ **etching** elektrolytisches Ätzen *n*
~ **impurity** elektrolytische Verunreinigung *f*
~ **method** elektrolytisches Verfahren *n*, Elektrolytverfahren *n*
~ **powder** elektrolytisch hergestelltes Pulver *n*
~ **process** elektrolytisches Verfahren *n*, Elektrolytverfahren *n*
~ **tough pitch copper** *(Leit)* elektrolytisches Garkupfer *n*
electromagnetic coil *(Nichtl)* elektromagnetische Spule *f*
~ **testing** elektromagnetische Prüfung *f*
~ **wave** *(Halbl)* elektromagnetische Welle *f*
electromechanical coupling coefficient Koeffizient *m* der elektromechanischen Kopplung
~ **transducer** elektromechanischer Wandler *m*
electron Elektron *n*
~ **affinity** *(Nichtl)* Elektro[nen]affinität *f*
~ **attachment** *(Nichtl)* Elektroneneinfang *m*, Elektronenanlagerung *f*
~ **barrier** Elektronensperrschicht *f*
~ **beam evaporation** Elektronenstrahlverdampfung *f*
~ **beam hardening** Elektronenstrahlhärten *n*
~**-counting element** *(Halbl)* elektronenzählendes Argument *n*
~ **density** *(Halbl)* Elektronendichte *f*
~ **diffraction** Elektronenbeugung *f*, Elektronenstrahldiffraktion *f*
~ **distribution** *(Leit)* Elektronenverteilung *f*
~ **drift velocity** Driftgeschwindigkeit *f* der Elektronen, Fließgeschwindigkeit *f* der Elektronen
electronegative *(Nichtl)* elektronegativ
electronegativity Elektronegativität *f*
electron energy *(Nichtl)* Elektronenenergie *f*
~ **excited into the conduction band** *(Halbl)* in das Leitungsband angehobenes Elektron *n*
~ **gas** *(Halbl)* Elektronengas *n*
~**-hole pair** *(Halbl)* Elektron-Loch-Paar *n*
~**-hole pair generation** *(Halbl)* Erzeugung *f* von Elektron-Loch-Paaren
electronic behaviour *(Halbl)* elektronisches Verhalten *n*
~ **condensation** elektronische Kondensation *f*
~ **device** elektronisches Gerät *n*
~ **displacement** Elektronenverschiebung *f*
~**-equipment wire** *(Nichtl)* Draht *m* für elektronische Geräte
~ **feedback** elektronische Rückkopplung *f*
~ **insulator** *(Nichtl)* elektronischer Isolator *m*
~**-molecule collision** *(Nichtl)* Elektron-Molekül-Zusammenstoß *m*
~ **peak-reading voltmeter** Röhrenvoltmeter *n* (elektronisches Voltmeter) *n* mit Spitzenwertanzeige
~ **redistribution** elektronische Umverteilung *f*, Elektronenumverteilung *f*
~ **spectrum** *(Halbl)* Elektronenspektrum *n*
~ **thermistor** elektronischer Heißleiter *m*
electron imaging Elektronenabbildung *f*
~ **impact ionization** *(Nichtl)* Elektronenstoßionisationsquerschnitt *m*
~**-impact-ionization cross section** *(Nichtl)* Elektronenstoßionisationsquerschnitt *m*
~ **interference** Elektroneninterferenz *f*
~**-ionization** *(Nichtl)* Ionisierung *f* durch Elektronenstoß
~ **microscope** Elektronenmikroskop *n*
~**-microscope examination** elektronenmikroskopische Untersuchung *f*
~ **miniband** *(Halbl)* Elektronen-Miniband *n*
~ **mobility** Elektronenbeweglichkeit *f*
~ **motion** *(Halbl)* Elektronenbewegung *f*
~**-optical** *(Halbl)* elektronenoptisch
~**-pair tunneling** Elektronenpaar-Durchtunnelung *f*
~**-phonon coupling** Elektron-Phonon-Kopplung *f*
~**-probe microanalysis** Elektronenstrahlmikroanalyse *f*, Mikrosondenanalyse *f*, ESMA
~ **scattering** *(EE)* Elektronenstreuung *f*
electrons energy state *(Leit)* Energiezustand *m* der Elektronen
electron-slowing *(Nichtl)* Abtrennung *f* eines Elektrons
~ **spin resonance spectrometry** Elektronenspinresonanzspektroskopie *f*, ESR-Spektroskopie *f*
~ **theory of solids** *(Leit)* Elektronentheorie *f* der Festkörper
~ **transfer** *(Halbl)* Elektronenenübergang *m*
~ **transmission** Elektronendurchstrahlung *f*
~ **velocity** *(Leit)* Elektronengeschwindigkeit *f*
electrooptic effect elektrooptischer Effekt *m*, Pockelseffekt *m*
~ **material** elektrooptischer Werkstoff *m*
~ **modulator** *(elopt)* Lichtmodulator *m*, elektrooptischer Modulator *m*, Pockelszelle *f*
electrophoretic deposition elektrophoretische Abscheidung *f*
electroplate/to galvanisieren, elektrochemisch (galvanisch) beschichten, elektroplattieren
electroplating Galvanisieren *n*, elektrochemisches (galvanisches) Beschichten *n*, Elektroplattieren *n*
~ **process** Galvanisierverfahren *n*
electropolishing Elektropolieren *n*, elektrolytisches Polieren *n*
electroslag refining Elektroschlackeumschmelzen *n*
electrotinning elektrochemisches (galvanisches) Verzinnen *n*
element Element *n*
elemental boron *(Halbl)* elementares Bor *n*
~ **distribution** Elementverteilung *f*
~ **semiconductor** *(Halbl)* Elementenhalbleiter *m*
elementary analysis Elementaranalyse *f*
elevated temperature erhöhte (höhere) Temperatur *f*

~-**temperature application** Hochtemperaturanwendung *f (z.B. bei Stahl)*
~-**temperature drawing** Hochtemperaturziehen *n*
~-**temperature mechanical properties** mechanische Eigenschaften *fpl* bei hoher Temperatur
eliminate/to eliminieren, beseitigen, entfernen
elimination Entfernen *n*, Beseitigung *f*
~ **of defects** Fehlerbeseitigung *f*
~ **test** Auswahlprüfung *f*
ellipsometry *(Halbl)* Ellipsometrie *f*
elliptically polarized light *(Halbl)* elliptisch polarisiertes Licht *n*
elliptical motion elliptische Bewegung *f*
elongation Dehnung *f*, Streckung *f*
~ **at break** Bruchdehnung *f*
~ **to fracture** Bruchdehnung *f*
elutriation Schlämmen *n*, Ausschlämmen *n*
~ **analysis** Schlämmanalyse *f*
embed/to einbetten, einlagern, umschließen, umgeben
embeddability Einlagerbarkeit *f*
embedding material Einbettmaterial *n*
~ **resin** *(Nichtl)* Einbettharz *n*, Einbettmasse *f*, Einbettmaterial *n (Kunstharz)*
embossed foil Prägefolie *f*
embrittle/to verspröden, spröde (brüchig) machen; verspröden, spröde (brüchig) werden
embrittlement Versprödung *f*, Sprödwerden *n*, Brüchigwerden *n*
~ **factor** Versprödungsfaktor *m*
~ **problem** Versprödungsproblem *n*
embrittling effect Versprödungseffekt *m*
emerge/to austreten, hervortreten, entstehen
emission *(Halbl)* Emission *f*
~ **efficiency** Strahlungsausbeute *f*
~ **intensity** *(Halbl)* Emissionsintensität *f*
~ **peak** Emissionsmaximum *n*
~ **rate** Emissionsbetrag *m*
~ **spectrometer** Emissionsspektrometer *n*
~ **wavelength** *(Halbl)* Emissionswellenlänge *f*
emitted energy *(elopt)* abgestrahlte Energie *f*
emitter *(Halbl)* Emitter *m*
~-**base junction** *(Halbl)* Emitter-Basisübergang *m*
~ **current** *(Halbl)* Emitterstrom *m*
~ **efficiency** *(Halbl)* Emittereffizienz *f*, Emitterwirkungsgrad *m*
~ **terminal** *(Halbl)* Emitteranschluß *m*
empirical data empirische Daten *pl*
~ **equation** empirische Gleichung *f*
empty excited state *(Halbl)* unbesetzter angeregter Zustand *m*
e.m. wave (electromagnetic wave) elektromagnetische Welle *f*
enamel Emaille *f*, Email *n*, Emaillelack *m*, Glasur *f*, Schmelzglasur *f*
enamel/to emaillieren
enamel composition *(Nichtl)* Emailzusammensetzung *f*
enamel[l]ed sheet steel emailliertes Stahlblech *n*
enamel[l]ing steel Emaillierstahl *m*
enantiomorphous enantiomorph, optisch isomer
encapsulant Verkapselungsstoff *m*; *(Halbl)* Kapselungsflüssigkeit *f*
encapsulate/to [ein]kapseln, verkapseln, einbetten, einschließen
encapsulation Einkapseln, Einkapselung, Einbetten *n*, Einbettung *f*
encase/to *(Halbl)* kapseln
encrust/to eine Kruste bilden, verkrusten; mit einer Kruste überziehen, überkrusten
encrustants Inkrusten *pl*, inkrustierende Substanzen *fpl*
encrustation Inkrustierung *f*, Inkrustation *f*, Überkrustung *f*
encrusting materials Inkrusten *pl*, inkrustierende Substanzen *fpl*
end notched flexure test End Notched Flexure Test *m* , ENF-Test *m (interlaminarer Bruchtest)*
~ **point** Endpunkt *m*
~-**point criterion** Austauschkriterium *n (für einen in seiner Funktion gefährdeten Werkstoff)*
~ **product** Endprodukt *n*, Finalprodukt *n*
~ **quench curve** Stirnabschreckhärtekurve *f*
~ **quench specimen** Stirnabschreckprobe *f*
~ **quench test** Stirnabschreckversuch *m*
endurance Dauer *f*, Lebensdauer *f*
~ **limit** Dauer[schwing]festigkeit *f*
~ **limit range** Dauerschwingbereich *m*
~ **test** Dauerfestigkeitsprüfung *f*
endure/to aushalten, durchmachen
energized electron *(Nichtl)* aktiviertes Elektron *n*
~ **molecule** *(Nichtl)* aktiviertes Molekül *n*
energy Energie *f*, Arbeitsvermögen *n (eines physischen Systems)*
~ **barrier** Energieschwelle *f*, Energiebarriere *f*
~ **consumption** Energieverbrauch *m*
~ **content** Energieinhalt *m (eines Stoffes)*
~ **conversion** *(Halbl)* Energieumwandlung *f*
~ **conversion efficiency** Wirkungsgrad *m* der Energieumwandlung
~ **dispersion** *(Halbl)* Energiestreuung *f*
~-**dispersive X-ray analysis** energiedispersive Röntgenanalyse *f*
~ **dissipation** Energiedissipation *f (Übergang einer beliebigen Energieform in Wärme)*
~ **distribution** Energieverteilung *f*
~ **factor** Energiefaktor *m*
~-**minimization geometric determination** *(Halbl)* Geometriebestimmung *f* durch Energieminimierung
~ **of deformation** Verformungsenergie *f*
~ **of formation** Bildungsenergie *f*
~ **release rate** Energiefreisetzungsrate *f*
~ **seperation** *(Halbl)* Energieabstand *m*
~ **state** Energiezustand *m*
engineering adhesive technischer Klebstoff *m*
~ **alloy** technische Legierung *f*
~ **application** technische Anwendung *f*

~ **material** Ingenieurwerkstoff *m*, Konstruktionswerkstoff *m*, Werkstoff *m*
~ **property** verfahrenstechnische Eigenschaft *f*
~ **requirement** technisches Erfordernis *n*
~ **stress-strain curve** technische Spannungs-Dehnungs-Kurve
enhancement Steigerung *f*
~ **mode** *(Halbl)* Anreicherungsverfahren *n*
~**-mode device** *(Halbl)* selbstsperrendes Bauelement *n (MOSFET)*, Bauelement *n* vom Anreicherungstyp
enhance properties/to Eigenschaften verstärken
enter the lattice substitutionally for .../to *(Halbl)* ... in das Gitter substitutionell einbauen
enthalpy of mixing *(Halbl)* Mischenthalpie *f*
~ **of transition** *(Halbl)* Übergangsenthalpie *f*
entrap/to einschließen
entrapment Einschließen *n*, Einschluß *m*
entropy Entropie *f*
~ **of mixing** *(Halbl)* Mischentropie *f*
environmental chemistry Umweltchemie *f*
~ **condition** Umweltbedingung *n*, Umgebungsbedingung *f*
~ **degradation** Zersetzung *f* durch Umwelteinflüsse
~ **deterioration** umgebungsbedingte Verschlechterung *f*
~ **effect** Umgebungseinfluß *m*
~ **engineering** Umwelttechnik *f*
~ **exposure** Umweltexposition *f*
~ **factor** Umweltfaktor *m*
~ **impact** Umweltbelastung *f*
~ **influence** Umwelteinfluß *m*
~ **pollution** Umweltverschmutzung *f*
~ **problem** Umweltproblem *n*
~ **resistance** Umweltbeständigkeit *f*
~ **stress cracking** Spannungsrißbildung (Spannungsrißkorrosion) *f* unter dem Einfluß des umgebenden Mediums
~ **test condition** Umgebungsprüfbedingung *f*
~ **testing** Prüfen *n* auf Umweltverträglichkeit
epichlorohydrin Epichlorhydrin *n*, Epichlorhydrin-Kautschuk *m*
epitaxial growth *(Halbl)* epitaxiales Aufwachsen *n*
~**-growth technique** *(Halbl)* Technik *f* des epitaxialen Aufwachsens
~ **layer** *(Halbl)* Epitaxieschicht *f*
~ **layer-substrate interface** Epitaxieschicht-Substrat-Grenzschicht *f*
~ **material** Epitaxialstoff *m*
~ **semiconductor** Epitaxiehalbleiter *m*
~ **slice (wafer)** *(Halbl)* Epitaxialscheibe *f*
epitaxy Epitaxie *f*
EPMA Elektronenstrahlmikroanalyse *f*, Mikrosondenanalyse *f*, ESMA
epoxy Epoxidharz *n*, Epoxyharz *n*, EP
~**-resin-matrix-composite** Epoxidharzmatrix-Verbund *m*
equally stable state gleich stabiler Zustand *m*
equation Gleichung *f*
equicohesive temperature Äquikohäsionstemperatur *f*
equilibrium conditions Gleichgewichtsbedingungen *fpl*
~ **constant** Gleichgewichtskonstante *f*
~ **distribution coefficient** *(Halbl)* Gleichgewichtsverteilungskoeffizient *m*, idealer Verteilungskoeffizient *m*
~ **phase diagram** Zustandsdiagramm *n*, Phasendiagramm *n*, Gleichgewichtsdiagramm *n*
~ **structure** Gleichgewichtsgefüge *n*
~ **vapour pressure** Gleichgewichtsdampfdruck *m*
equipment Ausrüstung *f*
equivalent stress Vergleichsspannung *f*
Erichsen test Erichsenversuch *m*
erosion Erosion *f*
~**-corrosion** Erosionskorrosion *f*, Strömungskorrosion *f*
~ **rate** Erosionsgeschwindigkeit *f*
erosive wear erosiver Verschleiß *m*
error in design Konstruktionsfehler *m*
escape Austritt *m*
~ **probability** *(elopt)* Austrittswahrscheinlichkeit *f*
ESR spectroscopy Elektronenspinresonanzspektroskopie *f*, ESR-Spektroskopie *f*
etch/to ätzen, anätzen
etchant Ätzmittel *n*
etching Ätzen *n*, Anätzen *n*
~ **of windows** *(Halbl)* Fensterätzen *n*
~ **reagent** Ätzmittel *n*
etch pit Ätzgrübchen *n*
~ **process** Ätzvorgang *m*
~ **time** Ätzzeit *f*
ethyl cellulose Ethylcellulose *f*, Triethylcellulose *f*, Celluloseethylether *m*
ethylene diamine tartrate $C_2H_4(NH_3)_2(C_4H_4O_6)$ Ethylendiamintartrat *n*
~**-propylene rubber** Ethylen-Propylen-Kautschuk *m*
~**-propylene terpolymer** Ethylen-Propylen-Terpolymer *n*
ETP copper (electrolytic tough pitch copper) *(Leit)* elektrolytisches Garkupfer *n*
eutectic eutektisch
eutectic Eutektikum *n*
~ **composition** Eutektikumszusammensetzung *f*
~ **crystallization** eutektische Kristallisation *f*
~ **point** eutektischer Punkt *m*
~ **solidification** eutektische Erstarrung *f*
~ **system** eutektisches System *n*
~ **temperature** eutektische Temperatur *f*
~ **transformation** eutektische Umwandlung *f*
eutectoid eutektoid
eutectoid Eutektoid *n*
~ **composition** eutektoide Zusammensetzung *f*
~ **steel** eutektoider Stahl *m*
~ **system** eutektoides System *n*
~ **temperature** eutektoide Temperatur *f*

evaluate/to bewerten
evaluation Bewertung *f*
~ **test** Auswahlprüfung *f*
evanescent tail *(Halbl)* verschwindender Schwanz *m*
evaporate/to verdampfen, verdunsten; verdampfen lassen
evaporation Verdampfung *f*
~ **enthalpy** Verdampfungsenthalpie *f*
~ **in vacuum** Vakuumbedammpfung *f*, Aufdampfen *n* im Vakuum
evaporative loss Verdampfungsverluste *mpl*
even surface *(Halbl)* ebene Oberfläche *f*
evolution of oxygen Sauerstoffentwicklung *f*
exacerbate/to verschärfen *(z.B. die Korrosion)*
examination Erforschung *f*, Untersuchung *f*, Ermittlung *f*
~ **of structure** Gefügeuntersuchung *f*
examine/to untersuchen, erforschen, ermitteln
exceed/to übersteigen, übertreffen
excess Überschuß *m*, Übermaß *n*
~ **component** *(Halbl)* Überschußkomponente *f*
~ **electron** *(Halbl)* Überschußelektron *n*
excessive überschüssig, übermäßig
excess solubility *(Halbl)* Überschußlöslichkeit *f*
exchangeable austauschbar, auswechselbar
excitation energy *(elopt)* Anregungsenergie *f*
~ **means** *(elopt)* anregendes Medium *n*
excited state *(elopt)* angeregter Zustand *m*
exciton *(Halbl)* Exziton *n*, Elektron-Defektelektron-Paar *n*
exclusion of air Ausschluß *m* von Luft, Luftabschluß *m*
exfoliation Abblättern *n*, Aufblättern *n*
~ **corrosion** Schichtkorrosion *f*, schichtförmige Korrosion *f (Korrosionstyp)*
exhaust/to 1. aufbrauchen *(Rohstoffe)*, erschöpfen; 2. absaugen; auspumpen, entleeren
exhibit passivity/to Passivität zeigen (aufweisen), passiv sein, sich passiv verhalten
exit across the gap/to *(Halbl)* über die Energielücke hinwegheben
expansion 1. Ausdehnung *f*, Dehnung *f*, Expansion *f*; **2.** Schäumen *n*, Aufschäumen *n*
~ **coefficient** Ausdehnungskoeffizient *m*
expel air/to Luft [her]austreiben
experimental experimentell
experimentalize/to experimentieren, Versuche durchführen
experimental method experimentelle Methode *f*, Versuchsmethode *f*
explosive compaction *(Pulv)* Explosivverdichtung *f*, Explosivpressen *n*
explosively-consolidated powder *(Pulv)* explosivverdichtetes Pulver *n*
exponential decay *(elopt)* exponentielles Abklingen *n*
exposure an electric field/to einem elektrischen Feld aussetzen
exposure condition Beanspruchungsart *f*, Beanspruchungsbedingung *f*
~ **period** Expositionsdauer *f*, Auslagerungsdauer *f*, Bewitterungsdauer *f*
~ **period** Beanspruchungsdauer *f (s. a.* ~ time*)*
~ **site** Auslagerungsort *m*, Bewitterungsort *m*
~ **test** Auslagerungsversuch *m*, Bewitterungsversuch *m*
~ **testing** Auslagerung *f*, Bewitterungsprüfung *f*
~ **test site** Auslagerungsort *m*, Bewitterungsort *m*
~ **time** Expositionsdauer *f*, Auslagerungsdauer *f*, Bewitterungsdauer *f*; Beanspruchungsdauer *f*
~ **type** Beanspruchungsart *f*
extended c-axis ordering erweiterte c-Achsen-Anordnung *f*
~ **state** *(Halbl)* erweiterter Zustand *m*
~**-surface calculation** *(Halbl)* Kalkül *n* der erweiterten Oberflächen
extender Füllstoff *m*, Streckmittel *n*
extensibility Dehnbarkeit *f*, Streckbarkeit *f*
extension 1. Dehnung *f*, Ausdehnung *f*, Längenzunahme *f (Vorgang)*; 2. Verlängerung *f (Ergebnis)*
extensometer Dehnungsmeßgerät *n*
extent of damage Schadensumfang *m*, Schadensausmaß *n*
external heating Außenbeheizung *f*, indirekte Beheizung *f*
~ **ionization** *(Nichtl)* umweltbedingte Ionisierung *f*
~ **quantum efficiency** *(Halbl)* äußere Quantenausbeute *f*
~ **reflectivity** *(Halbl)* äußerer Reflexionsgrad *m*
extinguish/to auslöschen, löschen; erlöschen
extraction Extraktion *n*
extraneous ion Fremdion *n*
extrapolate/to extrapolieren
extremely high purity ultrahohe Reinheit *f*
extrinsic semiconductor *(Halbl)* Störstellenhalbleiter *m*, Fremdhalbleiter *m*
extrudability Spritzbarkeit *f*
extrudable form spritzbare Gestalt *f*
extrusion Extrudieren *n*, Strangpressen *n*, Spritzen *n*, Extrusion *f*
exude/to ausscheiden; sich absondern
exuded phase ausgeschiedene Phase *f*

F

fabricability Verarbeitungsfähigkeit *f*
fabricate/to anfertigen, fertigen
~ **into** einbauen in; anwenden bei
~ **to near net shape** endformnah herstellen
fabrication Herstellung *f*, Anfertigung *f*, Fertigung *f*
~ **method** Fertigungsmethode *f*, Bearbeitungsmethode *f*
fabric composite Gewebeverbund *m*
~ **construction** Gewebeaufbau *m*
face Oberfläche *f*, Fläche *f*

~-**centred** flächenzentriert
~-**centred cubic** kubisch flächenzentriert, kfz
~-**centred-cubic metal** kubisch-flächenzentriertes Metall *n*, kfz Metall *n*
facet Facette *f*
faceted shape Facettenstruktur *f*
facet effect Seitenflächeneffekt *m (bei der Einkristallzüchtung)*
facilitate/to erleichtern
fail/to versagen, ausfallen; zu Bruch gehen *(Werkstoff)*
~ **prematurely** vorzeitig versagen
failsafe versagenssicher; bruchbeständig
~ **design** versagenssichere Konstruktion *f*, versagenssichere konstruktive Dimensionierung *f*
failure Versagen *n*, Ausfall *m*; Zubruchgehen *n*
~ **analysis** Fehleranalyse *f*, Fehlerbestimmung *f*
~ **assessment diagram** Fehrlerabschätzungsdiagramm *n*
~ **limit** Versagensgrenze *f*
~ **mechanism** Versagensmechanismus *m*
~ **mode** Versagensmodus *m*
~ **prediction** Versagensvoraussage *f*, Versagensvorhersage *f*
~ **strain** Bruchdehnung *f*
false pyroelectricity tertiäre (falsche) Pyroelektrizität *f*
fast diffusion of group III interstitials *(elopt)* schnelle Diffusion *f* von Zwischengitteratomen der III. Gruppe
~ **fracture** Sprödbruch *m*
~-**fracture condition** Rißausbreitungskriterium *n*
~-**fracture surface** Sprödbruchfläche *f*
~ **response** schnelles Ansprechen *n*
~-**switching** *(Halbl)* schnell schaltend
~-**switching diode** *(Halbl)* schnelle Diode *f*
fatigue Ermüdung *f*
fatigue/to ermüden
fatigue behaviour Ermüdungsverhalten *n*
~ **crack** Ermüdungsriß *m*
~ **crack growth** Ermüdungsrißwachstum *n*
~ **crack growth rate** Ermüdungsrißwachstumsgeschwindigkeit *f*
~ **crack initiation** Ermüdungsrißbildung *f*
~ **crack propagation** Ermüdungsrißausbreitung *f*
~ **damage** Ermüdungsschaden *m*
~ **experiment** Dauerschwingversuch *m*
~ **fracture** Ermüdungsbruch *m*, Dauer[schwing]bruch *m*
~ **life** *s.* ~ limit
~-**life prediction** Voraussage *f* der Dauerfestigkeit
~ **limit** Ermüdungsgrenze *f*, Dauer[schwing]festigkeit *f*, Grenzschwingspielzahl *f*
~ **loading** Ermüdungsbelastung *f*, Schwingbelastung *f*
~ **mechanism** Ermüdungsmechanismus *m*
~ **of cracked structures** Ermüdung *f* von Bauteilen mit Anrissen
~ **of polymers** Ermüdung *f* der Polymere
~ **of uncracked component** Ermüdung *f* eines Bauteiles ohne Anriß
~ **performance** Ermüdungsverhalten *n*
~ **property** Ermüdungseigenschaft *f*
~ **resistance** Ermüdungswiderstand *m*, Ermüdungsbeständigkeit *f*; Ermüdungsfestigkeit *f*
~ **slip** Gleiten *n* bei Ermüdung
~ **strength** Ermüdungsfestigkeit *f*; Ermüdungswiderstand *m*, Ermüdungsbeständigkeit *f*
~ **test** Ermüdungsversuch *m*, Schwingversuch *m*, Dauerschwingversuch *m*
~ **testing** Ermüdungsprüfung *f*
fattening Eindickung *f*, Dickflüssigwerden *n*
fault finding Fehlersuche *f*, Fehlerermittlung *f*
faulty appliance fehlerhaftes Gerät *n*
favour/to begünstigen *(Eigenschaft oder Prozeß)*, fördern
f.c.c. (face-centred cubic) kubisch flächenzentriert, kfz
~ **metal** kfz-Metall *n*
feasibility Durchführbarkeit *f*
feasible durchführbar, ausführbar
Fe-C phase diagram Fe-C-Diagramm *n*, Eisen-Kohlenstoff-Diagramm *n*
feedstock Ausgangsmaterial *n*
feldspar Feldspat *m*
Fermi energy *(Halbl)* Fermienergie *f*, chemisches Potential *n*
~ **level** *(Halbl)* Fermi-Niveau *n*, Ferminiveau *n*
~ **surface** *(Leit)* Fermifläche *f*
ferrimagnet *(Magn)* ferrimagnetisches Material *n*, Ferrimagnetikum *n*
ferrite 1. Ferrit *m (keramischer Magnetwerkstoff)* 2. Ferrit *m (α-Eisen)*
~ **former** Ferritbildner *m*
~ **grain** Ferritkorn *n*
~ **grain size** Ferritkorngröße *f*
~ **needle** Ferritnadel *f*
~-**pearlite microstructure** Ferrit-Perlit-Mikrogefüge *n*
~ **plate** Ferritplatte *f*
~ **stabilizing element** Ferritstabilisator *m*
ferritic ferritisch
~ **cast iron** ferritisches Gußeisen *n*
~ **matrix** ferritische Matrix *f*
~-**pearlitic** ferritisch-perlitisch
~ **stabilizer** Ferritstabilisator *m*
~ **steel casting** ferritischer Stahlguß *m*
ferro-alloy Ferrolegierung *f*
ferroelectric Ferroelektrikum *n*, ferroelektrischer Stoff *m*
ferroelectric ferroelektrisch
~ **component** ferroelektrisches Bauelement *n*
~ **crystal** ferroelektrischer Kristall *m*
~ **hysteresis** ferroelektrische Hysterese *f*
ferroelectricity Ferroelektrizität *f*
ferroelectric material ferroelektrischer Stoff *m*, Ferroelektrikum *n*

~-**paraelectric phase transition** Phasenübergang *m* vom ferroelektrischen zum paraelektrischen Zustand
~ **phase** ferroelektrische Phase *f*
~ **piezoelectric** ferroelektrisches Piezoelektrikum *n*
~ **reversal** ferroelektrischer Übergang *m*
ferrous alloy Eisen(II)-Legierung *f*
~ **material** Eisenwerkstoff *m*
FET (field-effect transistor) *(Halbl)* Feldeffekttransistor *m*, FET
~ **device** *(Halbl)* Feldeffekttransistorbauelement *n*
fibre Faser *f*
~ **alignment** *(Verb)* Faserrichtung *f*, Faserausrichtung *f*
~ **bundle** *(Verb)* Faserbündel *n*
~ **composite** *(Verb)* faserverstärkter Verbundwerkstoff *m*, Faserverbundwerkstoff *m*, Faserkomposit *m*
~ **composite laminate** *(Verb)* Faserverbundlaminat *n*
~ **content** *(Verb)* Fasergehalt *m*
~ **fracture** *(Verb)* Faserbruch *m*
~ **glass** Glasfaser *f*, Glasfaserstoff *m*
~ **hybridization** *(Verb)* Faserhybridisierung *f*
~ **length** Faserlänge *f*
~ **mat** *(Verb)* Fasermatte *f*
~-**mat reinforced** *(Verb)* mattenverstärkt
~-**matrix bond strength** *(Verb)* Faser-Matrix-Bindungsfestigkeit *f*
~-**matrix interface** *(Verb)* Faser-Matrix-Grenzschicht *f*
~ **misalignment** *(Verb)* Faserfehlausrichtung *f*
~ **orientation** *(Verb)* Faserorientierung *f*, Faseranordnung *f*
~ **pull-out** *(Verb)* Faserausreißen *n*
~-**reinforced** *(Verb)* faserverstärkt
~-**reinforced ceramics** *(Verb)* faserverstärkte Keramik *f*
~-**reinforced composite** *(Verb)* *s.* ~ composite
~-**reinforced plastics** *(Verb)* faserverstärkte Polymerwerkstoffe *mpl*
~ **reinforcement** Faserverstärkung *f*
~ **sheath** Faserummantelung *f*
~ **strain** Faserspannung *f*, Faserdehnung *f*
~ **strength** *(Verb)* Faserfestigkeit *f*
~ **surface** Faseroberfläche *f*
~ **volume content** *(Verb)* Faservolumengehalt *m*
~ **volume fraction** *(Verb)* Faservolumenanteil *m*
fibrous fracture faseriger (sehniger) Bruch *m*
~ **structure** faseriges Gefüge *n*
Fick's law Ficksches Gesetz (Diffusionsgesetz) *n*
field-aided diffusion *(Halbl)* feldgestützte Diffusion *f*
~-**effect device** Feldeffektbauelement *n*
~-**effect transistor** *(Halbl)* Feldeffekttransistor *m*, FET
~-**effect-transistor device** *(Halbl)* Feldeffekttransistorbauelement *n*
~-**emission gun** Feldemissionsstrahler *m*
~-**ion microscopy** Feldionenmikroskopie *f*
~ **strength** *(Nichtl)* Feldstärke *f*
~ **test** Naturversuch *m*
figure of merit Gütezahl *f*, Gütekriterium *n*
filament Faden *m*, Filament *n*
filamentary composite fadenförmiger Verbundwerkstoff *m*
filament diameter Filamentdurchmesser *m*, Fadendurchmesser *m*
~ **winding** *(Verb)* Filament-Winding-Verfahren *n*, Fadenwickelverfahren *n* *(Präzisionswickelverfahren)*
filled band *(Halbl)* voll besetztes Band *n*
filler *(Nichtl)* Füllstoff *m*, Füllmittel *n*, Füller *m*, Füllmaterial *n*, Füllmasse *f*; Harzträger *m*
fillet weld Kehlnahtschweißung *f*, Kehlnahtverbindung *f*
film Film *m*, Schicht *f*
~ **capacitor** Schichtkondensator *m*
~ **former** Filmbildner *m*
final crack length kritische Rißlänge *f*
~ **product** Endprodukt *n*, Finalprodukt *n*
~ $\mathbf{P_s}$ Endwert *m* der spontanen Polarisation
~ **shape** endgültige Gestalt *f*, endgültige Form *f*
~ **stage sintering** Sinterspätstadium *n*
~ **tempering** Schlußvergüten *n*
fine grain feines Korn *n*
~-**grained** feinkörnig
~-**grained ceramic** feinkörnige Keramik *f*
~-**grained material** feinkörniger Werkstoff *m*
~-**grained microstructure** feinkörniges Mikrogefüge *n*
~-**grained steel** Feinkornstahl *m*
~-**graininess** Feinkörnigkeit *f*
~-**grain production** Feinkornerzeugung *f*
finely dispersed feindispers
fineness Feinheit *f*
fine polishing Feinpolieren *n*
finish 1. Oberflächengüte *f*, Oberflächenbeschaffenheit *f*, Oberflächenzustand *m*, Finish *n*; 2. Deckanstrich *m*, Schlußanstrich *m*
finite-element method Finite-Elemente-Methode *f*
~-**resistance state** normalleitender Zustand *m*
fire/to brennen *(Keramik)*
fire clay Schamotteton *m*, Feuer[fest]ton *m*, feuerfester Ton *m*
fired density Dichte *f* nach dem Brand *(Keramik)*
~-**on thick-film conductive paint** aufgebrannter leitender Dickschichtüberzug *m*
fire-extinguishing system Feuerlöschsystem *n*, Sprinkler *m*
fireproof feuerfest, feuersicher, feuerbeständig, unbrennbar
fire resistance Feuerfestigkeit *f*, Feuerbeständigkeit *f*
~-**resisting** feuerbeständig
~-**retardant** feuerhemmend, feuerdämmend
~ **retardation** Feuerdämmung *f*

firing Brennen *n*, Brand *m*
first-neighbour nächstbenachbart
~-order phase transition Phasenübergang *m* erster Ordnung
~-ply-failure *(Verb)* Versagen *n* der ersten Verbundschicht
fish scales Fischschuppen *fpl (Emallierfehler)*
fission product Spalt[ungs]produkt *n*
fissure Riß *m*
fissure/to rissig werden
fissurization Rißbildung *f*
fit Passung *f*
fitness for purpose Gebrauchsfertigkeit *f* für den Einsatz
fixed frequency Festfrequenz *f*
~ resistor Festwiderstand *m*
fixing Fixieren *n*, Fixierung *f*
flake graphite Lamellengraphit *m*
flame/to entflammen, entzünden, zünden
flame hardening Flammhärten *n*, Flammenhärtung *f*, Brennhärtung *f*
~-proof flammbeständig, unentflammbar
~ resistance Flammbeständigkeit *f*
~-resistant flammbeständig, unentflammbar
~ retardancy Flammhemmung *f*, flammhemmende Wirkung *f*
~ retardant flammhemmender Werkstoff *m*
~-smoke-toxicity Flammenrauchtoxizität *f*, Flammenrauchgiftigkeit *f*
~ spraying Flammspritzen *n*
flammability Entflammbarkeit *f*
~ test Entflammbarkeitsprüfung *f*
flammable entflammbar
flash/to abdunsten, ablüften
flashing 1. Abfall *m (beim Entgraten)*; 2. Entgraten *n*
flash off/to abdunsten, ablüften
flash-over *(Nichtl)* Überschlag *m*
~ welding Abbrennschweißen *n*, Brennschweißen *n*
flat face *(Halbl)* ebene Fläche *f*
~ liquid crystal display *(Halbl)* Flach-LCD *n*
flatness Flachheit *f*, Ebenheit *f*
flat panel liquid crystal display *(Halbl)* Flach-LCD-Bildschirm *m*
~ substrate Flachsubstrat *n*
~ test bar Flachprüfstab *m*
flaw Materialfehler *m*, Fehler *m*, Defekt *m*
~ assessment Werkstoffehlereinschätzung *f*
~ signal Fehlersignal *n*
~ size Fehlergröße *f*
flax fibre Flachsfaser *f*
flexible insulation biegsame Isolierung *f*
flexural creep Biegekriechen *n*
~ modulus Biegemodul *m*
~ strength Biegefestigkeit *f*
flexure Biegung *f*
flint glass Flintglas *n*
float zone *(Halbl)* Schmelzzone *f*
~ zone technique Zonenschmelzverfahren *n*
~ zoning *(Halbl)* tiegelfreies Zonenschmelzen *n*
flocculate/to ausflocken
flocculation Ausflockung *f*
flow/to fließen, verformen *(plastische Verformung)*
flowability Fließfähigkeit *f*, Fließvermögen *n*; Rieselfähigkeit *f*
flowable rubber *(Nichtl)* fließfähiger Kautschuk *m*
flowmeter Durchflußmesser *m*
flow processing Fließfertigung *f*
~ properties Fließeigenschaften *fpl*
~ stress Fließspannung *f*
fluctuating stress Wechselspannung *f*
fluid bed process Wirbelbettverfahren *n*, Wirbelschichtverfahren *n*
fluidity Fließvermögen *n*, Fließverhalten *n*
fluorescence Fluoreszenz *f*
~ spectrometer Fluoreszenzspektrometer *n*
~ spectrometry Fluoreszenzspektrometrie *f*
~ spectrophotometer Fluoreszenz-Spektrophotometer *n*
~ test Fluoreszenztest *m*
fluorescent brightener optisches Aufhellungsmittel *n*
~ paint *(P)* Fluoreszenzlösung *f*
~-penetrant inspection Fluoreszenzverfahren *n*
fluorination Fluorierung *f*
fluorocarbon fluorierter Kohlenwasserstoff *m*, Fluorkohlenwasserstoff *m (z.B. Teflon)*
~ polymer *(Nichtl)* Polyfluorcarbon *n*, Fluorkautschuk *m*, Fluorcarbonkautschuk *m*
fluoroplastic Fluorcarbonkunststoff *m*
flux Flußmittel *n*, Fluß *m*, Schmelzmittel *n*
flux/to mit Flußmittel behandeln, fluxen
flux-gate magnetometer Försterprobe *f*
fluxing Flußmittelbehandlung *f*, Fluxen *n*
flux jumping Magnetflußzusammenbruch *m*
fluxoid magnetisches Flußquant *n*, Fluxoid *n* *(kleinste Einheit des quantisierten magnetischen Flusses)*
~ state Fluxoid-Zustand *m*
flux phase reaction Fließphasenreaktion *f*
foam/to verschäumen, schäumen *(Kunststoffe)*; aufschäumen, schäumen, sich mit Schaum bedecken
foamed plastic Schaumstoff *m*
foam glass Schaumglas *n*
foil Folie *f*
~ capacitor Folienkondensator *m*, Foliewickelkondensator *m*
~ edge Folienrand *m*
forbidden energy gap *(Halbl)* verbotene Zone *f*, Energielücke *f*, Energiegap *m*
force Kraft *f*
forced fracture Gewaltbruch *m*
force-fit metal cap preßgepaßte Metallkapsel *f*
~ transmitting kraftübertragend
foreign ion Fremdion *n*
forest dislocation Waldversetzung *f*

forge/to schmieden
forgeability Schmiedbarkeit *f*
forgeable schmiedbar
forging 1. Schmieden *n*; 2. Schmiedestück *n*
~ **alloy** Schmiedelegierung *f*
~ **steel** Schmiedestahl *m*
form 1. Form *f*, Gestalt *f*; 2. Werkzeug *n*, Form *f*
form/to bilden, darstellen, formen
formability Bearbeitbarkeit *f*, Verarbeitbarkeit *f*; Umformbarkeit *f*
formable formbar; umformbar
~ **steel** umformbarer Stahl *m*
formation Bildung *f*
former Form *f*, Tauchform *f*
forming Formen *n*, Formgebung *f*; Umformen *n*
~ **of metals** Formgebung *f* der Metalle
~ **of polymers** Formgebung *f* der Polymere
~ **tool** Formwerkzeug *n*
formulation Zubereitung *f*
formvar Polyvinylacetat *f*, PVAC
forward bias [voltage] *(Halbl)* Durchlaßvorspannung *f*
~ **current** *(Halbl)* Durchlaßstrom *m*, Vorwärtsstrom *m*
Fourier analysis Fourieranalyse *f*
~ **coefficient** Fourierkoeffizient *m*
~ **transformation** Fourier-Transformation *f*
fraction *(Pulv)* Fraktion *f*, Pulverrückstand *m* bei Siebanalyse
fractographic analysis, fractography Fraktographie *f*, fraktographische (bruchmechanische) Analyse *f*
fracture Brechen *n*, Bruch *m*
~ **appearance** Bruchbild *n*, Bruchaussehen *n*
~ **by normal stress** Normalspannungsbruch *m*
~ **characteristic** Bruchcharakteristik *f*
~ **initiation** Bruchinitiierung *f*
~ **mechanics** Bruchmechanik *f*
~ **mechanism** Bruchmechanismus *m*
~ **path** Bruchpfad *m*, Bruchverlauf *m*
~**-proof** bruchfest
~ **strain** Bruchdehnung *f*
~ **stress** Bruchspannung *f*
~ **striation** Bruchriefen *fpl*
~ **surface** Bruchfläche *f*
~ **surface appearance** Bruchflächenaussehen *n*
~ **toughness** Bruchzähigkeit *f*, Rißzähigkeit *f*
fragment/to zerfallen
Franck Condon shift *(elopt)* Franck-Condon-Verschiebung *f*
free-carrier concentration *(Halbl)* Konzentration *f* beweglicher (freier) Ladungsträger
~**-cutting** zerspanbar
~**-cutting brass** Automatenmessing *n*, Schraubenmessing *n*
~**-cutting steel** leicht spanbarer Stahl *m*
freedom from hot-tearing Warmbruchfreiheit *f*
free-electron concentration *(Halbl)* Konzentration *f* der freien Elektronen
~**-electron mass** *(Halbl)* Masse *f* eines freien Elektrons
~**-electron model** *(Halbl)* Modell *n* mit frei beweglichen Elektronen
~ **energy of mixing** *(Halbl)* freie Mischungsenergie *f*
~ **Fermi surface** *(Leit)* freie Fermifläche *f*
~**-hole concentration** *(Halbl)* Dichte *f* der freien Defektelektronen
~**-machining steel** leicht spanbarer Stahl *m*
~**-radical mechanism** Radikalmechanismus *m*, radikalischer Mechanismus *m*
~ **surface** freie Oberfläche *f*
freeze/to erstarren *(Schmelze)*; gefrieren
freezing point Gefrierpunkt *m*, Gefriertemperatur *f*; Erstarrungspunkt *m*
~**-point depression** Unterdrückung *f* des Erstarrungspunktes
Frenkel defect Frenkel-Defekt *m*, Frenkel-Fehlordnung *f (Kombination von Leerstelle und Zwischengitteratom)*
frequency Frequenz *f*
~ **multiplier** Frequenzvervielfacher *m*
~ **of a light beam** *(elopt)* Frequenz *f* eines Lichtstrahls
~ **standard** Frequenznormal *n*
fresh water Süßwasser *n*
fret/to fressen *(durch Korrosion oder Reibung)*
fretting corrosion Reibkorrosion *f*, Reiboxidation *f*, Tribokorrosion *f*
~ **fatigue** Reibermüdung *f*
friability Bröckligkeit *f*
friable bröcklig
friction Reibung *f*
frictional force Reib[ungs]kraft *f*
~ **loss** Reibungsverlust *m*
~ **polymer** Reibpolymer *n*
friction coefficient Reibungskoeffizient *m*, Reib[ungs]faktor *m*
~ **force** Reib[ungs]kraft *f*
~**-reducing** reibungsvermindernd
~ **resistance** Reibungswiderstand *m*
~ **stress** Reibspannung *f*
~ **welding** Reib[ungs]schweißen *n*
fringe *(Halbl)* Streifen *m*
~ **pattern** Streifenmuster *n (Optik)*
frit Fritte *f*
front surface Vorderfläche *f*
fuel ash corrosion Ölaschekorrosion *f*, Vanadiumkorrosion *f*
~ **delivery** Brennstoffzuführung *f*
~ **resistance** Brennstoffbeständigkeit *f*
~ **storage** Brennstofflagerung *f*
fugacity Flüchtigkeit *f*, Fugazität *f*
full annealing Hochglühen *n*
~**-blown** *(Met)* gargeblasen
~**-load** *(Nichtl)* Vollast...
~**-load use** *(EE)* Vollastbetrieb *m*
fully hard durchgehärtet

~ **killed** [voll]beruhigt
~ **killed steel** beruhigter Stahl *m*
functional-life testing funktioneller Lebensdauertest *m*
~ **requirement** funktionelle Anforderung *f*
fundamental absorption *(Halbl)* Grundabsorption *f*
fungicidal fungizid, pilztötend
fungicide Fungizid *n*, pilztötendes Mittel *n*
fungus Pilz *m*
furnace [technischer] Ofen *m*, Industrieofen *m*
~ **resistive heating element** Feuerungswiderstandheizelement *n*
fuse/to verschmelzen, aufschmelzen
fused silica Quarzgut *n*, durchscheinendes Kieselglas *n*
fusible schmelzbar
fusion 1. Verschmelzen *n* Schmelzen *n*; 2. Schmelze *f*
~ **magnet** Schmelzmagnet *m*
~ **metallurgy** Schmelzmetallurgie *f*
~ **reaction** Fusionsreaktion *f*
~ **technique** Schmelztechnologie *f*
~**-welded** schmelzgeschweißt
~ **welding** Schmelzschweißen *n*; Schweißplattieren *n*, Schmelzschweißplattieren *n*

G

GaAs (100) surface *(Halbl) (100)*-Fläche *f* von GaAs
p$^+$**-GaAs base region** *(Halbl)* *p*$^+$-GaAs-Basisgebiet *n*
GaInAsP alloy $Ga_xIn_{1-x}As_yP_{1-y}$ *(Halbl)* Ga-In-As-P-Legierung *f*
galling 1. Reiben *n*, Schmieren *n (gleitender oder rollender Teile aneinander)*; 2. Fressen *n*, Festfressen *n*, Verschweißen *n (infolge übermäßiger Reibung aneinander)*
gallium Ga Gallium *n*
~ **antisite** Ga_{As} *(Halbl)* Gallium-Antisite *n*
~**-arsenic compound** *(elopt)* Gallium-Arsen-Verbindung *f*
~ **arsenide** *(Halbl)* Galliumarsenid *n*, GaAs
~**-arsenide-based transistor** *(Halbl)* Galliumarsenidtransistor *m*
~ **arsenide IC** *(Halbl)* integrierter Galliumarsenidschaltkreis *m*, GaAsIC
~ **arsenide phosphide** *(Halbl)* Galliumarsenphosphid *n*, GaAsP
~ **arsenide transferred-electron device** *(Halbl)* Galliumarsenidbauelement *n* mit Elektronenübertragung
~ **chloride** *(Halbl)* Galliumchlorid *n*, GaCl
~ **monochloride** *(Halbl)* Galliummonochlorid *n*, GaCl
~**-rich melt** *(Halbl)* galliumreiche Schmelze *f*
galvanic cell galvanisches Element *n*, galvanische Zelle *f*
~ **corrosion** Berührungskorrosion *f (durch Kontakt zweier Metalle)*, elektrochemische Korrosion *f*
~ **protection** katodischer Korrosionsschutz *m (Aktivanoden)*
~ **series** *(Korr)* praktische (galvanische) Spannungsreihe *f*
galvanize/to verzinken, *(i.e.S.)* feuerverzinken
galvanized sheet verzinktes Blech *n*
~ **steel** verzinkter Stahl *m*
galvanizing Verzinken *n*, *(i.e.S.)* Feuerverzinken *n*
galvanodynamic galvanodynamisch
galvanostatic galvanostatisch
gap *(Halbl)* verbotene Zone *f*, Energielücke *f*, Energiegap *m*
garnet Granat *m*
gas atomization *(Pulv)* Inertgasverdüsung *f*, Gasverdüsung *f*
~ **bubble** Gasbläschen *n*, Gasblase *f*
~**-carburize/to** gasaufkohlen, gaszementieren, gaseinsetzen, in gasförmigen Mitteln aufkohlen
~ **carburizing** Gasaufkohlen *n*, Gaszementieren *n*, Gaseinsetzen *n*
~ **cavity** Gaseinschluß *m*, Gasblase *f*
gaseous gasförmig, gasartig
~ **carbonitriding** Gaskarbonitrieren *n*
~ **corrosion** Gaskorrosion *f*
~ **insulant (insulating material)** *(Nichtl)* gasförmiger Isolierstoff *m*
GASH (guanidinium aluminium sulphate hexahydrate) $C(NH_2)_3Al(SO_4)_2 \cdot 6\ H_2O$ Guanidiniumaluminiumsulfathexahydrat *n*
gas metal arc melting Schutzgasschweißen *n*
~ **nitriding** Gasnitrieren *n*
~ **nitrocarburizing** Gasnitrokarburieren *n*
~ **permeability** Gaspermeabilität *f*
~ **pick-up** Gasaufnahme *f*
~ **pin-holing** Nadelkopfporenbildung *f* durch Gas
~ **pitting** Gasporenbildung *f*
~ **porosity** Gasporosität *f*
~**-tight** gasdicht, gasundurchlässig
gate s. ~ electrode
~ **bias** *(Halbl)* Gatespannung *f*
~ **electrode** *(Halbl)* Gate *n*, Gateelektrode *f*, Torelektrode *f*
~ **length** *(Halbl)* Gatelänge *f*
~ **metal** *(Halbl)* Gate-Metall *n*
~ **structure** *(Halbl)* Gatestruktur *f*
~ **voltage** *(Halbl)* Gatespannung *f*
gauging Messen *n*; Meßkontrolle *f*; Eichen *n*
gear Getriebe *n*
gel Gel *n*
gelatinize/to gelieren, gelatinieren
general corrosion flächenhafte Korrosion *f*, Flächenkorrosion *f*, Flächenfraß *m*
~**-purpose** allgemein verwendbar; Mehrzweck...
~**-purpose alloy** Mehrzwecklegierung *f*
~**-purpose elastomer** Mehrzweckkautschuk *m*, universeller Kautschuk *m*
~**-purpose iron** Mehrzweckeisen *n*

~-purpose rubber Mehrzweckkautschuk *m*, universeller Kautschuk *m*
~-purpose steel Mehrzweckstahl *m*
~ yield fracture Fließspannungsbruch *m*
generate/to erzeugen, generieren
generation Erzeugung *f*, Entstehung *f*
germanium Ge Germanium *n*
~ photodiode *(Halbl)* Germaniumphotodiode *f*
gettering Gettern *n (Binden von Gasen)*
~ source *(Halbl)* Getterquelle *f*
ghost line Schattenstreifen *m* im Gefüge, Seigerungsstreifen *m*
Gibbs free energy freie Enthalpie *f*, Gibbssche Funktion *f*, thermodynamisches Potential *n*
~ phase rule Gibbssche Phasenregel *f*
glaring grell, eklatant, kraß
glass Glas *n*
glass/to verglasen
glass beads Glaskugeln *fpl*, Glasperlen *fpl (Strahlmittel)*
~ ceramic Glaskeramik *f*, Vitrokeram *n*,Vitrokeramik *f*
~ coating Glasschutzschicht *f*, Emailschutzschicht *f*
~ fibre Glasfaser *f*, Glasfaserstoff *m*
~-fibre composite Glasfaser-Verbund *m*
~-fibre-reinforced plastic glasfaserverstärkter Kunststoff *m*
~-fibre-reinforced thermoplastic glasfaserverstärkter Thermoplast *m*
~-forming substance Glasbildner *m*
glassiness Glasigkeit *f*
glass-like glasartig, glasig, glasähnlich
~-lined mit Glas ausgekleidet, mit Glasaukleidung
~ matrix Glasmatrix *f*
~-reinforced cement glas[faser]verstärkter Zement *m*
~-reinforced plastic glasfaserverstärkter Kunststoff *m*
~ staple fibre Glasstapelfaser *f*
~ transition Glasübergang *m*
~-transition temperature Glasübergangstemperatur *f*, Glasumwandlungstemperatur *f*
glassy glasartig, glasig, glasähnlich
~ matrix Glasmatrix *f*
glaze Glasur *f*
glaze/to glasieren
glazed brick Glasurziegel *m*, Glasurstein *m*
glide band Gleitband *n*
~ dislocation Gleitversetzung *f*
~ force Gleitkraft *f*
~ plane Gleitebene *f*
gliding Gleiten *n*, Gleitung *f*, Rutschen *n*
glow discharge *(Halbl)* Glimmentladung *f*
glue Leim *m*
glue/to mit Leim bestreichen; [ver]leimen, kleben; verkleben
glued joint Leimfuge *f*, Klebeverbindung *f*
gold Au Gold *n*
good as-cast appearance gutes Aussehen *n* im gegossenen Zustand
go passive/to passiv werden, sich passivieren
Goss texture Goss-Textur *f*
GP zone Guinier-Preston-Zone *f*
grade Qualität *f*
gradual cracking schrittweises Aufreißen *n (metallischer Schutzschichten)*
grain Korn *n*, Kristallkorn *n*
~ boundary Korngrenze *f (bei Kristallen)*
~-boundary corrosion interkristalline Korrosion *f*, Korngrenzenkorrosion *f*
~-boundary diffusion Korngrenzendiffusion *f*
~-boundary electrical effect elektrischer Effekt *m* an Korngrenzen
~-boundary embrittlement Korngrenzenversprödung *f*
~-boundary hardening Korngrenzenverfestigung *f*
~-boundary migration Korngrenzenmigration *f*, Korngrenzenwanderung *f*
~-boundary pinning Korngrenzenarretierung *f*, Korngrenzenverankerung *f*
~-boundary precipitate Korngrenzenausscheidung *f*
~-boundary relaxation Korngrenzenentspannung *f*
~-boundary segregation Korngrenzenseigerung *f*
~-boundary sliding Korngrenzengleiten *n*, Korngrenzenabgleitung *f*, Korngrenzenwanderung *f*
~ coarsening Kornvergröberung *f*
~ elongation Korndehnung *f*, Kornstreckung *f*
~ growth Kornwachstum *n*, Kornvergrößerung *f*
~ growth inhibition Kornwachstumsbehinderung *f*
~ growth inhibitor Kornwachstumsinhibitor *m*
~ orientation Kornorientierung *f*, Kristallkornorientierung *f*
~-oriented kornorientiert
~-refine/to Korn feinen
~-refined steel korngefeinter Stahl *m*
~ refinement Kornfeinung *f*
~-refinement strengthening Verfestigung *f* durch Kornfeinung
~-refining additive Kornfeinungszusatz *m*
~ shape Korngestalt *f*
~ shape accommodation *(Pulv)* Kornformakkommodation *f*
~ size Korngröße *f*
~ size control Korngrößensteuerung *f*
~ size distribution Korngrößenverteilung *f*
~ size refinement Kornfeinung *f*
~ strengthening Kornverfestigung *f*
~ structure Korngefüge *n*, Kornaufbau *m*
~ surface layer Kornoberflächenschicht *f*
granite Granit *m*
granular powder granuliertes Pulver *n*
granulation Granulierung *f*
graphite Graphit *m*

~ **corrosion** graphitische Korrosion *f*, selektive Korrosion *f* von Grauguß, Spongiose *f*, Graphitierung *f*, Eisenschwammbildung *f*
~**-epoxy composite** Graphit-Epoxid-Verbundwerkstoff *m*
~ **fibre** Graphitfaser *f*
~ **flake** Graphitlamelle *f*
~ **morphology** Graphitmorphologie *f*
~ **whisker** Graphitwhisker *m*
graphitic corrosion *s.* graphite corrosion
graphitize/to graphitisieren
gravity Gravitation *f*, Schwerkraft *f*, Massenanziehung *f*; Schwere *f*
~ **segregation** Schwereseigerung *f*, Schwerkraftseigerung *f*
gray ... *s.* grey ...
grease Fett *n*, Schmierfett *n*
green *(Pulv)* ungesintert
~ **body** *(Pulv)* Grünling *m*, Vorpreßling *m*
~ **density** *(Pulv)* Gründichte *f*, Dichte *f* des Preßlings
~ **strength** *(Pulv)* Grünfestigkeit *f*, Festigkeit *f* des Vorpreßlings, Grünkörperfestigkeit *f*
~ **structure** *(Pulv)* ungesintertes Gefüge *n*
~ **tape** *(Pulv)* Grünband *n*, Rohband *n (ungesintertes Pulverband)*
grey cast iron Grauguß *m*
Griffith crack growth resistance Griffithscher Rißwiderstand *m*
grind/to 1. schleifen; 2. zermahlen
grindability Schleifbarkeit *f*
grindable schleifbar
grinder Schleifer *m*, Schleifmaschine *f*
grinding Schleifen *n*
~ **machine** Schleifmaschine *f*, Schleifer *m*
~ **time** 1. Schleifdauer *f*; 2. Mahldauer
grit blasting Strahlputzen *n*
groove Furche *f*, Riefe *f*
ground state Grundzustand *m*, Normalzustand *m*, Grundniveau *n*, Grundterm *m (eines Atomes)*
group III triply charged vacancy *(elopt)* dreifach geladene Leerstelle *f* von Atomen der III. Gruppe
~ **IV element** *(Halbl)* Element *n* der IV. Gruppe
~ **velocity** Gruppengeschwindigkeit *f*
grow multilayer device structure/to *(Halbl)* Mehrschicht-Bauelementestrukturen züchten
growth chamber *(Halbl)* Reaktor *m* für das Kristallwachstum
~ **of single crystals from the melt** *(Halbl)* Einkristallzüchtung *f* aus der Schmelze
~ **rate** Wachstumsgeschwindigkeit *f*
guanidinium aluminium sulphate hexahydrate $C(NH_2)_3Al(SO_4)_2 \cdot 6\,H_2O$ Guanidiniumaluminiumsulfathexahydrat *n*
guide 1. Führung *f*; 2. Richtlinie *f*
Guinier-Preston zone Guinier-Preston-Zone *f*
Gunn device *(Halbl)* Gunn-Element *n*
~ **effect** *(Halbl)* Gunn-Effekt *m*
~ **oscillator** *(Halbl)* Gunn-Oszillator *m*
gutta percha Guttapercha *f(n)*

H

habit plane *(Krist)* Habitebene *f*
half-hard halbhart
~**-life** *(Halbl)* Halbwertszeit *f*
~ **plane** Halbebene *f*
halide Halogenid *n*
~ **VPE** *(Halbl)* Halogenid-Gasphasenepitaxie *f*
Hall effect Hall-Effekt *m*
~**-Petch relationship** Hall-Petch-Beziehung *f*
~ **probe** Hall-Probe *n*
~ **resistance** *(Halbl)* Hall-Widerstand *m*
~ **voltage** *(Halbl)* Hallspannung *f*
halo *(Halbl)* Halo *m*
halogen-containing gas *(Nichtl)* halogenhaltiges Gas *n*
hammering Hämmern *n*
handleability Handhabbarkeit *f*
hard hart
hardboard Hartfaserplatte *f*
hard-drawn hart gezogen, kaltgezogen
harden/to härten, aushärten, fest werden
hardenability Härtbarkeit *f*
harden and temper/to vergüten
hardened and tempered condition vergüteter Zustand *m*
~ **and tempered steel** vergüteter Stahl *m*
~ **steel** gehärteter Stahl *m*
hardening Härten *n*, Härtung *f*, Hartwerden *n*, Verfestigung *f*
~ **and tempering** Vergüten *n*
~ **component** Hartstoff *m (Bestandteil eines Hartmetalls)*
~ **depth** Härtungstiefe *f*, Härtetiefe *f*
hard-face/to auftragschweißen, *(i.w.S.)* hartpanzern *(härtere Schutzschichten aufbringen)*
~**-facing** Auftragschweißen *n*, *(i.w.S.)* Aufbringen *n* härterer Schutzschichten
~**-facing alloy** Hartauftragslegierung *f*
~**-magnetic ferrite** *(Magn)* hartmagnetischer ferrimagnetischer Werkstoff *m*
~**-magnetic material** *(Magn)* hartmagntischer Werkstoff *m*
~ **metal** Hartmetall *n*, Sinterhartmetall *n*
hardness Härte *f*, Härtezahl *f*, Härtegrad *m*
~ **conversion** Härteumrechnung *f*
~ **number** Härtewert *m*
~ **profile** Härteprofil *n*
~ **test** Härteversuch *m*, Härteprüfung *f*
~ **tester** Härteprüfer *m*
~ **testing** Härteprüfung *f*, Härtebestimmung *f*
hard-surface/to s. ~-face/to
~**-surfacing** s. ~-facing
~**-wearing** verschleißfest
hardwood Laubholz *n*
harmful ion schädliches (gefährliches) Ion *n*
HAZ (heat-affected zone) wärmebeeinflußte Zone *f*, Wärmeeinflußzone *f*

hazardous gefährlich
haze *(Kunst)* Trübung *f*
HBT (heterojunction bipolar transistor) *(Halbl)* Bipolartransistor *m* mit Heteroübergang
hcp (hexagonal close[st] packing) *(Krist)* hexagonal dichteste Kugelpackung *f*
HDPE (high-density polyethylene) Polyethylen *n* hoher Dichte
headed lead Anschlußdraht *m* an der Stirnseite
head hardened rail kopfgehärtete Eisenbahnschiene *f*
health hazard Gesundheitsgefährdung *f*
heartwood Kernholz *n*
heat/to erwärmen, erhitzen; sich erwärmen
heat-affected wärmebeeinflußt
~**-affected zone** wärmebeeinflußte Zone *f*, Wärmeeinflußzone *f*
~**-affected zone cracking** Rißbildung *f* in der Wärmeeinflußzone
~ **capacity** Wärmekapazität *f*
~ **distortion resistance** *(Kunst)* Wärmefestigkeit *f*
~ **distortion temperature** *(Kunst)* Wärmefestigkeitsgrenze *f*,
~ **exchanger** Wärme[aus]tauscher *m*, Wärmeaustauschapparat *m*, Wärmeübertrager *m*
~ **extraction** Wärmeableitung *f*, Wärmeabführung *f*
~ **flow** Wärmefluß *m*
~ **flux** Wärmestrom *m*
~ **generation** Wärmeerzeugung *f*
heating 1. Erhitzen *n*, Erwärmen *n*, Erwärmung *f*; 2. Heizen *n*, Heizung *f*, Beheizung *f*; 3. Warmlaufen *n (Lager)*
~ **element** Heizelement *n*, Heizkörper *m*
~ **rate** Aufheizgeschwindigkeit *f*
heat of fusion Schmelzwärme *f*
~ **of vaporization** Verdampfungswärme *f*
~ **resistance** Wärmebeständigkeit *f*, Hitzebeständigkeit *f*, Wärmestabilität *f*, thermische Stabilität *f*
~**-resistance characteristic** *(Nichtl)* Merkmal *n* der Temperaturbeständigkeit
~**-resistant** wärmebeständig, hitzebeständig, thermisch stabil
~**-resistant polymer** temperaturbeständiges Polymer *n*
~**-resistant steel** hitzebeständiger Stahl *m*
~ **transfer** Wärmeübertragung *f*, Wärmetransport *m*, Wärmeübergang *m*
~ **transfer coefficient** Wärmeübergangskoeffizient *m*
~ **transition** Wärmedurchgang *m*
~**-treat/to** wärmebehandeln
~**-treatable** wärmebehandelbar, vergütbar
~**-treatable alloy** wärmebehandelbare Legierung *f*
~**-treatment cycle** Wärmebehandlungszyklus *m*
heavily doped *(Halbl)* stark dotiert
~ **doped material** *(elopt)* stark dotiertes Material *n*
heavy doping *(elopt)* starkes Dotieren *n*
~**-duty** hochbelastbar; Hochleistungs...
~ **hole level** *(Halbl)* Niveau *n* schwerer Löcher
~ **metal** Schwermetall *n*
helical insulating groove wendelförmige Isolationsrille *f*
Helmholtz double layer Helmholtz-Schicht *f*, elektrochemische Doppelschicht *f*
HEMT (high-electron-mobility transistor) *(Halbl)* HEMT
heptane C_7Ht_{16} Heptan *n*
hermetically sealed luftdicht verschlossen, hermetisch abgeschlossen
heterodyne technique Überlagerungstechnik *f*
heteroepitaxial growth *(Halbl)* heteroepitaxiales Wachstum *n*
~ **structure** Heteroepitaxialstruktur *f*
heterogeneity Heterogenität *f*, Uneinheitlichkeit *f*, Ungleichartigkeit *f*
heterogeneous heterogen, uneinheitlich, ungleichartig; ungleichartig zusammengesetzt
~ **nucleation** heterogene Keimbildung *f*
~ **resistive material** heterogener Widerstandswerkstoff *m*
heterojunction bipolar transistor *(Halbl)* Bipolartransistor *m* mit Heteroübergang
heterostructure *(Halbl)* Heterostruktur *f*
~ **laser** *(Halbl)* Heterostruktur-Laser *m*
hexagonal $\boldsymbol{P6_3/mmc}$ hexagonale $P6_3/mmc$-Raumgruppe *f*
~ **close-packed** *(Krist)* gemäß der hexagonal dichtesten Kugelpackung gepackt
~ **close packing** *(Halbl)* hexagonal dichteste Kugelpackung *f*
~ **structure** hexagonale Struktur *f*
high-alloy steel hochlegierter Stahl *m*
~**-alumina-ceramic substrate** Keramiksubstrat *n* mit hohem Aluminiumoxidgehalt
~**-angle scattering** Breitwinkelstreuung *f*
~**-boiling** hochsiedend, schwersiedend
~**-carbon** kohlenstoffreich, hochkohlenstoffhaltig, hochgekohlt
~**-carbon steel** hochkohlenstoffhaltiger Stahl *m*
~**-chromium** hochchromhaltig
~**-cycle fatigue** Dauerschwingbeanspruchung *f*, Dauerschwingverhalten *n*; Langzeitermüdung *f*
~**-density** hochverdichtet
~**-density polyethylene** Polyethylen *n* hoher Dichte
~**-dielectric-constant ceramic** Keramik *f* hoher Permittivität
~**-dielectric-strength insulation** *(Nichtl)* hochdurchschlagfeste Isolierung *f*
~**-dielectric-strength material** *(Nichtl)* hochdurchschlagfestes Material *n*
~**-duty application** Hochleistungsanwendung *f*
~**-electron-mobility transistor** *(Halbl)* HEMT
~**-energy gamma radiation** hochenergetische Gammastrahlung *f*

~-**energy level** *(Halbl)* Hochenergie-Niveau *n*, Antivalenzniveau *n*
~-**energy process** hochenergetischer Prozeß *m*
~-**energy rays** energiereiche (harte) Strahlen *mpl*
higher-heat-stable polymer *(Nichtl)* bei höheren Temperaturen beständiges Polymer *n*
~-**order Laue zone** HOLZ *abk*
~-**thermal-conductivity insulator** *(Nichtl)* Isolator *m* mit höherer Wärmeleitung
highest-speed digital integrated circuit *(Halbl)* Höchstgeschwindigkeits-Digital-IC *m*
high-field superconductor Hochfeld-Hochstrom-Supraleiter *m*, harter Supraleiter *m*
~-**frequency capacitor** Hochfrequenzkondensator *m*
~-**frequency modulation** *(Halbl)* Hochfrequenzmodulation *f*
~-**frequency resistance hardening** Hochfrequenzwiderstandshärten *n*
~-**frequency transistor** *(Halbl)* Hochfrequenztransistor *m*
~-**level waste glass** HLW-Glas *n (Glas mit eingeschmolzenem radioaktiven Abfall zur Lagerung)*
~-**melting intermediate phase** *(Halbl)* hochschmelzende Zwischenphase *f*
~-**melting point alloy** hochschmelzende Legierung *f*
~-**performance** hochleistungsfähig, leistungsstark; Hochleistungs...
~-**performance alloy** Hochleistungslegierung *f*
~-**performance ceramics** Hochleistungskeramik *f*
~-**performance composite** Hochleistungsverbundwerkstoff *m*, Hochleistungsverbund *m*
~-**performance material** Hochleistungswerkstoff *m*
~-**performance polymer matrix composite** Hochleistungspolymermatrixverbundwerkstoff *m*
~-**performance visible laser** *(Halbl)* Hochleistungslaser *m* im sichtbaren Bereich
~-**permittivity ceramic** Keramik *f* hoher Permittivität
~-**permittivity ferroelectric ceramic** ferroelektrische Keramik *f* hoher Permittivität
~ **polymer** Hochpolymer *n*
~-**power application** *(Halbl)* Hochleistungsanwendung *f*
~-**power laser** *(Halbl)* Hochleistungslaser *m*
~-**pressure compaction** Hochdruckverdichtung *f*
~-**pressure hydrogen resistance** Druckwasserstoffbeständigkeit *f*
~-**purity** sehr rein, hochrein, Reinst...
~-**purity aluminium** Reinstaluminium *n*
~-**purity hydrogen** Reinstwasserstoff *m*
~-**purity starting material** hochreiner Ausgangsstoff *m*
~-**purity steel** hochreiner Stahl *m*
~-**quality alloy** hochwertige Legierung *f*
~ **reliability** hohe Zuverlässigkeit *f*
~-**resistance protective state** hochohmiger Schutzzustand *m*
~-**resistivity buffer layer** *(Halbl)* hochohmige Pufferschicht *f*
~-**resolution electron microscopy** hochauflösende Elektronenmikroskopie *f*
~-***Q* resonator** *(Halbl)* Resonator *m* hoher Güte
~-**silicon** siliciumreich, hochsiliciumhaltig, *(bei Legierungen auch)* hochsiliziert
~-**silicon cast alloy** Gußlegierung *f* mit hohem Siliciumgehalt
~-**silicon iron** Ferrosilicium *n*, Siliciumeisen *n*
~-**speed digital integrated circuit** *(Halbl)* schnelle integrierte Digitalschaltung *f*
~-**speed modulation** *(elopt)* Hochgeschwindigkeitsmodulation *f*
~-**speed photodetector** *(Halbl)* Hochgeschwindigkeitsphotodetektor *m*
~-**speed [tool] steel** Schnell[arbeits]stahl *m (Fertigungstechnik)*
~ **strain** große Dehnung *f*
~-**strength** hochfest
~-**strength alloy** hochfeste Legierung *f*
~-**strength aluminium alloy** hochfeste Aluminiumlegierung *f*
~-**strength cast iron** hochfestes Gußeisen *n*
~-**strength fibre** hochfeste Faser *f*
~-**strength low-alloy steel** hochfester niedrig-legierter Stahl *m*
~-**strength material** hochfester Werkstoff *m*
~-**strength steel** hochfester Stahl *m*
~-**temperature** Hochtemperatur...
~-**temperature application** Hochtemperaturanwendung *f*
~-**temperature behaviour** Hochtemperaturverhalten *n*
~-**temperature carburizing** Schnellaufkohlung *f*, Hochtemperaturaufkohlung *f*
~-**temperature coating** Hochtemperaturschutzschicht *f*
~-**temperature compatibility** Hochtemperaturverträglichkeit *f*
~-**temperature corrosion** Hochtemperaturkorrosion *f*
~-**temperature creep** Hochtemperaturkriechen *n*
~-**temperature deformation** Hochtemperaturverformung *f*
~-**temperature embrittlement** Hochtemperaturversprödung *f*
~-**temperature lubricant** Hochtemperaturschmiermittel *n*
~-**temperature material** Hochtemperaturwerkstoff *m*
~-**temperature operating conditions** Hochtemperatur-Betriebsbedingungen *fpl*
~-**temperature phase** Hochtemperaturphase *f*
~-**temperature plastic** hochtemperaturbeständiger Kunststoff *m*

~-**temperature resistance** Hochtemperaturbeständigkeit *f*, Hochhitzebeständigkeit *f*
~-**temperature resistant** hochtemperaturbeständig, hochhitzebeständig
~-**temperature resistant system** hochtemperaturbeständiges (hochitzebeständiges) System *n*
~-**temperature stability** Stabilität *f* bei hohen Temperaturen
~-**temperature strength** Hochtemperaturbeständigkeit *f*, Hochhitzebeständigkeit *f*
~-**temperature use** Hochtemperaturverwendung *f*
~-**tensile steel** hochfester Stahl *m*
~-**voltage application** Hochspannungsanwendung *f*
~-**voltage cable** *(Nichtl)* Hochspannungskabel *n*
~-**voltage ceramic insulator** *(Nichtl)* keramischer Hochspannungsisolator *m*
~-**voltage electron microscopy** Hochspannungselektronenmikroskopie *n*
~-**voltage insulating material** *(Nichtl)* Hochspannungsnichtleiterwerkstoff *m*
~-**voltage insulation** *(Nichtl)* Hochspannungsisolation *f*
~-**voltage sensitivity** hohe Spannungsempfindlichkeit *f*
~-**voltage test** *(Nichtl)* Hochspannungsprüfung *f*, Spannungsprobe *f*
~-**voltage testing** *(Nichtl)* Hochspannungsprüfung *f*, Spannungsprobe *f*
HIP (hot isostatic pressing) *(Pulv)* [isostatisches] Heißpressen *n*, HIP *n*
HJBT (heterojunction bipolar transistor) *(Halbl)* Bipolartransistor *m* mit Heteroübergang
HLW glass HLW-Glas *n (Glas mit eingeschmolzenem radioaktiven Abfall zur Lagerung)*
hole *(Halbl)* [positives] Loch *n*, Defektelektron *n*
~ **density** *(Halbl)* Löcherdichte *f*, Defektelektronendichte *f*
~ **injection** *(Halbl)* Löcherinjektion *f*
~ **miniband** *(Halbl)* Löcher-Miniband *n*
~ **mobility** Löcherbeweglichkeit *f*
hologram Hologramm *n*
holographic interferometer Hologramminterferometer *n*
holography Holographie *f*
HOLZ line (higher-order Laue zone line)*(Halbl)* HOLZ-Linie *f*
homoepitaxy *(Halbl)* Homoepitaxie *f*
homogeneity Homogenität *f*, Gleichartigkeit *f*
~ **of processed material** Homogenität *f* des verarbeiteten Materials
homogeneous homogen
~ **deformation** homogene Verformung *f*
~ **distribution** gleichmäßige Verteilung *f*
~ **nucleation** homogene Keimbildung *f*
homogenization Homogenisieren *n*, Homogenisierungsglühen *n*, Diffusionsglühen *n*
~ **in sintering** *(Pulv)* Sinterhomogenisierung *f*
homogenize/to homogenisieren, gleichmäßig machen
homogenousness Homogenität *f*, Gleichartigkeit *f*
homojunction bipolar *(Halbl)* bipolarer Transistor *m* mit Homoübergang
homo-polymer Homopolymer *n*, Homopolymerisat *n*
honeycomb core *(Verb)* Wabenkern *m*
~ **structure** *(Verb)* Honigwabenstruktur *f*
Hooke's law Hookesches Gesetz *n*
hook-up wire *(Nichtl)* Schaltdraht *m*
Hoopes elecrolytic process Hoopes-Verfahren *n*, Raffinationselektrolyse *f* nach Hoopes
hoop strain Tangentialdehnung *f*
~ **stress** Ringspannung *f*, Tangentialspannung *f*
hopping *(Halbl)* Springen *n*, Hopping *n*
horizontal Bridgman technique *(Halbl)* horizontales Bridgman-Verfahren *n*
hostile environment aggressive Umgebung *f*
host lattice Wirtsgitter *n*, Grundgitter *n*
~ **material** Wirtssubstanz *f*, Muttersubstanz *f*
~ **matrix** Wirtsmatrix *f*
hot carrier *(elopt)* schneller Ladungsträger *m*
~ **corrosion** Hochtemperaturkorrosion *f*, Heißkorrosion *f*, *(i.e.S.)* Heißgaskorrosion *f*
~ **corrosion resistance** Beständigkeit *f* gegen Hochtemperaturkorrosion
~ **crack** Heißriß *m*
~ **cracking** Warmrißbildung *f*, Heißrißbildung *f*
~-**dip aluminized** feueraluminiert
~ **dipping** Feuermetallisieren *n*, Schmelztauchmetallisieren *n*, Schmelztauchen *n*, Beschichten *n* in Metallschmelzen
~ **drawing** Warmziehen *n*, Ziehen *n* bei hohen Temperaturen
~ **ductility** Warmbiegsamkeit *f*, Warmumformbarkeit *f*, Warmduktilität *f*
~ **electron** *(Halbl)* heißes Elektron *n*
~ **extrusion** Warmstrangpressen *n*
~ **forging** Warmschmieden *n*
~ **forming** Warmformgebung *f*, Warmumformung *f*
~ **forming property** Warmumformungsvermögen *n*
~-**gas welding** Heißgasschweißen *n*
~ **hardness** Warmhärte *f*
~ **isostatic pressing** *(Pulv)* [isostatisches] Heißpressen *n*, HIP *n*
~ **machining** Warmspanen *n*
~ **press/to** heißpressen, warmpressen, heiß [ver]pressen *(Metallpulver)*
~-**pressed ceramics** Sinterkeramik *f*
~ **pressing** *(Pulv)* Heißpressen *n*, Warmpressen *n*; Drucksintern *n*, Preßsintern *n*, Heißsintern *n*
~-**processability** Warmverarbeitbarkeit *f*
~-**roll/to** warmwalzen
~-**rolled sheet** warmgewalztes Blech *n*
~-**rolled steel** warmgewalzter Stahl *m*
~ **rolling** Warmwalzen *n*
~-**short** warmbrüchig

~ **shortness** Warmbrüchigkeit *f*
~ **shortness crack** Warmriß *m*
~ **strength** Warmfestigkeit *f*
~ **stretching** Heißstrecken *n*
~ **tear** Warmriß *m*, Heißriß *m*
~ **tensile test** Warmzugversuch *m*
~**-torsion test** Warmtorsionsversuch *m*
~**-wall reactor** *(Halbl)* Hot-wall-Reaktor *m*
~ **wear-resistant alloy** warmverschleißbeständige Legierung *f*
~ **workability** Warmumformbarkeit *f*
~**-work die steel** Warmarbeitsstahl *m*
~**-worked product** heißbearbeitetes Produkt *n*
~ **working** s. ~ forming
~**-work tool steel** Warmarbeitsstahl *m*
housing Gehäuse *n*
hybrid composite hybrider Verbundwerkstoff *m*, Hybridkomposit *m*
~ **fibre-resin composite** Hybridfaserharzverbundwerkstoff *m*
hydrate/to hydratisieren
hydration Hydratation *f*, Hydratisierung *f*
hydride Hydrid *n*
hydrocarbon Kohlenwasserstoff *m*
hydrodynamic lubrication hydrodynamische Schmierung *f*
hydrodynamics Hydrodynamik *f*
hydrogen H Wasserstoff *m*
~ **absorption** Wasserstoffabsorption *f*, Wasserstoffaufnahme *f*
~ **bond** Wasserstoff[brücken]bindung *f*, H-Bindung *f*, Wasserstoffbrücke *f*
~ **content** Wasserstoffgehalt *m*
~ **cracking** 1. Wasserstoffrißkorrosion *f*, Wasserstoffkrankheit *f*; 2. s. ~ embrittlement
~ **embrittlement** 1. Wasserstoffversprödung *f*, H-Versprödung *f*, katodische Spannungsrißkorrosion *f (Vorgang)*; 2. Wasserstoffbrüchigkeit *f*, Wasserstoffsprödigkeit *f (Ergebnis)*
hydrogenic model Bohrsches Atommodell *n*, Wasserstoffmodell *n*
hydrogen-induced cracking wasserstoffinduzierte Rißbildung *f*
~ **pickup** Wasserstoffabsorption *f*, Wasserstoffaufnahme *f*
~ **porosity** Wasserstoffporosität *f*
~ **reduced powder** *(Pulv)* wasserstoffreduziertes Pulver *n*
~ **selenide** *(Halbl)* Selenwasserstoff *m*, H_2Se
~ **stress corrosion cracking** wasserstoffinduzierte Spannungskorrosion *f*
~ **sulpide** *(Halbl)* Schwefelwasserstoff *m*, H_2S
hydrolyzable hydrolisierbar
hydrophilic hydrophil, wasseraufnehmend, mit Wasser benetzbar *(Werkstoffe)*
hydrophobic hydrophob, wasserabstoßend, wasserabweisend
hydrostatic hydrostatisch
~ **pressure** hydrostatischer Druck *m*
hydrostatics Hydrostatik *f*
hygrometer Hygrometer *n*
hygroscopic hygroskopisch, wasseranziehend
hygroscopicity Hygroskopizität *f*
hygroscopic material hygroskopischer Werkstoff *m*
hygrothermal hygrothermisch
hyperabrupt interface *(Halbl)* hyperabrupte Grenzschicht *f*
hyperbolic decay hyperbolisches Abklingen *n*
hypereutectic hypereutektisch
hypereutectoid übereutektoid
~ **steel** übereutektoider Stahl *m*
hyperstoichometric überstöchiometrisch
hypoeutectic untereutektisch
~ **structure** untereutektische Struktur *f*
hypoeutectoid untereutektoid
~ **steel** untereutektoider Stahl *m*
~ **structure** untereutektoide Struktur *f*
hypostoichometric unterstöchiometrisch
hysteresis Hysterese *f*, Hysteresis *f*
~ **loop** Hystereseschleife *f*, Hysteresis *f*
~ **motor** *(Magn)* Hysteresismotor *m*

I

IBE (ion beam etching) *(Halbl)* Ionenstrahlätzen *n*
IC (integrated circuit) *(Halbl)* integrierter Schaltkreis *m*, integrierte Schaltung *f*, IC *m*
ice Eis *n*
icosahedron *(Halbl)* Zwanzigflächner *n*, Ikosaeder *n*
IDC (intermediate defect configuration) momentane Defektkonfiguration *f*
ideal abrupt interface *(Halbl)* ideale abrupte Grenzschicht *f*
~ **diode equation** *(Nichtl)* Shockley-Gleichung *f*
~ **fluid** ideales (reibungsfreies) Fluid *n*
~ ***p-n*** junction *(Nichtl)* idealer pn-Übergang *m*
~ **solid** idealer Festkörper *m*
~ **solution** *(Halbl)* ideale Lösung *f*
~ **strength** theoretische Festigkeit *f*
~ **surface geometry** *(Halbl)* ideale Oberflächengeometrie *f*
identification Nachweis *m*
identify inclusions/to Einschlüsse identifizieren
~ **particles** Teilchen identifizieren
ideomorphic *(Krist)* ideomorph
image sensor *(Halbl)* Bildsensor *m*
~ **simulation** *(Halbl)* Bildsimulation *f*
imaging technique Abbildungstechnik *f*
imide Imid *n*
~ **structure** Imidstruktur *f*
imidized polymer imidisiertes Polymer *n*
immerge/to tauchen, eintauchen
immersion Eintauchen *n*
~ **plate** [stromlos] im Tauchverfahren erzeugte Schicht *f*

~ **plating** Eintauchplattierung *f*, [stromloses] Abscheiden *n* im Tauchverfahren
~ **test** Tauchversuch *m*, Immersionsversuch *m*
immiscibility Unmischbarkeit *f*, Nichtmischbarkeit *f*
immiscible unmischbar, nichtmischbar
~ **alloy** unmischbare Legierung *f*
immobile dislocation unbewegliche Versetzung *f*
immune unempfindlich, beständig; immun *(gegenüber dem nur passiven Zustand)*
~ **to shock** stoßsicher
impact Stoß *m*, Schlag *m*, Zusammenstoß *m*
impact/to auftreffen, aufprallen
impact avalanche and transit-time diode *(Halbl)* IMPATT-Diode *f*, Lawinenlaufzeitdiode *f*
~ **effect** Stoßwirkung *f*, Schlagwirkung *f*
~ **energy** Schlagenergie *f*, Schlagarbeit *f*
~ **extrusion** Fließpressen *n*
~ **hardness** Schlaghärte *f*
~ **hardness testing** Schlaghärteprüfung *f*
~ **ionization** Stoßionisation *f*
~**-ionize/to** stoßionisieren
~ **load** Schlagbeanspruchung *f*, Stoßbeanspruchung *f*
~ **loading** Schlagbelastung *f*, Stoßbelastung *f*
~ **strength** Kerbschlagfestigkeit *f*
~ **test** Schlagversuch *m*, Kerbschlagversuch *m*
~ **testing** Schlagprüfung *f*
~ **toughness** Schlagfestigkeit *f*, Schlagzähigkeit *f*
~ **transition temperature** Übergangstemperatur *f* *(bei der Sprödbruchprüfung)*
~ **velocity** Auftreffgeschwindigkeit *f*, Aufschlaggeschwindigkeit *f*
~ **work** Schlagarbeit *f*
impair/to beeinträchtigen
IMPATT [diode] (impact avalanche and transit-time diode) *(Halbl)* IMPATT-Diode *f*, Lawinenlaufzeitdiode *f*
impedance Impedanz *f*, Wechselstromwiderstand *m*, Scheinwiderstand *m*, komplexer Widerstand *m*
impede/to behindern, aufhalten
~ **disclocation motion** die Versetzungsbewegung behindern
impenetrability Undurchdringbarkeit *f*, Undurchlässigkeit *f*
imperfection Defekt *m*, Störstelle *f (im Kristallgitter)*; Werkstoffehler *m*
impermeability Undurchlässigkeit *f*, Impermeabilität *f*, Dichtheit *f*
impermeable undurchlässig, impermeabel, dicht
impervious undurchlässig, dicht
imperviousness Undurchlässigkeit *f*, Dichtheit *f*
impetus Stoß *m*, Anstoß *m*
impingement Aufprall *m*, Zusammenstoß *m*
~ **corrosion** Aufprallerosion *f*, Tropfenschlagerosion *f*, Flüssigkeitsschlag *m*, Wasserschlag *m*
implantation Implantation *f*
~ **process** *(Halbl)* Implantationsprozeß *m*
implementation Verwirklichung *f*, Realisierung *f*
impose/to 1. aufprägen *(Strom)*; 2. einem Umwelteinfluß aussetzen
imposition 1. Aufprägung *f (von Strom)*; 2. Aussetzen *n (einem Umwelteinfluß)*
impoverishment Verarmung *f*
impregnant Imprägniermittel *n*
~ **fluid** Imprägnierflüssigkeit *f*
impregnate/to imprägnieren, tränken
impregnated paper imprägniertes Papier *n*
impregnation Tränken *n*, Durchtränkung *f*, Impregnation *f*
~ **of casting** Gußstückimprägnierung *f*
impressed voltage aufgeprägte (eingeprägte) Spannung *f*
impression Eindruck *m*
improve/to verbessern; verfeinern, veredeln
improvement Verbesserung *f*; Verfeinerung *f*, Veredelung *f*, Veredlung *f*
impurify/to verunreinigen
impurity 1. Verunreinigung *f*, Fremdbestandteil *m*; 2. Defekt *m*, Störstelle *f (im Kristallgitter)*; Werkstoffehler *m*
~ **atom** *(Halbl)* Dotieratom *n*
~ **band** *(Halbl)* Störstellenband *n*
~ **concentration** *(Halbl)* Störstellenkonzentration *f*
~ **content** *(Halbl)* Störstellenanteil *m*
~**-induced disordering** *(Halbl)* durch Störstellen verursachte Fehlordnung *f*
~ **level** *(Leit)* Störstellenniveau *n*
~**-related defect** *(Halbl)* Kristallbaufehler *m* durch Verunreinigungen
inability Unfähigkeit *f*, Unvermögen *n*
inaccuracy Ungenauigkeit *f*
incidence Einfall *m (z.B.eines Strahls)*
~ **angle** Einfallswinkel *m*
incipient crack Anriß *m*
~ **melting** Anschmelzen *n*
inclined schräg
inclusion Einschluß *m*, Einlagerung *f*, Inklusion *f*
~ **cluster** Einschlußanhäufung *f*, Einschlußnest *n*
~ **distribution** Einschlußverteilung *f*
~ **morphology** Einschlußmorphologie *f*
~ **shape** Einschlußform *f*
~ **shape control** Einschlußformsteuerung *f*, Einschlußformbeeinflussung *f*
~ **shape control addition** Zusatz *m* zur Einschlußformbeeinflussung
~ **size** Einschlußgröße *f*
~ **type** Einschlußart *f*
incompatibility Unverträglichkeit *f*, Inkompatibilität *f*
incompatible unverträglich, inkompatibel
incompressible inkompressibel, nicht komprimierbar (zusammendrückbar)
inconel alloy Inconel-Legierung *f (hitzebeständige Ni-Cr-Fe-Legierung)*
incorporate/to einlagern, einschließen, inkorporieren

incorporation Einbau *m*, Einlagerung *f*
incorrodibility Korrosionsbeständigkeit *f*, Korosionsfestigkeit *f*, Korrosionsssicherheit *f*
increase in strength Festigkeitszunahme *f*, Festigkeitsanstieg *m*, Verfestigung *f*; Festigkeitssteigerung *f*
indentation Einkerbung *f*, Eindruck *m (Werkstoff)*, Vertiefung *f*
~ **depth** Eindrucktiefe *f (Härtemessung)*
~ **hardness** Eindruckhärte *f*, Eindringhärte *f*
~ **hardness testing** Härteprüfung *f* nach dem Eindringverfahren, Härteprüfung *f* mit Eindringkörper, Eindringhärteprüfung *f*
~ **test** Eindringtest *m*, Eindruckmethode *f*
indenter Eindringkörper *m*, Eindruckkörper *m*
indirect band gap *(Halbl)* indirekter Bandabstand *m*
~**-band-gap material** Halbleitermaterial *n* mit indirektem Bandabstand
~ **composition range** *(Halbl)* indirekter Rekombinationsbereich *m*
~**-gap material** *(Halbl)* Material *n* mit indirektem Bandabstand
~ **III-V semiconductor** III-V-Halbleiter *m* mit indirektem Bandabstand
~ **interaction** indirekte Wechselwirkung *f*
indium In Indium *n*
~ **antimonide** *(Halbl)* Indiumantimonid *n*, InSb
~ **gallium arsenide** *(Halbl)* Indiumgalliumarsenid *n*, InGaAs
~ **monochloride** *(Halbl)* Indiummonochlorid *n*, Indiumchlorid *n*, InCl
~ **phosphid** *(Halbl)* Indiumphosphid *n*, InP
individual grain Einzelkorn *n*
~ **mobility** *(Halbl)* individuelle Beweglichkeit *f*
induce a ferroelectric state/to einen ferroelektrischen Zustand induzieren
induction furnace Induktionsofen *m*, induktionsbeheizter Ofen *m*
~ **heating** Induktionserwärmen *n*
inductive characteristic Induktivitätscharakteristik *f*
~ **heating** induktives Erwärmen *n*
industrial application industrielle Anwendung *f*
~ **contaminant** industrielle Verunreinigung *f*
~ **powder** technisches Pulver *n*
~ **resistor** Industriewiderstand *m*
~ **safety** Arbeitsschutz *m*
~ **waste** Industrieabfall *m*
inelastic unelastisch, nicht elastisch
~ **strain** nicht elastische Dehnung *f*
inert inert, inaktiv
~ **atmosphere** Schutz[gas]atmosphäre *f*
~ **gas** *(Halbl)* Inertgas *n*
~ **medium** Schutzmedium *n*
inferior quality minderwertige Qualität *f*
infiltration Infiltration *f*
inflame/to entflammen, entzünden, zünden
inflammation Entflammung *f*, Entzündung *f*
influence Einfluß *m*, Einwirkung *f*, Wirkung *f*
influence/to beeinflussen, einwirken auf
information storage Informationsspeicherung *f*
infrared Infrarot *n*, Ultrarot *n*
~ **detector** Infrarotdetektor *m*
~**-emitting diode** *(Halbl)* Infrarot-Leuchtdiode *f*
~ **spectroscopy** Infrarotspektrometrie *f*
InGaAs-based device *(Halbl)* Bauelement *n* auf der Basis von InGaAs
~ **detector** *(Halbl)* InGaAs-Photodetektor *m*
InGaAsP laser *(Halbl)* InGaAsP-Laser *m*
In-Ga-As-P system *(Halbl)* In-Ga-As-P-System *n*
ingot 1. Block *m*, Gußblock *m*, Rohblock *m*, Ingot *m*, Barren *m*; 2. Substanzbarren *m*, Schmelzbarren *m*, Barren *m (beim Zonenschmelzen)*
~ **casting** Blockgießen *n*, Blockguß *m*
~ **diameter** *(Halbl)* Durchmesser *m* des Schmelzbarrens
~ **iron** Flußstahl *m*
ingredient Bestandteil *m*, Inhaltsstoff *m*
ingress of moisture Eindringen *n* von Feuchigkeit
inherent dielectric strength Eigendurchschlagfeldstärke *f*
inhibit/to hemmen, bremsen, verzögern
inhibited grain growth behindertes Kornwachstum *n*
inhibiting effect hemmender Effekt *m*
inhibitive inhibitierend, hemmend
inhibitor Inhibitor *m*, Hemmstoff *m*, *(i.e.S.)* Korrosionsinhibitor *m*
inhomogeneity Inhomogenität *f*, innere Uneinheitlichkeit *f*
inhomogeneous inhomogen, innerlich uneinheitlich
~ **structure** *(Halbl)* inhomogene Struktur *f*
initial concentration Ausgangskonzentration *f*, Anfangskonzentration *f*
~ **crack length** Ausgangsrißlänge *f*
~ **dielectric strength** *(Nichtl)* Anfangsdurchschlagfestigkeit *f*
~ **elastic strain** Anfangsdehnung *f*
~ **grain** Ausgangskorn *m*
~ **grain size** Ausgangskorngröße *f*
~ **load** Vorlast *f*
~ **orientation** Anfangsorientierung *f*
~ **particle size** Ausgangsteilchengröße *f*, Anfangsteilchengröße *f*
~ **permeability** *(Magn)* Anfangspermeabiltät *f*
~ **stage sintering** *(Pulv)* Sinteranfangsstadium *n*
~ **state** Ausgangszustand *m*, Anfangszustand *m*
~ **stress** innere Spannung *f*, Restspannung *f*, Eigenspannung *f*
~ **value** Anfangswert *m*
initiate/to initiieren, einleiten, auslösen, anregen
initiation Initiierung *f*, Einleitung *f*, Anregung *f*, Start *m (einer Reaktion)*
~**-controlled fatigue** durch Rißleitung kontrollierte Ermüdung *f*
~ **of the crack** Rißbildung *f*

inject/to *(Halbl)* injizieren
injection laser *(Halbl)* Injektionslaser *m*
~-moulded spritzgegossen
~ moulding Spritzgießen *n*
~ moulding compound Spritzgußmasse *f* *(z.B. für Isolierungen)*
~ of carriers Trägerinjektion *f*
inlay Füllung *f*, Einlage *f*
inoculant Impfzusatz *m*
inoculate/to impfen
inoculation Impfen *n*, Impfung *f*
inorganic coating anorganische Schutzschicht (Beschichtung) *f*
~ fibre anorganische Faser *f*; anorganischer Faserstoff *m*
~ film anorganischer Film *m*
in-plant corrosion Korrosion *f* im Betrieb
~-plant test Betriebsversuch *m*
insensitive unempfindlich
insensitivity Unempfindlichkeit *f*
in series in Reihe (geschaltet), hintereinander (geschaltet)
~-service behaviour Leistungsverhalten *n*, Betriebsverhalten *n*, Leistung *f*
~-service requirement Betriebsanforderung *f*
~-service test Betriebsversuch *m*
~ situ an Ort und Stelle, in situ, am Entstehungsort liegend, an der richtigen (ursprünglichen) Stelle
~-situ analysis Analyse *f* an Ort und Stelle
~-situ composite In-situ-Komposit *n*, In-situ-Verbundwerkstoff *m*
~-situ-growth *(Halbl)* Wachstum *n* in der ursprünglichen Lage
~-situ polymerization In-situ-Polymerisation *f*, Polymerisation *f* an Ort und Stelle
insolubility Unlöslichkeit *f*
insoluble unlöslich, nicht löslich
inspection Kontrolle *f*, Beobachtung *f*
~ certificate Abnahme[prüf]zeugnis *n*
~ report Abnahme[prüf]protokoll *n*
~ specification Prüfvorschrift *f*
instability Instabilität *f*, Unbeständigkeit *f*
instantaneous emission Sofortemmission *f*
instructions for use Anwendungsrichtlinien *fpl*
insulate/to 1. isolieren; abdecken; isolieren *(Galvanisiergestelle)*; 2. dämmen *(gegen Schall oder Wärme)*
insulated platinum wire isolierter Platindraht *m*
insulating kerf Isolierkerbe *f*
~ material 1. Isoliermaterial *n*, Isolierwerkstoff *m*; 2. Dämmstoff *m (bei Wärme und Schall)*
~ paper Isolierpapier *n*
~ state *(Nichtl)* isolierender Zustand *m*
insulation 1. Isolierung *f*; Abdeckung *f*, [isolierende] Schutzabdeckung *f*, Isolierung *f (für Gestelle oder nicht zu galvanisierende Werkstückteile)*; 2. Dämmung *f (gegen Wärme oder Schall)*; 3. s. insulating material
~ breakdown Isolationsdurchschlag *m*
~ material s. insulating material
~ rating Isoliernennwert *m*
~ resistance dielektrischer Widerstand *m*
~ strength Isolationsfestigkeit *f*
~ surface Isolatoroberfläche *f*
insulator *s.* 1. insulating material; 2. ~ body
~ body Isolatorkörper *m*
integrated circuit *(Halbl)* integrierter Schaltkreis *m*, integrierte Schaltung *f*, IC *m*
~-optic structure integriertes optoelektronisches Bauelement *n*
integrity of the system Systemintegrität *f*
intensity Intensität *f*, Stärke *f*
~ of a light beam Intensität *f* eines Lichtstrahls
intentional addition absichtliche Zugabe *f*
interact/to in Wechselwirkung stehen, wechselwirken
interaction Wechselwirkung *f*
~ potential Wechselwirkungspotential *n*
interatomic interatomar
~ bonding force Bindungskraft *f*, Bindekraft *f*
intercalate/to einlagern, zwischenlagern
interchangeability Austauschbarkeit *f*, Auswechselbarkeit *f*
interconnected porosity *(Pulv)* verzweigtes Porennetz *n*
interconversion *(Halbl)* wechselseitige Umwandlung *f*
intercrystalline interkristallin, zwischenkristallin *(Zusammensetzungen s. unter* intergranular*)*
~ cracking interkristallines Aufreißen *n*
interdendritic porosity interdendritische Porösität *f*
interdiffusion Zwischendiffusion *f*
inter-electrode spacing Abstand *m* zwischen den Elektroden
interface Grenzschicht *f*, Phasengrenzfläche *f*, Grenzfläche *f*
~ atom *(Halbl)* Grenzflächenatom *n*
~ defect *(Halbl)* Grenzschichtdefekt *m*
~ diffusion Grenzflächendiffusion *f*
~ electronic structure *(Halbl)* Elektronenstruktur *f* der Grenzschicht
~ shear stress Schubspannung *f* an Grenzflächen
~ state Grenzschichtzustand *m*, Grenzflächenzustand *m*
interfacial bond strength Grenzflächenhaftfestigkeit *f*
~ crack Grenzflächenriß *m*
~ energy Grenzflächenenergie *f*, Zwischenphasenenergie *f*, Oberflächenenergie *f*
~ property Grenzflächeneigenschaft *f*
~ rupture Grenzflächenbruch *m*
~ segregation Grenzflächenentmischung *f*
~ shear cracking Scherrißbildung *f* an Grenzflächen
~ shear strength Grenzflächenscherfestigkeit *f*
interference layer Interferenzschicht *f*

~ **metallography** Interferenzmetallographie *f*
~ **spectrometer** Interferenzspektrometer *n*
interferometry Interferometrie *f*
intergranular intergranular, interkristallin
~ **corrosion** interkristalline Korrosion *f*, Korngrenzenkorrosion *f*
~ **fracture** interkristalliner Bruch *m*, Korngrenzenbruch *m*
~ **stress corrosion cracking** interkristalline Spannungsrißkorrosion *f*
interlamellar spacing Lamellenabstand *m*
interlaminar interlaminar
~ **delamination** s. ~ separation
~ **fracture** interlaminarer Bruch *m*
~ **separation** *(Verb)* Delamination *f*, Schichtentrennung *f*, Schicht[en]spaltung *f*
~ **shear strength** *(Verb)* Spaltscherfestigfeit *f*, interlaminare Scherfestigkeit *f*
~ **strength** *(Verb)* Spaltfestigkeit *f*
interlayer Zwischenschicht *f*, Trennschicht *f*
interleafing *(Verb)* Schichteinlagerung *f*
interleave/to als Schichten einlagern
intermediate-annealed zwischengeglüht
~ **annealing** Zwischenglühen *n*
~ **bainite** mittlerer Bainit *m*, mittlere Zwischenstufe *f*
~ **condition** Zwischenzustand *m*
~ **defect configuration** momentane Defektkonfiguration *f*
~ **etch** Zwischenätzen *n*
~ **hardening** Zwischenstufenhärtung *f*
~ **phase** Zwischenphase *f*
~ **polytype** *(Halbl)* intermediärer Polytyp *m*
~ **product** Zwischenprodukt *n*
~ **stage** Zwischenstufe *f*
~ **stage sintering** Zwischenstufe *f*
intermetallic phase intermetallische Verbindung (Phase) *f*
intermittend zeitweilig aussetzend
~ **discharge duty** Betriebsweise *f* der aussetzenden Entladung
~ **load[ing]** aussetzende Belastung *f*, Aussetzlast *f*
~ **use** diskontinuierliche Nutzung *f*
intermixing Vermischung *f*
internal crack Innenriß *m*, Kernriß *m*
~ **cracking** Kernrissigkeit *f*
~ **defect** Innenfehler *m*
~ **efficiency** *(Halbl)* innerer Wirkungsgrad *m*
~ **electric field** *(Halbl)* inneres elektrisches Feld *n*
~ **fracture** Innenbruch *m*
~ **friction** innere Reibung *f*, Eigenreibung *f*
~ **gap** *(Halbl)* innere Energielücke *f*
~ **pressure** Kohäsionsdruck *m*, Innendruck *m*; Innendruckbelastung *f*
~ **stress** innere Spannung *f*, Restspannung *f*, Eigenspannung *f*
interparticle bond Teilchenbindung *f*
~ **bonding** Teilchenverbindung *f*
~ **contact resistance** Kontaktwiderstand *m* zwischen Partikeln
~ **friction** Reibung *f* zwischen Teilchen *(Pulver)*
~ **grain boundary** Korngrenze *f* über mehrere Pulverteilchen hinweg
~ **spacing** Abstand *m* zwischen den Teilchen
interpenetrating microstructure Durchdringungsgefüge *n*
interphase Zwischenphase *f*, Phasengrenze *f*
~ **contact** Phasenkontakt *m*
interplanar spacing *(Krist)* Netzebenenabstand *m*, Zwischenebenenabstand *m*
interposed zwischengelagert
interposition Zwischensetzen *n*
interpretation Auswertung *f*, Interpretation *f*
interrupted quenching Stufenabschrecken *n*
intersolubility wechselseitige Löslichkeit *f*
intersperse/to durchsetzen *(mit etwas)*
interstice Zwischengitterplatz *m*, Zwischenraum *m*, Lücke *f*
interstitial *(Krist)* Zwischengitteratom *n*, Atom *n* auf einem Zwischengitterplatz
~ **concentration** *(Halbl)* Konzentration *f* von Zwischengitteratomen
~ **diffusion** Diffusion *f* über Zwischengitterplätze, interstitielle Diffusion *f*, Zwischengitterplatzdiffusion *f*
~ **impurity** Zwischengitterverunreinigung *f*
~ **ion** Zwischengitterion *n*
interstitially auf Zwischengitterplatz
interstitial solid solution Einlagerungsmischkristall *m*
intersubband transition *(Halbl)* Interteilband-Übergang *m*
intervalley scattering *(Halbl)* Zwischentalstreuung *f*, „intervalley"-Streuung *f*
intimate eng *(Kontakt)*
intragranular transkristallin
~ **cleavage** transkristalliner Spaltbruch *m*
intramolecular intramolekular, innermolekular
intraparticle cracking Rißbildung *f* innerhalb der Teilchen
intrinsically conductive eigenleitend
~ **conductive polymer** eigenleitendes Polymer *n*
intrinsic carrier density *(Halbl)* Trägerdichte *f* in einem Eigenhalbleiter
~ **conductivity** *(Halbl)* Eigenleitfähigkeit *f*, intrinsische Leitfähigkeit *f*
~ **interlayer** *(Halbl)* intrinsische Zwischenschicht *f*
~ **magnetic moment** *(Magn)* inneres magnetisches Moment *n*
~ **magnetic parameter** *(Magn)* innerer magnetischer Parameter *m*
~ **metallic behaviour** metalleigenes Verhalten *n*
~ **properties** Eigenschaften *fpl* des reinen Werkstoffes *(z.B. des Siliciums)*
~ **semiconductor** Eigenhalbleiter *m*, intrinsic-Halbleiter *m*
~ **viscosity** Grenzviskosität *f*
introducing of chemical impurities *(Halbl)* Einbau *m* chemischer Verunreinigungen

introduction 1. Einleiten *n*, Einführung *f*; 2. Einbau *m*, Einlagerung *f*
~ **of impurities** *(Halbl)* Einbau *m* von Fremdatomen
intrusion Intrusion *f*, Materialeinstülpung *f (in Gleitbändern)*
in vaccuo im Vakuum
invariant system unveränderliches (invariantes) System *n*
invar metal Invarmetall *n (Nickel-Eisen-Legierung)*
~ **steel** Invarstahl *m*
inversion 1. Inversion *f*, Invertierung *f*, Umkehr[ung] *f*; 2. *(Krist)* Umwandlung *f*
~ **layer** *(Halbl)* Inversionsschicht *f*
invert/to umkehren *(Vorgänge)*, umdrehen; sich umwandeln
investigate/to untersuchen, erforschen, ermitteln
investigation Erforschung *f*, Untersuchung *f*, Ermittlung *f*
investment casting Präzisionsguß *m*, Feinguß *m*, Genauguß *m*
~ **moulding** Formen *n* mit Ausschmelzmodellen
involatile nichtflüchtig
ion-beam analysis Ionenstrahlanalyse *f*
~ **beam etching** *(Halbl)* Ionenstrahlätzen *n*
~ **chromatography** Ionenchromatographie *f*
~ **core** Ionenrumpf *m*
~**-exchange process** Ionenaustauschprozeß *m*
ionic bonding Ionenbeziehung *f*, Ionenbindung *f*, heteropolare Bindung *f*
~ **conductance** Ionenleitfähigkeit *f*, Elektrolytleitfähigkeit *f*
~ **displacement** Ionenverschiebung *f*
~ **migration** Ionenwanderung *f*
~ **semiconductor** Halbleiter *m* mit ionischer Bindung
~ **shunt conductance** ionische Querleitfähigkeit *f*
~ **sublattice** Ionen-Teilgitter *n*
ion implantation Ionenimplantation *f*
ionizable dissoziabel *(in Lösungen)*
ionization Ionisation *f*, Ionisierung *f (von Gasen)*; elektrolytische Dissoziation *f (in Lösungen)*
~ **coefficient** *(Nichtl)* Ionisierungskoeffizient *m*
~ **energy** *(Halbl)* Ionisierungsenergie *f*
~ **potential** Ionisationspotential *n*, Ionisierungsspannung *f*
~ **threshold energy** *(Nichtl)* Ionisierungsschwellenenergie *f*
ionize/to ionisieren *(Gase)*; dissoziieren, in Ionen zerfallen *(in Lösungen)*
ionized atom ionisiertes Atom *n*, Atomion *n*
~ **impurity** *(Halbl)* ionisierte Störstelle *f*
~**-impurity scattering** *(Halbl)* Streuung *f* an ionisierten Störstellen
ion micrograph ionenmikroskopisches Bild *n*
ionomer Ionomer[es] *n*
ion plating Ionenplattieren *n*
IR (isoprene rubber) *(Nichtl)* Polyisopren *n*
IRED (infrared-emitting diode) *(Halbl)* Infrarot-Leuchtdiode *f*
iridium Ir Iridium *n*
iron Fe Eisen *n*; reines Eisen *n*
~**-base[d] alloy** Eisenbasislegierung *f*
~ **carbide** Eisencarbid *n*, Zementit *m*
~**-carbon alloy** Eisen-Kohlenstoff-Legierung *f*
~**-cementite diagram** Eisen-Zementit-Zustandsdiagramm *n*
~**-cobalt alloy** *(Magn)* Eisen-Cobalt-Legierung *f*
~**-iron carbide diagram** Eisen-Eisencarbid-Diagramm *n*; Eisen-Zementit-Zustandsdiagramm *n*
~**-nickel alloy** Eisen-Nickel-Legierung *f*
~ **ore** Eisenerz *n*
~ **whisker** Eisenwhisker *m*
γ-iron(III) oxide γ-Fe_2O_3 *(Magn)* γ-Eisen(III)-oxid *n*
irradiation Bestrahlung *f*
irregularly shaped unregelmäßig geformt
iso-band-gap contour *(Halbl)* geschlossene Kurve *f* gleicher Energiebandabstände
isobaric isobar
isoelectronic *(elopt)* isoelektronisch
~ **nitrogen impurity** *(Halbl)* isoelektronische Stickstoffverunreinigung *f*
isoforming [process] Isoforming *n*
isolate/to isolieren, trennen *(elektrisch)*; unterbrechen *(Stromkreis)*
iso-lattice-constant curve *(Halbl)* Linie *f* gleicher Gitterkonstanten
isomer Isomer[es] *n*
isoprene rubber Polyisopren *n*
isotactic isotaktisch
isotherm Isotherme *f*
isothermal isotherm[isch]
~ **annealing** isothermes Glühen *n*
~ **deformation** isotherme Umformung *f*
~ **expansion** isotherme Ausdehnung *f*
~ **transformation** isotherme Umwandlung *f*, Umwandlung *f* bei gleichbleibender Temperatur
~ **transformation diagram** isothermisches Umwandlungsdiagramm *n*
isotopic abundance *(Halbl)* Isotopenhäufigkeit *f*
isotrop s. isotropic
isotropic isotropisch, richtungsunabhängig *(Werkstoffeigenschaft)*
~ **non-parabolic band** *(Halbl)* isotropisches nichtparabolisches Band *n*
isotropy Isotropie *f*, Richtungsunabhängigkeit *f (einer Werkstoffeigenschaft)*
ITT Übergangstemperatur *f (bei der Sprödbruchprüfung)*

J

jacketing material *(Nichtl)* Ummantelungsmaterial *n*
jade Jade *f (Halbedelstein aus Jadeit oder Nephrit)*
jar mill *(Pulv)* Kugelmühle *f*
jet polishing system Strahlpolieranlage *f*
joining technique Fügetechnologie *f*
joint Verbindung *f*; Anschluß *m*

jointing Verbinden *n;* Anschließen *n*
Jominy end-quench test Stirnabschreckversuch *m*
~ **[hardenability] test** Stirnabschreckversuch *m*
Josephson device (junction) Josephsonelement *n*
~**-junction logic** *(Halbl)* Josephson-Effekt-Speicher *m*
~ **junction sensor** Josephsonsensor *m*
~ **switch** Josephson-Schalter *m*
junction 1. *(Krist)* Grenzfläche *f*, Phasengrenzfläche *f*, Berührungsfläche *f*, Berührungszone *f; (Halbl)* Übergang *m*; 2. Lötstelle *f*, Lötverbindung *f*
~ **FET** *(Halbl)* Sperrschichtfeldeffekttransistor *m*, Sperrschicht-FET *m*
p-n **junction** *(Halbl)* pn-Übergang *m*
p-n **junction diode** *(Halbl)* pn-Diode *f*
p-n **junction electroluminescent device** *(elopt)* Elektrolumineszenzbauelement *n* mit pn-Übergang
***p-n*-junction isolation** *(Halbl)* pn-Übergang-Isolation *f*

K

Kaldo process Kaldo-Verfahren *n*, Kalling-Domnarvet-Verfahren *n (Sauerstoffaufblaseverfahren)*
kaolinite Kaolinit *n (Aluminiumhydroxidsilicat)*
KD*P (deuterated potassium dihydrogen phosphate) *(elopt)* deuteriummarkiertes Kaliumdihydrogenphosphat *n*
Kerr [electrooptic] effect [elektrooptischer] Kerr-Effekt *m*
key transition Schlüsselübergang *m*
Kikuchi map Kikuchi-Abbildung *f*
~ **pattern** *(Halbl)* Kikuchi-Muster *n*
kill/to beruhigen *(eine Schmelze)*
killed steel beruhigter (beruhigt vergossener) Stahl *m*
killing Beruhigen *n (einer Schmelze)*
kinetic coefficient of friction kinetischer Reibungskoeffizient *m*, Gleitreibungskoeffizient *m*
~ **constant** kinetische Konstante *f*
~ **theory of diffusion** Kinetik *f* der Diffusion
kink *(Halbl)* Kink *f*
kinking Knicken *n*, Faltenbildung *f*, Buckelbildung *f*
knead/to [durch]kneten
knife-line corrosion Messerlinienkorrosion *f*
knit/to zusammenfügen; verbinden, binden
knitting Zusammenfügen *n*
Knoop hardness Knoop-Härte *f*
~ **hardness (indentation) test** Härteprüfung *f* nach Knoop
~ **indenter** Knoop-Eindringkörper *m*
Knudsen cell (oven) *(Halbl)* Effusionsofen *m*
kraft paper Kraft[pack]papier *n*
Kronig-Penney model *(Halbl)* Kronig-Penney-Modell *n*

L

laboratory Laboratorium *n*, Labor *n*
~ **experiment** Laborversuch *m*
~ **investigation** Laboruntersuchung *f*
~ **test** Laborversuch *m*
lacquer physikalisch trocknender Lack *m*, Klarlack *m*
ladle metallurgy Pfannenmetallurgie *f*
lamellar fracture Terrassenbruch *m*
~ **structure** lamellares Gefüge *n*
~ **tearing** Terrassenbruch *m*
~ **termination** Lamellenende *n*
lamina Schicht *f*, Lage *f*
laminate *(Verb)* Schicht[preß]stoff *m*, Laminat *n*, geschichteter Werkstoff *m*, Schichtverbundwerkstoff *m*; Preßstoff *m*, Preßmasse *f*
laminate/to 1. beschichten, laminieren; bekleben, kaschieren; 2. zu einem Schichtpaket zusammenpressen; 3. in Schichten aufspalten; sich in Schichten aufspalten; 4. [zu einer Schicht] auswalzen
laminated glass Mehrschichtenglas *n*
~ **material** s. laminate
~ **metal** Verbundmetall *n (auf beiden Seiten beschichtetes Metall)*
~ **paper** laminiertes (befilmtes) Papier *n*
~ **paper** Hartpapier *n*
laminate layer Laminatschicht *f*
lamination 1. Beschichten *n*, Laminieren *n*; Bekleben *n*, Kaschieren *n*; 2. Zusammenpressen *n* zu einem Schichtpaket; 3. Aufspalten *n* in Schichten; 4. Auswalzen *n* zu einer Schicht
lamp-black Ruß *m*
Langmuir-Blodgett [film] LB-Schicht *f*
lanthanum La Lanthan *n*
~**-modified $PbZrO_3$-$PbTiO_3$** La-substituiertes PZT *n*, Blei-Lanthan-Zirkonat-Titanat *n*, PLZT *n*
~ **oxide** La_2O_3 Lanthantrioxid *n*, Lanthan(III)-oxid *n*, Lanthanoxid *n*
lap Überlappung *f*
lap/to 1. läppen; 2. sich überlappen
lap-shear strength Überlappungsscherfestigkeit *f*
large-area großflächig
~**-area diode** *(Halbl)* großflächige Diode *f*
~**-area substrate** *(Halbl)* großflächiges Substrat *n*
~**-scale** groß, in großem Umfang, Groß...; großtechnisch
~**-scale application** Massenanwendung *f*, Großanwendung *f*
~**-scale-integration** *(Halbl)* hoher Integrationsgrad *m*, LSI
~**-scale yielding** Großbereichsfließen *n*

laser alloying Laserlegieren *n*
~**-beam cutting** Laserschneiden *n*
~**-beam hardening** Laserstrahlhärtung *f*
~ **cavity** *(Halbl)* Laserresonator *m*
~ **hardening** Laserhärten *n*
~**-power level** Laserleistungsniveau *n*
~ **Q switch** gütegeschalteter Laser *m*
~**-scribed** mit Laserstrahl geschrieben
~ **trimming** Lasertrimmen *n*
lasing *(Halbl)* Lasern *n*
~ **device** *(Halbl)* Laserbauelement *n*
latching *(Magn)* Einklinken *n*, Verriegelung *f*
latent heat latente Wärme *f*, Umwandlungswärme *f*
~ **heat of crystallization** *(Halbl)* latente Kristallisationswärme *f*
lateral base width *(Halbl)* Breitenabmessung *f* der Basis
~ **chain** Seitenkette *f*
~ **diffusion** *(Halbl)* seitliche Ausdiffusion *f*, Unterdiffusion *f*
~ **shrinkage** Querkontraktion *f*
~ **strain** Querdehnung *f*, Querkontraktion *f*
lath martensite Massivmartensit *m*, Lattenmartensit *m*
lattice *(Krist)* Gitter *n*
~ **constant** *(Krist)* Gitterkonstante *f*
~ **defect** *(Krist)* Gitterdefekt *m*, Gitterstörung *f*, Gitterfehler *m*, Gitterfehlstelle *f*
~ **deformation** *(Krist)* Gitterverformung *f*
~ **diffusion** *(Krist)* Gitterdiffusion *f*
~ **distortion** *(Krist)* Gitterverzerrung *f*
~ **energy** *(Krist)* Gitterenergie *f*
~ **image** Gitterabbild *n*
~ **imaging** Gitterabbildung *f*
~**-invariant deformation** gitterunabhängige Umformung *f*
~**-matched** *(Halbl)* im Gitter übereinstimmend
~**-matched materials** *(Halbl)* Stoffe *mpl* mit nahezu gleichem Gitter
~ **matching** *(Halbl)* Annäherung *f* der Kristallgitter
~ **mismatch** *(Krist)* Nichtübereinstimmung *f* im Gitter, Gitterfehlpassung *f*, Fehlanpassung *f* der Kristallgitter
~ **parameter** Gitterparameter *m*
~**-phonon amplitude** Gitter-Phononen-Amplitude *f*
~ **plane** *(Krist)* Gitterebene *f*, Netzebene *f*
~ **point** *(Krist)* Gitterpunkt *m*
~ **site** *(Krist)* Gitterplatz *m*
~ **spacing** (Krist) Gitterabstand *m*
~ **straining** *(Krist)* Gitterdehnung *f*
~ **structure** Gitterstruktur *f*, Gitteraufbau *m*
~ **thermal resistivity** Wärmebeständigkeit *f* des Gitters
~ **vacancy** *(Krist)* Gitterleerstelle *f*, Leerstelle *f*, Gitterlücke *f*
~ **vibration** Phonon *n*, Gitterschwingung *f*
law of mass action Massenwirkungsgesetz *n*
layer Schicht *f*, Lage *f*
layered structure Schichtstruktur *f*
layer lattice Schichtgitter *n*
~ **of electrons** *(Halbl)* Elektronenschicht *f*
~ **structure** Schichtstruktur *f*
~ **thickness** Schichtdicke *f*
~**-thickness control** *(Halbl)* Schichtdickenregelung *f*
LB film (Langmuir-Blodgett-Film) LB-Schicht *f*
LC colour display (liquid-crystal colour display) *(Halbl)* farbige Flüssigkristallanzeige *f*
LCF (low-cycle fatigue) Niedriglastspielermüdung *f*, niederzyklische Ermüdung *f*
LCP (liquid-crystal polymer) flüssigkristallines Polymer *n*
LDS (low-dimensional structure) *(Halbl)* flachdimensionierte Struktur *f*
leach/to auslaugen, auswaschen
leachability Auslaugbarkeit *f*
leaching Auslaugen *n*
lead Leitung *f*
lead Blei *n*
~**-alkali glass** Bleialkaliglas *n*
~ **alloy** Bleilegierung *f*
~**-cadmium-boroaluminosilicate glass** Blei-Cadmium-Boro-Alumosilicatglas *n*
leaded steel Automatenstahl *m* mit geringem Bleizusatz *(0,15...0,30%)*
lead-lanthanum zirconate-titanate $(Pb_{1-x}La_x)(Zr_yTi_{1-y})O_3$ La-substituiertes PZT (Bleititanatzirconat) *n*, Blei-Lanthan-Zirconat-Titanat *n*, PLZT *n*
~ **lanthanum zirconate titanate ceramic** PLZT-Keramik *f*
~ **metatitanate** *s.* lead titanate
~ **niobate** Bleiniobat *n*
~ **patenting** Bleibadpatentieren *n*
lead(II) selenide PbSe *(Halbl)* Blei(II)-selenid *n*
~ **telluride** PbTe *(Halbl)* Blei(II)-tellurid *n*
lead titanate $PbTiO_3$ Bleititanat *n*, Bleimetatitanat *n*
~ **zirconate** $PbZrO_3$ *(Nichtl)* Bleizirconat *n*
~ **zirconate titanate** $PbZrO_3$-$PbTiO_3$ Bleititanatzirconat *n*, PZT
~ **zirconate titanate ceramic** $PbZr_{xx}Ti_1$-xO_3 PZT-Keramik *f*, Bleititanatzirconat-Keramik *f*, Blei-Zirconat-Titanat-Keramik *f*
leak/to lecken, undicht sein; entweichen
leakage 1. Lecken *n*, Durchbruch *m*; 2. Leckverlust *m*
~ **current** *(Leit)* Streustrom *m*, vagabundierender Strom *m*
~ **current** *(Halbl)* Leckstrom *m*
~ **resistance** *(Halbl)* Leckwiderstand *m*
leak-before-fracture condition Leck-vor-Bruch-Bedingung *f*
~ **detection** Leckprüfung *f*
~ **detector** Leckspürgerät *n*
leakproof dicht
leak testing Leckprüfung *f*

~ **tightness** Leckdichtheit *f*
leathery lederartig
LEC-growth chamber (liquid-encapsulated Czochralski-growth chamber) *(Halbl)* Czochralski-Ziehapparatur *f*
~ **method** *(Halbl)* Czochralski-Verfahren *n* mit Flüssigkeitskapselung der Schmelze
LED (light-emitting diode) *(Halbl)* Leuchtdiode *f*
ledeburite Ledeburit *m*
ledeburitic ledeburitisch
length of the crack across the whole component Rißlänge *f* beim Rißdurchtritt
lenticular linsenförmig, lentikular
lessmagnetic matrix *(Magn)* schwachmagnetische Matrix *f*
level indication Füllstandsanzeige *f*
~ **of doping** *(Halbl)* Dotierungsniveau *n*
lever rule Hebelgesetz *n*
levitate/to *(Halbl)* schweben lassen
liberate/to freisetzen, entwickeln *(Gase)*
liberation Freisetzung *f*, Freiwerden *n*, Abgabe *f* *(von Gas)*
life Lebensdauer *f*, Standzeit *f*
~ **expectancy** Lebenserwartung *f*, zu erwartende Lebensdauer (Standzeit) *f*, normative Nutzungsdauer *f*
~ **of an electrical device** *(Nichtl)* Lebensdauer *f* eines elektrischen Bauteils
~ **prediction** Lebensdauerabschätzung *f*
lifetime of minority carriers *(Halbl)* Minoritätsträgerlebensdauer *f*, Minoritätsträger-Lebensdauer *f*
light conversion display Lichtwandlungsanzeige *f*
~ **deflector** Lichtdeflektor *m*
~ **display** Lichtanzeige *f*
~**-duty application** *(EE)* Schwachstromanwendungsfall *m*
~**-emitting device** *(Halbl)* Leuchtdiodenbauelement *n*
~**-emitting diode** *(Halbl)* Leuchtdiode *f*
~**-emitting solid state device** *(elopt)* Leucht-Festkörperbauelement *f*
lightfast lichtbeständig
lightfastness Lichtechtheit *f*, Lichtbeständigkeit *f*
light-generating source *(Halbl)* Lichterzeugungsquelle *f*
~ **hole level** *(Halbl)* Niveau *n* leichter Löcher
lightly doped *(Halbl)* schwach dotiert
light metal Leichtmetall *n*
~ **metal alloy** Leichtmetallegierung *f*
~**-microscope examination** lichtmikroskopische Untersuchung *f*
~ **modulator** *(elopt)* Lichtmodulator *m*, elektrooptischer Modulator *m*; *(Halbl)* Pockelzelle *f*
lightning arrester (arrestor) Überspannungsableiter *m*
~ **stroke** *(Nichtl)* Blitzschlag *m*, Blitzeinschlag *m*
light optical microscope Lichtmikroskop *n*
~ **output** *(Halbl)* Lichtausgang *m*
~ **output characteristics** *(Halbl)* spektrale Lichtausgangskennlinie *f*
~ **scattering** Lichtstreuung *f*
~**-sensitive** *(Halbl)* lichtempfindlich
~ **shutter** *(elopt)* Lichtblende *f*
~ **source** Lichtquelle *f*
~ **valve** *(elopt)* Lichtventil *n*
~**-weight** 1. leicht; 2. in Leichtbauweise
lignification Verholzung *f*, Lignifizierung *f*
lignify/to verholzen, lignifizieren
lignin Lignin *n*, Holzstoff *m*
lime mortar Kalkmörtel *m*
limitation Begrenzung *f*
limit case of failure Versagensgrenzfall *m*
limiting current density Grenzstromdichte *f*
~ **temperature** Grenztemperatur *f*
limit load Traglast *f*
~ **of proportionality** Proportionalitätsgrenze *f*
~ **straining** Grenzbeanspruchung *f*
~ **stress** Grenzbeanspruchung *f*
line/to auskleiden *(mit vorgefertigtem Material)*, belegen *(bei Verwendung von Kunststoffen)*
linear current-voltage relationship *(Halbl)* lineare Strom-Spannung-Beziehung *f*
~ **dependence** lineare Abhängigkeit *f*
~**-elastic** linearelastisch
~**-elastic fracture mechanics** linearelastische Bruchmechanik *f*
~ **elasticity** lineare Elastizität *f*
~ **elasticity theory** lineare Elastizitätstheorie *f*
~**-elastic strain** linearelastische Dehnung *f*
~ **electrooptic coefficient** *(elopt)* linearer elektrooptischer Koeffizient *m*
~ **electrooptic material** *(elopt)* linearer elektrooptischer Werkstoff *m*
~ **electrooptic effect** *(elopt)* linearer elektrooptischer Effekt *m*
~ **equation of state** lineare Zustandsgleichung *f*
linearity Linearität *f*, Geradlinigkeit *f*
linearly proportional strain linear proportionale Beanspruchung *f*
linear oxidation behaviour lineares Oxidationsverhalten *n*
~ **region** *(Halbl)* Linearbereich *m*
~ **strain** lineare Dehnung *f*
~**-viscous creep** visoko-lineare Kriechcharakteristik *f*
line defect *(Krist)* Liniendefekt *m*, eindimensionaler Gitterfehler *m*
~ **disturbance** *(Nichtl)* Leitungsstörung *f*
~ **equalization** Leitungsentzerrung *f*
~ **tension** Linienspannung *f (einer Versetzung)*
~ **vector** Linienvektor *m*
~ **voltage** *(Nichtl)* Spannung *f* auf der Leitung, Leiterspannung *f*, Netzspannung *f*
lining 1. Auskleiden *n (mit vorgefertigtem Material)*, Belegen *n (mit Kunststoffen)*; 2. Schicht *f*, Schutzschicht *f*
liquate/to seigern, ausseigern

liquating Seigern *n*, Ausseigern *n*
liquation Seigerung *f*, Ausseigerung *f*
~ **cracking** Seigerungsrißbildung *f*
liquefaction Verflüssigen *n*, Verflüssigung *f*; Schmelzen *n*; Flüssigwerden *n*
liquefiable verflüssigbar
liquefication s. liquefaction
liquefier Verflüssiger *m*
liquefy/to verflüssigen; sich verflüssigen, flüssig werden; schmelzen *(Metalle)*
liquid flüssig
liquid Flüssigkeit *f*
~ **carburizing** Badaufkohlen *n*
~ **crystal** Flüssigkristall *m*
~**-crystalline** flüssigkristallin
~ **crystal polymer** flüssigkristallines Polymer *n*
~**-encapsulated** *(Halbl)* mit Flüssigkeitskapselung der Schmelze
~**-encapsulated Czochralski-growth apparatus** *(Halbl)* Czochralski-Ziehapparatur *f*
~**-encapsulated Czochralski-growth chamber** *(Halbl)* Czochralski-Ziehapparatur *f*
~**-encapsulated Czochralski method** *(Halbl)* Czochralski-Verfahren *n* mit Flüssigkeitskapselung der Schmelze
~ **encapsulation** *(Halbl)* Flüssigkeitskapselung *f*
~ **fluorocarbon** *(Nichtl)* flüssiger Fluorkohlenwasserstoff *m*
~ **hardening and tempering** Flüssigkeitsvergüten *n*
~ **insulant** *(Nichtl)* flüssiger Isolierstoff *m*
~ **insulation** *(Nichtl)* Isolierung *f* mit Flüssigkeiten
~ **isolator** *(Nichtl)* flüssiger Isolierstoff *m*
~**-level sensor** Flüssigkeitsstandsensor *m*
~ **metal** Flüssigmetall *n*
~**-metal corrosion** Korrosion *f* in Metallschmelzen, Metallschmelzenkorrosion *f*
~**-nitrogen-cooled specimen** mit flüssigem Stickstoff gekühlte Probe *f*
~ **phase** flüssige Phase *f*
~**-phase epitaxial growth** *(Halbl)* epitaxiales Flüssigphasen-Aufwachsen *n*
~**-phase epitaxy** (LPE) *(Halbl)* Flüssigphasenepitaxie *f*
~**-phase sintered** flüssigphasengesintert
~ **phase sintering** *(Pulv)* Flüssigphasensintern *n*
~ **quenched alloy** tauchabgeschreckte Legierung *f*
~ **resin** Kiefernöl *n*, Harzöl *n*, Tallöl *n*
~ **seal** *(Halbl)* Flüssigkeitsverschluß *m*
~ **solubility** Löslichkeit *f* im flüssigen Zustand
~ **state** flüssiger Zustand *m*, Flüssigzustand *m*
liquidus curve (line) Liquiduslinie *f*, Liquiduskurve *f*
~ **temperature** Liquidustemperatur *f*
lithium Li Lithium *n*
~ **iodat** $LiIO_3$ Lithiumiodat *n*
~ **niobate** $LiNbO_3$ Lithiumniobat *n*
~ **tantalate** $LiTaO_3$ Lithiumtantalat *n*
load Last *f*, Belastung *f*
load/to 1. belasten; 2. beladen, beschicken *(eine Behandlungsstrecke)*; 3. füllen *(mit Füllstoffen)*
load application Lastaufbringung *f*
~**-bearing capacity** Lasttragfähigkeit *f*
~ **capacity** Tragfähigkeit *f*
~**-compression curve** Last-Stauchungsdiagramm *n*
~ **cycling** zyklische Belastung *f*, Belastungszyklus *m*
~ **displacement** Lastverschiebung *f*
~**-displacement curve** Lastverschiebungskurve *f*
~**-extension curve** Kraft-Verlängerungskurve *f*
~**-extension diagram** Kraft-Verlängerungsschaubild *n*
loading 1. Belastung *n*; 2. Beladen *n*, Beschicken *n (von Behandlungsstrecken)*; 3. Füllen *n (mit Füllstoffen)*
~ **cycle** zyklische Belastung *f*, Belastungszyklus *m*
~ **level** Belastungsstufe *f*
load resistance Belastungswiderstand *m*, Lastwiderstand *m*
local area deposition *(Halbl)* lokale Abscheidung *f*
~ **geometry** *(Halbl)* lokale Geometrie *f*
~ **heating** örtliche Erwärmung *f*
localized corrosion örtliche Korrosion *f*, Lokalkorrosion *f*, ungleichmäßige Korrosion *f*
~ **state** *(Halbl)* lokalisierter Zustand *m*
location of the defect Lokalisierung *f* des Fehlers
logarithmic strain logarithmische Formänderung *f*
long fibre *(Verb)* Langfaser *f*
~**-fibre reinforcement** *(Verb)* Langfaserverstärkung *f*
longitudinal crack Längsriß *m*
~ **direction** Längsrichtung *f*
~ **modulator** *(elopt)* Längsmodulator *m*
~ **section** Längsschnitt *m*
long-life langlebig
~**-life use** Dauergebrauch *m*
~**-lived** langlebig
~**-lived molecule** *(Nichtl)* langlebiges Molekül *n*
~**-range navigation** Loranverfahren *n*
~**-range order** *(Halbl)* Fernordnung *f*
~**-range polar order** weitreichende polare Ordnung *f*
~**-term behaviour** Langzeitverhalten *n*
~**-term creep-rupture testing** Langzeitkriechprüfung *f*
~**-term durability** Langzeithaltbarkeit *f*
~**-term exposure** Langzeitbeanspruchung *f*
~**-term fatigue resistance** Langzeit-Ermüdungsfestigkeit *f*
~**-term high-temperature service** Langzeiteinsatz *m* bei hohen Temperaturen
~**-term stability** Langzeitstabilität *f*
~**-term test** Langzeitversuch *m*
~**-term testing** Langzeitprüfung *f*
~**-time effect** Langzeitauswirkung *f*, Dauereffekt *m*
~**-wavelength cutoff** *(Halbl)* langwellige Grenze *f*
loran (long-range navigation) Loranverfahren *n*

loss Verlust *m (Material, Energie)*, Schwund *m*
~ **in toughness** Zähigkeitsverlust *m*
lossy verlustbehaftet, verlustreich
low-alloy niedriglegiert, schwachlegiert
~-**alloy steel** niedriglegierter (schwachlegierter) Stahl *m*
~-**alloy tool steel** niedriglegierter Werkzeugszahl *m*
~-**boiling** leichtsiedend, niedrigsiedend
~-**carbon** niedriggekohlt, kohlenstoffarm, mit niedrigem Kohlenstoffgehalt
~-**carbon steel** kohllenstoffarmer Stahl *m*, Stahl *m* mit niedrigem Kohlenstoffgehalt
~ **current** schwacher Strom *m*
~ **current application** *(Leit)* Schwachstromanwendung *f*
~-**cycle corrosion fatigue** Kurzzeit-Korrosionsermüdung *f*, Ermüdung *f* bei niedrigen Lastwechselfrequenzen
~-**cycle fatigue** 1. Niedriglastspielermüdung *f*, niederzyklische Ermüdung *f*; 2. s. ~-cycle corrosion fatigue
~-**cycle fatigue fracture** Kurzzeitschwingbruch *m*
~-**cycle fatigue testing** niederfrequente Ermüdungsprüfung *f*
~ **defect-density substrate** *(Halbl)* Substrat *n* mit geringer Defektdichte
~-**density alloy** Legierung *f* [mit] niedriger Dichte
~-**dimensional effect** *(Halbl)* Flächeneffekt *m*
~-**dimensional solid** *(Halbl)* flachdimensionierter Festkörper *m*
~-**dimensional structure** *(Halbl)* flachdimensionierte Struktur *f*
~-**dissipation-factor material** *(Nichtl)* verlustarmer Wekstoff *m*, Werkstoff *m* mit geringem Verlustfaktor
~-**energy** niederenergetisch
~-**energy process** niederenergetischer Prozeß *m*
lower bainite untere Bainitstufe *f*, unterer Bainit *m*, Gefüge *n* der unteren Zwischenstufe
~ **yield point** untere Fließgrenze *f*, untere Streckgrenze *f*
~ **yield stress** untere Fließspannung *f*
lowest-energy state *(Halbl)* Tiefstenergie-Zustand *m*
low-expansion alloy Legierung *f* mit geringer Ausdehnung
~-**field electron-transport properties** *(Halbl)* Schwachfeldeigenschaften *fpl* des Elektronentransports
~-**index surface** *(Halbl)* niedrig indizierte Oberfläche *f*
~-**lead brass** *(Leit)* bleiarmes Messing *n*
~-**loss capacitor** verlustarmer Kondensator *m*
~-**loss insulator** *(Nichtl)* verlustarmer Isolator *m*
~-**loss material** *(Nichtl)* verlustarmer Wekstoff *m*, Werkstoff *m* mit geringem Verlustfaktor
~-**loss polymer film** verlustarme Polymerisatfolie *f*
~-**melting** niedrigschmelzend, leichtschmelzend, tiefschmelzend
~-**melting-point alloy** niedrigschmelzende Legierung *f*
~-**melting-point metal** niedrigschmelzendes Metall *n*
~-**noise** *(Halbl)* rauscharm
~-**noise optical detector** *(Halbl)* rauscharmer Lichtdetektor *m*
~ **pressure** Niederdruck *m*
~-**resistivity material** Material *n* mit geringem spezifischen Widerstand
~-**resistivity semiconducting grain core** halbleitender Kornkern *m* mit niedrigem spezifischen Widerstand
~-**resolution plot** Diagramm *n* mit geringer Auflösung
~-**stress fracture** Niedrigspannungsbruch *m*
~-**temperature** Tieftemperatur...
~-**temperature absorption spectrum** *(Halbl)* Niedrigtemperatur-Absorptionsspektrum *n*
~-**temperature behaviour** Tieftemperaturverhalten *n*
~-**temperature property** Tieftemperatureigenschaft *f*
~-**temperature resistance** Tieftemperaturbeständigkeit *f*
~-**toughness material** Werkstoff *m* mit niedriger Zähigkeit
~-**voltage capacitor** Niederspannungskondensator *m*
~-**voltage ceramic insulator** *(Nichtl)* Niederspannungsisolator *m*
~-**voltage circuit** Niederspannungsschaltung *f*
LPE (liquid-phase epitaxy) *(Halbl)* Flüssigphasenepitaxie *f*
LSI (large-scale-integration) *(Halbl)* hoher Integrationsgrad *m*
lubricant Schmierstoff *m*, Schmiermittel *n*
lubricate/to schmieren
lubricating action Schmierwirkung *f*
~ **film** Schmiermittelfilm *m*, Schmierstoffschicht *f*
~ **grease** Fett *n*, Schmierfett *n*
~ **property** *(Leit)* Gleiteigenschaft *f*, Schmiereigenschaft *f*
lubrication Schmieren *n*, Schmierung *f*
lubricity Schmierfähigkeit *f*
luminescence *(elopt)* Lumineszenz *f*
Lüders band Lüdersband *n*

M

machinability maschinelle Bearbeitbarkeit *f*
machinable [maschinell] bearbeitbar
~ **steel** spanbarer Stahl *m*
machine/to [spanend] bearbeiten
machining Zerspanen *n*
~ **operation** spanende Bearbeitung *f*

macrocrack, macrofissure Makroriß *m*
macrograin Makrokorn *n*
macro-inhomogeneity Makroinhomogenität *f*
macroscopic behaviour makroskopisches Verhalten *n*
~ **defect** makroskopischer Defekt *m*
~ **property** makroskopische Eigenschaft *f* **macrostructure** Makrogefüge *n*
~ **analysis** Grobstrukturanalyse *f*
~ **testing** Grobstrukturprüfung *f*
magnaflux Magnetpulver *n*
~ **test[ing]** Magnetpulverprüfung *f*
magnesium Mg Magnesium *n*
~ **alloy** Magnesiumlegierung *f*
~**-base alloy** Magnesiumbasislegierung *f*
~ **casting** Magnesiumguß *m*
~ **oxide** MgO Magnesiumoxid *n*
~ **oxychloride cement** Magnesiabinder *m*, Magnesitbinder *m*, Magnesiazement *m*
~ **silicate** $MgSiO_3$ Magnesiumsilicat *n*
***$SmCo_5$* magnet** *(Magn)* $SmCo_5$-Magnet *m (intermetallische Verbindung)*
magnetic alloy magnetische Legierung *f*, Magnetlegierung *f*
magnetical material *s.* magnetic material
~ **method** magnetische Methode *f*
magnetic anisotropy energy [induzierte] magnetische Anisotropieenergie *f*
~ **domain** *(Magn)* magnetische Domäne *f*, Weißscher Bezirk *m*
~ **fluid** *(Magn)* magnetische Flüssigkeit *f*
~ **head** *(Magn)* Magnetkopf *m*
~ **head material** *(Magn)* Werkstoff *m* für Magnetköpfe
~ **ink** *(Magn)* magnetische Tinte *f*
~ **material** magnetischer Werkstoff *m*
~ **measurement** *(Magn)* magnetische Messung *f*
~ **metal powder core** *(Magn)* weichmagnetischer Pulverkern *m*
~**-particle method of crack detection** Magnetpulverprüfung *f*
magnetics *(Magn)* Magnetismus *m*, Lehre *f* von den magnetischen Erscheinungen
magnetic saturation magnetische Sättigung *f*
magnetics technology Technologie *f* magnetischer Werkstoffe
magnetic wire Spulendraht *m*
magnetization Magnetisierung *f*
~ **current** Magnetisierungsstrom *m*
~ **curve** *(Magn)* Magnetisierungskurve *f*
~ **reversal** *(Magn)* Ummagnetisierung *f*
magnetize/to magnetisieren
magnetizing field Magnetfeld *n*, magnetisches Feld *n*
magnetocrystalline anisotropy *(Magn)* magnetokristalline Anisotropie *f*
~ **anisotropy energy** *(Magn)* magnetokristalline Anisotropieenergie *f*
magneto-optic[al] *(Magn)* magnetooptisch
magnetoresistive sensor *(Halbl)* magnetoresistiver Sensor *m*
magnetostrictive anisotropy energy *(Magn)* magnetoelastische Anisotropieenergie *f*
~ **material** *(Magn)* magnetostriktiver (piezomagnetischer) Werkstoff *m*
magnet steel Magnetstahl *m*
~ **wire coating** *(Nichtl)* Schutzschicht *f* für Magnetdrähte
main beam Hauptstrahl *m*
mains pickup Netzeinfluß *m (bei der Fernsprechvermittlung)*
major influence Haupteinfluß *m*
make-and-break *(Leit)* zeitweilig unterbrochen
~**-and-break contact** *(Leit)* Unterbrecherkontakt *m*
make vulnerable in/to angreifbar machen für
malleability Schmiedbarkeit *f*, *(i.w.S.)* Formbarkeit *f*
malleable 1. schmiedbar, *(i.w.S.)* formbar; 2. *(Leit)* hämmerbar
~ **cast iron** Temperguß *m*
malleablize/to tempern *(Gußeisen)*
malleablizing Tempern *n (von Gußeisen)*
manganese Mn Mangan *n*
~**-aluminium alloy** *(Magn)* Mn-Al-Legierung *f*
~ **steel** Manganstahl *m*, Manganhartstahl *m*
~ **sulfide** Mangansulfid *n*
manganin $CuMn_{12}Ni_{12}$ Manganin *n*
manipulate/to bedienen, betätigen
manipulation Handhabung *f*, Betätigung *f*
manipulator Manipulator *m*, Fern[bedienungs]greifer *m*, Ferngreifer *m*
man-made künstlich, synthetisch
~**-made fibre** Synthesefaser *f*, synthetische Faser *f*, Chemiefaser *f*
manoeuverability Steuerbarkeit *f*, Wendigkeit *f*
manufacture Erzeugung *f*, Herstellung *f*, Fabrikation *f*
manufacture/to erzeugen, herstellen
manufacture test certificate Werkstoff[prüf]zeugnis *n*
manufacturing conditions Herstellungsbedingungen *fpl*, Verarbeitungsbedingungen *fpl*
~ **process** Herstellungsverfahren *n*
maraging Martensitanlassen *n*, Martensitaushärten *n*
~ **steel** martensitaushärtender (martensitgehärteter) Stahl *m*, Maragingstahl *m*
marble Marmor *m*
marine application maritime Anwendung *f*
~ **atmosphere** Meeresatmosphäre *f*, Seeatmosphäre *f*, Seeluft *f*
~ **corrosion** Seewasserkorrosion *f*, Meerwasserkorrosion *f*
marketability Verkaufbarkeit *f*
marketable verkaufbar
martempering Warmbadhärten *n*
martensite Martensit *m*

~ **embrittlement** Martensitversprödung *f*
~ **formation** Martensitbildung *f*
~ **precipitation hardening** Martensitanlassen *n*, Martensitaushärten *n*
martensitic martensitisch
~ **hardening** martensitisches Härten *n*
~ **microstructure** martensitisches Mikrogefüge *n*
~ **steel** martensitischer Stahl *m*
~ **transformation** Martensitumwandlung *f*, martensitische Umwandlung *f*
mass-action constant *(Halbl)* Massenwirkungskonstante *f*
~ **density** *(Nichtl)* Massendichte *f*
~**-produced material** Massenwerkstoff *m*
~ **production** Massenproduktion *f*, Großproduktion *f*
~ **spectrometry** Massenspektrometrie *f*
master alloy Vorlegierung *f*
mat Matte *f*, Vlies *n*, Stoffbahn *f*
matching *(Nichtl)* Anpassung *f (z. B. verschiedener Bauelemente)*, Angleichung *f*
~ **boundary** *(Krist)* kohärente Korngrenze *f*
mate/to paaren *(z.B. Werkstoffe)*, fügen *(z.B. Passung)*
material Material *n*, Werkstoff *m*
III-V material *(Halbl)* III-V-Halbleiterwerkstoff *m*
material analysis Werkstoffanalyse *f*
~ **being sintered** *(Pulv)* Sintergut *n*
~ **characteristics** Werkstoffverhalten *n*, Werkstoffkennwerte *mpl*
~ **class** Werkstofftyp *m*
~ **component** Werkstoffkomponente *f*
~ **condition** Werkstoffzustand *m*
~ **constant** Werkstoffkonstante *f*
~ **costs** Werkstoffkosten *pl*
~ **defect** Materialfehler *m*, Fehler *m*, Defekt *m*
~ **failure** Werkstoffausfall *m*, Werkstoffversagen *n*
~ **flaw** Werkstoffehler *m*
~ **for conductors** Leiterwerkstoff *m*
~ **forming** Werkstoffumformung *f*
~ **hardness** Werkstoffhärte *f*
~ **homogeneity** Werkstoffhomogenität *f*
~**-independent** werkstoffunabhängig
~ **loss** Materialverlust *m*
~ **parameter** Materialparameter *m*
~ **property** Werkstoffeigenschaft *f,* Materialeigenschaft *f*
~ **quality** Materialgüte *f*
~ **recycling** Werkstoffrückgewinnung *f*, Werkstoffrecycling *n*
materials behaviour Werkstoffverhalten *n*
~ **by design** Maßschneidern *n* von Werkstoffen
~ **characterization** Werkstoffcharakterisierung *f*
~ **cycle** Materialkreislauf *m*
~ **damage** Werkstoffschädigung *f*
~ **development** Werkstoffentwicklung *f*
~ **engineering** Werkstofftechnik *f*
~ **performance** Werkstofflebensdauer *f*, Werkstoffstandzeit *f*
~ **processing** Werkstoffverarbeitung *f*
~ **production** Werkstoffherstellung *f*
~ **recycling** Materialrückgewinnung *f*
~ **requirement** Werkstoffanforderung *f*
~ **research** Werkstofforschung *f*
~ **science** Werkstoffkunde *f*, Werkstoffwissenschaft *f*
~ **selection** Materialauswahl *f*
~ **selection criteria** Materialauswahlkriterien *npl*
~ **standard** Werkstoffnorm *f*
materials testing Werkstoffprüfung *f*
material structure Werkstoffgefüge *n*
~ **substitution** Werkstoffsubstitution *f*, Werkstoffersatz *m*
materials waste Materialverschwendung *f;* Materialabfall *m*
material table Werkstofftabelle *f*
~ **technology** Werkstofftechnologie *f*
~ **texture** Werkstofftextur *f*
~ **to be sintered** *(Pulv)* Sintergut *n*
~ **under study** untersuchtes Material *n*
mathematical modelling mathematische Modellierung *f*
Mathiessen's rule *(Halbl)* Matthiessensche Regel *f*
mating face Paarungsfläche *f*
~ **material** Werkstoff einer Werkstoffpaarung
~ **surface** Paßfläche *f*, Passungsfläche *f*
~ **surface** Anlagefläche *f*, Aufnahmefläche *f*, Gegenfläche *f*
matrix Matrix *f*, Grundgefüge *n*, Grundmasse *f*
~**-addressed memory** Matrixspeicher *m*
~ **binder** Matrixbindemittel *n*
~ **crack** Matrixriß *m*
~ **cracking** Matrixreißen *n*
~ **crazing** Auftreten *n* von Haarrissen in der Matrix
~ **creep** Matrixkriechen *n*
~ **of non-zero piezoelectric coefficients** Matrix *f* der nichtverschwindenden piezoelektrischen Koeffizienten
~ **shrinkage** Matrixschrumpfen *n*
matt matt, stumpf, glanzlos
mattness Mattheit *f*, Stumpfheit *f*, Glanzlosigkeit *f*
maximum load Belastungsspitze *f*
~ **stress** Oberspannung *f*
MBE (molecular-beam epitaxy) *(Halbl)* Molekularstrahlepitaxie *f*
~ **fabrication** *(Halbl)* Herstellung *m* durch Molekularstrahlepitaxie
~**-grown** *(Halbl)* durch Molekularstrahlepitaxie aufgewachsen
mean energy mittlere Energie *f*
~ **free path** *(Nichtl)* mittlere freie Wellenlänge *f*, mittlere Entfernung *f* zwischen zwei Zusammenstößen
~ **grain size** mittlere Korngröße *f*
~ **intercollision distance** *(Nichtl)* mittlere freie Wellenlänge *f*, mittlere Entfernung *f* zwischen zwei Zusammenstößen

~ **particle size** mittlere Teilchengröße *f*, durchschnittliche Teilchengröße *f*
~ **stress** Mittelspannung *f*
measure/to messen
measurement Messung *f*
mechanical abrasion mechanischer Verschleiß *m*
~ **alloying** mechanisches Legieren *n*
~ **bearing** mechanisches Lager *n*
~ **effect** mechanischer Effekt *m*
~ **failure** mechanisches Versagen *n*
~ **force** mechanische Kraft *f*
~ **interlocking** *(Pulv)* mechanisches Verhaken *n* *(von Teilchen)*
~ **joint** mechanische Verbindung *f*
~ **load** mechanische Belastung *f*
mechanically alloyed mechanisch legiert
mechanical polishing mechanisches Polieren *n*
~ **powder fabrication** mechanische Pulverherstellung *f*
~ **property** mechanische Eigenschaft *f*
~ **rigidity** mechanische Festigkeit *f*
~ **rupture** mechanischer Bruch *m*
~ **strength** mechanische Festigkeit *f*
~ **stress** mechanische Beanspruchung *f*
~ **testing** mechanische Prüfung *f*
~ **transducer** mechanischer Wandler *m*
~ **treatment** mechanische Behandlung *f*
~ **twinning** *(Krist)* mechanische Zwillingsbildung *f*
~ **twins** *(Krist)* mechanische Zwillinge *mpl*
mechanism of creep Kriechmechanismus *m*
~ **of sintering** *(Pulv)* Sintermechanismus *m*
mechanochemical mechano-chemisch
~ **treatment** mechano-chemische Behandlung *f*
medium-alloy steel mittellegierter Stahl *m*
~**-carbon steel** mittelgekohlter (halbweicher) Stahl *m*
~**-permittivity dielectric** Dielektrikum *n* mittlerer Permittivität
~**-scale-integration** (MSI) *(Halbl)* mittlerer Integrationsgrad *m*
~ **strength** mittlere Festigkeit *f*
~**-strength alloy** mittelfeste Legierung *f*
~**-strength steel** mittelfester Stahl *m*
~ **volume production** Mittelserienproduktion *f*
Meissner effect Meißner-Effekt *m*, Meißner-Ochsenfeld-Effekt *m*
melamine formaldehyde plastic Kunststoff *m* aus Melamin-Formaldehyd-Harz
melt Schmelze *f*
melt/to [zer]schmelzen, flüssig werden
melt concentration *(Halbl)* Konzentration *f* der geschmolzenen Phase
meltdown Einschmelzen *n*
melt extraction Schmelzextraktion *f*
~ **flow index** *(Kunst)* Schmelzindex *m*
~ **impregnation** Schmelzimprägnierung *f*
melting Schmelzen *n*
~ **enthalpy** Schmelzenthalpie *f*
~ **metallurgy** Schmelzmetallurgie *f*
~ **point** Schmelzpunkt *n*, Fließpunkt *n*, Schmelztemperatur *n*
~ **point depression** Schmelzpunkterniedrigung *f*
~ **range** Schmelzbereich *m*
~ **temperature** Schmelztemperatur *f*
melt oxidation Schmelzoxidation *f*
~**-quenching technique** Schmelzabschrecktechnologie *f*
~ **spinning** Schmelzspinnen *n*
~**-spun** schmelzgesponnen
~**-spun filament** *(Verb)* Spinnfäden *f*
meltstock Schmelzgut *n*
melt treatment Schmelzbehandlung *f*
~ **viscosity** Schmelzviskosität *f*
member Glied *n*, Teil *n*, Bauglied *n*, Bauteil *n*
memory alloy Gedächtnislegierung *f*, Memorylegierung *f*
mercury porosimetry Quecksilberporosometrie *f* *(Porositätsprüfung)*
mesa etching *(Halbl)* Mesaätzung *f*
MESFET device *(Halbl)* MESFET-Bauelement *n*
mesh Masche *f*
~ **electrode** Maschenelektrode *f*
~ **size** Sieb[öffnungs]weite *f*
mesomorphic *(elopt)* flüssig-kristallin
metal Metall *n*
~ **carbide** Metallkarbid *n*
~ **ceramics** Metallkeramik *f*, Cermet *n*
~ **coating** Metallbeschichtung *f*
~ **composition** Metallzusammensetzung *f*
~ **conduction electron density** *(Halbl)* Elektronendichte *f* der metallischen Leitung
~ **deposition** Metallabscheidung *f*
~ **dissolution** Metallauflösung *f*
~ **dusting** Metallstaubbildung *f* *(Heißtemperaturkorrosion)*
~ **end cap** Metallkappe *f*
~ **film resistor** Metallschichtwiderstand *m*
~**-gate transistor** *(Halbl)* Schottky-Gate-Feldeffekttransistor *m*, Metall-Halbleiter-Feldeffekttransistor *m*
~**-grain boundary** Metall-Korngrenze *f*
~**-insulator-semiconductor FET** *(Halbl)* Metall-Isolator-Halbleiter-Feldeffekttransistor *m*, MISFET
~**-insulator-semiconductor-insulator-metal structure** *(elopt)* Metall-Isolator-Halbleiter-Isolator-Metall-Struktur *f*
~ **ion transfer reaction** Metallionendurchtrittsreaktion *f*
metallic metallisch
~ **band** *(Halbl)* Metalleitband *n*
~ **bond[ing]** metallische Bindung *f*, Metallbindung *f*
~ **glass** metallisches Glas *n*, amorphes Metall *n*
~**-interface state** *(Halbl)* Metall-Grenzschichtzustand *m*
~ **material** metallischer Werkstoff *m*
~ **phase** metallische Phase *f*
~ **resistor** Metallwiderstand *m*

~ **specimen** Metallprobe *f*
~ **surface** Metalloberfläche *f*
metallization Metallisierung *f*
metallized polymer film metallisierter Polymerfilm *m (Metallisierung von Hochpolymeren)*
metallographic metallographisch
~ **examination** metallographische Untersuchung *f*
metallography metallographische Untersuchung *f*, Metallographie *f*
metallurgist Metallurge *m*
metallurgy Metallurgie *f*, Hüttenkunde *f*, Hüttenwesen *n*
metal mask Metallmaske *f*
~ **matrix** Metallmatrix *f*, metallische Matrix *f*
~**-matrix composite** Metallmatrixverbundwerkstoff *m*
~**-organic chemical vapour deposition** chemische Abscheidung *f* aus der Gasphase *(einer metallorganischen Verbindung)*
~ **organic molecular beam epitaxy** *(Halbl)* metallorganische Molekularstrahlenepitaxie *f*
~ **organic vapour phase epitaxy** *(Halbl)* metallorganische Dampfphasenepitaxie *f*
~ **oxide** Metalloxid *n*
~**-oxide semiconductor FET** Metall-Oxid-Halbleiter-Feldeffekttransistor *m*, MOSFET
~**-oxide-semiconductor technology** *(Halbl)* MOS-Technik *f*
~ **powder** Metallpulver *n*
~ **resistor** Metallwiderstand *m*
~**-semiconductor diode** *(Halbl)* Schottky-Diode *f*
~**-semiconductor FET (field-effect transistor)** Schottky-Gate-Feldeffekttransistor *m*, Metall-Halbleiter-Feldeffekttransistor *m*
~**-semiconductor interface** *(Halbl)* Metall-Halbleiter-Grenzschicht *f*
~ **spraying** Spritzmetallisieren *n*, Metallspritzbeschichten *n*, Metallspritzen *n*
~ **thin-film resistor** Dünnschichtwiderstand *m*
~ **wave function** *(Halbl)* Metall-Wellenfunktion *f*
~ **whisker** Metallwhisker *m*
~ **wire** Metalldraht *m*
~**-wire resistor** Metalldrahtwiderstand *m*
~ **working** Formgebung *f*
~**-working process** Metallbearbeitungsprozeß *m*
metamorphic metamorph
~ **rock** metamorphes Gestein *n*, Metamorphit *m*
metastability Metastabilität *f*
metastable metastabil
~ **alloy** metastabile Legierung *f*
~ **diagram** metastabiles Zustandsschaubild *n*
methane CH_4Methan *n*
method Methode *f*, Verfahren *n*, Technik *f*, Arbeitsweise *f*
methyl-fluoro siloxane *(Nichtl)* Methyl-Fluoro-Siloxan *n*
~ **rubber** Methylkautschuk *m*
~**-vinyl-phenyl silicone rubber** *(Nichtl)* MVP-Siliconelastomer *n*
~**-vinyl-phenyl siloxane** *(Nichtl)* Methyl-Vinyl-Phenyl-Siloxan *n*
Mg-PSZ MgO-teilstabilisiertes Zirkoniumoxid *n*
mica Glimmermineral *n*, Glimmer *m*
microalloyed mikrolegiert
~ **steel** mikrolegierter Stahl *m*
microalloying Mikrolegieren *f*
~ **addition** Mikrolegierzusatz *m*
~ **element** Mikrolegierelement *n*
microbending Mikrobiegen *n*, Biegen *n* im Mikrobereich
microbuckling Knicken *n* von einzelnen Fasern
~ **failure** Versagen *n* durch Ausknicken im Mikrobereich
microcrack Mikroriß *m*, Haarriß *m*
microcrystalline mikrokristallin
microdendritic structure mikrodendritisches Gefüge *n*
microfibril Mikrofibrille *f*
microfissure Mikroriß *m*, Haarriß *m*
micrograin Mikrokorn *n*, Kleinstkorn *n*
microhardness Mikrohärte *f*
micromechanics Mikromechanik *f*
microporosity Mikroporosität *f*
microporous mikroporig, mikroporös
microprobe analysis Mikrosondenuntersuchung *f*, Mikrosondenanalyse *f*
microroughness Mikrorauhigkeit *f*, mikroskopische Rauhigkeit *f*
microsegregation Mikroausscheidung *f*, Mikroentmischung *f*
microstructural analysis Feinstrukturanalyse *f*, Mikrogefügeanalyse *f*
~ **change** Mikrogefügeveränderung *f*
~ **characterization** mikrostrukturelle Kennzeichnung *f*
~ **coarsening** Mikrogefügevergröberung *f*
~ **constituent** Mikrogefügebestandteil *m*
~ **design** mikrostrukturelles Konstruieren *n (beanspruchungsgerechte Mikrogefüge- und Grenzflächenoptimierung)*
~ **stability** Mikrogefügestabilität *f*
microstructure Mikrostruktur *f*, Feinstruktur *f*, Mikrogefüge *n*, Feingefüge *n*
~ **analysis** Feinstrukturanalyse *f*, Mikrogefügeanalyse *f*
~ **assessment** Mikrogefügeeinschätzung *f*
~ **control** Mikrogefügesteuerung *f*, Beeinflussung *f* des Mikrogefüges
~**-property relationship** Gefüge-Eigenschafts-Beziehung *f*
microtexture Mikrotextur *f*
microvoid Mikropore *f*, Ungänze *f (Fehlstelle im Mikrobereich)*
~ **coalescence** Zusammenwachsen *n* von Mikroporen, Mikroporenkoaleszenz *f*
microwave amplification *(Halbl)* Mikrowellenverstärkung *f*

~ **application** *(Halbl)* Mikrowellenanwendung *f*
~ **device** *(Halbl)* Mikrowellenbauelement *n*
~ **generation** *(Halbl)* Mikrowellenerzeugung *f*
~ **oscillator** *(Halbl)* Mikrowellenoszillator *m*
~ **power device** *(Halbl)* Leistungs-Mikrowellenbauelement *n*
midgap *(Nichtl)* Mitte *f* des Bandabstandes
mid-position arrangement Mittellagenanordnung *f*
migrate/to migrieren, wandern *(z.B. Ionen)*
migration Migration *f*, Wanderung *f (z.B. von Ionen)*
mild carbon steel niedriggekohlter Stahl *m (halbweicher Stahl)*
~ **steel** Weichstahl *m (Kohlenstoffgehalt höchstens 0,25%)*, Fließstahl *m*
mill Mühle *f (Maschine zum Zerkleinern fester Stoffe)*; Aufbereitungsanlage *f (für Erze)*, Walzwerk *n*
mill//to mahlen, vermahlen, zermahlen *(grob bis fein)*
Miller-Bravais indices *(Krist)* Miller-Bravais-Indizes *mpl*
~ **[direction] indices** *(Halbl)* Miller-Indizes *mpl*, Millersche Indizes *mpl*
milling Fräsen *n*, Mahlen *n*, Zerkleinern *n*
mimic/to nachahmen, imitieren
Miner's rule of cumulative damage Lebensdaueranteilregel *f* von Miner
mineral Mineral *n*
mineralizer Mineralisator *m*
mineral oil Mineralöl *n*
mingle/to [ver]mischen, [ver]mengen
miniature thermostate Miniaturthermostat *m*
minority carrier *(Halbl)* Minoritätsträger *m*
~**-carrier diffusion length** *(Halbl)* Diffusionslänge *f* von Minoritäts[ladungs]trägern
~**-carrier injection** *(elopt)* Minoritätsträgerinjektion *f*
~**-carrier lifetime** *(Halbl)* Minoritätsträgerlebensdauer *f*, Minoritätsträger-Lebensdauer *f*
minus sieve *(Pulv)* Pulverdurchgang *m (bei Siebanalyse)*
minute concentration geringe Konzentration *f*
~ **quantity** *(Halbl)* sehr kleine Menge *f*
mirrorlike facet *(Halbl)* spiegelähnliche Facette *f*
misalignment Fehlorientierung *f*, falsche Ausrichtung *f*
mischmetal Mischmetall *n*
miscibility Mischbarkeit *f*
~ **gap** Mischungslücke *f*
MISFET (metal-insulator-semiconductor FET) Metall-Isolator-Halbleiter-Feldeffekttransistor *m*, MISFET
misfit Fehlpassung *f*, Nichtübereinstimmung *f (z.B. thermischer Ausdehnungskoeffizienten)*
~ **dislocation** Misfit-Versetzung *f*, Stufenversetzung *f*
MISIM structure (metal-insulator-semiconductor-insulator-metal structure) *(elopt)* Metall-Isolator-Halbleiter-Isolator-Metall-Struktur *f*
mismatch Fehlpassung *f*, Nichtübereinstimmung *f (z.B. thermischer Ausdehnungskoeffizienten)*
~ **boundary** Fehlpassungsgrenze *f*
~ **in lattice constants** *(Halbl)* Nichtübereinstimmung *f* der Gitterkonstanten
misorientation Fehlorientierung *f*, falsche Ausrichtung *f*
~ **from principal crystallographic direction** Abweichung *f* von der kristallographischen Hauptrichtung
mist/to beschlagen, anlaufen *(Oberfläche)*, matt werden
misting Mattwerden *n (Oberfläche)*
mix/to vermischen, mischen, verrühren, vermengen
mixed fracture Mischbruch *m*
~ **III-V compound** *(Halbl)* gemischte III-V-Verbindung *f*
~ **phase sintering** *(Pulv)* Mischphasensintern *n*
~ **state** gemischter Zustand *m*, Mischzustand *m*
mixing Mischen *n*, Vermischen *n*
mobile dislocation mobile Versetzung *f*
mobility Beweglichkeit *f*
~ **edge** *(Halbl)* Beweglichkeitskante *f*
Mo-Co-Fe alloy *(Magn)* Mo-Co-Fe-Legierung
MOCVD (metal-organic chemical vapour deposition) chemische Abscheidung *f* aus der Gasphase *(einer metallorganischen Verbindung)*
mode of stressing Beanspruchungsart *f*
modification Modifikation *f*, Veränderung *f*
modify/to modifizieren, verändern
modular cast iron Gußeisen *m* mit Kugelgraphit, sphärolithischer (globularer) Grauguß *m*, GGG
modulating voltage *(elopt)* Modulationsspannung *f*
modulation-doped heterojunction *(Halbl)* modulationsdotierter Halbleiter-Heteroübergang *m*
~**-doped structure** *(Halbl)* modulationsdotierte Struktur *f*
~ **of source fluxes** *(Halbl)* Modulation *f* der Eingangselektrodenstromflüsse
modulus of elasticity [Youngscher] Elastizitätsmodul *m*, E-Modul *m*
~ **of rupture** Bruchmodul *n*
~ **of shear** Schermodul *m*, Schubmodul *m*, Gleitmodul *m*
moisten/to befeuchten, benetzen
moistenability Anfeuchtbarkeit *f*
moisture Feuchtigkeit *f*, Feuchte *f*
~ **absorption** Feuchtigkeitsaufnahme *f*
~ **concentration** Feuchtekonzentration *f*
~ **content** Feuchtigkeitsgehalt *m*, Feuchtegehalt *m*
~ **ingress (pick-up)** Feuchtigkeitsaufnahme *f*
~ **resistance** Feuchtebeständigkeit *f*, Feuchtigkeitsbeständigkeit *f*
~ **sensitivity** Feuchtigkeitsempfindlichkeit *f*
molar concentration *(Halbl)* Molarität *f*
~ **fraction** Molenbruch *m*

~ **free energy** molare freie Energie *f*
mold *(US)* s. mould
molecular architecture Molekulararchitektur *f*
~**-beam epitaxy** (MBE) *(Halbl)* Molekularstrahlepitaxie *f*
~ **crystal** Molekülkristall *m*
~ **process** molekularer Prozeß *m*
~ **weight** *(Nichtl)* Molekulargewicht *n*
mole fraction Molenbruch *m*
molten schmelzflüssig, geschmolzen
~ **state** geschmolzener Zustand *m*, Schmelzzustand *m*
~ **zone** geschmolzene Zone *f*
molybdenum Mo Molybdän *n*
~ **alloy** Molybdänlegierung *f*
~**-cobalt-iron alloy** *(Magn)* Mo-Co-Fe-Legierung *f*
MOMBE (metal organic molecular beam epitaxy) *(Halbl)* metallorganische Molekularstrahlenepitaxie *f*
momentum distribution *(Leit)* Impulsverteilung *f*
~ **gained from the field** *(Leit)* vom Feld verliehener Impuls *m*
~ **lost to the lattice** *(Leit)* an das Gitter abgegebener Impuls *n*
~ **space** *(Halbl)* Impulsraum *m*
~ **wave vector** *(Halbl)* Impulswellenvektor *m*
monel metal Monelmetall *f*
monoatomic layer einatomige Schicht *f*
monochromatic light monochromatisches (einfarbiges) Licht *n*
monoclinic monoklin
monodisperse monodispers
monofilament *(Verb)* Monofilament *n*, Einfaden *m*
monolayer *(Halbl)* monomolekulare Schicht *f*
monolithic conductor monolithischer Leiter *m*
monomer Monomer[es] *n*, monomere Substanz *f*
monosilane SiH_4 *(Halbl)* Monosilan *n*
monotectic monotektisch *n*
~ **system** Monotektikum *n*
moon-shaped crystal *(Halbl)* mondsichelförmiger Kristall *m*
MOSFET (metal-oxide semiconductor FET) Metall-Oxid-Halbleiter-Feldeffekttransistor *m*, MOSFET
MOS technology (metal-oxide-semiconductor technology) *(Halbl)* MOS-Technik *f*
mother of pearl Perlmutt *n*
motion Bewegung *f*
motor burn-out Motorüberhitzung *f*
~ **controller** Motorfahrschalter *n*, Antriebsregler *n*
mottle meliertes Gefüge *n*
mottled marmoriert, gespenkelt, meliert
~ **cast iron** meliertes Gußeisen *n*
~ **pig iron** meliertes Roheisen *n*
Mott-Schottky barrier *(elopt)* Schottky-Barriere *f*
mould Form *f*, Werkzeug *n*; *(Kunst)* Preßform *f*; *(Met)* Gießform *f*; Glasform *f*
mould/to formen, Formkörper herstellen
mouldability Formbarkeit *f*
mould casting Formguß *m*
moulding 1. Formen *n*, Formpressen *n*, Herstellung *f* von Formteilen; Vulkanisation *f* in Formen; 2. Formartikel *m*, Formteil *n*
~ **compound** Gießmasse *n*, Vergußmasse *n*, Pressmasse *n*, Gießharzmischung *n*
~ **powder** pulvrige Preßmasse *f*
mould tool steel Formenwerkzeugstahl *m*
moveable contact bewegliches Schaltstück *n*
move out/to entfernen
moving coil Drehspule *f*
MOVPE *(Halbl)* metallorganische Dampfphasenepitaxie *f*
Mössbauer spectroscopy Mößbauer-Spektroskopie *f*
MQW structure (multi-quantum-well structure) *(Halbl)* Mehrquantenmulden-Struktur *f*
MSI (medium-scale integration) *(Halbl)* mittlerer Integrationsgrad *m*
mucilage Schleim *m*
mullite Mullit *m (Aluminiumsilikat)*
multiaxiality Mehrachsigkeit *f*
multicompartment slider boat *(Halbl)* Graphitschieber-Boot *n* mit mehreren Aufnehmern
multicomponent mehrkomponentig, Mehrkomponenten...
~ **alloy** Mehrstofflegierung *f*
~ **material** mehrkomponentiger Werkstoff *m*
~ **phase equilibrium** *(Halbl)* mehrkomponentiges Phasengleichgewicht *n*
multidirectional multidirektional, mehrachsig
multifilamentary conductor Multifilament-Leiter *m*
multilayer Schichtpaket *n*, Mehrfachschicht *f*, Vielfachschicht *f*
~ **device** Mehrschichtvorrichtung *f*
~ **fabric composit** Mehrschichtverbund *m*
~ **structure** *(Halbl)* Mehrschichtenstruktur *f*
multiphase mehrphasig, Mehrphasen...
~ **ceramic** Mehrphasenkeramik *f*
~ **composite** mehrphasiger Verbundwerkstoff *m*
multiphased mixture mehrphasige Mischung *f*
multipin moulded housing mehrpoliges Preßgehäuse *n*
multiple crack Mehrfachbruch *m*, mehrfacher Bruch *m*
~ **fracture** Mehrfachbruch *m*, mehrfacher Bruch *m*
~ **holographic storage** multipler holographischer Speicher *m*
~ **mechanism sintering** *(Pulv)* Sintern *n* mit verschiedenen Sintermechanismen
~ **scattering** Vielfachstreuung *f*
~ **slip** Mehrfachgleiten *n*
multiplication Vermehrung *f*
multi-ply laminate *(Verb)* Mehrlagenverbund *m*
~**-quantum-well structure** (MQW structure) *(Halbl)* Mehrquantenmulden-Struktur *f*
multislice method *(Halbl)*

multi-stage polymerisation Mehrstufenpolymerisation *f*
~**-stage production process** mehrstufiger Produktionsprozeß *m*
Muntz metal Muntzmetall *n (eine Messingsorte)*
muscovite mica Kaliglimmer *m* Kaliumaluminiumsilikat *n*
mushy teigig, breiig
mutagenic mutagen, erbgutverändernd, erbgutschädigend
mutual entanglement *(Kunst)* gegenseitige Verhakung *f*, wechselseitige Verhakung *f*, Wechselverhakung *f (von Polymerketten)*
MVP silicone rubber (methyl-vinyl-phenyl silicone rubber) *(Nichtl)* MVP-Siliconelastomer *n*
~ **siloxane** (methyl-vinyl-phenyl siloxane) *(Nichtl)* Methyl-Vinyl-Phenyl-Siloxan *n*

N

nanoindentation Eindruck *m* im Nanometer-Bereich *(Härteprüfung)*
narrow-band-gap material Halbleitermaterial *n* mit schmalem Bandabstand
~**-band resonant use** Anwendung *f* für Schmalband-Resonatoren
~**-gap material** *(Halbl)* Material mit schmalem Bandabstand *n*
narrowness of the response peak Schmalheit *f* des Empfindlichkeitsmaximums
native defect concentration *(elopt)*
~ **point defect** *(Halbl)* Punktstörstelle *f* der Muttersubstanz
~ **point defect incorporation** *(Halbl)* Einbau *m* von atomaren Eigenstörstellen
~ **salt** Steinsalz *n*
natrium niobate $NaNbO_3$ Natriumniobat *n*
natural ag[e]ing natürliche Alterung *f*, Kaltaushärten *n*, Kaltauslagern *n*
~ **clay** natürlicher Ton *n*
~ **cleavage plane** natürliche Spaltungsebene *f*
~ **elastomeric insulation** Naturkautschukisolierung *f*
~ **fibre** natürliche Faser *n*, Naturfaser *n*
~**-fibre-based composite** Naturfaserverbundwerkstoff *m*
~ **frequency of vibration** Eigenschwingungsfrequenz *f*
~ **gas** Erdgas *n*
naturally occurring natürlich vorkommend
natural resonance frequency Eigenresonanzfrequenz *f*
~ **rubber** Naturkautschuk *m*, NK
NBR Acrylntril-Butadien-Kautschuk *n*
~**-PVC** Butadien-Acrylnitril-PVC *n*
Nb-Ti filament NbTi-Filament *n*
NDT (non-destructive testing) zerstörungsfreie Prüfung *f*

near-constant temperature dependence of resistance Quasi-Temperaturunabhängigkeit *f* des Widerstandes
~**-constant voltage** quasikonstante Spannung *f*
~**-equilibrium** annäherndes Gleichgewicht *n*
nearest-neighbour configuration *(Magn)* Konfiguration *f* nächster Nachbarn
near-metallic metallähnlich
~ **net shape** endformnah, endkonturnah
~**-net-shape casting** endabmessungsnahes (endformnahes) Gießen *n*
~**-net shape manufacturing (processing)** endkonturnahe Fertigung *f*
~**-net-shape product** endformnahes Produkt *n*
~**-surface property** oberflächennahe Eigenschaft *f*
~**-surface region** oberflächennaher Bereich *m*
neck Einschnürung *f (an der Zugprobe)*
neck/to sich einschnüren; einschnüren
neck curvature radius *(Pulv)* Sinterhalskrümmungsradius *m*
~ **formation** *(Pulv)* Halsbildung *f (beim Sintern)*
necking Einschnürung *f*, Verengung *f*
~ **rupture** Einschnürungsriß *m*
negative-electron-affinity device *(Halbl)*
neighbouring section benachbarter Windungsabschnitt *m*
nematic nematisch
~ **phase** nematische Phase *f*
neoprene Neopren *n*, Polychloropren *n*
~ **rubber** Neoprenkautschuk *m*
net current *(Leit)* Nettostrom *n*
~ **dipole moment** Gesamtdipolmoment *n*
~ **shape** Endgestalt *f (z.B. Pulvermetallurgie)*, Form *f* mit Endabmessungen
~**-shape forming** endformnahe Herstellung *f*
network Netzwerk *n*, Vernetzung *f*
~ **former** *(Glas)* Netzwerkbildner *m*
~ **modifier** *(Glas)* Netzwerkwandler *m*
neutral refractory material neutrales feuerfestes Material *n*
~ **solution** neutrale Lösung *f*
neutron activation analysis Neutronenaktivierungsanalyse *f*
~**-irradiated** neutronenbestrahlt
~ **radiography** Neutronenradiographie *f*
~ **spectroscopy** Neutronenspektroskopie *f*
new resistance standard h/e^2i *(Halbl)* neues Widerstandsnormal *n*
nichrome Nickellegierung *f* mit Chrom, Chromnickel *n*, NiCr
nickel Ni Nickel *n*
nickel/to vernickeln
nickel alloy Nickellegierung *f*
~**-based alloy** Nickelbasislegierung *f*
~**-chromium-base alloy** Legierung *f* auf der Grundlage von Nickel und Chrom
~**-chromium steel** Chromnickelstahl *m*
~ **equivalent** Nickeläquivalent *n (Edelstahl)*
nickeliferous nickelhaltig

nickel-iron alloy Nickel-Eisen-Legierung *f*
nickelization Vernickeln *n*
nickelize/to vernickeln
nickel powder Nickelpulver *n*
~ **steel** Nickelstahl *m*
~ **wire** Nickeldraht *m*
nil-ductility transition temperature Übergangstemperatur *f (bei der Sprödbruchprüfung)*
niobate Niobat *n*
niobium Nb Niob *n*
~ **pentoxide** Nb_2O_5 Niobpentoxid *n*, Niob(V)-oxid *n*
~**-titanium alloy** Niob-Titan *n*, Nb-Ti-Legierung *f*
nitralloy Nitrierstahl *m*
nitric acid Salpetersäure *f*
nitridation s. nitride hardening
nitride/to nitrieren, nitrierhärten *(Stahl)*
nitride-forming element nitridbildendes Element *n*
~ **hardening** Nitrieren *n*, Nitrierhärten *n*, Nitridhärten *n*, Stickstoffhärten *n*
~ **solubility** Nitridlöslichkeit *f*
nitriding s. nitride hardening
nitrile-butadiene rubber Butadien-Acrylnitril-Kautschuk *m*
nitrogen N Stickstoff *m*
~ **absorption** Aufstickung *f*, Stickstoffabsorption *f*, Stickstoffaufnahme *f*
~ **atmosphere** Stickstoffatmosphäre *f*
~ **content** Stickstoffgehalt *m*
~ **hexafluoride** *(Nichtl)* Stickstoffhexafluorid *n*
~ **pickup** Aufstickung *f*, Stickstoffabsorption *f*, Stickstoffaufnahme *f*
noble metal Edelmetall *n*
~**-metal-base alloy** Edelmetallegierung *f*
~ **metal powder-glass combination** Edelmetallpulver-Glas-Kombination *f*
~ **powder** kugelförmiges Pulver *n*
nodular cast iron Gußeisen *n* mit Kugelgraphit, globularer (sphärolithischer) Grauguß *m*, GGG
nodule Graphitknötchen *n*, Knötchen *n*
noise *(Halbl)* Rauschen *n*
~ **level** Rauschpegel *m*, Störpegel *m*
Nomex *(Nichtl)* Nomex *n*
~ **fibre** *(Nichtl)* Nomexfaser *f*
nominal [service] stress Nennspannung *f*
non-ageing alterungsbeständig, alterungssicher
~**-alloyed ohmic contact** *(Halbl)* unlegierter ohmscher Kontakt *m*
~**-aqueous system** nichtwäßriges System *n*
~**-centrosymmetric crystal class** nichtzentrosymmetrische Kristallklasse *f*, nichtzentralsymmetrische Kristallklasse *f*
~**-centrosymmetric material** nichtzentralsymmetrischer Stoff *m*
~**-centrosymmetric point group** nichtzentrosymmetrische Punktgruppe *f*
~**-coherent precipitate** nichtkohärente Ausscheidung *f*
~**-corrosive** nichtkorrosiv, nichtaggressiv
~**-crystalline** amorph, nichtkristallin
~**-degenerate limit** *(Halbl)* Grenze *f* der Nichtentartung
~**-destructive** zerstörungsfrei
~**-destructive evaluation** zerstörungsfreie Auswertung *f*
~**-destructive inspection** zerstörungsfreie Kontrolle *f*
~**-destructive testing** zerstörungsfreie Prüfung *f*
~**-elastic** nichtelastisch
~**-electrolyte** Nichtelektrolyt *m*
~**-equilibrium structure** Ungleichgewichtsstruktur *f*
~**-equivalent coefficient** Antivalenz-Koeffizient *m*
~**-ferrous** nichteisenhaltig, eisenfrei; Nichteisen..., NE...
~**-ferrous alloy** Nichteisenmetallegierung *f*
~**-ferrous metal** Nichteisenmetall *n*, NE-Metall *n*
~**-flammability** Nichtentflammbarkeit *f*
~**-flammable** nicht entflammbar, unentflammbar
~**-hazardous** ungefährlich
~**-heat-treatable** nicht aushärtbar, nicht vergütbar, nicht wärmebehandelbar
~**-hygroscopic** nichthygroskopisch
~**-linear current-voltage effect** nichtlinearer Strom-Spannungs-Effekt *m*
~**-linear device** nichtlineares Bauelement *n*
~**-linear electrooptical effect** s. ~-linear optical effect
~**-linear material** *(Halbl)* nichtlineares Material *n*
~**-linear optical effect** nichtlinearer elektrooptischer Effekt *m*
~**-linear optical property** nichtlineare optische Eigenschaft *f*
~**-magnetic** unmagnetisch
~**-magnetic material** nichtmagnetisches Material *n*, unmagnetisches Material *n*
~**-matrix** unmagnetische Matrix *f*
~**-melting** nichtschmelzend
~**-melting reactant** nichtschmelzender Reaktionspartner *m*
~**-metal** Nichtmetall *n*
~**-metallic** nichtmetallisch, Nichtmetall...
~**-metallic inclusion** nichtmetallischer Einschluß *m*, nichtmetallische Einlagerung *f*
~**-metallic material** nichtmetallischer Werkstoff *m*
~**-polar** *(Halbl)* nichtpolar
~**-polar arrangement** nichtpolare Anordnung *f*
~**-polar interface** *(Halbl)* nichtpolare Grenzschicht *f*
~**-polar phase** nichtpolare Phase *f*
~**-polar substrate** nichtpolares Substrat *n*
~**-porous** porenfrei
~**-radiative process** *(Halbl)* strahlungsloser Prozeß *m*
~**-radiative recombination** *(Halbl)* strahlungslose Rekombination *f*
~**-scaling** zunderbeständig
~**-scaling steel** zunderbeständiger Stahl *m*

~-**steady state** nicht stabiler Zustand *m*
~-**stoichiometric crystal defect** *(Halbl)* nichtstöchiometrischer Kristall[bau]fehler *m*
~-**stoichiometry** *(Halbl)* Nichtstöchiometrie *f*
~-**switching use** Nichtschalt-Verwendung *f*
~-**toxic** nichttoxisch, atoxisch, ungiftig
~-**uniform field** inhomogenes Feld *n*
~-**uniformity** Ungleichmäßigkeit *f*, Ungleichförmigkeit *f*
~-**woven** nichtgewebt
~-**woven fabric** Vliesstoff *m*, Faservlies *m*
~-**zero modulus** von Null verschiedener Modul *m*
normalization Normalisierungsglühen *n*, Normalglühen *n*
normalize/to normalglühen, normalisieren, normalisierend glühen *(Stahl)*
normalized condition normalisierter Zustand *m*
normalizing Normalisierungsglühen *n*, Normalglühen *n*
normal stress Normalspannung *f*
notch Kerbe *f*
notched-bar test Kerbschlagbiegeversuch *m*
~-**specimen** Kerbprobe *f*
notch effect Kerbwirkung *f*
~ **factor** Kerbfaktor *m*
~ **impact strength** Kerbschlagzähigkeit *f*
~-**sensitive** kerbempfindlich
~ **sensitivity** Kerbempfindlichkeit *f*
~ **sensitivity factor** Kerbempfindlichkeitsfaktor *m*
~ **sharpness** Kerbschärfe *f*
~-**stress theory** Kerbspannungslehre *f*
~ **toughness** Kerbzähigkeit *f*
nozzle Düse *f*
NTC thermistor material Werkstoff *m* für Thermistoren mit negativem Temperaturkoeffizienten *m*, NTC-Werkstoff *m*
n-type *(Halbl)* n-leitend, überschußleitend, vom n-Typ; n-Typ...
~-**type material** n-leitendes Material *n*
~-**type region** *(Halbl)* n-Bereich *m*, n-leitender Bereich *m*, n-leitende Zone *f*
nuclear forces Kern[feld]kräfte *fpl*
~ **magnetic resonance spectrometry** kernmagnetische Resonanz *f*, magnetische Kernresonanz *f*
nucleate/to einleiten, auslösen, anregen, initiieren
~ **on/to** *(Halbl)* anwachsen an
nucleating agent Keimförderer *m*
nucleation 1. Kristall[isations]keimbildung *f*, Keimbildung *f*; 2. Initiierung *f*, Anregung *f*, Einleitung *f*, Start *m (einer Reaktion)*
~ **rate** Keimbildungsgeschwindigkeit *f*, Keimbildungsrate *f*
~ **site** Keimbildungsort *m*
~ **velocity** s. ~ rate
nucleus Keim *m*, Kristallisationskeim *m*
number of cycles Zyklenzahl *f*
~ **of cycles to failure** Ausfallzyklenzahl *f*, Bruchlastzyklen *mpl*
~ **of final states** *(Halbl)* Anzahl *f* der Endzustände
~ **of resistive turns** Windungszahl *f (z.B. bei Drahtwiderständen)*
nutrient phase *(Halbl)* Nährphase *f*
nylon Nylon *n*

O

objectionable zu beanstandend, zu beanstanden, störend
objective Ziel *n*
~ **aperture** Objektivblende *f*
~ **function** Zielfunktion *f*
oblique schräg
obstacle Hindernis *n*
obstruct/to behindern, blockieren
occupancy *(Halbl)* Besetzung *f*
occupied state *(Leit)* besetzter Zustand *n*
occur/to vorkommen, auftreten
occurrence Vorkommen *n*, Auftreten *n*
ODS-alloy Oxid-dispersionsgehärtete Legierung *f*, ODS-Legierung *f*
offset voltage *(elopt)* Gegenspannung *f*, Offsetspannung *f*
OFHC (oxygen-free high-conductivity copper) *(Leit)* SE-Kupfer *n*, sauerstofffreies Kupfer (SE-Kupfer) *n*, OFHC-Cu
ohmic contact *(Halbl)* ohmscher Kontakt *m*
n^+ **ohmic contact** *(Halbl)* n^+-ohmscher Kontakt *m*
ohm resistance value Ohmscher Widerstandswert *m*
OIC (optical integrated circuit) *(Halbl)* optoelektronische integrierte Schaltung *f*
oil Öl *n*
~ **circuit breaker** *(Leit)* Ölschalter *m*
oiled paper Ölpapier *n*
oil hardening Ölhärten *n*
~-**hardening steel** ölhärtender Stahl *m*, Ölhärtestahl *m*
~-**impregnated** ölimprägniert
oilless bearing *(Pulv)* selbstschmierendes Lager *n*
oil paper Ölpapier *n*
~-**quenched** ölabgeschreckt
~ **quenching** Ölabschrecken *n*, Abschrecken *n* in Öl
~ **resistance** Ölbeständigkeit *n*
~-**resistant** ölbeständig
OMVPE (organometallic vapour-phase epitaxy) *(Halbl)* organometallische Dampfphasenepitaxie *f*
one-dimensional class eindimensionale Klasse *f*
~-**to-one** eineindeutig
onset of necking Beginn *m* der Einschnürung
opacifying agent Trübungsmittel *n*
opacity Undurchsichtigkeit *f*, Lichtundurchlässigkeit *f*, Trübung *f*
opalescence Opaleszenz *f*
open-hearth furnace Siemens-Martin-Ofen *m*, SM-Ofen *m*

~-**hearth steel** Siemens-Martin-Stahl *m*, SM-Stahl *m*
opening stress Anfangsspannung *f*
operate/to arbeiten, in Betrieb sein
operating condition Einsatzbedingung *f*, Betriebsbedingung *f*, Gebrauchsbedingung *f*, Anwendungsbedingung *f*, Praxisbedingung *f*
~ **cost** Betriebskosten *pl*
~ **environment** Arbeitsumgebung *f*, Betriebsumgebung *f*
~ **life** Betriebslebensdauer *f*
~ **load** Betriebsbelastung *f*
~ **medium** Betriebsmedium *n*
~ **range** Arbeitsbereich *m*, Betriebsbereich *m*
~ **temperature** Arbeitstemperatur *f*, Betriebstemperatur *f*
~-**temperature range** Betriebstemperaturbereich *n*
operation 1. Betrieb *m*, Arbeitsweise *f*; 2. Betriebsmethode *f*, Arbeitsgang *m*, Operation *f*
operational level Betriebsniveau *n*, Betriebspegel *m*
~ **range** Arbeitsbereich *m*, Betriebsbereich *m*
~ **test condition** *(Nichtl)* Betriebsprüfbedingung *f*
optical axis optische Achse *f*
~ **characterization** optische Charakterisierung *f*
~ **communication** optische Kommunikation *f*
~ **detector** *(Halbl)* optischer Detektor *m*
~ **emission** *(Halbl)* Lichtemission *f*
~ **emission spectrometry** optische Emissionsspektrometrie *f*
~-**fibre communication** Glasfaserkommunikation *f*
~-**fibre system** Glasfasersystem *n*, System *n* optischer Fasern
~ **gain** *(Halbl)* optische Verstärkung *f*
~ **generation** *(Halbl)* Lichterzeugung *f*
~ **integrated circuit** *(Halbl)* optoelektronische integrierte Schaltung *f*
optically erasable holographic storage optisch löschbarer holographischer Speicher *m*
~-**isotropic** *(elopt)* optisch isotrop
~ **transparent material** *(elopt)* optisch durchsichtiges Material *n*
optical micrograph Gefügefoto *n*, Schliffoto *n*
~ **microscope** optisches Mikroskop *n*, Lichtmikroskop *n*
~ **parametric oscillation** optische parametrische Schwingung *f*
~-**phonon frequency** *(Halbl)* Frequenz *f* optischer Phononen
~-**phonon scattering** *(Halbl)* Streuung *f* an optischen Phononen
~ **properties** optische Eigenschaften *fpl*
~ **spectroscopy** optische Spektroskopie *f*
~ **storage system** *(Halbl)* optisches Speichersystem *n*
~ **transducer** optischer Wandler *m*
~ **transparency** optische Durchsichtigkeit *f*
~ **wave guide** *(Halbl)* Lichtwellenleiter *m*
optic axis optische Achse *f*
optimal chemically *(Halbl)* chemisch optimal
optoelectronic application *(Halbl)* optoelektronische Anwendung *f*
~ **device** *(Halbl)* optoelektronisches Bauelement *n*
~ **integrated circuit** *(Halbl)* optoelektronische integrierte Schaltung *f*
~ **material** *(Halbl)* optoelektronischer Werkstoff *m*
optoelectronics *(Halbl)* Optoelektronik *f*
optoisolator *(Halbl)* Optoisolator *m*
orange-peel effect Apfelsinenschaleneffekt *m*, Apfelsinenschalenhaut *f (Oberflächenfehler)*
order of magnitude Größenordnung *f*
ore Erz *n*
organically modified ceramics Ormocer *n*, organisch modifizierte Keramik *f*
~ **modified silicate** Ormosil *n*, organisch modifiziertes Silikat *n*
organic binder organisches Bindemittel *n*
~ **coating** organischer Beschichtungsstoff (Anstrichstoff) *m*
~ **fibre** organische Faser *f*; organischer Faserstoff *m*
~ **pigment** organisches Pigment *n*
organometallic vapour-phase epitaxy *(Halbl)* organometallische Dampfphasenepitaxie *f*
orientation Orientierung *f*, Ausrichtung *f*
orientational disorder Orientierungsfehlordnung *f*
~ **state** Orientierungszustand *m*
orientation dependence Orientierungsabhängigkeit *f*
~ **effect** Orientierungseffekt *m*
~ **structure** Orientierungsstruktur *f*, Textur *f*
oriented grain orientiertes Korn *n*
~ **growth** orientiertes Wachstum *n*
~ **nucleation** orientierte Keimbildung *f*
original full spontaneous polarization ursprüngliche gesamte spontane Polarisation *f*
ormosil Ormosil *n*, organisch modifiziertes Silikat *n*
Orowan strengthening Orowan-Verfestigung *f*
~ **stress** Orowan-Spannung *f*
orthorhombic orthorhombisch
~ **ferroelectric phase** orthorhombische ferroelektrische Phase *f*
~ **space group** orthorhombische Raumgruppe *f*
orthotropic orthotrop
oscillate/to oszillieren, schwingen, pendeln, vibrieren
oscillating voltage *(elopt)* vibrierende Spannung *f*
oscillation Schwingung *f*
~ **in the resistance** *(Halbl)* Widerstandsschwingung *f*
oscillator Oszillator *m*
oscilloscope Oszilloskop *n*
osmium Os Osmium *n*
Ostwald ripening Ostwald-Reifung *f*
out-diffusion Ausdiffundierung *f*
outdoor exposure *(Korr)* Frei[luft]bewitterung *f*, Außenbewitterung *f*, Verwitterung *f*, Freiluftauslagerung *f*

~ **exposure testing** Frei[luft]bewitterungsprüfung *f*, Bewitterungsprüfung *f*
outer electron *(Halbl)* äußeres Elektron *n*
outlawed illegal, für ungesetzlich erklärt, verboten
oven resistive heating element Ofenwiderstandsheizelement *n*
overage/to überaltern
overageing Überaltern *n*
overall geometry Gesamtgeometrie *f*
over-dried material zu lange getrocknetes Material
overdry/to übertrocknen, zu lange trocknen
overdrying Übertrocknen *n*, Übertrocknung *f*
overhead protection of wiring Überlastungsschutz *m* der Installation
~ **transmission lines** *(Nichtl)* Freileitung *f*
overheating Überhitzung *f*, Überwärmung *f*
~ **insensivity** Überhitzungsunempfindlichkeit *f*
overlapping bulk band *(Halbl)* überlappendes Rumpfband *n*
overlap the entire valence band region *(Halbl)* die gesamte Valenzbandregion überlappen
overlay Deckschicht *n*, Belag *n*, Überzug *n*
overload Überbelastung *f*
overload/to überbelasten, überlasten
overpressure Überdruck *m*
overstress Überbeanspruchung *f*
overstress/to überbeanspruchen
overtemper/to übertempern
over-temperature protection device Überhitzungsschutz *m*
~**-temperature warning system** Übertemperatur-Warnsystem *n*
overtreat/to übermäßig behandeln
oxidation Oxidation *f*, Oxydation *f*
~ **of wire surface** oberflächliche Oxidation *f* eines Drahtes
~ **potential** Oxidationspotential *n*
~ **process** Oxidationsvorgang *m*, Oxidationsprozeß *m*
~ **process** Frischverfahren *n (Stahl)*
~ **product** Oxidationsprodukt *n*
~ **resistance** Oxidationsbeständigkeit *f*, Beständigkeit *f* gegen oxydative Einflüsse, Zunderbeständigkeit *f*
~**-resistant** oxidationsbeständig
~**-resistant material** oxidationsbeständiger Werkstoff *m*
oxide ceramics Oxidkeramik *f*, oxidkeramische Erzeugnisse *npl*
~ **coating** Oxidschicht *f*, oxidische Deckschicht *f*
~ **coating** Oxidschutzschicht *f*, oxidische Schutzschicht *f*
~ **dispersion strengthened alloy** oxid-dispersionsgehärtete Legierung *f*, ODS-Legierung *f*
~ **dispersion strengthening** Oxiddispersionshärtung *f*
~ **film** Oxidfilm *m*, Oxidbelag *m*, dünne Oxidschicht *f*, Oxidhaut *f*
~ **inclusion** Oxideinschluß *m*
~ **layer** Oxidschicht *f*, oxidische Deckschicht *f*
oxidic inclusion oxidischer Einschluß *m*
oxidizability Oxidierbarkeit *f*
oxidizable oxidierbar
oxidize/to oxidieren
oxidized anode Oxidationsanode *f*
oxidizer (oxidizing agent) Oxidationsmittel *n*
oxygen O Sauerstoff *m*
~ **access** Sauerstoffzutritt *m*
~ **adsorption** Sauerstoffaufnahme *f*
oxygenation Sättigung *f* mit Sauerstoff, Anreicherung *f* mit Sauerstoff
oxygen attack Sauerstoffangriff *m*
~**-consuming** sauerstoffverzehrend
~ **consumption** Sauerstoffverbrauch *m*
~**-containing atmosphere** sauerstoffhaltige Atmosphäre *f*
~ **content** Sauerstoffgehalt *m*
~ **diffusion** Sauerstoffdiffusion *f*
~ **exhaustion** Sauerstoffverarmung *f*
~**-free** sauerstofffrei
~**-free copper** sauerstofffreies Kupfer *n*
~**-free high-conductivity copper** *(Leit)* SE-Kupfer *n*, sauerstofffreies [SE-]Kupfer *n*, OFHC-Cu
~ **index** *(Kunst)* Sauerstoff-Index *m*
oxygen lance Sauerstofflanze *f*, Blaslanze *f*
~ **layer** Sauerstoffschicht *f*
ozone Ozon *n*
~ **resistance** Ozonbeständigkeit *f*, Ozonfestigkeit *f*

P

package/to [raumsparend] zusammenbauen
packaging arrangement Packungsanordnung *f*
~ **material** Verpackungsmaterial *n*
pack-carburize/to pulveraufkohlen, pulverzementieren
~ **carburizing** Pulveraufkohlen *n*, Pulverzementieren *n*
~ **cementation** Diffusionsmetallisieren *n*, *(i.e.S.)* Packzementation *f*
packing *(Krist)* Packung *f*
~ **density** *(Halbl)* Packungsdichte *f*
paint/to [an]streichen
paint 1. pigmentierter Anstrichstoff *m*, Anstrichfarbe *f*; 2. Anstrich *m*, Anstrichschicht *f*
paintability Anstreichbarkeit *f*
paint adherence Farbhaftung *f*, Farbhaftfestigkeit *f*
~ **formulation** Anstrichaufbau *m*
painting Streichen *n*, Anstreichen *n*
~ **technology** Lackiertechnik *f*
paint rheology Lackfließkunde *f*
~ **stripper** Abbeizmittel *n*, Farbentferner *m*
~ **technology** Lackiertechnik *f*
paired state paariger Zustand *m*
palladium Pd Palladium *n*

Palmgren-Miner rule Palmgren-Miner-Regel *f*
PAN (polyacrylonitrile) Polyacrylnitril *n*, PAN
pancake grain flaches Korn *n*
~ **grain structure** Flachkorngefüge *n*
panel Tafel *f*, Frontplatte *f (Gerät)*
PAN fibre Polyacrylnitril-Faser *f*
paper-and-oil insulation *(Nichtl)* ölgetränktes Isolierpapier *n*
~ **capacitor** Papierkondensator *m*
paraelectric paraelektrisch
~ **phase** paraelektrische Phase *f*
paraffine wax-polyethylene mixture Paraffin-Polyethylen-Mischung *f*
parameter space *(Halbl)* Parameterraum *m*
paramount effect Haupteffekt *m*
parasitic capacitance parasitäre Kapazität *f*
~ **inductance** parasitärer Leitwert *m*
~ **resistance** parasitärer Widerstand *m*
parent alloy Ausgangslegierung *f*, Stammlegierung *f*
~ **donor** *(Halbl)* Ausgangsdonator *m*
~ **material** Basiswerkstoff *m (bei Hartmetallen)*, Grundwerkstoff *m (bei Schichtverbundwerkstoffen)*
~ **metal** Grundmetall *n*
parkerizing Parkerisieren *n (Phosphatierungsverfahren)*
partial partiell
~**-discharge magnitude** Größe *f* der Teilentladung
partially conducting *(elopt)* teilleitend
~ **stabilized zirconia** teilweise stabilisiertes Zirconiumoxid *n*
partial pressure Partialdruck *m*
~ **recrystallization** teilweise Rekristallisation *f*
~ **vapour pressure** partieller Dampfdruck *m*
particle bridge *(Pulv)* Teilchenbrücke *f*
~ **coarsening** Teilchenvergröberung *f*
~ **coarsening resistance** Beständigkeit *f* gegen Teilchenvergröberung
~**-dislocation interaction** Teilchen-Versetzungs-Wechselwirkung *f*
~ **shape accomodation** *(Pulv)* Teilchengestaltsakkommodation *f*
~ **size** Partikelgröße *f*
~ **size analysis** Teilchengrößenbestimmung *f*, Pulverteilchengrößenbestimmung *f*
~ **size distribution** Teilchengrößenverteilung *f*
~ **sizing** Teilchengrößenbestimmung *f*, Pulverteilchengrößenbestimmung *f*
~ **spacing** Abstand *m* zwischen den Teilchen
~ **strengthening** Teilchenverfestigung *f*
~ **volume** Partikelvolumen *n*
particulate aus Einzelteilen bestehend, aus [einzelnen] Teilchen bestehend; partikulär
partition coefficient Verteilungskoeffizient *m (in der Zonenschmelztheorie)*, Segregationskonstante *f*, Abscheidungskonstante *f*
part[s] per billion atomic *(US)* Atom *n* (Atome *npl*) je Milliarde Atome
~ **per million** Teil *m* (Teile *mpl*) je Million Teile, ppm
~ **per million atomic** Atom *n* (Atome *npl*) je Million Atome
Paschen's law *(Nichtl)* Paschensches Gesetz *n*
Paschen minimum *(Nichtl)* Paschen-Minimum *n*
passivatability Passivierbarkeit *f*
passivatable passivierbar
passivate/to passivieren; sich passivieren
passivating passivierend
~ **layer** Passivierungsschicht *f*, Passivierungslage *f*
passivation Passivierung *f*, Passivation *f*
passivator Passivator *m*, Passivierungsmittel *n*, Passivschichtbildner *m*
passive passiv
~ **component** *(Halbl)* passives Bauelement *n*
~ **film** Passivschicht *f*
~ **oxide** Passivoxid *n*
passivity Passivität *f*
~ **process** Passivitätsprozeß *m*
patent/to patentieren *(Eisendraht)*
patenting Patentieren *n*
pattern Muster *n*, Musterprobe *f*
pattern/to mustern, mit Mustern versehen strukturieren
patterning Strukturierung *f*
pattern of deposition Beschichtungsmuster *n*
~ **of spots** Bildpunktmuster *n*
p-doped silicon *(Halbl)* p-dotiertes Silizium *n*
peak Peak *m*, Gipfelpunkt *m*, Höchstwert *m*, Maximum *n*
~ **broadening** Peakverbreiterung *f*
~ **stress** Spitzenspannung *f*, Spannungsspitze *f*
~ **value** *(elopt)* Spitzenwert *m*, Maximalwert *m*
pearlite Perlit *m*
~ **alloy steel** perlitischer Legierungsstahl *m*
~ **content** Perlitgehalt *m*
~ **formation** Perlitbildung *f*
~ **lamellae** Perlitlamelle *f*
pearlitic perlitisch
peel/to abblättern, abplatzen, abspringen, sich abschälen
peelable coating abziehbare (abstreifbare) Schutzschicht *f*
peeled bar „geschälter" Stahlstrang *m (kaltgewalztes und spanend vorbearbeitetes Stahlhalbzeug)*
peeling Abblättern *n*, Abplatzen *n*
peel strength Schälfestigkeit *f*, Ablösefestigkeit *f*
~ **test** Schältest *m (zur Bestimmung der Haftfestigkeit)*
peen Kugelstrahlen *n*
penalizing Strafabziehen *n (Bewertung und Bemusterung)*
penalty Strafabzug *m (z.B. für unerwünschte Begleitelemente bei der Bewertung und Bemusterung von Gußeisen)*
penetrability Durchdringbarkeit *f*
penetrable durchdringbar

penetrant Penetriermittel *n*, Penetrieranstrichstoff *m*, Rostpenetriermittel *n*
~ **dye testing** Farbdiffusionsprüfung *f*
penetrate/to durchdringen, penetrieren, passieren; eindringen, *(bei Gasen und Flüssigkeiten auch)* eindiffundieren
penetrating ability Durchdringungsvermögen *n*, Durchdringungsfähigkeit *f*, Eindringvermögen *n*
~ **primer** Penetriermittel *n*, Penetrieranstrichstoff *m*, Rostpenetriermittel *n*
~ **radiation** Durchstrahlung *f*
~ **test** durchdringende Prüfung *f*
penetration Eindringen *n*, Eindiffundieren *n*, Durchdringen *n*, Penetration *f*
~ **composite** Durchdringungsverbundwerkstoff *m*
~ **depth** Eindringtiefe *f*
pentavalent element fünfwertiges Element *n*
percentage elongation Prozentdehnung *f*
~ **of austenite** Austenitanteil *m*
~ **of carbide** Karbidanteil *m*
~ **of ferrite** Ferritanteil *m*
~ **of moisture** Feuchtigkeitsgehalt *m*, Wassergehalt *m*
perfect crystal idealer Kristall *n*, Idealkristall *n*
~ **structure** Grundstruktur *f*, Idealstruktur *f*
performance Leistungsverhalten *n*, Betriebsverhalten *n*, Leistung *f*
~ **enhancement** *(Halbl)* Leistungsverstärkung *f*
~ **of the part in service** Leistung *f* eines im Betrieb befindlichen Teils
~ **requirements** Leistungsanforderungen *fpl*
~**-to-weight ratio** Masse-Leistungs-Verhältnis *n*
periodic table of the elements Tabelle *f* des Periodensystems der Elemente
peritectic peritektisch
~ **system** Peritektikum *n*
peritectoid peritektoid
~ **reaction** peritektoide Reaktion *f*
~ **system** peritektoides System *n*
permalloy Fe14-64Ni77-36MoCu Permalloy *n*
permanent deformation bleibende Verformung *f*
~ **electric dipole moment** permanentes elektrisches Dipolmoment *n*
~ **holographic storage** permanenter holographischer Speicher *m*
~**-magnetic material** *(Magn)* hartmagnetischer Werkstoff *m*
~**-magnet loudspeaker** *(Magn)* permanentmagnetischer Lautsprecher *m*
~ **mould-casting** Kokillenguß *m*, Kokillenformguß *m*, Kokillengußverfahren *n*
~ **plastic deformation** bleibende plastische Verformung *f*
permeability Permeabilität *f*, Durchlässigkeit *f*, Durchdringbarkeit *f*
permit/to zulassen
permittivity e_r, e_{rel}, e relative Dielektrizitätskonstante *f*, Dielektrizitätszahl *f*, Permittivitätszahl *f*, relative Permittivität (Dielektrizität) *f*
~ **of the material** $e = e_0 \cdot e_r$ *(Nichtl)* Permittivität *f*, dielektrische Konstante *f*, Dielektrizitätskonstante *f*
~ **of vacuum** e_0 Dielektrizitätskonstante *f* des Vakuums, Influenzkonstante *f*
perovskite structure Perowskit-Struktur *f*, Perowskitstruktur *f*
perpendicular direction senkrechte Richtung *f*
persistent liquid phase sintering *(Pulv)* permanentes Flüssigphasensintern *n*
perturbation Störung *f*, Störeffekt *m*
phase Phase *f*
~ **boundary** Phasengrenze *f*
~ **change** Phasenänderung *f*
~**-contrast method** Phasenkontrastanalyse *f*
~ **diagram** Phasendiagramm *n*, Zustandsdiagramm *n*, Zustandsschaubild *n (insbes. Halbl)*
~ **equilibrium** Phasengleichgewicht *n*, Gleichgewicht *n* der Phasen
~ **of a light beam** *(elopt)* Phase *f* eines Lichtstrahls
~ **separation** Phasentrennung *f*
~ **transformation** Phasenumwandlung *f*, *(als Vorgang auch)* Phasenübergang *m*
~ **transition** Phasenumwandlung *f*, Phasenübergang *m*
phenolic [resin] Phenolharz *n*
~**-resin matrix phase** Phenolharzphase *f* als Matrix
phenol varnish Phenollack *m*
phonon Phonon *n*, Gitterschwingung *f*
phosphate coating 1. Phosphat[schutz]schicht *f*; 2. Phosphatieren *n*, Phosphatierung *f*
phosphating Phosphatieren *n*
phosphide Phosphid *n*
phosphine PH_3 *(Halbl)* Phosphin *n*
phosphor bronze Phosphorbronze *f*
phosphorescence *(elopt)* Phosphoreszenz *f*
phosphorus P Phosphor *m*
phosphorus(III) chloride *(Halbl)* PCl_3 Phosphor(III)-chlorid *n*
photocathode *(Halbl)* Photokathode *f*
photoconductivity *(Halbl)* Photoleitfähigkeit *f*
~ **spectrum** *(Halbl)* Photoleitfähigkeitsspektrum *n*
photocurrent *(Halbl)* Photostrom *m*
photodetector *(Halbl)* Photodetektor *m*
photoemission *(Halbl)* Photoemission *f*
photoexcitation *(Halbl)* Anregung *f* durch Licht
photogenerated electron *(Halbl)* Photoelektron *n*
~ **electron-hole pair** *(Halbl)* durch Licht erzeugtes Elektron-Loch-Paar *n*
photolithographic process photolithographischer Vorgang *m*
photoluminescence *(elopt)* Photolumineszenz *f*
photolytic metallo-organic vapour-phase epitaxy *(Halbl)* photolytische metallorganische Gasphasenepitaxie *f*
photometric analysis photometrische Analyse *f*, Photometrie *f*, Lichtstärkemessung *f*, Strahlungsmessung *f*

Photo-MOVPE (photolytic metallo-organic vapour-phase epitaxy) *(Halbl)* photolytische metallorganische Gasphasenepitaxie *f*
photomultiplier *(Halbl)* Photoelektronenvervielfacher *m*, Sekundärelektronenvervielfacher *m*
photon of light Lichtquant *n*
photopatterning *(Halbl)* Photostrukturierung *f*
photoreceptor Photorezeptor *m*
photorefractive effect Lichtbrechungseffekt *m*
photoresist *(Halbl)* Photoresist *n*, photoempfindlicher Lack *m*, Photolack *m*
~ **material** lichtempfindlicher Werkstoff *m*
photoresponse *(Halbl)* Photoempfindlichkeit *f*, Lichtempfindlichkeit *f*
photosensitive lichtempfindlich, photosensibel, photosensitiv
~ **glass** photosensibles (photosensitives) Glas *n*
photosensitivity Lichtempfindlichkeit *f*; Photosensibilität *f*
photovoltaic cell *(Halbl)* Photoelement *n*, Sperrschichtelement *n*
physical model physikalisches Modell *n*
~ **perfection** physikalische Vollkommenheit *f*
~ **property** physikalische Eigenschaft *f*
~ **vapour deposition** PVD-Verfahren *n*, physikalische Gasphasenabscheidung *f*
pickle/to abbeizen, beizen
pickling Beizen *n*
picture element *(Halbl)* Bildelement *n*
piezoelectric-acoustic-mode scattering *(Halbl)* Streuung *f* im piezoelektrisch-akustischen Modus
~ **device** piezoelektrische Komponente *f*
piezoelectricity Piezoelektrizität *f*
piezoelectric material piezoelektrischer Werkstoff *m*, Piezowerkstoff *m*
~ **modulus** piezoelektrischer Modulus *m*
~ **strain coefficient** piezoelektrische Deformationskonstante *f*
~ **iron** production Roheisenproduktion *f*, Masseleisenproduktion *f*
pigment Pigment *n*
pile-up Aufstau *m*
pile up/to anhäufen
pin/to verankern *(z.B. Versetzungen)*; blockieren
~ **the Fermi level** *(Halbl)* das Ferminiveau fixieren
pinch-off *(Halbl)* Abschnürung *f*
pinch the channel/to *(Halbl)* den Kanal abschnüren
pinhole Nadelstichpore *f*, Gasblase *f*
pinholes Nadelstichporosität *f*
pinned boundary blockierte Korngrenze *f*
pinning Blockieren *n*, Verankern *n (z.B. von Versetzungen)*
~ **additive** Stopper *m (Werkstoffzusatz zur Beeinflussung von Kornwachstum)*
~ **agent** Werkstoffzusatz *m* zum Blockieren *(von Versetzungen, Korngrenzen)*
~ **of dislocations** Blockieren *n* von Versetzungen
~ **particle** Werkstoffpartikel *m* zur Korngrenzenarretierung, Teilchen *n* zur Korngrenzenverankerung
pipe Rohr *n*, Rohrleitung *f*
~ **diffusion** kanalartige Diffusion *f*
piston alloy Kolbenlegierung *f*
pit 1. *(Halbl)* Loch *n*; 2. Lochfraßstelle *f*, Grübchen *n*
pit/to durch Lochfraß angreifen (korrodieren)
pitch Pech *n*
~ **of resistive turns** Schrittweite *f* der Widerstandswicklung
pit corrosion s. pitting corrosion
pitting Lochfraß *m*, Grübchenbildung *f*, Narbenbildung *f*, Muldenbildung *f*
~ **corrosion** Lochfraßkorrosion *f*, lochförmige Korrosion *f*, Narbenkorrosion *f*, Grübchenkorrosion *f*
~ **potential** Lochfraßpotential *n*, Lochkorrosionspotential *n*
~**-resistant steel** lochfraßbeständiger Stahl *m*
plain rein, unlegiert
~ **alloy** zusatzfreie Legierung *f*
~ **bearing** unlegiertes Lager *n*, unbeschichtetes Lager *n*
~ **carbon steel** reiner (unlegierter) Kohlenstoffstahl *m*, Massenstahl *m*
planar defect flächenhafter Gitterfehler *m*
~ **diffusion** Planardiffusion *f*
~ **flow casting** *(Pulv)* Schnellabkühlung *f* durch gekühlte Metallflächen *(Verfahren zur Herstellung des Ausgangsmaterials in der Pulvermetallurgie)*
~ **LED** (planar light-emitting diode) Planarleuchtdiode *f*
~ **resistor** Planarwiderstand *m*
~ **technology** *(Halbl)* Planartechnologie *f*
~ **transistor** Planartransistor *m*
plane containing the polar axis Polarachsenebene *f*
~ **crack** ebener Riß *m*
~ **of fracture** Bruchebene *f*
~ **of incidence** *(Halbl)* Einfallsebene *f*
~ **of polarization** *(Halbl)* Polarisationsebene *f*
~**-polarized light** linear polarisiertes Licht *n*
plant test Betriebsversuch *m*
plasma atomization *(Pulv)* Plasmazerstäubung *f*
~**-enhanced deposition** *(Halbl)* plasmagestützte Abscheidung *f*
~ **source** Plasmaquelle *f*
~ **spraying** Plasmaspritzbeschichten *n*
plasmon *(Halbl)* Plasmon *n*
plaster Gips *m*
plastic plastisch
plastic [organischer] Kunststoff *m*, Plast *m*
~ **coating** Plastbeschichten *n*
~ **creep deformation** plastische Kriechverformung *f*
~ **deformation** plastische Verformung *f*

~ **deformation rate** plastische Deformationsgeschwindigkeit *f*
~ **encapsulation** Kunststoff-Einkapselung *f*
~ **flow** plastisches Fließen *n*
~ **flow at stress concentration** plastische Verformung *f* an Orten hoher Spannungskonzentration
~ **fracture** plastischer Bruch *m*
~ **instability** plastische Instabilität *f*
plasticity Plastizität *f*, Bildsamkeit *f*
plasticization Weichmachung *f*, Plastifizierung *f*
plasticize/to plastifizieren
plasticizer Weichmacher *m*, Plastifizier[ungs]mittel *n*, Plastiziermittel *n*
plastic laminate Kunststofflaminat *n*
~ **material** 1. plastische Masse *f*; 2. [organischer] Kunststoff *m*, Plast *m*
~**-proofed** kunststoffimprägniert, plastimprägniert
~ **shear** Abgleitung *f*
plastics reinforcement Kunststoffverstärkung *f*
plastic strain plastische Dehnung *f*
~ **strain rate** plastische Dehnungsgeschwindigkeit *f*
~ **stress concentration factor** plastischer Spannungskonzentrationsfaktor *m*
~ **work** plastische Verformungsarbeit *f*
~ **zone** plastische Zone *f*
plastification Weichmachung *f*, Plastifizierung *f*
plate 1. Blech *n*, Grobblech *n*; 2. dünne elektrochemisch (galvanisch) hergestellte Schicht *f*
plate/to elektrochemisch (galvanisch) beschichten, elektroplattieren
platelet Platelet *n (festigkeitssteigernde Einlagerung bei Strukturkeramik)*, Plättchen *n*
plating Beschichten *n* mit Metall, elektrochemisches (galvanisches) Beschichten *n*, Elektroplattieren *n*
~ **material** *(Leit)* Deckwerkstoff *n*, Deckmetall *n*
platinum Pt Platin *n*
plexiglass Plexiglas *n*
pliable biegsam, geschmeidig
~ **fabric** biegsamer Gewebeverbundwerkstoff *m*
pliant biegsam, geschmeidig
plunger Preßstempel *m*, Stempel *m*
plus sieve *(Pulv)* Pulverrückstand *m* bei Siebanalyse
ply *(Verb)* Lage *f*, Zwischenlage *f*, Schicht *f*
~ **assembly** *(Verb)* Lagenanordnung *f*
plywood Sperrholz *n*
PLZT $(Pb_{1-x}La_x)(Zr_yTi_{1-y})O_3$ (lead-lanthanum zirconate-titanate, lanthanum-modified $PbZrO_3$-$PbTiO_3$) La-substituiertes PZT (Bleititanatzirconat) *n*, Blei-Lanthan-Zirkonat-Titanat *n*, PLZT *n*
~ **ceramic** PLZT-Keramik *f*
P/M (powder metallurgy) Pulvermetallurgie *f*
pneumatic detector *(Halbl)* pneumatischer Detektor *m*
Pockels effect *(Halbl)* elektrooptischer Effekt *m*, Pockels-Effekt *m*
~ **electrooptic effect** *(elopt)* linearer elektrooptischer Effekt *m*
point defect *(Krist)* Punktfehlstelle *f*, Punktfehler *m*, Punktdefekt *m*
~ **of fracture** Bruchstelle *f*
~ **of pinch-off** *(Halbl)* Abschnürpunkt *m*, pinch-off-Punkt *m*
~ **resolution** *(Halbl)* Punktauflösung *f*
~ **stress criterion** Punktspannungskriterium *n*
Poisson ratio Quer[kontraktions]zahl *f*, Querkontraktionskoeffizient *m*, Poissonsche Zahl *f*
polar (100)surface *(Halbl)* polare (100)-Oberfläche *f*
~ **axis** Polarachse *f*, Nullstrahl *m*
~ **axis component** Komponente *f* in Richtung der Polarachse
~ **axis direction** Richtung *f* der Polarachse
~ **component** *(Nichtl)* Polarkomponente *f*
~ **face** Polfläche *f*
~ **heterojunction** *(Halbl)* polarer Heteroübergang *m*
polarity Polarität *f*
polarizability Polarisierbarkeit *f*
polarization Polarisation *f*, Polarisierung *f*
~ **diagram** Polarisationsdiagramm *n*, Polarisierungsdiagramm *n*
~ **effect** *(Nichtl)* Polarisationseffekt *m*
~ **relaxation** Relaxation *f* der Polarisation
polarized light *(Halbl)* polarisiertes Licht *n*
polar molecular structure polare Molekülstruktur *f*
~**-optical-mode scattering** *(Halbl)* Streuung *f* im polar-optischen Modus
~ **property** polare Eigenschaft *f*
pole/to polen, polarisieren, formieren *(ein piezoelektrisches Element)*
poled crystal gepolter Kristall *m*
poling Polen *n*
polish Polieren *n*, Glätten *n*
polish/to polieren
polishability Polierbarkeit *f*
polishable polierbar
polished section *(Met)* Schliff *m*
pollutant Schmutzstoff *m*, Verunreinigung *f*; Schadstoff *m* (*i.e.S.)*
pollute/to verschmutzen, verunreinigen
pollution Verschmutzung *f*, Verunreinigung *f*
poly Polyvinylchlorid *n*, Hart-PVC
polyacetal Polyacetal *n*
polyacrylonitrile Polyacrylnitril *n*, PAN
~ **fibre** Polyacrylnitril-Faser *f*
polyallomer Polyallomer[es] *n*
polyamide Polyamid *n*, polymeres Amid *n*, PA
~ **derivative** Polyamidabkömmling *m*
polyblend Polyblend *n*, Polymergemisch *n*
polybutylene Polybutylen *n*
polycarbonate Polycarbonat *n*, PC *n*
polychlorobiphenyl Polychlorbiphenyl *n*
polychloroprene Neopren *n*, Polychloropren *n*
polychlorotrifluoroethylene Polychlortrifluorethylen *n*, PCTFE

polycondensate Polykondensat *n*
polycondensation Kondensationspolymerisation *f*, Polykondensation *f*
polycrystal Polykristall *m*
polycrystalline polykristallin, vielkristallin
~ **graphite** polykristalliner Graphit *m*
~ **heterogeneous microstructure** polykristalline heterogene Mikrostruktur *f*
~ **material** polykristalliner Werkstoff *m*
~ **metal** polykristallines (vielkristallines) Metall *n*
~ **silicon** *(Halbl)* Polysilizium *n*
polycrystallinity Polykristallinität *f*
polydisperse powder polydisperses Pulver *n*
polydomain crystal Polydomänenkristall *n*
~ **ferroelectric crystal** ferroelektrisches Vieldomänen-Kristall *n*
polyester Polyester *m*
~ **resin** Polyesterharz *n*
~ **resin matrix** Polyestermatrix *f*
polyetherimide Polyetherimid *n*
polyethylene Polyethylen *n*, Polyäthylen *n*
~**-polypropylene** *(Nichtl)* Copolymer *n* aus Ethylen und Propylen *n*
~**-polypropylene-butadiene** *(Nichtl)* Ethylen-Propylen-Dien-Terpolymer *n*, EPDM-Kautschuk *m*
~ **terephthalate** Polyethylenterephthalat *f*, PETP
polyfluoro elastomer fluorhaltiger Kautschuk *m*, Fluorcarbon-Elastomer *n*
polygonal ferrite polygonaler Ferrit *m*, Nadelferrit *m*
polygonization Polygonisierung *f*
polyimide Polyimid *n*
polyisoprene *(Nichtl)* Polyisopren *n*
polymer Polymer *n*, Polymerisat *n*
~ **blend** Polyblend *n*, Polymergemisch *n*
~ **chain** Polymerkette *f*
~ **film** Polymerisatfolie *f*
polymeric polymer
~ **insulation** organischer Isolierstoff *m*
~ **material** polymeres Material *n*
~ **matrix** Kunststoffmatrix *f*, Polymermatrix *f*
polymer-impregnated porous bearing Gleitlager *n* aus porösem Kunststoff
~ **insulator** organischer Isolierstoff *m*
polymerization Polymerisation *f*, Polymerisieren *n*
~ **method** Polymerisationsmethode *f*
polymerize/to polymerisieren
polymer matrix Kunststoffmatrix *f*, Polymermatrix *f*
~ **matrix/carbon composite** Polymermatrix/Kohlenstoff-Verbund *m*
~**-matrix composite** Kunststoffmatrixverbundwerkstoff *m*
polymorphism Polymorphie *f*, Vielgestaltigkeit *f*
polymorphous polymorph
polyolefin Polyolefin *n*
polyphase mehrphasig, Mehrphasen...
polypropylene Polypropylen *n*, PP *n*
~ **film** Polypropylenfolie *f*
~ **material** Polypropylenmaterial *n*
polysilicon *(Halbl)* Polysilizium *n*
~ **rod** Polysiliziumstab *m*
polystyrene Polystyrol *n*, Polystyren *n*, PS
polysulphide elastomer (rubber) Polyethylentetrasulfid *n*, Thiokol *n*, Polysulfidkautschuk *m*, Thioplast *n*
polysulphone Polysulfon *n*
polytetrafluoroethylene Polytetrafluorethylen *n*, Teflon *n*, PTFE
polyurethane Polyurethan *n*, PUR
~ **elastomer** Polyurethanelastomer[es] *n*, Urethanelastomer[es] *n*
~ **rubber** Polyurethankautschuk *n*, Urethankautschuk *n*
polyvalent mehrwertig
polyvinyl acetate Polyvinylacetat *f*, PVAC
~ **butyral** Polyvinylbutyral *n*, PVB
~ **chloride** Polyvinylchlorid *n*, Hart-PVC
~ **fluoride** Polyvinylfluorid *n*
polyvinylidene fluoride $(C_2H_2F_2)_n$, $(CH_2CF_2)_n$ Poly-Vinyliden-Diflorid *n*, Polyvinylidenfluorid *n*
poor arm, schlecht, mangelhaft
~ **crystallinity** schlechte Kristallinität *f*
~ **formability** *(Leit)* schlechte Verformbarkeit *f*
population *(Halbl)* Besetzung *f*
~ **inversion** *(Halbl)* Besetzungsinversion *f*
porcelain Porzellan *n*, *(i.e.S.)* Elektroporzellan *n*, Hartporzellan *n*
pore coarsening Porenvergröberung *f*
~ **drag** Porenziehen *n*
~ **formation** Porenbildung *f*
~ **forming material** *(Pulv)* porenerzeugender Werkstoffzusatz *m*
~ **ripening** Porenreifen *n*
~ **shrinkage** Porenschrumpfen *n*
~ **spacing** Porenabstand *m*
porosity Porosität *f*, Porigkeit *f*
porous porös, porig, undicht
portable hardness tester tragbarer Härteprüfer *m*
portland cement Portlandzement *m*
positional disorder Lagefehlordnung *f*
positively charged free carrier positiver freier Ladungsträger *m*
positron annihilation Positronenauslöschung *f*
post-curing *(Verb)* Nachaushärten *n*
~**-sintering** Nachsintern *n*
~**-sintering cooling rate** *(Pulv)* Abkühlgeschwindigkeit *f* nach dem Sintern
~ **solidification cooling rate** Abkühlungsgeschwindigkeit nach der Erstarrung *f*
~**-treatment** Nachbehandlung *f*
postweld treatment Schweißnahtnachbehandlung *f*, Behandlung *f* nach dem Schweißen
potassium K Kalium *n*
~ **dihydrogen phosphate** KH_2PO_4 Kaliumdihydrogenphosphat *n*, Monokaliumphosphat *n*
potential [elektrisches] Potential *n*
~**-divider circuit** Spannungsteilerschaltung *f*
~ **well** *(Halbl)* Potentialwall *m*

potentiometer Potentiometer *n*, Spannungsteiler *m*
potentiostatic potentiostatisch
pottery-decorating technology Verfahren *n* zur Keramikverzierung
potting Vergießen *n*, Einbetten *n*
~ **compound** Vergußmasse *f*
powder Pulver *n*
~-**based device** *(elopt)* Pulverelektrolumineszenz-Bauelement *n*
~ **blend** Pulvermischung *f*, Pulvergemisch *n*
~ **coating** Pulverbeschichten *n*
~ **compaction** *(Pulv)* Pulververdichtung *f*
~ **core** *(Magn)* Pulverkern *m*
~ **device** *(elopt)* Pulverelektrolumineszenz-Bauelement *n*
~ **EL (electroluminescence) device** *(elopt)* Pulverelektrolumineszenz-Bauelement *n*
~ **flow** Pulverfließverhalten *n*
~ **flow rate** *(Pulv)* Pulverfließgeschwindigkeit *f*
~ **metal** Pulvermetall *n*, Sintermetall *n*
~-**metallurgical** pulvermetallurgisch
~ **metallurgy** Pulvermetallurgie *f*
~ **mixture** Pulvermischung *f*, Pulvergemisch *n*
~ **nitriding** Pulvernitrieren *n*
~ **prepreg** *(Verb)* Pulver-Prepreg *n*
~ **rolling** Pulverwalzen *n*
~ **shrinkage** *(Pulv)* Pulverschrumpfung *f*
~ **state** Pulverzustand *m*
~ **technology** Pulvertechnologie *f*
power capacitor Leistungskondensator *m*
~ **consumption** Leistungsverbrauch *m*
~ **dissipation** Verlustleistung *f (Elektrotechnik)*
~-**supply voltage** Spannung *f* eines Netzgerätes
~ **switch** Leistungsschalter *m*
~ **transformer** *(Magn)* Netztransfomator *n*, Leistungstransformator *m*
~ **transistor** Leistungstransistor *m*
ppba (parts per billion atomic) *(US)* Atome *npl* je Milliarde Atome
ppm (parts per million) Teile *mpl* je Million Teile
ppma (parts per million atomic) Atome *npl* je Million Atome
practicability Durchführbarkeit *f*, Anwendbarkeit *f*
prealloy/to vorlegieren
prealloyed powder vorlegiertes Pulver *n*
precaution Sicherheitsmaßnahme *f*
precious metal Edelmetall *n*
~ **metal ink** Edelmetalltinte *f*
~ **metal paste** Edelmetallpaste *f*
precipitate Ausscheidung *f*, Niederschlag *m (Produkt)*
~ **array** Ausscheidungsanordnung *f*, Ausscheidungsverteilung *f*
~ **coarsening** Ausscheidungsvergröberung *f*
~ **morphology** Ausscheidungsmorphologie *f*
~ **size** Ausscheidungsgröße *f*
precipitation Ausscheidung *f (Vorgang)*
~-**hardenable** aus[scheidungs]härtbar
~-**hardened steel** aus[scheidungs]gehärteter Stahl *m*
~-**hardening** aus[scheidungs]härtend
~ **hardening** Aus[scheidungs]härten *n*, Ausscheidungsverfestigung *f*
~-**hardening alloy** aus[scheidungs]härtende Legierung *f*
~-**hardening steel** aus[scheidungs]härtbarer Stahl *m*
~ **site** Ausscheidungsort *m*
~ **strengthen/to** aus[scheidungs]härten
~ **strengthening** s. ~ hardening
precision casting Präzisionsguß *m*, Feinguß *m*, Genauguß *m*
~ **mica capacitor** Präzisionsglimmerkondensator *m*
~ **thermometry** Präzisionsthermometrie *f*
precompaction Vorverdichtung *f*
precondition/to vorbehandeln
preconditional state vorbehandelter Zustand *m*
preconditioning Vorbehandlung *f*
precursor *(Halbl)* Vorläufer *m*
~ **fibre** *(Verb)* Ausgangsfaser *f*
predict/to voraussagen, vorhersagen
prediction Voraussage *f*, Vorhersage *f*
predominate/to vorherrschen, dominieren
pre-exist/to präexistieren
~-**existence** Präexistenz *f*
~ **existent** präexistierend
preferential corrosion selektive Korrosion *f*
~ **development** selektive Entwicklung *f*, bevorzugte Ausbildung *f*
preferred crystallographic orientation kristallographische Vorzugsorientierung *f*
~ **orientation** *(Krist)* Vorzugsrichtung *f*
~ **texture** Vorzugstextur *f*
prefoam/to *(Kunst)* vorschäumen
preform Vorformling *m*
p-region *(Halbl)* p-Bereich *m*, p-leitender Bereich *m*, p-leitende Zone *f*
pre-heat/to vorwärmen
preimpregnate/to vorimprägnieren, vorbeharzen
preimpregnated material *(Verb)* Prepreg *n (mit Duromer imprägnierte Fasern in Bandform)*, vorimprägniertes Fasergelege (Flächengebilde) *n*
preliminary condition Vorbedingung *f*
~ **measurement** vorbereitende Messung *f*
premature vorzeitig, verfrüht
~ **brittle fracture** vorzeitiger Sprödbruch *m*
~ **failure** vorzeitiges (frühzeitiges) Versagen *n*, vorzeitiger Ausfall *m*
~ **reaction** vorzeitige Reaktion *f*
premix *(Kunst)* vorgemischte harzgetränkte Preßmasse *f*
pre-notched sample vorgekerbte Probe *f*
preparation Vorbehandlung *f*, Vorbereitung *f*
preparative technique Herstellungsmethode *f*
prepare/to vorbehandeln, vorbereiten

prepreg s. preimpregnated material
prepurification Vorreinigung *f*, vorreinigende Behandlung *f*
presence of oxygen Sauerstoffanwesenheit *f*, Sauerstoffgegenwart *f*
preservation Konservieren *n*, Konservierung *f*, Haltbarmachung *f*
preserve/to konservieren, erhalten, bewahren
presintering Vorsintern *n*
press/to pressen, zusammenpressen, auspressen
pressboard Preßpappe *f*, Preßspan *m*
pressed-on metal end cap aufgepreßte Metallkappe *f*
pressure Druck *m*
~ **control** Druckregelung *f*, Drucksteuerung *f*
pressureless sintering druckloses Sintern *n*
pressure reduction Druckreduzierung *f*
~**-sensitive adhesive** Selbstkleber *m*, Haftkleber *m*
~**-tight casting** druckdichtes Gußstück *n*
~ **vessel** Druckgefäß *n*, Druckbehälter *m*, Autoklav *m*
pressurization Druckbehandlung *f*
prestrained vorgedehnt
prestraining Vordehnen *n*
prestress/to vorbelasten, vorspannen
prestressed concrete Spannbeton *m*
~ **concrete steel** Spannbetonstahl *m*
~ **glass** vorgespanntes Glas *n*
~ **state** vorgespannter Zustand *m*
prestressing Vorspannung *f*
pretreat/to vorbehandeln
pretreatment Vorbehandlung *f*
preventative measure vorbeugende Maßnahme *f*
preventive measures vorbeugende Maßnahmen *fpl*
primary bond Primärbindung *f*
~ **creep** primäres Kriechen *n*, Übergangskriechen *n*
~ **crystallization** Primärkristallisation *f*
~ **pyroelectric coefficient** primärer pyroelektrischer Koeffizient *m*
principal deformations Hauptformänderungen *fpl*
~ **direction** Hauptrichtung *f*
~ **facet stress** maximale Facettenspannung *f (der Korngrenzen)*
printed resistor gedruckter Widerstand *m*
prior austenite grain size Austenitausgangskorngröße *f*
~ **history** Werkstoffvorgeschichte *f*
probability of corrosion attack Wahrscheinlichkeit *f* eines Korrosionsangriffes
~ **of occupancy (occupation)** *(Halbl)* Besetzungswahrscheinlichkeit *f*
~ **of radiative recombination** *(Halbl)* Wahrscheinlichkeit *f* einer Strahlungsrekombination
~ **of recombinations** *(Halbl)* Übergangswahrscheinlichkeit *f*
probe Sonde *f*
processability Bearbeitbarkeit *f*, Verarbeitbarkeit *f*, Umformbarkeit *f*
processable bearbeitbar, verarbeitbar
process annealing Zwischenglühen *n*
~**-dependent** prozeßabhängig
processing Bearbeitung *f*, Verarbeitung *f*, Behandlung *f*
~ **conditions** Herstellungsbedingungen *fpl*, Verarbeitungsbedingungen *fpl*
~ **history** Herstellungsgeschichte *f* eines Werkstoffs
~ **pressure** Verarbeitungsdruck *m*
~ **stage** Herstellungsstufe *f*, Herstellungsstadium *n*
~ **temperature** Verarbeitungstemperatur *f*
producibility Herstellbarkeit *f*
producing passivation passivitätserzeugend
product designer Erzeugnisgestalter *n*
~ **development** Produktentwicklung *f*
~ **homogeneity** Produkthomogenität *f*, Produktgleichartigkeit *f*
~ **improvement** Produktverbesserung *f*
~ **innovation** Produktinnovation *f*
production Herstellung *f*, Erzeugung *f*, Produktion *f*
~ **efficiency** Produktionsleistung *f*, Produktivität *f*
~ **rate** Produktionsgeschwindigkeit *f*
~ **speed** Produktionsgeschwindigkeit *f*
productive capacity Produktionskapazität *f*
productivity Produktivität *f*, Leistungsfähigkeit *f*
product performance Produktleistung *f*
~ **properties** Produkteigenschaften *fpl*
proeutectoid voreutektoid
~ **ferrite** voreutektoider Ferrit *m*
profile/to profilieren, mit Profil versehen
progressive solidification progressive Erstarrung *f*
prolonged ageing Langzeitaltern *n*
~ **loading** ausgedehnte (verlängerte) Belastung *f*
promote/to begünstigen, fördern *(Eigenschaft oder Prozeß)*
promoting passivity passivitätsbegünstigend, passivitätssteigernd
prone to anfällig für
proof stress Dehngrenze *f*, technische Elastizitätsgrenze *f*, praktische Fließgrenze *f*
propagate/to sich ausbreiten, sich fortpflanzen *(Riß)*
propagation velocity Ausbreitungsgeschwindigkeit *f*
property Eigenschaft *f*
~ **alteration** Eigenschaftsänderung *f*
~ **enhancement** Eigenschaftsverbesserung *f*
~ **improvement** Eigenschaftsverbesserung *f*
~ **modification** Eigenschaftsänderung *f*
~ **requirement** Eigenschaftsanforderung *f*
~ **tailoring** Eigenschaftsanpassung *f*
proportional limit Proportionalitätsgrenze *f*
proprietary process patentrechtlich geschützte Herstellungstechnologie *f*

protect/to schützen
protection Sicherheit *f*, Schutz *m*
protective behaviour Schutzverhalten *n*
~ **coating** Beschichtung *f*, Schutzschicht *f*
~ **device** Schutzvorrichtung *f*
~ **member** *(Nichtl)* Schutzkomponente *n*
~ **organic coating** organische Schutzschicht *f*
~ **oxide film** [dünne] Oxidschutzschicht *f*, oxidische Schutzschicht *f*
~ **surface** Schutzoberfläche *f*
proton-induced X-ray excitation protoneninduzierte Röntgenanregung *f*
~**-stripe bombardment** *(Halbl)* Protonenstreifenbeschuß *m*
prototype Prototyp *m*, Urtyp *m*, Urmuster *n*
provision of structures *(Halbl)* Bereitstellung *f* von Strukturen
PSC Punktspannungskriterium *n*
PSE *s.* polysulphide elastomer
pseudobinary system *(Halbl)* pseudobinäres System *n*
PSZ (partially stabilized zirconia) teilweise stabilisiertes Zirkoniumoxid *n*
PTC material PTC-Werkstoff *m*
~ **over-temperature sensor** PTC-Übertemperaturfühler *m*
~ **region** PTC-Bereich *m*
~ **sensor material** PTC-Sensorwerkstoff *m*
~ **switching material** PTC-Schalterwerkstoff *m*
~ **switching temperature** PTC-Sprungtemperatur *f*
~ **switching thermistor** PTC-Schaltthermistor *m*
p-type *(Halbl)* p-leitend, defektleitend, vom p-Typ; p-Typ...
~**-type material** p-leitendes Material *n*
~**-type region** *(Halbl)* p-Bereich *m*, p-leitender Bereich *m*, p-leitende Zone *f*
pulling rod *(Halbl)* Ziehstab *m*
pull out/to herausziehen *(Fasern)*
pulsating load Schwellbelastung *f*
pulse circuits Impulsschaltung *f*
~**-discharge application** Impulsentladungsanwendung *f*
pulsed operation *(elopt)* Impulsbetrieb *m*
pulse echo Impulsecho *n*
~**-echo testing method** Impuls-Echo-Methode *f* der Fehlerortung
~ **technique** Impulsverfahren *n*, Pulsverfahren *n*, Impulstechnik *f*, Pulsmethode *f*
~ **transmission** Impulsübertragung *f*
pultrusion Pultrusion *f*
pump Pumpe *f*
pump/to pumpen
pumpable pumpbar
punch/to 1. lochen; 2. stanzen; 3. prägen
punching Stanzabfall *m*, Ausschnitt *m*
PUR (polyurethane rubber) Polyurethankautschuk *m*, Urethankautschuk *m*
pure rein, sauber
~ **aluminium** Reinaluminium *n*
~ **copper** Reinkupfer *n*
~ **covalent bonding** *(Halbl)* reine Atombindung *f*
~ **ionic bonding** *(Halbl)* reine Ionenbindung *f*
~ **metal** *(Leit)* Reinmetall *n*
~ **nickel** Reinnickel *n*
~ **semiconductor** reiner Halbleiterstoff *m*
purification 1. Reinigung *f*, *(besonders von Ölen und Metallen auch)* Raffination *f*; 2. Reindarstellung *f*
purity Reinheit *f*, Sauberkeit *f*
push-button system Druckknopfsystem *n*, Drucktastensystem *n*
~**-out test** Push-out-Versuch *m (zur Bestimmung von Grenzflächeneigenschaften faserverstärkter Verbundwerkstoffe)*
PVC (polyvinyl chloride) Polyvinylchlorid *n*, Hart-PVC
PVD (physical vapour deposition) PVD-Verfahren *n*, physikalische Gasphasenabscheidung *f*
PVF_2 $(C_2H_2F_2)n$, $(CH_2CF_2)n$ Poly-Vinyliden-Difluorid *n*, Polyvinylidenfluorid *n*
pyrochlore Pyrochlor *n (niob- und tantalhaltiges Mineral)*
pyroelectric coefficient pyroelektrischer Koeffizient *m*
~ **crystal** pyroelektrischer Kristall *m*
~ **detector** *(Halbl)* pyroelektrischer Detektor *m*
~ **device** pyroelektrische Komponente *f*
~ **energy conversion** pyroelektrische Energieumwandlung *f*
~ **material** Pyroelektrikum *n*, Elektret *n*, pyroelektrischer Werkstoff *m*
~ **single crystal** pyroelektrischer Einkristall *m*
~ **vector** pyroelektrischer Vektor *m*
~ **vidicon tube** pyroelektrische Vidikonröhre *f*, Pyrovidicon *n*
pyrolysis Pyrolyse *f*
~ **temperature** Pyrolysetemperatur *f*
pyrolytic carbon pyrolytischer Kohlenstoff *m*
~ **graphit** pyrolytischer Graphit *m*
~ **decomposition** thermischer Zerfall *m*, Pyrolyse *f*
~ **film** pyrolytische Schicht *f*
pyrophoric pyrophor, selbstentzündlich
pyrophoricity Selbstentzündbarkeit *f*
PZT (lead zirconate titanate) 1. $PbZrO_3$-$PbTiO_3$ Bleititanatzirconat *n*, PZT; 2. $PbZr_xTi_{1-x}O_3$ PZT-Keramik *f*, Bleititanatzirconat-Keramik *f*, Blei-Zirkonat-Titanat-Keramik *f*

Q

Q-switched laser *(elopt)* gütegeschalteter Laser *m*
quadratic electrooptic coefficient *(elopt)* qudratischer elektrooptischer Koeffizient *m*
~ **electrooptic effect** *(elopt)* [elektrooptischer] Kerr-Effekt *m*

~ **material** *(elopt)* Stoff *m* mit quadratischem elektrooptischem Effekt
quadrupole mass spectrometer *(Halbl)* Quadrupolmassenspektrometer *n*
qualification test Auswahlprüfung *f*
qualitative analysis qualititive Analyse *f*
quality Qualität *f*, Beschaffenheit *f*, Eigenschaft *f*
~ **assessment** Qualitätskontrolle *f*, Gütekontrolle *f*
~ **assurance** Qualitätssicherung *f*
~ **casting** Qualitätsguß *m*
~ **control** Qualitätssicherung *f*
~ **inspection** Qualitätskontrolle *f*, Gütekontrolle *f*
~ **test** Qualitätsprüfung *f*
quantification Quantifizierung *f*
quantitative analysis quantitative Analyse *f*
~ **image analysis** quantitative Bildanalyse *f*
~ **metallography** quantitative Metallographie *f*
quantity of pieces required erforderliche Stückzahl *f*
quantized flux element magnetisches Flußquant *n (kleinste Einheit des quantisierten magnetischen Flusses)*, Fluxoid *n*
quantum effect device *(Halbl)* quantenelektronisches Bauelement *n*
~ **efficiency** *(Halbl)* Quantenausbeute *f*
~ **Hall effect** *(Halbl)* Quanten-Halleffekt *m*
~**-mechanically permitted state of an electron** *(Leit)* quantenmechanisch zulässiger Zustand *m* eines Elektrons
~**-mechanical tunneling** quantenmechanisches Tunneln *n*
~ **phase coupling** Quantenphasenkopplung *f*
~ **tunneling** Quantentunnelung *f*
~ **well** *(Halbl)* Quantenmulde *f*
~ **well laser** *(Halbl)* Quantenmuldenlaser *m*
quartz SiO_2 Quarz *m*
~**-crystal resonator** quarzgesteuerter Resonator *m*
~ **glass** Quarz *m*, durchsichtiges (klares) Kieselglas *n*
quasiamorphous quasiamorph
quasimetallic behaviour *(Halbl)* quasimetallisches Verhalten *n*
quasiplastic deformation quasiplastische Verformung *f*
quasi-static quasi-konstant
~**-static load** quasistatische Beanspruchung *f*
quaternary quaternär
~ **alloy** quaternäre Legierung *f*, Vierstofflegierung *f*
~ **compound** quaternäre Verbindung *f*
~ **system** quaternäres System *n*
quench/to abschrecken, abkühlen, rasch abkühlen
quench ageing Abschreckalterung *f*
quenchant Abschreckmittel *n*, Härtemittel *n*; Härteflüssigkeit *f*
quench crack Härteriß *m*, Abschreckriß *m*
~**-cracking** Härterißbildung *f*
~**-cracking sensitivity** Härterißempfindlichkeit *f*
quenched and tempered condition vergüteter Zustand *m*
~ **and tempered steel** vergüteter Stahl *m*
quench-harden/to abschreckhärten
quench-hardening Abschreckhärten *n*, Umwandlungshärten *n*
quenching Abschrecken *n*, Abkühlung *f*
~ **and tempering** Vergüten *n*
~ **crack** Härteriß *m*, Abschreckriß *m*
~ **medium** Abschreckmittel *n*, Härtemittel *n*
~ **rate** Abschreckgeschwindigkeit *f*
~ **severity** Abschreckgrad *m*, Abschreckintensität *f*
~ **stress** Abschreckspannung *f*
quiescent state *(elopt)* Ruhezustand *m*

R

radial stress Radialspannung *f*
radiant transition Strahlungsübergang *m*
radiating centre Strahlungszentrum *n*
radiation Strahlung *f*; Ausstrahlen *n*, Ausstrahlung *f*, Abstrahlen *n*, Emission *f*
~ **conductivity** Strahlungsaktivität *f*
~ **damage** Strahlungsschaden *m*, Strahlenschaden *m*
~ **effect** Strahlungswirkung *f*, Strahlenwirkung *f*
~ **hardening** Strahlungsverfestigung *f*
~ **hardness** Strahlungshärte *f*
~ **pyrometer** Teilstrahlungspyrometer *n*, Leuchtdichtepyrometer *n*, Strahlungspyrometer *n*
~ **resistance** Strahlungsbeständigkeit *f*, Strahlenbeständigkeit *f*, Strahlenresistenz *f*
~ **source** Strahlungsquelle *f*
radiative process mit Strahlung verbundener Prozeß *m*
~ **recombination** strahlende Rekombination *f*
radioactive isotope radioaktives (instabiles) Isotop *n*, Radioisotop *n*
~ **source** radioaktive Quelle *f*
radiofrequency induction heating *(Halbl)* hochfrequente induktive Heizung *f*
radiograph Röntgenaufnahme *f*, Röntgenbild *n*, Röntgenogramm *n*
radiographic measurement radiographische Messung *f*
~ **method** radiographische (röntgenographische) Methode *f*
radiography Radiographie *f*, Röntgenfotografie *f*
radio tracer radioaktiver Tracer *m*
rail steel Schienenstahl *m*
RAM (random-access memory) Speicher *m* mit wahlfreiem Zugriff , RAM *m*
Raman spectroscopy Raman-Spektroskopie *f*
~ **spectrum** Raman-Spektrum *n*
~ **study** Raman-Untersuchung *f*
random-access memory Speicher *m* mit wahlfreiem Zugriff, RAM *m*

~ **distribution** regellose (statistische) Verteilung *f*
~**-fibre composite** Wirrfaserverbundwerkstoff *m*
~**-fibre-reinforced** wirrfaserverstärkt
~ **orientation** ungeordnete (regellose) Anordnung *f*
~ **sample** Zufallsstichprobe *f*
~ **sampling** Stichprobenentnahme *f*
~ **scattering** Zufallsstreuung *f*
rapid analysis Schnellanalyse *f*
~ **carburizing** Schnellaufkohlung *f*, Hochtemperaturaufkohlung *f*
~ **solidification** *(Pulv)* Schnellabkühlung *f* von Schmelztropfen *(Verfahren zur Herstellung von Ausgangsmaterial für die Sinterpulverherstellung)*
~ **solidification powder fabrication** Pulverherstellung *f* durch Schnellabkühlung
~**-solidification-processed** hergestellt durch Schnellabkühlung
~ **solidification processing** Herstellung durch Schnellabkühlung *f (z.B. Leichtmetallegierungen)*
~ **switching speed** hohe Schaltgeschwindigkeit *f*
~ **test** Schnellversuch *m*, Schnelltest *m*; Schnellkorrosionsversuch *m (i.e.S.)*
rare-earth alloy Legierung *f* der Seltenerdmetalle
~**-earth metal** Seltenerdmetall *n*
rate-controlled sintering *(Pulv)* verdichtungsgeschwindigkeitskontrolliertes Sintern *n*
~ **of conversion** s. ~ of transformation
~ **of corrosion** Korrosionsgeschwindigkeit *f*
~ **of diffusion** Diffusionsgeschwindigkeit *f*
~ **of loading** Belastungsgeschwindigkeit *f*
~ **of oxidation** Oxidationsgeschwindigkeit *f*
~ **of sintering** Sintergeschwindigkeit *f*
~ **of transformation** Umwandlungsgeschwindigkeit *f*, Umsetzungsgeschwindigkeit *f*, Umsatzgeschwindigkeit *f*
~ **of wear** Abriebsgeschwindigkeit *f*
~ **of work hardening** Verfestigungsrate *f*
rating Bewertung *f*, Einstufung *f*
raw material Rohstoff *m*
RBAO (reaction-bonded aluminium oxide) reaktionsgebundenes Aluminiumoxid *n (oxidische Ingenieurkeramik)*
RCS (rate-controlled sintering) *(Pulv)* verdichtungsgeschwindigkeitskontrolliertes Sintern *n*
react/to reagieren; zur Reaktion bringen
reactance Reaktanz *f*, Blindwiderstand *m*
reacting gas *(Halbl)* reagierendes Gas *n*
reaction bonded aluminium oxide reaktionsgebundenes Aluminiumoxid *n (oxidische Ingenieurkeramik)*
~ **condition** Reaktionsbedingung *f*
~ **depth** Reaktionstiefe *f*
~ **force** Gegenkraft *f*
~ **kinetics** Reaktionskinetik *f*
~ **layer** Reaktionsschicht *f*
~ **mechanism** Reaktionsmechanismus *m*
~ **milling** Reaktionsmahlen *n (Art des mechanischen Legierens)*
~ **rate** Reaktionsgeschwindigkeit *f*
reactive reaktiv, reaktionsfreudig, reaktionsfähig
~ **sintering** *(Pulv)* Reaktionssintern *n*
reactivity Reaktionfähigkeit *f*, Reaktionsvermögen *n*, Reaktionsfreudigkeit *f*, Reaktivität *f*
readjust/to wieder einstellen
real (100)interface *(Halbl)* reale (100)-Grenzschicht *f*
realignment Neuausrichtung *f*, Neuanordnung *f*
reannealing *(Halbl)* erneutes Glühen *n*
rearrangement Umlagerung *f*, Umgruppierung *f*
reaustenitization Neuaustenitisierung *f*
reaustenitize/to reaustinitisieren
rebond/to *(Halbl)* wiederbinden
rebonded silicon pair *(Halbl)* wiedergebundenes Siliziumpaar *n*
rebound Rückprall *m*
rebound/to zurückprallen *(Material beim Farbspritzen)*
recalescence Rekaleszenz *f (Wärmeabgabe beim Durchgang durch den Haltepunkt)*
recess Vertiefung *f*, Aussparung *f*, Vertiefung *f*
recipe Rezept, Rezeptur *f*
reclaimed rubber Regenerativgummi *m*, regenerierter Kautschuk *m*, Regenerat *n*
recombination centre *(Halbl)* Rekombinationszentrum *n*
~ **coefficient** Rekombinationskoeffizient *m*
~ **probability** *(elopt)* Rekombinationswahrscheinlichkeit *f*
recombine radiatively/to *(elopt)* strahlend rekombinieren
reconstructed Si (100)surface *(Halbl)* rekonstruierte Si(100)-Oberfläche *f*
reconstruction Rekonstruktion *f*
recover/to [zu]rückgewinnen
recoverability Rückgewinnbarkeit *f*
recoverable rückgewinnbar, rückführbar
recovery 1. Wiedergewinnung *f*, Rückgewinnung *f*; 2. Wiederherstellung *f (des Ausgangszustandes)*; 3. Aufbereitung *f*, Regenerierung *f*, *(Gum, Plast meist)*, Regeneration *f*; 4. elastische Erholung *f*, Erholung *f (z.B. Kristall)*, Rückverformung *f*
recrystallization Rekristallisation *f*, Umkristallisieren *n*
~ **annealing** Rekristallisationsglühen *n*
~ **behaviour** Rekristallisationsverhalten *n*
~ **controlled rolling** rekristallisationsgesteuertes Walzen *n*
~ **kinetics** Rekristallisationskinetik *f*
~ **rate** Rekristallisationsgeschwindigkeit *f*
~ **regime** Rekristallisationsregime *n*
~ **structure** Rekristallisationsgefüge *n*
~ **temperature** Rekristallisierungstemperatur *f*
~ **texture** Rekristallisationstextur *f*
~ **twin** Rekristallisationszwilling *m*
~ **twinning** Rekristallisationszwillingsbildung *f*

recrystallize/to rekristallisieren, wieder auskristallisieren, umkristallisieren
recrystallized grain rekristallisiertes Korn *n*
~ **grain size** Rekristallisationskorngröße *f*
rectification Gleichrichtung *f*
rectify/to einstellen *(Instrumente)*
recyclability Rückgewinnbarkeit *f*
recyclable rückgewinnbar, rückführbar
recycle/to recyceln *(in einen Kreislauf zurückführen)*, wiederverwerten, [zu]rückgewinnen *(Rohstoffe)*
recycling Recycling *n*, Wiederverwertung *f*, Rückgewinnung *f (von Rohstoffen)*
red hardness Rotwarmhärte *f*, Rotgluthärte *f*, Warmhärte *f*
redistribute/to neuverteilen, umverteilen
~ **impurities** *(Halbl)* Störstellen umverteilen
redistribution Umverteilung *f*
red shortness Rotbruch *m*, Rotbrüchigkeit *f*
reduce cathodically/to katodisch reduzieren
reduction Verminderung *f*, Senkung *f*, Reduktion *f*
~ **in area** Brucheinschnürung *f*
~ **of area** Querschnittsabnahme *f*, Querschnittsverringerung *f*
~ **process** Reduktionsverfahren *n*, Reduktionsvorgang *m*
reed contact *(Magn)* Reed-Schalter *m*, Reed-Kontakt *m*
~ **electrical contact** *(Magn)* Reed-Schalter *m*, Reed-Kontakt *m*
reference block Vergleichsblock *m*
~ **gas** Vergleichsgas *n*
~ **state** Bezugszustand *m*
refinement Reinigung *f*, *(besonders von Ölen und Metallen auch)* Raffination *f*
~ **of microstructure** Verfeinerung *f* des Mikrogefüges
~ **of structure** Gefügefeinung *f*
refining Reinigen *n*, *(besonders von Ölen und Metallen auch)* Raffination *f*
reflecting surface Reflexionsoberfläche *f*
reflection high-energy electron diffraction *(Halbl)* Beugung *f* hochenergetischer Reflexionselektronen
~ **technique** Reflexionstechnik *f*
reflectivity *(Halbl)* Reflexionsvermögen *n*
refraction Brechung *f*, Refraktion *f*
refractive index *(elopt)* Brechungsindex *m*, Brechungszahl *f*
refractoriness Feuerfestigkeit *f*, Feuerbeständigkeit *f*
refractory feuerfest, feuerbeständig
~ **ceramics** feuerfeste Keramik *f*
~ **clay** feuerfester Ton *m*
~ **material** feuerfestes Material *n*, Hochtemperaturwerkstoff *m*, Feuerfestmaterial *n*
~ **metal** feuerfestes (hochschmelzendes) Metall *n*
~ **oxide** Refraktaroxid *n*
~ **reinforcement** *(Verb)* feuerfeste Verstärkung *f*
refrigerant Kühlmittel *n*, Kältemittel *n*, Kältemedium *n*
~ **atmosphere** Kühlmittelatmosphäre *f*
refrigeration Kühlen *n*, Kühlung *f (unterhalb Atmosphärentemperatur);* Kälteerzeugung *f*
region Bereich *m*, Gebiet *n*, Zone *f*
regression analysis Regressionsanalyse *f*
regular solution *(Halbl)* normale Lösung *f*
~ **solution model** *(Halbl)* Modell *n* der regulären Lösung
reheat/to wiedererwärmen
reheating Wiedererwärmung *f*
~ **crack** Rißauslösung *f* bei Wiedererwärmung
~ **crack susceptibility** Rißausbildungsempfindlichkeit *f* bei Wiedererwärmung
~ **temperature** Wiedererwärmungstemperatur *f*
reinforce/to verstärken, armieren, bewehren
reinforced concrete Stahlbeton *m*, armierter Beton *m*
~ **plastic** verstärkter Kunststoff (Plast) *m*
~ **reaction injection moulding** Reaktionsschaumguß *m*, RSG
reinforcement Bewehrung *f*, Armierung *f*, Verstärkung *f*
reinforcing material Verstärkungsmaterial *m*, Verstärker *m*
~ **phase** Verstärkungsphase *f*
~ **steel** Bewehrungsstahl *m*
reintroduce/to wiedereinbauen
relate/to in Beziehung setzen
relative density relative Dichte *f*, Dichtezahl *f* *(Verhältnis der Dichte eines Stoffes zur Dichte eines Bezugsstoffes), (bei gleichem Aggregatzustand auch)* Dichteverhältnis *n*
~ **electric strength** *(Nichtl)* relative Durchschlag[s]festigkeit *f*
~ **ionic displacement** relative Ionenverschiebung *f*
~ **permittivity** relative Dielektrizitätskonstante *f*, ε_r, ε_{rel} Dielektrizitätszahl *f*, Permittivitätszahl *f*, relative Permittivität (Dielektrizität) *f*
relax/to relaxieren, sich entspannen
relaxation Relaxation *f*, Spannungsabbau *m*
~ **loss** Relaxationsverlust *m*
~ **time** Relaxationszeit *f*, Entspannungszeit *f*
release/to freisetzen
release agent Trennmittel *n*, Formeneinstreichmittel *n*, Formeinstreichmittel *n*
~ **of energy** Energiefreisetzung *f*
reliability Zuverlässigkeit *f*, Verläßlichkeit *f*, Betriebssicherheit *f*
reliable zuverlässig, betriebssicher
relieve/to befreien, entlasten
remain/to zurückbleiben, übrigbleiben
remaining zurückbleibend, übrigbleibend, restlich, Rest...
remanence Remanenz *f*, Restmagnetisierung *f*
remanent life Restlebensdauer *f*

~ **life assessment** Restlebensdauerabschätzung *f*
~ **polarization** remanente Polarisation *f*
remedial measure Schutzmaßnahme *f*, Gegenmaßnahme *f*
~ **treatment** Schutzbehandlung *f*
remedy Abhilfemaßnahme *f*, Gegenmaßnahme *f*
remelt/to umschmelzen, wieder schmelzen, nochmals schmelzen
remelting furnace Umschmelzofen *m*
remodel/to rekonstruieren, umändern, umarbeiten
remote doping *(Halbl)* Ferndotierung *f*
remotely controlled ferngesteuert
~ **controlled mechanical shutter** *(Halbl)* ferngesteuerter mechanischer Verschluß *m*
removability Entfernbarkeit *f*
removable entfernbar
removal 1. Entfernen *n*, Beseitigung *f*; 2. Abtragen *n*, Abtragung *f*, Abtrag *m (von Metallschichten)*
~ **of an electron** Entfernen *n* eines Elektrons
remove/to entfernen, beseitigen; abtragen *(Metallschichten)*
reorient/to umorientieren
reorientation Umorientierung *f*
repairability Ausheilungsvermögen *n*, Selbstheilungsvermögen *n*
repassivation Repassivierung *f*
repeatability Wiederholbarkeit *f*, Reproduzierbarkeit *f*
repeated bend test Hin- und Herbiegeversuch *m (Draht)*
~ **faulty start-up** wiederholter Fehlstart *m*
replacability Austauschbarkeit *f*, Auswechselbarkeit *f*
replace/to ersetzen, austauschen
replacement Ersetzen *n*, Austausch *m*, Ersatz *m*, Substitution *f*
replica Oberflächenabdruck *m (Elektronenmikroskopie)*, Abdruck *m*
~ **technique** Abdruckverfahren *n*, Abdrucktechnik *f*
reprecipitate/to wiederausscheiden, wiederausfällen
reprecipitation Wiederausscheiden *n*, Wiederausfällen *n*
reproducibility Reproduzierbarkeit *f (von Versuchen)*
reproducible reproduzierbar
RES (relative electric strength) *(Nichtl)* relative Durchschag[s]festigkeit *f*
reserves of materials Rohstoffvorräte *mpl*
resettable fuse rückstellbare Sicherung *f*
resetting Wiedereinstellung *f*, Neueinstellung *f*, Rückstellung *f*
residual zurückbleibend, übrigbleibend, restlich, Rest...
~ **compressive stress** innere Druckspannung *f*, Druckeigenspannung *f*, Druckrestspannung *f*
~ **life-time** Restlebensdauer *f*
~ **porosity** Restporosität *f*
~ **stress** Restspannung *f*, innere Spannung *f*, Eigenspannung *f*
~ **stress state** Restspannugszustand *m*, Eigenspannungszustand *m*
residue Rückstand *m*
resilience Zurückschnellen *n*, Zurückfedern *n*, Zurückspringen *n*
resiliency s. resilience
resilient [rück]federnd, elastisch
resin Harz *n (natürlich oder synthetisch)*
~ **coating** Kunstharzüberzug *m*
~ **filler** Harzfüller *m*
resinify/to verharzen
resin-impregnated harzgetränkt
~ **impregnation** *(Nichtl)* Tränken *n* mit Harz
~ **matrix** Kunstharzmatrix *f*
~-**matrix composite** Verbundwerkstoff *m* mit einer Kunstharzmatrix
~ **moulded** kunstharzumpreßt
~ **moulding** kunstharzumpreßt
~ **transfer moulding** Preßspritzen *n*, Spritzpressen *n*, Spritzpreßverfahren *n*, Transferpressen *n*, Harzinjektionsverfahren *n*
resistance 1. Beständigkeit *f*, Widerstandsfähigkeit *f*, Resistenz *f*; 2. [elektrischer] Widerstand *m*
~ **alloy** Widerstandslegierung *f*
~ **characteristics** Widerstandskennlinie *f*
~ **element** Widerstandselement *n*
~ **loss** Widerstandsdämpfung *f*, ohmscher Verlust *m*
~ **stability** Widerstandskonstanz *f*
~-**temperature characteristic** Widerstand-Temperatur-Kennlinie *f*
~ **thermometer** Widerstandsthermometer *n*
~ **to abrasion** Abriebwiderstand *m*, Abriebfestigkeit *f*, Abriebbeständigkeit *f*
~ **to acids** Säurebeständigkeit *f*, Säurefestigkeit *f*
~ **to ageing** Alterungsbeständigkeit *f*, Alterungswiderstand *m*
~ **to alkalies** Alkalienbeständigkeit *f*, Laugenbeständigkeit *f*, Alkalifestigkeit *f*, Laugenfestigkeit *f*
~ **to arc erosion** Abbrandfestigkeit *f*
~ **to chemical attack** chemische Beständigkeit *f*
~ **to coarsening** Beständigkeit *f* gegen Kornvergröberung
~ **to cold** Kältebeständigkeit *f*, Kältefestigkeit *f*
~ **to corona [discharge]** *(Nichtl)* Koronabeständigkeit *f*, Beständigkeit *f* gegen den Koronaeffekt
~ **to corrosion** Korrosionsbeständigkeit *f*, Korrosionsfestigkeit *f*, Korrosionswiderstand *m*
~ **to corrosion fatigue** Korrosionsermüdungsbeständigkeit *f*
~ **to creep** Kriechfestigkeit *f*, Kriechwiderstand *m*
~ **to deformation** Formänderungsfestigkeit *f*
~ **to detergents** Waschmittelbeständigkeit *f*
~ **to diffusion** Diffusionswiderstand *m*
~ **to erosion** Erosionsbeständigkeit *f*
~ **to fast fracture** Sprödbruchbeständigkeit *f*

~ **to fatigue** Ermüdungsfestigkeit *f*, Ermüdungswiderstand *m*, Ermüdungsbeständigkeit *f*
~ **to flow** Fließfestigkeit *f*, Fließbeständigkeit *f*
~ **to fungal attack** Pilzbeständigkeit *f*
~ **to intergranular corrosion** Kornzerfallsbeständigkeit *f*
~ **to mechanical force** Widerstandsfähigkeit *f* gegen mechanische Kräfte
~ **to microbial attack** Mikrobenbeständigkeit *f*, Beständigkeit *f* gegen Mikrobenangriff
~ **to moisture** Feuchtebeständigkeit *f*, Feuchtigkeitsbeständigkeit *f*
~ **to oxidation** Oxidationsbeständigkeit *f*, Beständigkeit *f* gegen oxidative Einflüsse, Zunderbeständigkeit *f*
~ **to ozone** Ozonfestigkeit *f*, Ozonbeständigkeit *f*, Ozonresistenz *f*
~ **to pitting** Lochfraßbeständigkeit *f*
~ **to radiation** Strahlungsbeständigkeit *f*, Strahlenbeständigkeit *f*, Strahlenresistenz *f*
~ **to refrigerants** Beständigkeit *f* gegen Kühlmittel
~ **to salt water** Salzwasserbeständigkeit *f*
~ **to scaling** Zunderbeständigkeit *f*, Zunderfestigkeit *f*
~ **to shock** Stoßfestigkeit *f*
~ **to solvents** Lösungsmittelbeständigkeit *f*, Lösungsmittelfestigkeit *f*, Lösungsmittelresistenz *f*
~ **to stress** Beständigkeit *f* gegen Spannung
~ **to sunlight** Sonnenlichtbeständigkeit *f*, Tageslichtbeständigkeit *f*
~ **to swelling** Quellbeständigkeit *f*, Quellfestigkeit *f*
~ **to tarnishing** *(Leit)* Anlaufbeständigkeit *f*
~ **to tear** Reißfestigkeit *f*, Zerreißfestigkeit *f*
~ **to thermal crack** Heißrißbeständigkeit *f*
~ **to thermal shocks** Temperaturwechselbeständigkeit *f*
~ **to vibration fatigue** Widerstandsfähigkeit *f* gegen Schwingungsermüden
~ **to water** Wasserbeständigkeit *f*, Wasserfestigkeit *f*
~ **to wear** Abnutzungsbeständigkeit *f*, Verschleißfestigkeit *f*, Abriebbeständigkeit *f*, Abriebfestigkeit *f*
~ **to yellowing** *(Kunst)* Vergilbungsbeständigkeit *f*
~ **value** Widerstandswert *m*
~ **value trimming** Justieren *n* des Widerstandswertes
~ **wire** Widerstandsdraht *m*, Heizdraht *m*
resistant beständig, widerstandsfähig, resistent
~ **to acids** säurebeständig
~ **to ageing** alterungsbeständig, alterungssicher
~ **to alkalies** alkalienbeständig, laugenbeständig, alkalifest, laugenfest
~ **to coarsening** beständig gegen Kornvergröberung
~ **to cracking** bruchbeständig, rißbeständig
~ **to fast fracture** sprödbruchbeständig
~ **to high temperatures** hochwarmfest
~ **to ozone** ozonbeständig, ozonfest, ozonresistent
~ **to salts** salzbeständig
~ **to salt water** salzwasserbeständig
~ **to scaling** zunderbeständig
~ **to thermal crack** heißrißbeständig
~ **to wear** abnutzungsbeständig, verschleißfest, abriebbeständig, abriebfest
resistive alloy Widerstandslegierung *f*
~ **dummy load** Blindlastwiderstand *m*
~ **fault** ohmscher Defekt *m*
~ **filament** Widerstandsdraht *m*
~ **function** Widerstandsfunktion *f*
~ **heating element** Widerstandsheizelement *n*
~ **metal** Widerstandsmetall *n*
~ **slurry** Widerstandsschlamm *m*
~ **turn** Widerstandswindung *f*
resistivity 1. Widerstandsfähigkeit *f*; 2. spezifischer [elektrischer] Widerstand *m*; 3. *(Magn)* spezifischer Widerstand *m*, Resistivität *f*
~**-temperature curve** spezifische Widerstand-Temperatur-Kurve *f*
resist material Schutzmaterial *n*
resistor characteristics Widerstandscharakteristik *f*
~ **chip** Widerstandschip *m*
~ **design** Widerstandsentwurf *m*
~ **material** Widerstandswerkstoff *m*
resolution limit Auflösungsgrenze *f*
~ **of the point** Druckauflösung *f*
resonance Resonanz *f*
~ **frequency** Resonanzfrequenz *f*, Eigenfrequenz *f*
~ **response curve** Resonanz-Empfindlichkeits-Kurve *f*
~ **testing** Resonanzprüfung *f*
resonant-circuit application Resonanzkreisanwendung *f*
~ **tunneling device** *(Halbl)* Resonanzdurchtunnelungs-Bauelement *n*
resonator structure *(Halbl)* Resonatorstruktur *f*
resources Rohstoffvorräte *mpl*
response Ansprechen *n (eines Gerätes)*
~ **peak** Empfindlichkeitsmaximum *n*
responsibility Verantwortung *f*
rest mass *(Halbl)* Ruhemasse *f*
restrict/to beschränken, einschränken, begrenzen
resulphurized steel rückgeschwefelter Stahl *m*
retain/to bewahren
retained austenite Restaustenit *m*
~ **ferrite** Restferrit *m*
retard/to verzögern, verlangsamen, bremsen, hemmen
retardation Verzögerung *f*, Verlangsamung *f*, Bremsung *f*, Hemmung *f*
retarder Verzögerungsmittel *n*, Verzögerer *m*, Hemmstoff *m*, Inhibitor *m*
retarding effect Verzögerungseffekt *m*
retention 1. Zurückhaltung *f*; 2. Beibehalten *n* *(einer Werkstoffeigenschaft)*

reticular netzartig, Netz-
reticulation Vernetzung *f*, Netzbildung *f*
reverberatory furnace Flamm[en]ofen *m*
~ **kiln** Flammenofen *m*, Flammofen *m*
reversal Umkehr *f*; Umwandlung *f*
~ **of magnetism** *(Magn)* Ummagnetisierung *f*
reverse bias *(Halbl)* Vorspannung *f* in Sperrichtung, Sperrspannung *f*
~ **bias voltage** *(Halbl)* Vorspannung *f* in Sperrichtung
reversed slip *(Krist)* Rückgleiten *n*
reverse field Umkehrfeld *n*
~ **in sense/to** den Richtungssinn umkehren
~ **leakage current** *(Halbl)* Sperrleckstrom *m*
~ **transition** *(Halbl)* Rückumwandlung *f*
reversibility Reversibilität *f*, Umkehrbarkeit *f*
reversible reversibel, umkehrbar
~ **elastic deformation** reversible elastische Verformung *f*
revert/to umschlagen *(Emulsionen)*; sich umwandeln
rf induction heating (radiofrequency induction heating) *(Halbl)* hochfrequente induktive Heizung *f*
RHEED (reflection high-energy electron diffraction) *(Halbl)* Beugung *f* hochenergetischer Reflexionselektronen
rheostat Rheostat *m*, Regelwiderstand *m*
rhodium Rh Rhodium *n*
α-**rhombohedral boron** *(Halbl)* α-rhomboedrisches Bor *n*
rhombohedral structure *(Halbl)* rhomboedrische Struktur *f*
rigid body shift
rigidity Starrheit *f*, Steifigkeit *f*, Steifheit *f*
rimmed steel unberuhigter Stahl *m*, unberuhigt (unruhig) vergossener Stahl *m*
ring oscillator *(Halbl)* Ringoszillator *m*
~ **structure** Ringstruktur *f*
~ **upsetting test** Ringstauchversuch *m*
rinse/to spülen, abspülen
risk of corrosion Korrosionsgefahr *f*
rivet Niet *m*, Kontaktniet *m*
~ **hole** Nietloch *n*
roast/to [ab]rösten *(Erze)*
Rochelle-electric Rochelle-elektrisch
~ **salt** $NaKC_4H_4O_6 \cdot 4H_2O$ Seignettesalz *n*, Rochellesalz *n*, Kaliumnatriumtartrat *n*, Ka-Na-Tartrat *n*
rock salt lattice *(Halbl)* Steinsalzgitter *n*
Rockwell B Rockwellhärte *f* B, HRB *(gemessen mittels Stahlkugel)*
~ **C** Rockwellhärte *f* C, HRC *(gemessen mittels Diamantkegel)*
~ **hardness** Rockwellhärte *f*, HR
~ **hardness test** Rockwellhärteprüfung *f*, Rockwellverfahren *n*
~ **tester** Härtemeßgerät *n* für Härtemeßverfahren nach Rockwell, Rockwellhärteprüfer *m*
rod Stab *m*, Stange *f*
roll/to walzen
roll compaction *(Pulv)* Walzverdichtung *f*
rolled steel Walzstahl *m*
~ **wire** Walzdraht *m*
rolling Walzen *n*
~ **contact** Walzkontakt *m*
~ **deformation** Walzverformung *f*
~ **direction** Walzrichtung *f*
~ **friction** Rollreibung *f*
~ **plane** Walzebene *f*
~ **texture** Walztextur *f*
~ **texture orientation** Walztexturorientierung *f*
roofing material Deckmaterial *n*, Deckwerkstoff *m*
room temperature Zimmertemperatur *f*, Raumtemperatur *f*
~**-temperature resistivity** spezifscher Widerstand *m* bei Zimmertemperatur
~**-temperature vulcanizable** *(Nichtl)* bei Raumtemperatur vulkanisierend, kaltvulkanisierend
rosette graphite Rosettengraphit *m*, B-Graphit *m*
rot Fäulnis *f*, Fäule *f*
rot/to verrotten
rotary kiln Drehrohrofen *m*
rotate/to drehen
rotating crushable method *(Pulv)* Schleuder-Kokillen-Verfahren *n*
~ **substrate holder** *(Halbl)* rotierender Scheibenhalter *m*
rotation of dipoles Dipoldrehung *f*
rotor process Rotorverfahren *n*, Rotor-Stahlschmelzverfahren *n*
rough rauh
~ **cleaning** Vorreinigung *f*, vorreinigende Behandlung *f*
roughen/to aufrauhen
roughing [rolling] Vorwalzen *n*, Grobwalzen *n*
roughness Rauhigkeit *f*, Rauheit *f*
rough polishing Vorpolieren *n*
~ **surface** rauhe Oberfläche *f*
round trip gain *(Halbl)* Umlaufverstärkung *f*
routine application Routineanwendung *f*
~ **testing** Routineprüfung *f*
roving *(Verb)* Roving *m (leicht verdrilltes Faserbündel)*, Glasseidenstrang *m*
RRIM (reinforced reaction injection moulding) Reaktionsschaumguß *m*, RSG
RSP (rapid solidification processing) Herstellung *f* durch Schnellabkühlung *(z.B. von Leichtmetallegierungen)*
~ **alloy** durch Schnellabkühlung hergestellte Legierung *f*
rubber Kautschuk *m(n)*; Gummi *m*
rubber/to gummieren
rubber-based coating Gummibelag *m*, Gummierung *f*
~ **elasticity** Gummielastizität *f*, Kautschukelastizität *f*
~ **insulation** Gummiisolation *f*
~**-lined** mit Gummi ausgekleidet, gummiert
~**-metal bonding** Gummi-Metall-Verbindung *f*, Gummi-Metall-Verbund *m*

~-**toughened** gummiverfestigt
rubbery gummiartig**rupture** Aufreißen *n*
rupture/to aufreißen
rupture ductility Bruchduktilität *f*
~ **strength** Rißzähigkeit *n*, Reißfestigkeit *f*
~ **stress** Bruchspannung *f*
rust Rost *m*
rust/to rosten
~ **through** durchrosten
rust-free rostfrei
~-**inhibitive** rostschützend, Rostschutz...
~ **inhibitor** Rostinhibitor *m*
~-**protective** rostschützend, Rostschutz...
~-**protective compound** Rostschutzmittel *n*
~-**resistant** rostbeständig
ruthenium oxide Rutheniumoxid *n*

S

sacrificial Opfer...
~ **anode** Opferanode *f*
~ **protection** katodischer *m* Schutz mit Aktivanoden (Opferanoden)
safe life Sicherheitskonzept *n (dynamische Beanspruchung)*
safety Sicherheit *f*, Schutz *m*
~ **against fracture** Bruchsicherheit *f*
~ **factor** Sicherheitsfaktor *m*
~ **from failure** Versagenssicherheit *f*
~ **glass** Sicherheitsglas *n*, Schutzglas *n*; geschichtetes Sicherheitsglas *n*, Verbund[sicherheits]glas *n*, Mehrscheiben[sicherheits]-glas *n*
salt bath carburizing Salzbadaufkohlen *n*
~ **bath nitriding** Salzbadnitrieren *n*
~ **spray** Salznebel *n*
~ **water** Salzwasser *n*
sample 1. Probe *f*, Muster *n*; 2. Probestück *n (zur Herstellung von Prüflingen)*
~ **casting** Probeguß *m*, Probengießen *n*
~ **homogeneousness** Probenhomogenität *f*
~ **of material** Werkstoffprobe *f*
~ **precision** Probengenauigkeit *f*
~ **sensitivity** Probenempfindlichkeit *f*
~ **size** Stichprobenumfang *m*, Probenumfang *m*, Probengröße *f*
sand Sand *m*
~ **casting** 1. Sandguß *m*; 2. Sandgußstück *n*
~-**casting material** Sandgußmaterial *n*
sandwich Schichtwerkstoff *m*; Schichtanordnung *f*
sandwich/to schichtweise anordnen, einschieben, [da]zwischenschichten
~ **between two layers** *(Halb)* zwischen zwei Schichten anordnen
sandwich construction Sandwichbauweise *f*, Verbundbauweise *f*
sandwiched between *(elopt)* eingeschoben zwischen
sandwich materials Sandwichwerkstoffe *mpl*
~ **structure** Sandwichstruktur *f*
SAP alloy gesintertes Aluminiumpulver *n*, Sinteraluminiumpulver *n*, Sinteraluminiumprodukt *n*, SAP
sapphire Saphir *m*
~ **fibre** Saphirfaser *f*
~ **substrate** *(Halbl)* Saphirsubstrat *n*
saturate/to sättigen
saturated liquid (solution) gesättigte Lösung *f*
~ **state** gesättigter Zustand *m*, Zustand *m* der Sättigung
saturation Imprägnierung *f*, Tränkung *f*
~ **coefficient** Sättigungskoeffizient *m*
~ **current density** Sättigungsstromdichte *f*
~ **density** Sättigungsdichte *f*
~ **mode** *(Halbl)* Sättigungsmodus *m*
~ **moment** Sättigungsmoment *n*
~ **of a solution** Lösungssättigung *f*
~ **polarisation** *(Magn)* Sättigungspolarisation *f*
~ **region** Sättigungsbereich *m*
~ **solubility** Sättigungslöslichkeit *f*
~ **value** Sättigungswert *m*
~ **vapour pressure** Sättigungsdampfdruck *m*, Sättigungsdruck *m*
~ **velocity** Sättigungsgeschwindigkeit *f*
~ **voltage** *(Halbl)* Sättigungsspannung *f*, Abschnürspannung *f*
SBR Styrol-Butadien-Kautschuk *m*, SBR
scale 1. Zunder *m*, Zunderschicht *f*; 2. Kesselstein *m*; 3. Skala *f*, Stufenfolge *f*; 4. Skale *f*, Einteilung *f (an Meßgeräten)*
scale/to zundern, verzundern
scale loss Zunderverlust *m*
scaling 1. Zunderung *f*, Verzunderung *f*, Zundern *n*, Zundervorgang *m*; 2. Verkrusten *n*, Verkrustung *f*; 3. Entzundern *n*, Entzunderung *f*; 4. Abblättern *n*, Abplatzen *n*, Abschuppen *n*, Schuppenbildung *f*
~-**resistance** Zunderbeständigkeit *f*
~-**resistant** zunderbeständig
~ **structure** Zunderstruktur *f*
scan/to abtasten, *(Anal auch)* scannen, durchfahren, abfahren *(einen Meßbereich)*
scanning electron microscope Rasterelektronenmikroskop *n*
~ **electron microscopy** Rasterelektronenmikroskopie *f*, REM
~ **transmission electron microscope** Rasterdurchstrahlungselektronenmikroskop *n*
~ **transmisssion electron microscopy** Rasterdurchstrahlungselektronenmikroskopie *f*
scatter/to zerstreuen, streuen
scatterer streuendes Teilchen *n*
scattering Streuung *f*
~ **angle** Streuwinkel *m*
~ **by acoustic phonons** Streuung *f* durch akustische Phononen
~ **mechanism** Streumechanismus *m*

~ **process** Streuungsvorgang *m*, Streuung *f*, Zerstreuung *f*
scavenging effect Reinigungswirkung *f*, reinigende Wirkung *f*
~ **of impurities** Beseitigung *f* von Stahlverunreinigungen *(Stahlherstellung)*
SCC (stress corrosion cracking) Spannungsrißkorrosion *f*, SRK *f*
schematic diagram of process schematisches Prozeßdiagramm *n*
schliere Schliere *f*
Schottky-barrier height *(Halbl)* Höhe *f* der Schottky-Sperrschicht, Schottky-Barrierenhöhe *f*
~ **diode** *(Halbl)* Schottky-Diode *f*
~**-gate field-effect transistor** *(Halbl)* Schottky-Gate-Feldeffekttransistor *m*, Metall-Halbleiter-FET *m*
scintillate/to szintillieren, aufblitzen, aufleuchten, flimmern
scintillator Szintillationszähler *m*
scoring Kratzerbildung *f*, Riefenbildung *f*
~ **wear** furchender Verschleiß *m*
scrap Schrott *m*, Altmetall *n*; Abfall *m*
scrape off/to abkratzen, abschaben, abstoßen, abheben
scraper Schaber *m*; Abstreifer *m*
scrap material Abfall *m*
~ **metal** Schrott *m*, Altmetall *n*
~ **recycling** Abfallwiederverwertung *f*; Schrottrecycling *n*
scratch Kratzer *m*, Riefe *f*, Schramme *f*
scratch/to ritzen, kratzen
scratch hardness Ritzhärte *f*
~**-hardness testing** Ritzhärteprüfung *f*
~ **resistance** Kratzfestigkeit *f*
~ **test** Ritzprüfung *f (von Oberflächenschutzschichten)*
screen analysis Siebanalyse *f*
screening Sieben *n*, Siebklassifizierung *f*, Siebanalyse *f*
~ **current** Abschirmstrom *m*
~ **property** Screeningeigenschaft *f*
screen-opening size Sieb[öffnungs]weite *f*, Maschenweite *f*
~ **tautness** Straffheit *f* eines Siebes
screw dislocation Schraubenversetzung *f*
scribe/to ritzen, anreißen
scuffing Abrieb *m*, Abnutzung *f*, Verschleiß *m*
SDAS (secondary dendrite arm spacing) sekundärer Dendritenarmabstand *m (Maß für die Abkühlgeschwindigkeit und den Entmischungsgrad von unterkühlten Schmelzen)*
seal/to verdichten, sealen *(anodisch erzeugte Schichten)*; versiegeln *(poröse Oberflächen)*
sealant s. sealer
sealer Verdichtungsmittel *n*; Absperrmittel *n*, Sperrgrund *m*
sealing 1. Verdichten *n*, Verdichtung *f*, Sealen *n (von anodisch erzeugten Schichten)*; 2. Versiegeln *n*, Versiegelung *n (von porösen Oberflächen)*; 3. Abschluß *m*, Dichtung *f*, Abdichtung *f*; Verlötung *f*
season cracking *(veralteter Ausdruck für)* Spannungsrißkossorion *f* des Messings
seawater Meerwasser *n*
~ **application** Werkstoffanwendung *f* im Meerwasser
~ **corrosion** Seewasserkorrosion *f*, Meerwasserkorrosion *f*
~ **service** Werkstoffnutzung *f* im Meerwasser
secondary bond Sekundärbindung *f*
~ **creep** sekundäres (stationäres) Kriechen *n*
~ **dendrite arm spacing** sekundärer Dendritenarmabstand *m (Maß für die Abkühlgeschwindigkeit und den Entmischungsgrad von unterkühlten Schmelzen)*
~ **hardening** Sekundärhärtung *f*
~ **hardness** Sekundärhärte *f*
~ **insulation** Sekundärisolierung *f*
~ **ionization** Sekudärionisation *f*
~**-ion mass spectrometry** Sekundärionenmassenspektrometrie *f*, SIMS
~ **pyroelectric coefficient** sekundärer pyroelektrischer Koeffizient *m*
~ **recrystallization** Sekundärrekristallisation *f*
~ **steelmaking** Stahlerzeugung *f*, Stahlherstellung *f*, Stahlgewinnung *f*
~ **treatment** Nachbehandlung *f*
second harmonic generation Erzeugung *f* der zweiten Fourier-Komponente
~**-order phase transition** Phasenübergang *m* zweiter Ordnung
~**-order tensor** Tensor 2. Stufe *m*, zweistufiger Tensor *m*
~**-phase particle** Ausscheidungspartikel *n*, Ausscheidungsteilchen *n*
section 1. Abschnitt *m*, Teil *m*; 2. Querschnitt *m*, Profil *n*
~ **sensitivity** *(Met)* Wanddickenempfindlichkeit *f*, Wanddickenabhängigkeit *f*
sedimentation analysis Sedimentationsanalyse *f*, Rückstandsanalyse *f*
seed/to impfen
seeding Impfen *n*, Impfung *f*
seed plate Keimplatte *f*
seep in/to einsickern
segregate/to absondern, entmischen, segregieren; sich absondern (entmischen)
segregation Absonderung *f*, Entmischung *f*, Segregation *f*, *(von Legierungselementen in Schmelzen auch)* Seigerung *f*
~ **coefficient** *(Halbl)* Segregationskonstante *f*
~ **of alloying elements** Segregation (Ausscheidung) *f* von Legierungselementen
Seignette-electric Seignette-elektrisch
~ **salt** $NaKC_4H_4O_6 \cdot 4H_2O$ Seignettesalz *n*, Rochellesalz *n*, Kaliumnatriumtartrat *n*, Ka-Na-Tartrat *n*
seizure Festfressen *n*

select/to auswählen, wählen; auslesen, selektieren
selection Auswählen *n*, Auswahl *f*, Wahl *f*; Auslese *f*, Selektion *f*
~ **criterion** Auswahlkriterium *n*
~ **of a manufacturing process** Auswahl eines Herstellungsprozesses *f*, Auswahl eines Fertigungsprozesses *f*
~ **of materials** Materialauswahl *f*
selective corrosion selektive Korrosion *f*
~ **erasure** selektives Löschen *n*
~ **growth** selektives Wachstum *n*
~ **leaching** selektive Herauslösung *f*
~ **nucleation** selektive Keimbildung *f*
~ **oxidation** selektive Oxidation *f*
~ **placement** selektive Anordnung *f (von Fasern)*
~ **wave filter** selektives Wellenfilter *n*, Siebkette *f*
selenium Se Selen *n*
self-compensation *(Halbl)* Selbstkompensation *f*
~**-consistent interface potential** *(Halbl)* selbstkonsistentes Grenzschichtpotential *n*
~**-consistent pseudopotential calculation** *(Halbl)* selbstkonsistentes Pseudopotentialkalkül *n*
~**-diffusion** Selbstdiffusion *f*, Eigendiffusion *f*
~**-extinguishing** selbstlöschend, selbstverlöschend, selbstauslöschend
~**-healing** selbstheilend
~**-heated PTC thermistor** selbsterhitzter PTC-Thermistor *m*
~**-heating behaviour** selbsterhitzendes Verhalten *n*
~**-ignition** Selbstentzündung *f*
~**-passivating metal** sich selbst passivierendes Metall *n*
~**-supporting** selbsttragend
~**-tempering** selbsttempernd
SEM (scanning electron micoscopy) Rasterelektronenmikroskopie *f*, REM
semi-austenitic halbaustenitisch
~**-brittle** halbspröde
semiconductor Halbleiter *m*
~**-air interface** Halbleiter-Luft-Grenzschicht *f*
~ **band gap** Halbleiterbandlücke *f*
~ **device** Halbleiterbauelement *n*
~ **device physics** *(Halbl)* Physik *f* der Halbleiterbauelemente
~ **laser** Halbleiterlaser *m*
~ **layer** Halbleiterschicht *f*
~ **light-emitting device** Leuchthalbleiterbauelement *n*
~ **material** Halbleiterwerkstoff *m*
~ **photodiode** Halbleiterphotodiode *f*
~ **quality** Halbleiterqualität *f*
~**-semiconductor heterojunction** Heteroübergang *m* zwischen Halbleitern
~**-simple metal interface** *(Halbl)* Grenzschicht *f* Halbleiter-einfaches Metall
~ **waveguide** Halbleiter-Wellenleiter *m*
semi-continuous casting halbkontinuierliches Gießen *n*
~**-crystalline** halbkristallin
~**-finished material (product)** Halbzeug *n*
~**-hard** halbhart
~**-hard magnetic material** *(Magn)* magnetisch halbharter Werkstoff *m*
~**-insulating** *(Halbl)* halbisolierend
~**-insulating GaAs substrate** *(Halbl)* halbisolierendes (semi-isolierendes) Galliumarsenid-Substrat *n*
~**-insulating substrate** *(Halbl)* halbisolierendes (semi-isolierendes) Substrat *n*
semikilled halbberuhigt
~ **steel** halbberuhigter Stahl *m*
semimetal *(Leit)* Halbmetall *n*
semi-metallic halbmetallisch
sensitivity Empfindlichkeit *f*, Sensibilität *f*
~ **analysis** Empfindlichkeitsanalyse *f*, Sensibilitätsanalyse *f*
~ **of cracking** Rißempfindlichkeit *f*
sensitization Sensibilisierung *f*
sensitizing range Empfindlichkeitsbereich *m*, Empfindlichkeitsgebiet *n*, kritischer Temperaturbereich *m (für Kornzerfall)*
separable abtrennbar
separate/to trennen *(Stoffgemische)*; abtrennen, abscheiden *(aus Stoffgemischen)*; sich abscheiden, sich ausscheiden
separation Trennen *n*, Trennung *f*; Abscheiden *n*, Abtrennen *n*
sequence Sequenz *f*, Reihenfolge *f*, Folge *f*
series connection Reihenschaltung *f*
serious schwer, schwerwiegend
serration Riefung *f*, Riffelung *f*
service Betrieb *m*, Einsatz *m*, Verwendung *f*
serviceability Einsetzbarkeit *f*, Brauchbarkeit *f*, *(bei Geräten auch)* Betriebsbereitschaft *f*, Funktionstüchtigkeit *f*, Funktionsfähigkeit *f*
serviceable einsetzbar, brauchbar, *(bei Geräten auch)* betriebsbereit, funktionstüchtig
service condition Einsatzbedingung *f*, Betriebsbedingung *f*, Gebrauchsbedingung *f*, Anwendungsbedingung *f*, Praxisbedingung *f*
~ **environment** Einsatzort *m*, Arbeitsumgebung *f*, Anwendungsklima *n*, Betriebsumgebung *f*
~ **failure** Ausfall *m*, Versagen *n*, Unbrauchbarwerden *n*
~ **life** Gebrauchswertdauer *f*, Nutzungsdauer *f*, Lebensdauer *f*
~ **load** Betriebsbelastung *f*
~ **performance** Leistungsverhalten *n*, Betriebsverhalten *n*, Leistung *f*
~ **requirements** Betriebsanforderungen *fpl*
~ **stress** Betriebsspannung *f*
~ **temperature** Arbeitstemperatur *f*, Betriebstemperatur *f*
~ **test** Test *m* unter Betriebsbedingungen, Versuch *m* unter Einsatzbedingungen

serving *(Nichtl)* Umhüllung *f*, äußere Schutzhülle *f*
~ **thread** Faden *m*, Gewinde *f*, Gewindegang *m*
sessile dislocation nicht gleitfähige Versetzung *f*
severe schwer, schwerwiegend
severity Heftigkeit *f*, Stärke *f*
~ **of attack** Angriffsstärke *f*, Angriffsgrad *m*
S-glass S-Glas *n*
shake/to vibrieren; [durch]schütteln, rütteln
shake apparatus Schüttelapparat *m*, Schütteleinrichtung *f (Laborgerät)*
shallow acceptor *(Halbl)* flachliegender Akzeptor *m*
~ **crack** flacher Riß *m*
~ **donor** *(Halbl)* flachliegender Donator *m*
~ **impurity** *(Halbl)* flachliegende (flache) Störstelle *f*
shape Form *f*, Gestalt *f*; Profil *n*, Umriß *m*
shape/to formen
shapeability Formbarkeit *f*
shape accommodation *(Pulv)* Gestaltsakkommodation *f*, Gestaltsanpassung *f*
~ **anisotropy** *(Magn)* Formanisotropie *f*
shaped casting Formguß *m*
~ **ceramics** Formkeramik *f*
shape-memory alloy Gedächtnislegierung *f*, Memorylegierung *f*
~-**memory effect** Formgedächtniseffekt *m*
~ **retention** Formbeständigkeit *f*
sharp band edge scharfe Bandkante *f*
~ **resonance** *(Halbl)* scharfe Resonanz *f*
shear Scherung *f*, Schub *m (bei Einkristallen)* Abgleiten, Abgleitung *f*
~ **band** Scherband *n*
~ **band formation** Scherbandbildung *f*
~ **failure** Scherbruch *m*, Gleitbruch *m*
~ **force** Schubkraft *f*, Scherkraft *f*
~ **fracture** Scherbruch *m*, Gleitbruch *m*
shearing Schubumformung *f*
~ **force** Schubkraft *f*, Scherkraft *f*
~ **strain** Scherdehnung *f*
shear lip Scherlippe *f*
~ **modulus** Schermodul *m*, Schubmodul *m*, Gleitmodul *m*
~ **resistance (strength)** Scherfestigkeit *f*, Schubfestigkeit *f*
~ **stress** Schubspannung *f*, Scher[ungs]spannung *f*
~ **transformation** Schertransformation *f*
~ **yielding** Scherfließen *n*
~ **yield strength** Fließgrenze *f* für Scherbeanspruchung
sheet Blech *n (als Stück)*
~ **iron** Stahlblech *n*
~ **metal** Blech *n (als Stück)*; Feinblech *n*
~ **metal forming** Blechformung *f*
~ **moulding compound** *(Verb)* flächiges Halbzeug *n* zur Verbundwerkstoffherstellung
shelf life Lagerfähigkeit *f*, Haltbarkeit *f*
shell Schale *f*, Hülle *f*, Mantel *m*; Gehäuse *n*
shielding Abschirmung *f*, Schutz *m*
~ **for cable** Kabelabschirmung *f*, Abschirmung *f*
~ **for wire** Leiterabschimung *f*, Abschimung *f*
shift register Schieberegister *n*
~ **the cutoff/to** *(Halbl)* die Grenze verschieben
shock compaction *(Pulv)* Explosivverdichtung *f*, Explosivpressen *n*
~-**induced deformation** stoßinduzierte Umformung *f*
~ **loading** Stoßbelastung *f*
~ **resistance** Stoßfestigkeit *f*
~-**resistant** schlagfest, stoßfest
Shore hardness Shorehärte *f*
~ **scleroscope** Skleroskop *n* nach Shore *(zur Prüfung der Rücksprunghärte)*
~ **scleroscope hardness test** Rücksprunghärteprüfung *f* nach Shore, Shoreprüfung *f (Härteprüfung mittels Federkraft)*
short ceramic fibre Keramikkurzfaser *f*
~-**circuit protection** Kurzschlußschutz *m*
shortcoming Mangel *m*, Fehler *m*, Unzulänglichkeit *f*
short-fibre-reinforced kurzfaserverstärkt
~-**length fibre** Kurzfaser *f*
~-**range order** Nahordnung *f*
shot peening Kugelstrahlen *n (zur Oberflächenverfestigung)*
shrink/to schrumpfen, schwinden
~ **in size** schrumpfen, schwinden
shrinkage Schrumpfen *n*, Schrumpfung *f*, Schwinden *n*, Schwindung *f*
~ **allowance** Schwindmaßzugabe *f*
~ **crack** Schwindungsriß *m*, Schrumpfriß *m*
~ **cracking** Schwindungsrißbildung *f*, Schrumpfrißbildung *f*
~ **on firing** Schrumpfung *f* beim Einbrennen
~ **stress** Schrumpfspannung *f*
shrinking Verkleinerung *f*
shuffle type *(Halbl)* Klettertyp *m*
shunt component Querkomponente *f*, Querglied *n*
~ **resistance** Neben[schluß]widerstand *m*
~ **resistive path** Nebenschlußwiderstandspfad m
sialon Sialon *n*
side chain Seitenkette *f*
sieve analysis Siebanalyse *f (zur Pulvergrößenbestimmung)*
SIGM (stress-induced grain boundary migration) spannungsinduzierte Kontaktkorngrenzenmigration *f*
sigma-phase Sigma-Phase *f*
signal-to-noise ratio *(Halbl)* Signal-Rausch-Verhältnis *n*
significant orientation signifikante Orientierung *f*
Si-H surface bond *(Halbl)* Si-H-Bindung *f* an der Oberfläche
silane [gas] SiH_4 Silan *n*
silanol Silanol *n*
silica SiO_2 Siliciumdioxid *n*, Siliciumoxid *n*, Kieselerde *f*

~ **brick** Silicastein *m*, Silicabaustein *m*
~ **fibre** *(Halbl)* Siliciumdioxidfaser *f*
~ **gel** Kieselgel *n*
silicate Silikat *n*
~ **glass** Silikatglas *n*
siliceous siliziumdioxidhaltig, silikatisch
silicon Si Silicium *n*, Silizium *n*
~ **carbide** Siliciumcarbid *n*
~ **carbide fibre** Siliciumkarbidfaser *f*
~ **circuit** Siliciumschaltkreis *m*
~ **content** Siliciumgehalt *m*
~ **dioxide** SiO_2 *(Halbl)* Siliciumdioxid *n*
silicone *(Nichtl)* Silikon *n*
~ **carbide** *(Halbl)* Siliciumcarbid *n*
~ **rubber** *(Nichtl)* Silikongummi *m*, Silikonkautschuk *m*
siliconize/to silizieren
siliconizing Silizieren *n*, Diffusionssilizierung *f*
silicon monoxide Siliciummonoxid *n*
~ **MOSFET** Silicium-MOSFET *m*
~ **nitride** Siliciumnitrid *n*
~**-on-sapphire technology** *(Halbl)* Silicium-Saphir-Technik *f*, SOS-Technik *f*
~ **photodiode** Siliciumphotodiode *f*
~ **PTC thermistor** Silicium-PTC-Thermistor *m*, Siliciumthermistor *m*
~ **solar cell** Silicium-Solarelement *n*
~ **steel** Siliciumstahl *m*
~ **thermistor** s. ~ PTC thermistor
silk screening Siebdruck *m*, Siebdruckverfahren *n*
~**-screen printing** Siebdruck *m*, Siebdruckverfahren *n*
silver Ag Silber *n*
silver/to versilbern
silver-base composite *(Leit)* Verbundwerkstoff *m* auf der Grundlage von Silber
~**-cadmium-oxide** *(Leit)* Silber-Cadmium-Oxid *n*
~**-cadmium-oxide composite** *(Leit)* Silber-Cadmium-Oxid-Verbundwerkstoff *m*
~ **complex** *(elopt)* Silberkomplex *m*
silvered-mica unit Silberglimmerkondensator *m*
silver electrode Silberelektrode *f*
~**-graphite** *(Leit)* Silbergraphit *m*
~ **iodide** *(Halbl)* AgI Silberiodid *n*
~ **matrix** *(Leit)* Silbermatrix *f*
~**-mica capacitor** Silberglimmerkondensator *m*
~**-palladium** Ag-Pd Silberpalladium *n*
~ **solder** Silberlot *n*
silvery silberhaltig; silbern, silberglänzend, silberähnlich
simple tension reiner (einachsiger) Zug *m*
SIMS (secondary-ion mass spectrometry) Sekundärionenmassenspektrometrie *f*, SIMS
single crystal Einkristall *m*, Monokristall *m*
~**-crystal epitaxial layer** *(Halbl)* einkristalline Epitaxieschicht *f*
~**-crystal grain** Einkristall-Korn *n*
~**-crystal graphite** Einkristallgraphit *m*
~**-crystal growth** *(Halbl)* Einkristallzucht *f*
~**-crystal heterojunction** *(Halbl)* Einkristall-Heteroübergang *m*
~**-crystal piezoelectric** Einkristall-Piezoelektrikum *n*
~**-crystal piezoelectric material** einkristallines piezoelektrisches Material *n*
~**-crystal polar coefficient** Einkristall-Polkoeffizient *m*
~**-crystal quartz** Einkristallquarz *m*
~**-crystal seed** *(Halbl)* einkristalliner Keim *m*
~**-domain crystal** Eindomänen-Kristall *m*
~**-domain material** Eindomänen-Material *n*
~ **in-line moulded package** Gehäuse *n* mit einreihigem Anschluß
~ **layer** *(Halbl)* Einfachschicht *f*
~**-loop circuit** Einschleifen-Schaltkreis *m*
~**-phase** einphasig, Einphasen...
~**-phase alloy** Einphasenlegierung *f*, homogene Legierung *f*
~**-phase metal** Einphasenmetall *n*
~**-point defect** Einzelpunktdefekt *m*
~ **quantum well** *(Halbl)* Einzelpotentialkasten *m*
~**-valued** einwertig
sinter/to sintern
sinterability Sinterbarkeit *f*
sinterable sinterbar
sintered aluminium powder alloy gesintertes Aluminiumpulver *n*, Sinteraluminiumpulver *n*, Sinteraluminiumprodukt *n*, SAP
~ **density** *(Pulv)* Sinterdichte *f*
~ **material** Sinterwerkstoff *m*
~ **semiconductive transition-metal oxid** gesintertes halbleitendes Übergangsmetalloxid *n*
~ **silicon carbide** gesintertes Siliciumcarbid *n*
~ **zinc oxide** gesintertes Zinkoxid *n*
sintering Sintern *n*
~ **aid** Sinterhilfsmittel *n*
~ **densification** Sinterverdichtung *f*
~ **powder** Sinterpulver *n*
~ **process** Sinterverfahren *n*, Sintermethode *f*; Sintervorgang *m*
~ **rate** Sintergeschwindigkeit *f*
~ **shrinkage** Sinterschwund *m*, Schwinden *n* beim Sintern
~ **stage** Stadium *n* des Sinterns
SIP (single in-line moulded package) Gehäuse *n* mit einreihigem Anschluß
site *(Halbl)* Platz *m*
size distribution Größenverteilung *f (z.B. Korngröße)*
skew schräg
skull-melted vakuumlichtbogengeschmolzen
~ **melting technique** Vakuumlichtbogenschmelzen *n*
slag Schlacke *f*
slag/to verschlacken, Schlacke bilden; ausschlacken, entschlacken
slagging Verschlackung *f*, Schlackenbildung *f*; Entschlackung *f*

slate Schiefer *m*, Tonschiefer *m*
sleeving *(Nichtl)* Schutzschlauch *m*
slide/to gleiten, ziehen
slider system *(Halbl)* Schiebesystem *n*
sliding boat technology *(Halbl)* Schiebetechnik *f*
~ **contact** *(Leit)* Schleifkontakt *m*, Schiebekontakt *m*, Gleitkontakt *m*
~ **friction** gleitende Reibung *f*, Gleitreibung *f*
~ **orientation** Gleitorientierung *f*
slim-loop *(elopt)* hysteresearm
slip Gleiten *n*, Gleitung *f*, Rutschen *n*; Schlicker *m* *(beim Emaillieren)*, Schlempe *f*
~ **band** Gleitband *n*
~ **band zone** Gleitbandzone *f*
~ **deformation** Gleitdeformation *f*
~ **direction** Gleitrichtung *f*
~ **dislocation** Gleitversetzung *f*
~ **path** Gleitweg *m*
~ **pattern** Gleitmuster *n*
~ **plane** Gleitebene *f*
~ **process** Schlickerverfahren *n*, Naßverfahren *n*
~ **system** Gleitsystem *n*
slope Steigung *f*, Anstieg *m (Kurve)*; Schräge *f*
slow down/to verlangsamen, [ab]bremsen, drosseln, herabsetzen, vermindern
slowness Trägheit *f*
slumping *(Pulv)* Abschiebung *f*, Überpressung *f*
slump test Ausbreitversuch *m (Betonprüfung)*
slurry Aufschlämmung *f*, [dünner] Brei *m*, Schlicker *m*
small alphanumeric display *(Halbl)* alphanumerische Kleinanzeige *f*
~**-angle boundary** *(Krist)* Neigungskorngrenze *f*
~**-angle grain boundary** Kleinwinkelkorngrenze *f*
~**-angle scattering** Kleinwinkelstreuung *f*
~**-gap material** *(Halbl)* Material *n* mit kleinem Bandabstand
~ **lever** kurzer Hebel *m*
~**-scale** klein, in kleinem Umfang; Klein...
~**-scale yield fracture** verformungsarmer Bruch *m*
~**-scale yielding** Kleinbereichsfließen *n*
~ **strain** kleine Dehnung *f*
~**-volume production** Kleinserienherstellung *f*, Kleinserienproduktion *f*
$SmCo_5$ magnet $SmCo_5$-Magnet *m*
SME (shape-memory effect) Formgedächtniseffekt *m*
smearing Verschmieren *n*, Schmieren *n (Metallographie)*
smectic phase smektische Phase *f*
~ **state** smektischer Zustand *m (kristalliner Flüssigkeiten)*
smoke emission Rauchemission *f*
smooth glatt
smooth/to glätten, glatt machen, einebnen
smooth individual layer *(Halbl)* ideale Einzelschicht *f*
smoothing Glätten *n*, Glättung *f*
smoothness Glätte *f*
smooth surface glatte Oberfläche *f;* polierte Oberfläche *f*
snap switch *(Leit)* Schnappschalter *m*, Federschalter *m*
soak/to tauchen
soaking 1. Durchtränken *n*, Tränken *n (z.B. Imprägnierung)*; 2. Diffusionsglühen *n*, Ausgleichsglühen *n*
~ **pit** Wärmeausgleichgrube *f*, Wärmegrube *f*
soda-lime glass Sodakalkglas *n*, Kalknatronglas *n*, Natronkalkglas *n*
sodium chloride Natriumchlorid *n*
~ **niobate** $NaNbO_3$ Natriumniobat *n*
~ **potassium tartrate hydrate** $NaKC_4H_4O_6 \cdot 4H_2O$ Seignettesalz *n*, Rochellesalz *n*, Kaliumnatriumtartrat *n*, Ka-Na-Tartrat *n*
soft weich
~**-annealed** weichgeglüht
~ **annealing** Weichglühen *n*
soften/to erweichen, weichmachen, entfestigen
softening Erweichen *n*, Weichmachen *n*, Entfestigung *f*
~ **temperature** Erweichungstemperatur *f*, Erweichungspunkt *m*
soft ferrite *(Magn)* weichmagnetischer Ferrit *m*, Weichferrit *m*
~ **iron** Weicheisen *n*
~**-magnetic ferrite** *(Magn)* weichmagnetischer ferrimagnetischer Werkstoff *m*
~**-magnetic material** *(Magn)* weichmagnetischer Werkstoff *m*
~ **metal** weiches Metall *n*, Weichmetall *n*
~**-metal bearing** Weichmetall-Gleitlager *n*
~ **mode** „weicher" Schwingungsmodus *m*
softness Weichheit *f*
soft spot weiche Stelle *f (im gehärteten Gefüge)*
~**-spottiness** Weichfleckigkeit *f*
~ **steel** weicher Stahl *m*
~ **superconductor** weicher Supraleiter *m*
soil corrosion Bodenkorrosion *f*, Erdbodenkorrosion *f*
solar cell Solarelement *n*
solarization Solarisation *f*
solar-powered *(Halbl)* mit Sonnenenergie betrieben
solder Lot *n*, Lötmittel *n*
solder/to löten
solderability Lötbarkeit *f*
~ **test** Lötbarkeitsversuch *m*
solderable lötbar
solder-coated wire lötmittelüberzogener Draht *m*
soldered connection (joint) Lötfuge *f*, Lötverbindung *f*
~**-on lead** angelötete Leitung *f*
soldering Löten *n*, Lötung *f*
sol-gel method (process) Sol-Gel-Prozeß *m*
~**-gel transformation** Sol-Gel-Übergang *m*
solid fest
solid Festkörper *m*

~ **dielectric** festes Dielektrikum *n*
~ **diffusion** Festkörperdiffusion *f*
solidification Festwerden *n*, Erstarren *n*, Erstarrung *f*
~ **behaviour** Erstarrungsverhalten *n*
~ **crack** Heißriß *m*
~ **cracking** Erstarrungsrißbildung *f*
~ **shrinkage** Erstarrungsschrumpfen *n*
~ **structure** Erstarrungsgefüge *n*
solidify/to erstarren, fest werden
solid inorganic insulation *(Nichtl)* feste anorganische Isolierung *f*
~ **insulation** *(Nichtl)* Feststoffisolation *f*, Massivisolation *f*, Isolierung *f* aus festen Isolierstoffen
~ **insulator** *(Nichtl)* fester Isolierstoff *m*
~**-liquid phase equilibrium** *(Halbl)* Fest-Flüssig-Phasengleichgewicht *n*
~ **lubricant** Festschmierstoff *m*, fester Schmierstoff *m*
~ **phase** feste Phase *f*
~ **solubility** Festkörperlöslichkeit *f*, Löslichkeit *f* in festem Zustand
~ **solubility limit** *(Halbl)* Grenze *f* der Festkörperlöslichkeit
~ **solution** feste Lösung *f*, Mischkristall *m*
~**-solution alloy** Mischkristallegierung *f*
~ **solution hardening** Mischkristallverfestigung *f*, Mischkristallhärtung *f*
~ **solution lattice** Mischkristallgitter *n*
~ **solution strengthened steel** mischkristallverfestigter Stahl *m*
~ **solution strengthening** Mischkristallverfestigung *f*, Mischkristallhärtung *f*
~ **state** fester Zustand *m*, Festkörperzustand *m*
~**-state bonding**
~**-state electronics** Festkörperelektronik *f*
~**-state immiscibility** *(Halbl)* Festkörper-Unvermischbarkeit *f*
~**-state laser** *(Halbl)* Festkörperlaser *m*
~**-state microwave electronics** *(Halbl)* Festkörper-Mikrowellentechnik *f*
~**-state phase transformation** Phasenumwandlung *f* im festen Zustand
~**-state sintering** *(Pulv)* Festphasensintern *n*
~**-surface** Feststoffoberfläche *f*
solidus line Soliduslinie *f*, Soliduskurve *f*
solubility Löslichkeit *f*
~ **curve** Löslichkeitskurve *f*
~ **limit** Löslichkeitsgrenze *f*
solubilization Solubilisierung *f*, Solubilisation *f*, Löslichmachung *f*
solubilize/to löslich machen
solubilizer Lösungsvermittler *m*
solubilizing agent Lösungsvermittler *m*
soluble löslich
solute gelöster Stoff *m*, Gelöstes *n*
~ **atom** gelöstes Atom *n*
solution Lösung *f*
~**-annealed** lösungsgeglüht
~ **annealing** Lösungsglühen *n*
~ **annealing temperature** Lösungsglühtemperatur *f*
~ **heat-treated** lösungsglühbehandelt, lösungsgeglüht
~ **heat treatment** Lösungsglühbehandlung *f*, Lösungsglühen *n*
~ **treatment** Lösungsglühen *n*
solvency Lösevermögen *n*, Lösungsvermögen *n*, Lösefähigkeit *f*, Lösekraft *f*
solvent Lösungsmittel *n*, Lösemittel *n*, Löser *m*
solventless lösungsmittelfrei
solvent resistance Lösungsmittelbeständigkeit *f*, Lösungsmittelfestigkeit *f*
~**-resistant** lösungsmittelbeständig, lösungsmittelfest
sonar Wasserschallortungsgerät *n*, Sonar *n*
soot Ruß *m*
soot/to verrußen, rußig werden
sooty rußig, rußhaltig
sorbite Sorbit *m (feinlamellarer Perlit)*
SOS technology (silicon-on-sapphire technology) *(Halbl)* Silicium-Saphir-Technik *f*, SOS-Technik *f*
sound casting gesundes Gußstück *n*
~ **generation** Schallerzeugung *f*, Tonerzeugung *f*
source *(Halbl)* Eingangselektrode *f*, Source *f*
~**-drain current** *(Halbl)* Source-Drain-Strom *m*
~ **oven** *(Halbl)* Effusionsofen *m*
space-centred *(Krist)* raumzentriert
~ **charge** Raumladung *f*
~**-charge barrier layer** Raumladungssperrschicht *f*
~**-charge scattering** Raumladungsstreuen *n*
~ **group** ***P31m*** trigonale Phase *f*
~ **group** Raumgruppe *f*
spacing Abstand *m*, Zwischenraum *m*, Intervall *n*, Entfernung *f*
spall/to abblättern, abplatzen
spallation Abblättern *n*, schichtweise Abtrennung *f* *(von Werkstoff durch Spannungseinwirkung)*
spalling s. spallation
~ **resistance** Abplatzfestigkeit *f*, Abblätterfestigkeit *f*
spall strength Abplatzfestigkeit *f*, Abblätterfestigkeit *f*
spark plug Zündkerze *f*
spatial character *(Halbl)* räumlicher Charakter *m*
~ **distribution** räumliche Verteilung *f*
~ **overlap** *(Halbl)* räumliche Überlappung *f*
~ **resolution** räumliche Auflösung *f*
~ **seperation** *(Halbl)* räumliche Trennung *f*
special alloying procedure besondere Legierungstechnik *f*
~**-purpose alloy** Speziallegierung *f*, Sonderlegierung *f*
~**-purpose glass** Spezialglas *n*
~**-purpose tool steel** Werkzeugstahl *m* für Sonderzwecke
specification 1. Einsatzrichtlinie *f*; 2. Prüfungsvorschrift *f*

specific deformation work spezifische Formänderungsarbeit *f*
~ **gravity** relative Dichte *f*, Dichtezahl *f (Verhältnis der Dichte eines Stoffes zur Dichte eines Bezugsstoffes), (bei gleichem Aggregatzustand auch)* Dichteverhältnis *n*
~ **heat** spezifische Wärme *f*
~ **resistance** spezifischer Widerstand *m*
~ **stiffness** spezifische Steifigkeit *f*
~ **strength** spezifische (bestimmte) Festigkeit *f*
~ **weight** Wichte *f*
specimen Probe *f*, Muster *n*
~ **geometry** Probengeometrie *f*
~ **shape** Probenform *f*
spectral analysis Spektralanalyse *f*, *(i.e.S.)* optische Emissionsspektralanalyse *f*
~ **density of the radiation energy** *(Halbl)* spektrale Dichte *f* der Strahlungsenergie
~**-emission region** *(Halbl)* Strahlungsspektralbereich *m*
~ **photoresponse** spektrale Photoempfindlichkeit *f*
~ **splitting** *(Halbl)* spektrale Aufspaltung *f*
spectrochemical analysis spektrochemische Analyse *f*
spectroscopic analysis s. spectral analysis
~ **method** spektroskopische Methode *f*
speed of response *(Halbl)* Reaktionsgeschwindigkeit *f*
speed up/to beschleunigen
sphalerite Sphalerit *m*, Zinkblende *f*, Blende *f*, Zinksulfid *n*, ZnS
~ **structure** *(Halbl)* Sphaleritstruktur *f*, Zinkblendestruktur *f*, ZnS-Struktur *f*
sphere packing Kugelpackung *f*
spherical aberration *(Halbl)* sphärische Aberration *f*, Öffnungsfehler *m*
~ **inclusion** kugelförmiger Einschluß *m*
sphericity Kugelförmigkeit *f*, Sphärizität *f*
spheroidal cast iron Gußeisen *n* mit Kugelgraphit, sphärolithischer Grauguß *m*, globularer Grauguß *m*, GGG
~ **graphite** Kugelgraphit *m*
spheroidite kugeliger Zementit *m*
spheroidization Weichglühen *n*
spheroidize/to weichglühen
spheroidizing annealing Weichglühen *n*
spinel Spinell *m*, *(i.e.S.)* $MgAl_2O_4$ Magnesiospinell *m*, Magnesiumaluminat *n*
spinning schnellrotierend, schnellumlaufend, mit hoher Drehzahl rotierend (umlaufend)
spinodal Spinodale *f (Thermodynamik der Mehrstoffsysteme)*
~ **decomposition** spinodale Entmischung *f*
~ **phase separation** spinodale Phasentrennung *f*
spin of principal axes Drehgeschwindigkeit *f* der Hauptachsen
~**-orbit split** *(Halbl)* Spin-Bahn-Aufspaltung *f*
~ **rotation** *(Magn)* Spindrehung *f*
splat cooling (quenching) Schmelztropfenabschreckung *f* auf einer gekühlten Metallfläche
splintering Aufsplitterung *f*, Splittern *n*
split/to teilen, aufspalten, spalten
splitting Aufspalten *n*, Aufspaltung *f*, Spalten *n*
~ **between energy levels** *(Halbl)* Aufspaltung *f* auf Energieniveaus
sponge-like powder schwammartiges Pulver *n*
spongy powder schwammartiges Pulver *n*
spontaneous emission *(Halbl)* spontane Emission *f*
~ **polarization** spontane Polarisierung *f*
~ **polarization direction** Richtung *f* der spontanen Polarisierung
spot pattern Bildpunktmuster *n*
spottiness Fleckigkeit *f*, Fleckenbildung *f*, Ungleichmäßigkeit *f (Aussehen)*
spray/to [ver]spritzen *(Flüssigkeiten, Schmelzen)*, [ver]sprühen *(in feine Tröpfchen)*; spritzen *(Oberflächen mit Beschichtungsstoffen)*; bespritzen *(Oberflächen mit Flüssigkeiten)*, bedüsen *(mit feinen Tröpfchen)*; abspritzen
spray coating Spritzbeschichten *n*
~ **deposition process** Sprühabscheidung *f*
~ **drying** *(Pulv)* Sprühtrocknung *f*
sprayed coating Spritzauftragsschicht *f*
spraying Spritzen *n*
spring 1. Quelle *f*; Feder *f*
~ **back/to** zurückschnellen, zurückschnappen
~ **material** Federwerkstoff *m*
~ **steel** Federstahl *m*
springy [rück]federnd, elastisch
sprinkler Feuerlöschsystem *n*, Sprinkler *m*
sputter/to aufspritzen, spritzmetallisieren
sputtered layer gesputterte Schicht *f*
sputtering Zerstäuben *n*, Sprühen *n*, Plasmazerstäubung *n*, Sputtern *n*
~ **of cathode** Katodenzerstäubung *f*
squeezeing technique Aufpreßverfahren *n*
SQUID (superconducting quantum interference detector) supraleitender Quanteninterferenzdetektor *m*, SQUID *m*
SQW (single quantum well) *(Halbl)* Einzelpotentialkasten *m*
Si (100)surface *(Halbl)* Si(100)-Oberfläche *f*, Siliciumoberfläche *f* der Orientierung <100>
Si/SiGe system *(Halbl)* System *n* aus Si und SiGe
stability Stabilität *f*
stabilization Stabilisierung *f*
stabilize/to 1. stabilglühen, stabilisierend glühen *(Stahl)*; 2. stabilisieren
stabilizer Stabilisator *m*, Stabilisierungsmittel *n*
stabilizing annealing Stabilglühen *n*
stable stabil
~ **crack extension** gleichmäßige Rißerweiterung *f*, stabile Rißausbreitung *f*
~ **crack growth** stabiles Rißwachstum *n*
~ **crack propagation** stabile Rißausbreitung *f*
~ **neck** stabile Einschnürung *f*
~ **precipitate** stabile Ausscheidung *f*
stacked-film capacitor Foliestapelkondensator *m*

stacking Stapeln *n*
~ **fault** *(Krist)* Stapelfehler *m*, Schichtungsfehler *m*
~ **fault energy** Stapelfehlerenergie *f*
~ **sequence** *(Halbl)* Stapelfolge *f*
stage Stufe *f*, Stadium *n*, Phase *f*, Schritt *m*
~ **2 crack** Sekundärriß *m*
staining Fleckenbildung *f*
stainless steel nichtrostender (rostfreier) Stahl *m*
staircase energy dependence *(Halbl)* treppenförmige Energiefunktion *f*
standard Standard *m*
~ **cost** Standardkosten *pl*
~ **deviation** Standardabweichung *f*, mittlere quadratische Abweichung *f*, mittlerer quadratischer Fehler *m (Statistik)*
standardize/to 1. standardisieren; 2. einstellen *(auf einen vorgegebenen Richtwert)*
standard temperature and pressure *(Nichtl)* Norm[al]temperatur *f* und Normaldruck *m*
~ **time** Standardzeit *f*, Normalzeit *f*, Zonenzeit *f*, Einheitszeit *f*
standby power Ruheleistung *f*, Reserveleistung *f*
staple fibre Stapelfaser *f*
starting grain size Ausgangskorngröße *f*
~ **material** Ausgangsmaterial *n*
state Zustand *m*, Lage *f*; Beschaffenheit *f*
~ **of stress** Spannungszustand *m*
~ **of the art** Stand *m* der Technik, gegenwärtiger Entwicklungsstand *m*
~**-of-the-art material** moderner (innovativer) Werkstoff *m*
static coefficient of friction statischer Reibungskoeffizient *m*, Haftreibungskoeffizient *m*
~ **failure** statisches Versagen *n*
~ **fatigue** statische Ermüdung *f*
~ **loading** statische Belastung *f*
~ **overload** konstante Überbelastung *f*
~ **stress** statische Spannung *f*
steady state stationärer (stabiler) Zustand *m*, Beharrungszustand *m*; Dauerzustand *m*, eingeschwungener Zustand *m*
~**-state creep** stationäres (sekundäres) Kriechen *n*, Stationärbereich *m (der Kriechkurve)*
~**-state crystallization process** *(Halbl)* stationärer Kristallisationsprozeß *m*
~**-state grain growth** stationäres (gleichmäßiges) Kornwachstum *n*
steam turbine Dampfturbine *f*
steatite Steatit *m*, Speckstein *m*
~ **bobbin** Trägerkörper *m* aus Steatit *(z. B. für Schicht- und Drahtwiderstände)*
steel Stahl *m*
~ **cleanness** Stahlreinheit *f*
~ **composition** Stahlzusammensetzung *f*
~ **deoxidant** Stahldesoxidationsmittel *n*, Stahlreduktionsmittel *n*
steelmaking process Stahlerzeugung *f*, Stahlherstellung *f*, Stahlgewinnung *f*
steel melt Stahlschmelze *f*
~ **plate** Stahlblech *n (von über 0.25 inch = 6,35 mm Dicke)*
~**-reinforced cement** stahlarmierter Zement *m*
~ **scrap** Stahlschrott *m*
~ **strip** Stahl[blech]band *n*, Bandstahl *m*
STEM (scanning transmission electron microscope) Rasterdurchstrahlungselektronenmikroskop *n*
step annealing stufenförmige Glühen *n*
~ **hardening** Stufenhärten *n*
~ **heating** Stufenerwärmung *f*
stick/to ankleben, festkleben, haften
sticking coefficient Haftkoeffizient *m*
~ **temperature** Klebtemperatur *f*
stiff steif, starr
stiffen/to [ver]steifen
stiffness Starrheit *f*, Steifigkeit *f*, Steifheit *f*
stimulated emission *(Halbl)* induzierte Emission *f*
stoichiometric composition stöchiometrische Zusammensetzung *f*
~ **melt** *(Halbl)* stöchiometrische Schmelze *f*
~ **ratio** stöchiometrisches Verhältnis *n*
Stokes emission Stokes-Strahlung *f*
stone Stein *m*
stoneware Steinzeug *n*
stop/to stoppen, anhalten, unterbrechen
store/to lagern
STP s. standard temperature and pressure
strain Dehnung *f*, Verformung *f*, Deformierung *f*
strain/to dehnen, verformen, deformieren
strain aging Reckalterung *f*
~ **coefficient** Dehnungskoeffizient *m*
~**-dependent** dehnungsabhängig
strained layer super lattice *(Halbl)* schichtverformtes Übergitter *n*
strain energy Dehnungsenergie *f*
~ **gage** *(US)* s. ~ gauge
~ **gauge** Dehnungsmeßstreifen *m*
~**-hardened** kaltverfestigt
~ **hardening** Kaltverfestigung *f*, Verformungsverfestigung *f*
~**-hardening effect** Verfestigungseffekt *m*
~ **history** Dehnungsgeschichte *f (von Werkstoffen)*
~**-induced** dehnungsinduziert
~**-induced aging** Reckalterung *f*
~**-induced boundary migration** spannungsinduzierte Korngrenzenwanderung *f*, dehnungsinduziertes Korngrenzenwandern *n*
~**-induced crystallization** dehnungsgesteuerte Kristallisation *f*
~**-induced martensite** Verformungsmartensit *m*
~**-induced precipitation** dehnungsinduzierte Ausscheidung *f*
~ **memory effect** Dehnungsgedächtniseffekt *m*
~**-proportion rule** Dehnungsanteilregel *f*
~ **rate** Dehnungsgeschwindigkeit *f*
~**-to-failure** Bruchdehnung *f*
strand *(Verb)* Faserbündel *n*
stray-current corrosion Streustromkorrosion *f*

streamline flow laminare Strömung *f*
strength Festigkeit *f*
~ **after pressing** *(Pulv)* Grün[körper]festigkeit *f*, Festigkeit *f* des Vorpreßlings
~ **degradation** Festigkeitsabbau *m*
~**-ductility relationship** Festigkeits-Zähigkeits-Verhältnis *n*
strengthen/to verstärken, Festigkeit erhöhen; härten
strengthening Verfestigung *f*
~ **agent** Verfestigungsmittel *n*
~ **effect** Verfestigungseffekt *m*
~ **mechanism** Verfestigungsmechanismus *m*; Härtungsmechanismus *m*
~ **phase** verfestigende Phase *f*
strength retention *(Pulv)* Festigkeitserhaltung *f*
~**-to-weight ratio** Festigkeits-Masse-Verhältnis *n*
~ **under shear** Schubtragfähigkeit *f*
~**-weight ratio** Festigkeits-Masse-Verhältnis *n*
stress Spannung *f*, Beanspruchung *f*, Belastung *f*
~**-accelerated** spannungsgefördert
~ **amplitude** Spannungsamplitude *f*
~ **analysis** Spannungsanalyse *f*
~ **application** Beanspruchung *f*
~ **concentration** Spannungskonzentration *f*, Spannungsanhäufung *f*
~**-concentration factor** Spannungskonzentrationsfaktor *m*
~**-concentration point** Spannungskonzentrationspunkt *m*
~ **corrosion** Spannungskorrosion *f*, Spannungsrißkorrosion *f*
~**-corrosion cracking** Spannungsrißkorrosion *f*, SRK *f*
~**-corrosion resistance** Spannungskorrosionsbeständigkeit *f*, Spannungsrißkorrosionsbeständigkeit *f*
~ **cracking** Spannungsrißbildung *f*
~ **cracking resistance** Spannungsrißbeständigkeit *f*
~ **cycle** Schwingspiel *n*, Spannungszyklus *m* *(mechanisch erzeugt)*
~ **dependence** Spannungsabhängigkeit *f*
~ **exponent** Spannungsexponent *m*
~ **field** Spannungsfeld *n*
~ **frequency** Beanspruchungshäufigkeit *f*
~ **history** Spannungsgeschichte *f (von Werkstoffen)*
~**-induced** spannungsinduziert
~**-induced damage** spannungsinduzierter Schaden *m*
~**-induced grain-boundary migration** spannungsinduzierte Kontaktkorngrenzenmigration *f*
~**-induced transformation** spannungsinduzierte Umwandlung *f*
stressing Beanspruchung *f*
~ **condition** Beanspruchungsart *f*, Beanspruchungsbedingung *f*
~ **time** Beanspruchungsdauer *f*

stress intensity Spannungsintensität *f*
~**-intensity factor** Spannungsintensitätsfaktor *m*, Kerbspannungsfaktor *m*, K-Faktor *m*
~**-intensity level** *s.* stress intensity
~**-intensity range** Spannungsintensitätsbereich *m*
~ **level** Spannungsniveau *n*
~**-optical coefficient** *(Glas)* spannungsoptischer Koeffizient *m*
~ **oscillation range** Spannungsschwingbreite *f*
~ **raiser** spannungserhöhender Faktor *m*
~ **range** Spannungsbereich *m*
~ **relaxation** Spannungsrelaxation *f*, Spannungsrückgang *m*, Spannungsabbau *m*, Nachlassen *n* von Spannung
~ **relief** Entspannung *f*, Spannungsabbau *m*, Spannungsentlastung *f*
~**-relief annealing** Spannungsarmglühen *n*, Spannungsfreiglühen *n*, Entspannungsglühen *n*, Stabil[isierungs]glühen *n*
~**-relief cracking** Rißbildung *f* beim Spannungsarmglühen
~**-relief heat treatment** Entspannen *n*, Spannungsabbau *m*, Spannungsfreiglühen *n*
~**-relief treatment** Spannungsentlastungsbehandlung *f*
~**-relieve/to** entspannen, Spannung abbauen
~ **rupture** Spannungsbruch *m*
~**-rupture strength** Zeitstandfestigkeit *f*
~**-rupture test** Zeitstandversuch *m*
~ **state** Spannungszustand *m*
~**-strain behaviour** Spannungs-Dehnungs-Verhalten *n*
~**-strain curve (line)** Beanspruchungs-Dehnungs-Linie *f*, Spannungs-Dehnungs-Linie *f*; *(Krist)* Gleitkurve *f*, Verfestigungskurve *f*
~ **system** Spannungssystem *n*
~ **threshold** Grenzspannung *f*, Schwellspannung *f*
~**-to-rupture test** Zeitstandversuch *m*
stretch/to strecken, recken
stretch Strecken *n*, Recken *n*,
stretchability Ausdehnungsvermögen *n*
stretcher lines Fließfiguren *fpl*
~ **strain** Reckspannung *f*
stretch forming Streckformen *n*
stria *(Halbl)* Schliere *f*
striation Streifenbildung *f (im Werkstoffinneren)*
stringent requirement strenge Forderung *f*, bindende Werkstoffanforderung *f*
stringer zeilenartiger Einschluß *m*
strip Band *n*
~ **of steel** Stahlblechband *n*, Stahlband *n*, Bandstahl *m*
strontium niobate Strontiumniobat *n*
~ **titanate** Strontiumtitanat *n*
structural analysis Strukturanalyse *f*
~ **anisotropy** Gefügeanisotropie *f*
~ **application** strukturelle Anwendung *f*
~ **ceramic** Strukturkeramik *f*

~ **characterization** Gefügecharakterisierung *f*, Gefügebeschreibung *f*
~ **composite** Konstruktionsverbundwerkstoff *m*, strukturelles Komposit *n*
~ **conversion** Gefügeumwandlung *f*
~ **flaw** Strukturfehler *m*
~ **integrity** Gefügebeständigkeit *f*, Strukturbeständigkeit *f*
~ **material** Baustoff *m*
~ **measurement** Strukturanalyse *f*
~ **modification** Gefügeumwandlung *f*
~ **pinning** Gefügeblockiermechanismus *m (z.B. von Korngrenzen)*, behindernde Wirkung *f* des Gefüges
~ **property** strukturelle Eigenschaft *f*
~ **refinement** Gefügefeinung *f*
~ **steel** Baustahl *m*
structure Gefüge *n*, Gefügeaufbau *m*
***nipi*-structure** *(Halbl)* n-i-p-i-Struktur *f*, n-i-p-i-Kristall *m*, n-i-p-i-Übergitter *n*
***n-p-n*-structure** *(Halbl)* npn-Struktur *f*
structure analysis Strukturanalyse *f*
~**-insensitive** strukturunempfindlich
~ **of material** Stoffstruktur *f*, Werkstoffstruktur *f*
~ **of the type metal1 I DDOP-C-TCNQ LB film I metal2** M I LB I M-Struktur *f*
~**-property relationship** Gefüge-Eigenschafts-Beziehung *f*
~**-sensitive** strukturempfindlich
stucco Stuckgips *m*
styrene-butadiene rubber Styren-Butadien-Kautschuk *m*
sub-band *(Halbl)* Subband *n*
subcomponent zugehöriges Teil *n*, Einzelbauteil *n*
subcritical crack subkritischer Riß *m*
subexcitation energy *(Nichtl)* Energie *f* unterhalb des niedrigsten angeregten Zustandes
subgrain Subkorn *n*, Unterkorn *n*
~ **boundary** Subkorngrenze *f*
~ **boundary strengthening** Subkorngrenzenverfestigung *f*, Verfestigung *f* durch Subkorngrenzen
~ **coalescence** Subkornkoaleszenz *f*
~ **coarsening** Subkornvergröberung *f*
~ **formation** Subkornbildung *f*
~ **growth** Subkornwachstum *n*
~ **misorientation** Subkornfehlorientierung *f*
~ **size** Subkorngröße *f*
subject/to beanspruchen, aussetzen, unterwerfen
sublattice Untergitter *n*, Teilgitter *n*
sublimate/to sublimieren
sublimation Sublimation *f*
submaterial *(Verb)* Teilwerkstoff *m (eines Verbundwerkstoffs)*
submerged-arc welding Unterpulver[lichtbogen]-schweißen *n*
submicron Submikron *n*
subsequent failure Folgeversagen *n*, Folgefehler *m*
substance Substanz *f*, Stoff *m*
substituent Substituent *m*
substitutable 1. substituierbar, austauschbar; 2. als Ersatzstoff einsetzbar
substitute [material] Ersatzstoff *m*, Austauschstoff *m*
substitution Substitution *f*, Ersatz *m*, Austausch *m*
substitutional alloy Substitutionslegierung *f*
~ **solid solution** Substitutionsmischkristall *m*
substrate Substrat *n*, Schichtträger *m*, Träger *m*, Trägersubstanz *f*, Unterlage *f*, Basis *f*, Basisplatte *f*
~ **crystal** Substratkristall *m*
subsurface oberflächennahe Zone *f*
~ **cracking** Bruch *m* unter der Oberfläche
subzero heat treatment Tieftemperaturbehandlung *f*, Tiefkühlung *f*
~ **temperature** Minustemperatur *f*
suitability Zweckmäßigkeit *f*, Eignung *f*
suitable zweckmäßig, geeignet, brauchbar
sulf... *(US)* *s.* sulph...
sulphide Sulfid *n*
~ **film** *(Leit)* Sulfidschicht *f*
~ **former** Sulfidbildner *m*
~**-forming element** sulfidbildendes Element *n*
sulphur S Schwefel *m*
~ **attack** Schwefelangriff *m*
~**-containing** schwefelhaltig
~ **dioxide** Schwefeldioxid *n*, Schwefel(IV)-oxid *n*
~**-free** schwefelfrei
~ **hexafluoride** SF_6 *(Nichtl)* Schwefelhexafluorid *n*, Schwefel(VI)-fluorid *n*
sulphuric acid Schwefelsäure *f*
~**-acid bath** Schwefelsäurebad *n*
~**-acid electrolyte** Schwefelsäureelektrolyt *m*
sulphurous schwefelhaltig
~ **atmosphere** schwefelhaltige Atmosphäre *f*
superalloy Superlegierung *f*, Superalloy *n*
superconducting magnet supraleitender Magnet *m*
~ **material** Supraleiterwerkstoff *m*
~ **matrix** supraleitende Matrix *f*
~ **quantum interference detector** supraleitender Quanteninterferenzdetektor *m*, SQUID *m*
~ **state** supraleitender Zustand *m*
superconductivity Supraleitung *f*
~ **under pressure** Supraleitfähigkeit *f* unter Druck
supercool/to unterkühlen
supercooled melt unterkühlte Schmelze *f*
supercooling Unterkühlen *n*, Unterkühlung *f*
supercurrent density Suprastromdichte *f*
~ **flow** Supra[leitungs]strom *m*
superferritic steel superferritischer Stahl *m*
superficial Rockwell tester Härtemeßgerät *n* für Härtemeßverfahren nach Rockwell, Rockwellhärteprüfer *n*
superimpose/to überlagern
superimposition Überlagerung *f*
superiority Überlegenheit *f*

superlattice *(Halbl)* Supergitter *n*, Übergitter *n*
superplastic superplastisch
superplasticity Superplastizität *f*
super-purity aluminium Reinstaluminium *n*
supersaturate/to übersättigen
supersaturated liquid solution übersättigte flüssige Lösung *f*
~ **solid solution** übersättigter Mischkristall *m*
~ **solution** übersättigte Lösung *f*
supersaturation Übersättigung *f*
supersolidus [liquid-phase] sintering Supersolidus-Flüssigphasensintern *n*
superstructure *(Krist)* Überstruktur *f*
~ **formation** *(Krist)* Überstrukturbildung *f*
supple biegsam, geschmeidig
suppleness Biegsamkeit *f*, Geschmeidigkeit *f*
supply Zuführung *f*, Versorgung *f*
supply/to zuführen, versorgen
supply and demand Angebot *n* und Nachfrage *f*
support Träger *m*, Trägermaterial *n*, Halter *m*, Stütze *f*
suppress/to unterdrücken
suppression Unterdrückung *f*
surface Oberfläche *f*
(110) surface *(Halbl)* (100)-Fläche *f*
surface/to Oberfläche behandeln
surface-active oberflächenaktiv
~**-active agent** oberflächenaktiver Stoff *m*
~ **activity** Oberflächenaktivität *f*
~ **alloying** Oberflächenlegieren *n*
~ **alteration** Oberflächenveränderung *f*
~ **analysis** Oberflächenprüfung *f*, Oberflächenuntersuchung *f*
~ **appearance** s. ~ condition
~ **area** Oberfläche *f*
~ **atom** *(Halbl)* Oberflächenatom *n*
~ **attack** Oberflächenangriff *m*
~ **barrier** *(Halbl)* Oberflächensperrschicht *f*
~ **breakdown** *(EE)* Oberflächendurchschlag *m*
~ **Brillouin zone** *(Halbl)* oberflächliche Brillouin-Zone *f*
~ **carburization** Oberflächenaufkohlung *f*
~ **charge** Oberflächenladung *f*
~ **cleaning** Oberflächenreinigung *f*
~ **coating** 1. Anstrichstoff *m*; Beschichtungs[werk]stoff *m*, Beschichtungsmaterial *n*; 2. Anstrich *m*; Oberflächen[schutz]schicht *f*
~ **coating technology** Oberflächenbeschichtungstechnologie *f*
~ **condition** Oberflächengüte *f*, Oberflächenbeschaffenheit *f*, Oberflächenzustand *m*, Finish *n*
~ **contamination** Oberflächenverunreinigung *f*
~ **crack** Oberflächenriß *m*
~ **cracking** Oberflächenrißbildung *f*
~ **current layer** Oberflächenstromschicht *f*
~ **damage** Oberflächenschaden *m*
~ **decarburization** Oberflächenentkohlung *f*
~ **defect** *(Halbl)* Oberflächenstörstelle *f*
~ **diffusion** Oberflächendiffusion *f*
~ **durability** Oberflächenhaltbarkeit *f*
~ **effect** Oberflächeneffekt *m*, Oberflächenwirkung *f*
~**-emitting diode** *(Halbl)* Oberflächenleuchtdiode *f*, Flächenstrahler *m*
~ **energy** Oberflächenenergie *f*
~ **engineering** Oberflächenmodifikation *f (Veränderung der Mikrogeometrie)*
~ **erosion** Erosion *f*
~ **etching** Oberflächenätzen *n*
~ **fatigue** Oberflächenermüdung *f*
~ **film** Oberflächenfilm *m*, [dünne] Oberflächenschicht *f*
~ **finish** 1. Aussehen *n (der Oberfläche)*; Oberflächenzustand *m*, Oberflächenbeschaffenheit *f*, Oberflächengüte *f*; 2. *s.* ~ finishing
~ **finishing** Oberflächenveredeln *n*, Oberflächenveredelung *f*, Verbesserung *f* der Oberflächenbeschaffenheit (Oberflächengüte)
~ **flaw** Oberflächenfehler *m*
~ **Ga-As pair** *(Halbl)* oberflächliches Ga-As-Paar *n*
~ **harden/to** oberflächenhärten
~ **hardening** Oberflächenhärten *n*, Oberflächenverfestigung *f*, Oberflächenhärtung *f*, Randhärten *n*
~ **hardness** Oberflächenhärte *f*
~ **imperfection** Oberflächenfehler *m*, Oberflächenstörung *f*, Oberflächenstörstelle *f*
~ **layer** Oberflächenschicht *f*, Randschicht *f*, Deckschicht *f*
~ **leakage current** *(Leit)* Streustrom *m*, vagabundierender Strom *m*
~ **leakage current** *(Halbl)* Oberflächenverluststrom *m*
~ **morphology** Oberflächenmorphologie *f*
~ **oxidation** Oberflächenoxidation *f*, oberflächliche Oxidation *f*
~ **plane** *(Halbl)* oberflächliche Ebene *f*
~ **preparation** Oberflächenvorbehandlung *f*, Oberflächenvorbereitung *f*
~ **processing** Oberflächenbehandlung *f*
~**-projected valence band structure** *(Halbl)* oberflächenprojizierte Valenzbandstruktur *f*
~ **property** Oberflächeneigenschaft *f*
~ **quality** s. ~ finish 1.
~ **region atom** *(Halbl)* Oberflächenatom *n*
~ **roughness** Oberflächenrauhigkeit *f*, Oberflächenrauheit *f*
~**-sensitive analytical technique** oberflächenempfindliche Analysetechnik *f*
~ **softening** Weichmachen *n* der Oberfläche *(von Kunststoffen)*
~ **state** *(Halbl)* Oberflächenzustand *m*
~ **state density** *(Halbl)* Oberfächenzustandsdichte *f*
~ **strengthening** Oberflächenverfestigung *f*
~ **stress (tension)** Oberflächenspannung *f*, Oberflächenenergie *f*
~ **tracking** *(Nichtl)* oberflächliche Kriechspurbildung *f*

~ **treatment** Oberflächenbehandlung *f*
surfactant oberflächenaktiver Stoff *m*
surge generation Stoßstromgenerierung *f*
susceptibility Anfälligkeit *f*, Empfindlichkeit *f*
~ **to cracking** Rißanfälligkeit *f*, Rißempfindlichkeit *f*
~ **to embrittlement** Versprödungsanfälligkeit *f*
~ **to hydrogen** Wasserstoffempfindlichkeit *f*
~ **to hydrogen cracking** Wasserstoff-Rißkorrosionsempfindlichkeit *f*
~ **to oxidation** Oxidationsanfälligkeit *f*
~ **to pitting** Lochfraßanfälligkeit *f*
~ **to stress-corrosion cracking** Spannungsrißkorrosionsempfindlichkeit *f*, Spannungsrißkorrosionsanfälligkeit *f*
~ **to thermal crack** Heißrißanfälligkeit *f*
susceptible anfällig, empfindlich
~ **to cracking** rißanfällig, rißempfindlich
~ **to humidity** feuchigkeitsempfindlich
~ **to pressure** *(Halbl)* druckempfindlich
susceptor *(Halbl)* Heizer *m*
sustain/to aushalten
sustained high-temperature ac operation Dauerwechselstrombetrieb *m* bei hohen Temperaturen
~**-load time** konstante Belastungszeit *f*
swage/to [rund]hämmern, gesenkschmieden
swell/to quellen, aufquellen, anquellen
swelling Quellung *f*
~ **agent** Quellungsmittel *n*
~ **test** Quellungsprüfung *f*
switch Schalter *m*
switched ferroelectric Schaltferroelektrikum *n*
switching *(Halbl)* Schalten *n*
~ **delay** *(Halbl)* Schaltverzögerung *f*
~ **energy** Schaltenergie *f*
~ **property** Schalteigenschaft *f*
~ **temperature** Schalttemperatur *f*
~ **transistor** Schalttransistor *m*
symmetry point *(Halbl)* Symmetriepunkt *m*
synchroshear synchrone Scherung *f*
syndiotactic *(Kunst)* syndiotaktisch
synergistic *(Nichtl)* synergistisch
synthesize/to synthetisieren, synthetisch herstellen, durch Synthese herstellen
synthetic fibre Synthesefaser *f*, synthetische Faser *f*, Chemiefaser *f*
~ **organic polymer fibre** *(Nichtl)* synthetische organische Polymerfaser *f*
~ **polymer-film dielectric** synthetisches Polymerisatfolien-Dielektrikum *n*
~ **rubber** synthetischer (künstlicher) Kautschuk *m*, Synthesekautschuk *m*, Kunstkautschuk *m*
~ **rubber compound** Synthesekautschukmischung *f*
~ **superlattice** *(Halbl)* synthetisches Supergitter *n*
~ **yarn** synthetisches Garn *n*
system component Systemkomponente *f*
Szigeti effective-charge parameter *(Halbl)* Szigeti-Parameter *m* der effektiven Ladung

T

tab Lasche *f*, Nase *f*, Vorsprung *m*, Drucktastenauslöser *m*
tabulation Tabellierung *f*, tabellarische Aufstellung *f*
tack Klebrigkeit *f (eines Prepregs)*
tacky klebrig
tacticity Taktizität *f*
tailorability Aufgabenanpassung *f (von Werkstoffen)*
tailored maßgeschneidert, aufgabenangepaßt *(Werkstoffe)*
tailor properties/to anwendungsspezifische Eigenschaften erzielen (anstreben)
tail state *(Halbl)* Tail-Zustand *m*
take into account/to berücksichtigen
TANDEL (temperature autostabilizing non-linear dielectric element) TANDEL *n*, TGS-Element *n*, Triglycinsulfat-Element *n*
tantalum Ta Tantal *n*
~ **carbide** Tantalcarbid *n*
~ **metal** Tantalmetall *n*
~ **nitrid** Tantalnitrid *n*
tap density *(Pulv)* Klopfdichte *f*
tape Band *n*
~ **laying** *(Verb)* Handauflegeverfahren *n*
taper *(Halbl)* Keiligkeit *f*
tapering *(Halbl)* Abschrägen *n*
tar Teer *m*
target Ziel *n*
tarnish *(Leit)* Anlaufen *n*, Trübung *f*, Belag *m*
Taylor factor Taylorfaktor *m*
TCR (temperature coefficient of resistance) Temperaturkoeffizient *m* des Widerstandes, Widerstands-Temperaturkoeffizient *m*
~ **characteristics** (temperature coefficient of resistance characteristics) Widerstands-Temperaturkoeffizient-Kennlinie *f*
tear Reißen *n*
tearing process Reißprozeß *m*, Zerreißprozeß *m*, Kohäsionsprozeß *m*
~ **resistance** Reißfestigkeit *f*, Zerreißfestigkeit *f*
~ **strength** Reißfestigkeit *f*, Zerreißfestigkeit *f*
tear resistance Reißfestigkeit *f*, Zerreißfestigkeit *f*
~ **strength** Reißfestigkeit *f*, Zerreißfestigkeit *f*
technical strain technische Dehnung *f*
technological property technologische Eigenschaft *f*
teflon fluorierter Kohlenwasserstoff *m*, Fluorkohlenwasserstoff *m*, Teflon *n*
TEG (triethylgallium) $Ga(C_2H_5)_3$ *(Halbl)* Triethylgallium *n*
tellurium Te Tellur *n*
TEM (transmission electron microscopy) Transmissions-Elektronenmikroskopie *f*, Durchstrahlungselektronenmikroskopie *f*, TEM
temper/to anlassen
temperature Temperatur *f*

~ **autostabilizing non-linear dielectric element** TANDEL *n*, TGS-Element *n*, Triglycinsulfat-Element *n*
~ **coefficient of capacitance** Temperaturkoeffizient *m* der Kapazität
~ **coefficient of resistance** Temperaturkoeffizient *m* des Widerstandes, Widerstands-Temperaturkoeffizient *m*
~ **coefficient of resistance characteristics** Widerstands-Temperaturkoeffizient-Kennlinie *f*
~**-compensating circuitry** Temperaturausgleichsschaltungstechnik *f*, Temperaturkompensationsschaltungstechnik *f*
~ **compensation** *(Magn)* Temperaturkompensation *f*
~**-compensation material** Werkstoff *m* für Temperaturkompensationen
~ **control** Temperaturregelung *f*, Temperatursteuerung *f*
~ **dependence** Temperaturabhängigkeit *f*
~ **gradient** Temperaturgradient *m*
~**-independent** temperaturunabhängig
~ **measurement** Temperaturmessung *f*
~ **profile** Temperaturprofil *n*
~ **range** Temperaturbereich *m*
~ **sensor** Temperaturfühler *m*
temper brittleness Anlaßversprödung *f*
~ **carbon** Temperkohle *f*
~ **colour** Anlaßfarbe *f*, Anlauffarbe *f*
~ **embrittlement** Anlaßsprödigkeit *f*
tempering Tempern *n*, Anlassen *n*
~ **brittleness** Anlaßsprödigkeit *f*
~ **resistance** Anlaßbeständigkeit *f*
~ **temperature** Anlaßtemperatur *f*
~ **treatment** Anlaßbehandlung *f*
tenacious fest haftend; zäh
tenacity Haftfestigkeit *f*; Zähigkeit *f*
tendency to crack Rißneigung *f*
~ **to pitting** Lochfraßneigung *f*
tensile axis Zug[spannungs]achse *f*
~ **bar** Zugstab *m*
~ **behaviour** Verhalten *n* bei Zugbeanspruchung
~ **cycle** Zuglastspiel *n*
~ **deformation** Zugverformung *f*, Verformung *f* unter Zugbeanspruchung
~ **elongation** Zugdehnung *f*, Zugausdehnung *f*
~ **fracture behaviour** Dehnbruchverhalten *n*
~ **load** Zuglast *f*
~ **loading** Zugbelastung *f*
~ **modulus** Zugmodul *n*
~ **specimen** Zugprobe *f*
~ **splitting test** Spaltzugprüfung *f*
~ **strain** Zugdehnung *f*, Dehnung *f* in Zugrichtung, Längsdehnung *f*
~ **straining** Zugverformung *f*
~ **strength** Zugfestigkeit *f*
~ **stress** Zugspannung *f*, Zugbeanspruchung *f*
~ **test** Zug[festigkeits]versuch
~ **testing** Zug[festigkeits]prüfung *f*
~**-testing machine** Zugprüfmaschine *f*
~ **yield strength** Fließgrenze *f* im Zugversuch
tension Zug *m*, Zugbeanspruchung *f*
~ **test** Zugfestigkeitsversuch *m*, Zugversuch *m*
tensor of order two Tensor 2. Stufe *m*, zweistufiger Tensor *m*
teratogenic teratogen, Mißbildungen hervorrufend
terbium *(elopt)* Tb Terbium *n*
~ **fluoride** TbF_3 *(elopt)* Terbiumfluorid *n*
~ **molybdate** $Tb_2(MoO_4)_3$ Terbiummolybdänat *n*
terminal Klemme *f*, Anschlußklemme *f*, Klemmschraube *f*, Pol *m*
terminate/to [be]enden, begrenzen, abschließen
termination 1. Abschluß *m*, Ende *n*, Beendigung *f*; 2. Abschlußwiderstand *m*, Endverschluß *m* *(z.B. eines Kabels)*
~ **of growth** *(Halbl)* Beendigung *f* der Kristallzucht
ternary ternär
~ **alloy** ternäre Legierung *f*, Dreistofflegierung *f*
~ **alloy of III-V compounds** *(Halbl)* ternäre Legierung *f* von III-V-Verbindungen
~ **compound** ternäre Verbindung *f*
~ **III-V compound** ternärer III-V-Halbleiter *m*
~ **eutectic system** Dreistoffeutektikum *n*
~ **phase diagram** ternäres Phasendiagramm *n*
~ **semiconductor** ternärer Halbleiter *m*
~ **solid-solution system** *(Halbl)* ternäres Mischkristallsystem *n*
terne coating Terne-Beschichtung *f* *(feuermetallisch aufgebrachte Bleischutzschicht mit Zinnzusatz)*
terrace *(Halbl)* Stufenversetzung *f*
tertiary creep tertiäres (beschleunigtes) Kriechen *n*, Tertiärbereich *m* *(der Kriechkurve)*
~ **pyroelectricity** tertiäre (falsche) Pyroelektrizität *f*
~ **stage of the creep** Tertiärbereich *m* des Kriechens
test Prüfung *f*
test/to testen, prüfen, untersuchen
test bench Prüfstand *m*
~ **casting** Probeabguß *m*, Versuchsguß *m*
~ **conditions** Prüfbedingungen *fpl*, Versuchsbedingungen *fpl*
testing procedure Versuchsdurchführung *f*
test medium Prüfmedium *n*, Versuchsmedium *n*
~ **melt** Versuchsschmelze *f*
~ **method** Prüfmethode *f*, Prüfverfahren *n*
~ **object** Versuchsobjekt *n*
~ **panel** Probetafel *f*, Prüfplatte *f*; Prüfblech *n*, Probeblech *n*, Versuchsblech *n*
~ **piece** Probe *f*, Prüfkörper *m*, Probekörper *m*, Prüfling *m*
~ **result** Prüfergebnis *n*
~ **sensitivity** Prüfempfindlichkeit *f*
tetrafluoroethylene Tetrafluorethylen *n*, Tetrafluorethen *n*, Perfluorethen *n*
tetragonal tetragonal
~ **crystallographic structure** tetragonale kristallographische Struktur *f*

tetragonality *(Krist)* Tetragonalität *f*
tetragonal phase tetragonale Phase *f*
~ **to cubic transition** Übergang *m* von tetragonaler zu kubischer Struktur
~ **zirconic polycrystal** tetragonaler Zirconiumpolykristall *m*
tetrahedral coordination *(Halbl)* tetraedrische Koordinierung *f*
~ **crystal** *(Halbl)* tetraedrischer Kristall *m*
tetrahedrally bonded semiconductor *(Halbl)* tetraedrisch koordinierter Halbleiter *m*
tetrahedron Tetraeder *m*, Vierflächner *m*
tetrakaidecahedral grain vierzehneckiges Korn *n*
textile fibre Textilfaser *f*
textiles Textilien *fpl*
texture Textur *f*
textured film strukturierter Film *m*
texture formation Texturbildung *f*
TFE Tetrafluorethylen *n*, Tetrafluorethen *n*, Perfluorethen *n*
TFT (thin-film transistor) *(Halbl)* Dünnschichttransistor *m*
TGS (triglycine sulphate) $(NH_2CH_2COOH)_3H_2SO_4$ Triglycinsulfat *n*, TGS *n*
thermal thermisch, Wärme...
~ **aging** thermische Alterung *f*
~ **analysis** thermische Analyse *f*, Thermoanalyse *f*
~ **annealing** thermisches Ausheilen *n*
~ **axis** *(Halbl)* thermische Achse *f*
~ **capacity** Wärmekapazität *f*
~ **conductivity** Wärmeleitfähigkeit *f*, Wärmeleitvermögen *n*
~ **contraction** thermische Kontraktion *f*
~ **cracking** thermisches Kracken (Spalten) *n*, radikalisches Kracken *n*
~ **cycling** thermische Wechselbeanspruchung *f*
~ **decomposition** thermische Zersetzung *f*
~ **detection** Wärmenachweis *m*
~ **detector** Wärmedetektor *m*
~ **diffusivity** Temperaturleitfähigkeit *f*, Temperaturleitvermögen *n*
~ **dissipation** Wärmeabfuhr *f*, Wärmeabgabe *f*
~ **distribution** Wärmeverteilung *f*
~ **effect** thermischer Effekt *m*
~ **endurance** thermische Beständigkeit *f*, Temperaturwechselbeständigkeit *f*, Wärmefestigkeit *f*
~ **equilibrium** thermisches Gleichgewicht *n*
~ **excitation of electrons** *(Halbl)* thermische Anregung *f* von Elektronen
~ **expansion** Wärmeausdehnung *f*
~ **expansion coefficient** Wärme[aus]dehnungskoeffizient *m*, thermischer Ausdehnungskoeffizient *m*
~ **fatigue** thermische Ermüdung *f*
~ **fatigue resistance** thermische Wechselfestigkeit *f*
~ **hardening** thermisches Härten *n*
~ **hoop stress** *(Halbl)* thermische Schrumpfspannung *f*
~ **imager (image sensor)** thermischer Bildsensor *m*
~ **instability** thermische Instabilität *f*
thermally activated nucleation thermisch aktivierte Keimbildung *f*
~ **activated process** thermisch aktivierter Prozeß *m*
~ **grown** *(Halbl)* thermisch gezüchtet
thermal property thermische Eigenschaft *f*
~ **relaxation** thermische Relaxation *f*
~ **resistance** Wärmebeständigkeit *f*, Hitzebeständigkeit *f*, Wärmestabilität *f*, thermische Stabilität *f*
~ **shock** thermischer Schock *m*, Thermoschock *m*, Temperaturschock *m*
~-**shock resistance** Wärmeschockbeständigkeit *f*, Temperaturwechselbeständigkeit *f*
~ **stability** Wärmebeständigkeit *f*, Hitzebeständigkeit *f*, Wärmestabilität *f*, thermische Stabilität *f*
~ **stress** *(Nichtl)* Wärmespannung *f*
~ **transducer** thermischer Wandler *m*
~ **treatment** thermische Behandlung *f*, Wärmebehandlung *f*, Vergütung *f*
~ **vibration** thermische Schwingung *f*
thermochemical thermochemisch
thermocouple Thermoelement *n*
thermodynamic thermodynamisch
thermodynamically stable thermodynamisch beständig
thermodynamic equilibrium thermodynamisches Gleichgewicht *n*
~ **model** thermodynamisches Modell *n*
~ **potential** thermodynamisches Potential *n*
~ **relaxation** thermodynamische Relaxation *f*
thermodynamics Thermodynamik *f*
thermodynamic stability thermodynamische Stabilität *f*
thermoelastic relaxation thermoelastische Relaxation *f*
thermoelectric potential Thermospannung *f*
thermoformable warmformbar
thermoforming Warmformen *n*, Warmformung *f*
thermography *(Krist)* Thermographie *f*
thermoluminescence Thermolumineszenz *f*
thermomechanical thermomechanisch
~-**controlled processing** gesteuerte thermomechanische Behandlung *f*
~-**controlled processing steel** thermomechanisch hergestellter Stahl *m*
~ **processing** thermomechanische Behandlung *f*
thermoplastic thermoplastisch
thermoplastic Thermoplast *m*, thermoplastischer Kunststoff *m*
~ **composite** thermoplastischer Kunststoffverbund *m*, Thermoplast-Verbundwerkstoff *m*
thermoplasticity Thermoplastizität *f*
thermoplastic prepreg Thermoplast-Prepreg *n*
thermoset Duroplast *m*
~ **composite** Thermoset-Verbundwerkstoff *m*

thermosetting warmhärtbar, hitzehärtbar; *(Kunst)* duroplastisch
~ **adhesive** duroplastischer Klebstoff *m*
~ **plastic** hitzehärtbarer (wärmehärtbarer, duroplastischer) Kunststoff *m,* Duroplast *m*
~ **polymer** Duroplast *m*
~ **resin matrix** Duroplast-Harzmatrix *f*
thickener *s.* thickening agent
thickening agent Verdickungsmittel *n*, viskositätserhöhendes Mittel *n*
thick-film carbon-composition resistor Dickschichtkohlewiderstand *m*
~-film cermet resistor Dickschichtcermetwiderstand *m*
~-film conductive pattern Dickschichtleitungsstruktur *f*
thickness Dicke *f*, Stärke *f*
~ **control** *(Halbl)* Sicherung *f* der Dickentoleranz
~ **of the channel layer** *(Halbl)* Kanalschichtdicke *f*
thin-film device *(elopt)* Dünnschichtbauelement *n*
~-film form Dünnschichtgestalt *f*
~-film large area device *(elopt)* großflächiges Dünnschichtbauelement *n*
~ **film of oxide** dünner Oxidfilm *m*
~-film polycrystalline semiconductor *(elopt)* polykristalliner Dünnschichthalbleiter *m*
~-film polymeric material Dünnfilm-Polymerisat *n*
~-film resistor Dünnschichtwiderstand *m*
~-film semiconductor resistor Dünnschichthalbleiterwiderstand *m*
~-film superconductor Dünnschichtsupraleiter *m*, supraleitende dünne Schicht *f*
~-film system *(Halbl)* Dünnschichtsystem *n*
~-film transistor *(Halbl)* Dünnschichttransistor *m*
~-walled dünnwandig
~-walled pressure vessel dünnwandiges Druckgefäß *n*
~-walled tube dünnwandiges Rohr *n*
thiokol Polyethylentetrasulfid *n*, Thiokol *n*
third-order tensor Tensor *m* 3. Stufe
thixotropic flow thixotropischer Fluß *m*
thoria Thorerde *f*, Thorium(di)oxid *n*
thread 1. Faden *m*; 2. Gewinde *n*; Gewindegang *m*
~ **rolling** Gewindewalzen *n*
three-dimensional dreidimensional
~-dimensional class dreidimensionale Kristallklasse (Punktgruppe) *f*
~-dimensional radiography dreidimensionale Röntgenographie *f*
threshold Schwellwert *m*, Schwelle *f*
~ **condition** Schwellenbedingung *f*
~ **current** *(Halbl)* Schwellenstrom *m*
~ **current density** *(Halbl)* Schwellenstromdichte *f*
~ **energy** *(Nichtl)* Schwellenenergie *f*
~ **stress** Grenzspannung *f*, Schwellspannung *f*
~ **temperature** Schwellentemperatur *f*
~ **value** Schwellenwert *m*
~ **voltage** *(Halbl)* Schwellenspannung *f*
through hardening Durchhärtung *f*
~-hardening steel durchhärtbarer Stahl *m*
~ **heating** Durchwärmung *f*
throughput Leistung *f*
through-thickness ductility Duktilität *f* über die ganze Materialdicke
thulium Tm Thulium *n*
thyristor *(Halbl)* Thyristor *m*
tie Verbindung *f*, Befestigung *f*, Verbindungsstück *n*
tight binding model *(Halbl)* Modell *n* der festen Bindungen
tilt boundary *(Krist)* Neigungskorngrenze *f*
tilted schräg
tilting off *(Halbl)* Abkippen *n*
time consuming zeitraubend
~ **dependence** Zeitabhängigkeit *f*
~-dependent zeitabhängig
~-dependent process zeitabhängiger Prozeß *m*
~-temperature-transformation diagram Zeit-Temperatur-Umwandlungs-Schaubild *n*
~-to-failure Standzeit *f*, Bruchzeit *f*, Zeit *f* bis zum Versagen
~-to-failure test Dauerschwingversuch *m*
~-to-fracture Bruchzeit *f* *(Spannungsrißkorrosion)*
tin Sn Zinn *n*
~-antimony oxide film Zinnantimonoxidfilm *m*
~ **oxide film** Zinnoxidfilm *m*
~-plate Weißblech *n*, verzinntes Eisenblech *n*
tip Kontaktspitze *f*
tip an LPE boat/to *(Halbl)* ein Graphitboot kippen *(bei Schichterzeugung durch Flüssigphasenepitaxie)*
tip of the crack Rißspitze *f*, Rißfront *f*, Rißende *n*
tipping technique *(Halbl)* Kipptechnik *f*
tire cord Reifenkord *m*
titanium Ti Titan *n*
titanium(IV) oxide TiO_2 Titan(IV)-oxid *n*, Titandioxid *n*
titanium alloy Titanlegierung *f*
~ **carbide** Titancarbid *n*
~ **dioxide** TiO_2 Titan(IV)-oxid *n*, Titandioxid *n*
TMCP (thermomechanical controlled processing) gesteuerte thermomechanische Behandlung *f*
~ **steel** thermomechanisch hergestellter Stahl *m*
TMG (trimethylgallium) $Ga(CH_3)_3$ *(Halbl)* Trimethylgallium *n*
TMO (terbium molybdate) $Tb_2(MoO_4)_3$ Terbiummolybdänat *n*
TMP (thermomechanical processing) thermomechanische Behandlung *f*
toggle Kniehebel *m*
tolerance Toleranz *f*, zulässige Abweichung *f*
tombac Tombak *m* *(Kupfer-Zink-Legierung)*
tomographic tomographisch
tomography Tomographie *f*, Schichtaufnahmetechnik *f*
tooling Werkzeugausstattung *f*
tool life Werkzeugstandzeit *f*
~ **material** Werkzeugwerkstoff *m*

~ **steel** Werkzeugstahl *m*
~ **wear** Werkzeugverschleiß *m*
top of a band *(Halbl)* Bandoberkante *f*
~ **of the valence band** *(Halbl)* Maximum *n* des Valenzbandes, Valenzbandkante *f*
torsion Torsion *f*, Verdrehung *f*, Drillung *f*, Verwindung *f*
torsional fracture Torsionsbruch *m*
~ **load** Torsionsbeanspruchung *f*
~ **moment** Torsionsmoment *n*
~ **shear stress** Torsionsschubspannung *f*
~ **stiffness** Torsionssteifigkeit *f*
~ **strength** Torsionsfestigkeit *f*, Verdrehungsfestigkeit *f*, Verdrehfestigkeit *f*
torsion-free torsionsfrei, verdrehungsfrei
~ **strength** s. torsional strength
~ **test** Torsionsversuch *m*
total conductivity Gesamtleitfähigkeit *f*, Gesamtleitvermögen *n*
~ **crack length** Gesamtrißlänge *f*
~ **elongation** Gesamtdehnung *f*
~ **energy** Gesamtenergie *f*
~ **pressure** Gesamtdruck *m*
~ **pyroelectric coefficient** Gesamtbetrag *m* des pyroelektrischen Koeffizienten
~ **strain** Gesamtdehnung *f*
~ **strain amplitude** Gesamtdehungsamplitude *f*
~ **strain range** Gesamtdehnungsbereich *m*
~ **stress range** Gesamtspannungsbereich *m*
***n*- to *p*-type conversion** *(Halbl)* Übergang *m* von n- zur p-Leitung
tough zäh
toughen/to zäh machen; zäh werden
toughness Zähigkeit *f*, Zähfestigkeit *f*
~ **testing** Zähigkeitsprüfung *f*
tourmaline $(Na,Ca)(Mg,Fe,Al,Li)_3Al_6(BO_3)_3(Si_6O_{18})(OH,F)_4$ Turmalin *m (allg. für eine Gruppe von Cyclosilicaten)*
trace addition Spurenzugabe *f (von Legierungselementen)*
~ **analysis** Spurenanalyse *f*
~ **element** Spurenelement *n*
~ **impurity** Spurenverunreinigung *f*
~ **metal analysis** Spurenmetallanalyse *f*
tracking *(Nichtl)* Kriechspurbildung *f*, Kriechwegbildung *f*
~ **resistance** *(Nichtl)* Kriechstromfestigkeit *f*
trade-off Kompromiß *m*, Kompromißvorschlag *m*
transcrystalline failure transkristalliner (intrakristalliner) Bruch *m*
transducer Wandler *m*
~ **device** Wandler-Bauelement *n*
~ **for sound generation** Wandler *m* zur Schallerzeugung
transfer moulding Preßspritzen *n*, Spritzpressen *n*, Spritzpreßverfahren *n*, Transferpressen *n* *(von Kunststoffen)*; Harzinjektionsverfahren *n*
transferred-electron device *(Halbl)* Elektronenübergangs[bau]element *n*, Bauelement *n* mit Elektronenübertragung
~**-electron oscillator** *(Halbl)* Oszillator *m* mit Elektronenübertragung
transform/to umwandeln, überführen; sich umwandeln, übergehen *(z.B. in eine andere Modifikation)*
transformation behaviour Umwandlungsverhalten *n*
~ **diagram** Umwandlungsdiagramm *n*
~ **dislocation** Umwandlungsversetzung *f*
~ **hardening** Umwandlungshärtung *f*
~**-induced plasticity** umwandlungsinduzierte Plastizität *f*
~ **kinetics** Umwandlungskinetik *f*
~ **point** Umwandlungspunkt *m*
~ **temperature** Transformationstemperatur *f*, Umwandlungstemperatur *f*
~ **toughening [mechanism]** Transformationsverfestigung *f*
transformer burn-out Ausbrennen *n* eines Transformators
~ **steel** Transformatorenstahl *m*
transgranular transkristallin
~ **failure (fracture)** *s.* transcrystalline failure
transient unbeständig, instabil *(z.B. Radikale)*
~ **creep** Übergangskriechen *n*, primäres Kriechen *n*
~ **liquid** temporäre flüssige Phase *f*
~ **liquid phase sintering** *(Pulv)* temporäres Flüssigphasensintern *n*
transistor Transistor *m*
***n-p-n* transistor** *(Halbl)* npn-Transistor *m*
***p-n-p* transistor** *(Halbl)* pnp-Transistor *m*
transition layer Übergangsschicht *f*
~ **metal** Übergangsmetall *n*
~ **metal element** Übergangselement *n*, Übergangsmetall *n*
~ **metal oxide** Übergangsmetalloxid *n*
~ **probability** *(elopt)* Übergangswahrscheinlichkeit *f*
~ **strength** Übergangsfestigkeit *f*
~ **structure** Umwandlungsgefüge *n*
~ **structure** *(Halbl)* Struktur *f* der Übergänge
~ **temperature** Umwandlungstemperatur *f*, Übergangstemperatur *f*
transit time *(Halbl)* Laufzeit *f*
~ **time for a carrier** *(Halbl)* Transitzeit *f* einer Ladung
translucency Durchsichtigkeit *f*, Transluzenz *f*
transmission electron microscopy Transmissions-Elektronenmikroskopie *f*, Durchstrahlungselektronenmikroskopie *f*, TEM
~ **line** *(Leit)* Hochspannungsleitung *f*
transmutation doping *(Halbl)* Transmutierungsdotierung *f*
transparency 1. Transparenz *f*, Durchlässigkeit *f*; 2. *s.* translucency

transparent electrode *(elopt)* transparente Elektrode *f*
~ **piezoelectric ceramic** transparente piezoelektrische Keramik *f*
transpassivation Transpassivierung *f*
transpassive transpassiv
transpassivity Transpassivität *f*
transporting agent Transportmittel *n*
transverse crack Querriß *m*
~ **cracking** Querrißbildung *f*
~ **direction** Querrichtung *f*
~ **modulator** *(elopt)* Quermodulator *m*
~ **shear** Querschub *m*
~ **shear modulus** Querschubmodul *m*
~ **strength** Biegefestigkeit *f*, Scherfestigkeit *f*, Querbruchfestigkeit *f*
~ **tensile strength** Querzugfestigkeit *f*
trap *(Halbl)* Haftstelle *f*
trap/to 1. zurückhalten *(z.B. korrosive Stoffe in Vertiefungen)*; 2. einschließen *(Gase)*; 3. *(Halbl)* einfangen
trap depth *(elopt)* Haftstellentiefe *f*
trapping *(elopt)* Einfangen *n*
~ **level** *(elopt)* Haftterm *m*
~ **site** Einfangplatz *m*
treat/to behandeln, aufbereiten, *(Erdölprodukte, Gase auch)* nachbehandeln; versetzen; bearbeiten *(mechanisch)*
treatment Behandlung *f*, Aufbereitung *f*, Nachbehandlung *f*
treed verzweigt, verästelt
trial-and-error procedure Annährungsverfahren *n*, Probiermethode *f*, Trial-and-error-Methode *f*, Versuch-und-Irrtum-Methode *f*
triallyl cyanurate Triallylcyanurat *n*
triangular-shaped potential well *(Halbl)* dreieckförmiger Potentialkasten *m*
triaxiality 1. Dreiachsigkeit *f*, Räumlichkeit *f*; 2. *s.* triaxial stress
triaxial stress dreiachsige Beanspruchung *f*; dreiachsiger Spannungszustand *m*
tribology Tribologie *f*
tribosystem Tribosystem *n*
triclinic triklin
triethylgallium $Ga(C_2H_5)_3$ *(Halbl)* Triethylgallium *n*
triglycine sulfate $(NH_2CH_2COOH)_3H_2SO_4$ Triglycinsulfat *n*, TGS *n*
trigonal phase trigonale Phase *f*
trimethylaluminium $Al(CH_3)_3$ *(Halbl)* Trimethylaluminium *n*
trimethylgallium (TMG) $Ga(CH_3)_3$ *(Halbl)* Trimethylgallium *n*
trimmer Trimmer *m*
trimming rate Justiergeschwindigkeit *f*
trim path Trimmpfad *m*
triple point Tripelpunkt *m*, Kornzwickel *m*
~ **point cracking** Tripelpunktriß *m*, Kornzwickelaufreißen *n*
~ **point junction** s. triple point
triplex process Triplexprozeß *m*
trivalent element dreiwertiges Element *n*
troubleshooting Fehlersuche *f*, Fehlerermittlung *f*
true hardness wahre Härte *f*
~ **porosity** Gesamtporosität *f*
~ **strain** Umformgrad *m*, wahre Dehnung *f*
~ **stress** wahre Spannung *f*
TTF test (time-to-failure test) Dauerschwingversuch *m*
TTT diagram Zeit-Temperatur-Umwandlungs-Schaubild *n*
tube Rohr *n*
~ **furnace** *(Halbl)* Röhrenofen *m*
Tukon hardness tester Tukonhärteprüfer *m*
tumble/to kippen, stürzen
tune/to abstimmen
tungsten W Wolfram *n*
~**-base composite** Verbundwerkstoff *m* auf der Grundlage von Wolfram
~ **carbide** Wolframcarbid *n*
~**-carbide-base composite** Verbundwerkstoff auf der Grundlage von Wolframcarbid *f*
~ **fibre** Wolframfaser *f*
~ **high-speed steel** Wolframschnellarbeitsstahl *m*
~ **powder** Wolframpulver *n*
~ **steel** Wolframstahl *m*
tunnel/to tunneln
tunnel current Tunnelstrom *m*, Durchtunnelungsstrom *m*
tunnelling Tunneln *n*, Durchtunnelung *f*
~ **effect** Tunneleffekt *m*
turn-to-turn voltage *(Nichtl)* Windungsspannung *f*
twin *(Krist)* Zwilling *m*
~ **boundary** Zwillingsgrenze *f*
~ **formation** Zwillingsbildung *f (bei Kristallen)*
twinning Zwillingsbildung *f (bei Kristallen)*
twin plane Zwillingsebene *f*
twist/to sich verwinden, sich verdrehen
twist boundary Verdrehungsgrenze *f*
twisting Verschränken *n (von Subkornbereichen)*, Verwindung *f*
two-dimensional class zweidimensionale Klasse *f*
~**-dimensional electron gas** *(Halbl)* zweidimensionales Elektronengas *n*
~**-dimensional fabrics** zweidimensionaler Verbundwerkstoff *m*
~ **non-overlapping bands** *(Halbl)* zwei sich nicht überlappende Bänder *npl*
~**-phase composite** zweiphasiger Verbundwerkstoff *m*
~**-phase region** Zweiphasengebiet *n*
~**-stage annealing** Zweistufenglühen *n*
~**-stage process** Zweistufenprozeß *m*
~**-way shape-memory alloy** Zweigwegformgedächtnislegierung *f*
~**-way shape-memory effect** Zweiwegeffekt *m*
Tyndall effect Tyndall-Effekt *m*
***n*-type doping** *(Halbl)* n-Dotierung *f*
***p*-type doping** *(Halbl)* p-Dotierung *f*

type II material supraleitender Werkstoff *m* 2. Art
~ **of corrosion** Korrosionstyp *m*, Korrosionsart *f*
***p*-type region** *(Halbl)* defektleitender Bereich *m*
***p*-type substrate** *(Halbl)* p-Substrat *n*
type I superconductor Supraleiter *m* 1. Art, Typ I-Supraleiter *m*
~ **II superconductor** Supraleiter *m* 2. Art, Typ II-Supraleiter *m*
tyre cord Reifenkord *m*
TZP (tetragonal zirconic polycrystal) tetragonaler Zirconiumpolykristall *m*

U

UHV chamber (ultrahigh-vacuum chamber) *(Halbl)* Ultrahochvakuum-Reaktor *m*
ultimate compressive strain Grenzstauchung *f*
~ **load capacity** Grenztragfähigkeit *f*
~ **tensile strength** Zugfestigkeit *f*
ultrafine-grained ultrafeinkörnig
~ **graphite particle** ultrafeines Graphitpartikel *n*
~ **powder** ultrafeines Pulver *n*
ultrahigh-speed device *(Halbl)* Bauelement *n* mit superschnellem Schaltkreis
~-speed integrated circuit *(Halbl)* schneller integrierter Schaltkreis *m*
~-strength ultrahochfest *(Stahl)*
ultra high-strength steel höchstfester Stahl *m*
ultrahigh-vacuum chamber *(Halbl)* Ultrahochvakuum-Reaktor *m*
ultrasonic Ultraschall...
ultrasonically washed ultraschallgereinigt
ultrasonic attenuation Ultraschallabschwächung *f*
~ **cleaning** Ultraschallreinigung *f*
~ **cleaning device** Ultraschallreinigungsanlage *f*
~ **C-scan method** Ultraschall-C-Scan-Methode *f*
~ **drilling device** Ultraschallbohrgerät *n*
~ **flaw detection system** Ulltraschallwerkstoffprüfsystem *n*
~ **hardness tester** Ultraschallhärteprüfer *m*
~ **measurement** Ultraschallmessung *f*
~ **method** Ultraschallverfahren *n*
~ **pulse** Ultraschallimpuls *m*
~ **technique** Ulltraschallverfahren *n*
~ **test** Ultraschallprüfung *f*
~ **testing** Ultraschallprüfung *f*
~ **test result** Ulltraschallprüfergebnis *n*
~ **tomography** Ulltraschalltomographie *f*
~ **transducer** Ulltraschallerzeuger *m*, Ulltraschallschwinger *m*, Schallerzeuger *m*
~ **welding** Ultraschallschweißen *n*
ultrasound Ulltraschall *m*
ultraviolet Ultraviolett *n*
~ **light** ultraviolettes Licht *n*, UV-Licht *n*
~ **resistance** UV-Beständigkeit *f*
~ **spectroscopy** UV-Spektroskopie *f*
unalloyed unlegiert
~ **copper** unlegiertes (nichtlegiertes) Kupfer *n*
unary system *(Halbl)* unitäres System *n*
unattacked unangegriffen, unversehrt, nicht korrodiert
unbroken bond *(Halbl)* intakte Bindung *f*
uncracked anrißfrei *(z.B. Bauteil)*
undercooling Unterkühlung *f (von Schmelzen)*
undercoordination *(Halbl)* nichtpaarige (lose) Bindung *f (im Kristallgitter)*
undergo deformation/to sich verformen
~ **passivation** sich [selbst] passivieren
undesirable unerwünscht
~ **effect** unerwünschter Effekt *m*, unerwünschte Wirkung *f*
undoped *(Halbl)* undotiert
~ **material** *(Halbl)* undotiertes Material *n*
unetched ungeätzt
uniaxial einachsig, uniaxial
~ **deformation** einachsige (uniaxiale) Deformation *f*
~ **loading** einachsige Belastung *f*
~ **strain** einachsige (uniaxiale) Dehnung *f*
unidirectional unidirektional
~ **reinforcement** *(Verb)* unidirektionale Verstärkung *f*
uniform corrosion gleichmäßige (ebenmäßige) Korrosion *f*
~ **distribution** gleichmäßige Verteilung *f*
~ **elongation** Gleichmaßdehnung *f*
~ **field** *(Nichtl)* homogenes Feld *n*
uniformity Gleichförmigkeit *f*, Gleichmäßigkeit *f* *(z.B. abgeschiedener Schichten)*
~ **of doping** *(Halbl)* Gleichmäßigkeit *f* der Dotierung
uniformly distributed *(elopt)* gleichförmig verteilt
unit area Einheitsfläche *f*
~ **area of crack** Rißeinheitsfläche *f*
~ **cell** Elementarzelle *f*, Einheitszelle *f*
~ **cell boundary** Elementarzellenbegrenzung *f*
~ **cost** Stückkosten *pl*
universal gas constant universelle Gaskonstante *f*
unkilled steel unberuhigter (unberuhigt vergossener) Stahl *m*
unload/to entlasten
unlocked dislocation bewegliche Versetzung *f*
unnotched specimen ungekerbte Probe *f*
unreinforced cement unverstärkter Zement *m*
~ **concrete** unverstärkter Beton *m*
unsaponifiable *(Kunst)* unverseifbar, nicht verseifbar
unsaturated ungesättigt, unabgesättigt
unsound fehlerhaft, blasig *(Metallurgie)*
unsoundness Fehlerhaftigkeit *f*
unstabilized unstabilisiert, nicht stabilisiert
unstable instabil
~ **crack extension** instabile Rißausbreitung *f*
~ **metal** instabiles Metall *n*
~ **neck** instabile Einschnürung *f*
unsteadiness Gefügeunstetigkeit *f*

untreated unbehandelt
unwelded material ungeschweißtes (nichtgeschweißtes) Material *n*
upgrade the properties/to die Eigenschaften verbessern
upper bainite oberer Bainit *m*, obere Bainitstufe *f*, obere Zwischenstufe *f*
~**-critical temperature** obere kritische Temperatur *f*
~ **frequency** obere Frequenz *f*
~ **yield point** obere Fließgrenze (Streckgrenze) *f*
~ **yield stress** obere Fließspannung *f*
uptake Absorption *f*, Aufnahme *f*, Aufnehmen *n*
upward transitions rate *(Halbl)* Anteil *m* der Aufwärtsübergänge
urethane Urethan *n*, Carbamidsäureester *m*
usability Brauchbarkeit *f*, Gebrauchstauglichkeit *f*, Gebrauchswert *f*
usable brauchbar, gebrauchstauglich
use Gebrauch *m*, Anwendung *f*
~ **temperature** Anwendungstemperatur *f*
utilization Nutzung *f*
~ **cycle** Werkstoffnutzungszyklus *m*

V

vacancy Leerstelle *f*, Lücke *f*, Gitterlücke *f*, Gitterleerplatz *m*, Zwischengitterlücke *f*
~ **annihilation** Leerstellenannihilation *f*
~ **concentration** *(Halbl)* Leerstellenkonzentration *f*
~ **diffusion** Leerstellendiffusion *f*
~ **migration** Leerstellenwanderung *f*
~ **supersaturation** *(Halbl)* Leerstellenübersättigung *f*
vacuum Vakuum *n*
~ **arc degassing** Vakuumlichtbogenentgasung *f*
~ **arc melting process** Lichtbogenschmelzverfahren *n*
~ **arc remelting** Vakuumlichtbogenumschmelzen *n*
~ **carburizing** Vakuumaufkohlen *n*
~ **deposition** Vakuumaufdampfen *n*
~ **evaporation** Vakuumbedampfung *f*, Aufdampfen *n* im Vakuum
~ **forming** Vakuumformen *n*
~ **induction furnace** Vakuuminduktionsofen *m*
~ **induction melting** Vakuuminduktionsschmelzen *n*
~ **melted** vakuumerschmolzen
~ **melting process** Vakuumschmelzverfahren *n*, Schmelzverfahren *n* unter Vakuum
~ **oxygen decarburization** VOD-Verfahren *n* *(sekundärmetallurgisches Verfahren)*
~ **switch** Vakuumschalter *m*
~ **treatment** Vakuumbehandlung *f*
valence band *(Halbl)* Valenzband *n*
~**-band edge** *(Halbl)* Valenzbandkante *f*
~**-band maximum** *(Halbl)* Valenzbandmaximum *n*
~ **charge density** *(Halbl)* Valenzelektronendichte *f*
~**-conduction band gap** *(Halbl)* Lücke *f* (Abstand *m*) zwischen Valenz- und Leitband
valency Valenz *f*
value Wert *m*, Kennwert *m*, Kennziffer *f*, Kennzahl *f*
valve Ventil *n*, Absperrvorrichtung *f*
~ **material** Ventilwerkstoff *m*
vanadium V Vanadium *n*
vanadize/to mit Vanadium überziehen, vanadieren
van der Waals bond Van-der-Waals-Bindung *f*
~ **der Waals forces [of attraction]** van-der-Waals-Kräfte *fpl*, van-der-Waals-Anziehungskräfte *fpl*
vaporization Verdampfung *f*; Verdunstung *f*
vaporize/to verdampfen; verdunsten
vapour bubble Dampfblase *f*
~ **condensing** Dampfabscheidung *f*
~**-deposited aluminium** aufgedampftes Aluminium *n*
~ **loss** Dampfverlust *m*
~**-phase deposition** *(Halbl)* Gasphasenbeschichtung *f*
~**-phase epitaxial material** *(Halbl)* Gasphasenepitaxialmaterial *n*
~**-phase epitaxy** (VPE) *(Halbl)* Gasphasenepitaxie *f*
~ **phase growth** *(Halbl)* Gasphasenwachstum *n*
~ **pressure** Dampfdruck *m*
~**-pressure curve** Dampfdruckkurve *f*
~ **quenched alloy** dampfabgeschreckte Legierung *f*
~ **stream** Dampfstrom *m*
varactor diode *(Halbl)* Varaktor-Diode *f*, Kapazitätsdiode *f*, Varicapdiode *f*
variation of frequency with temperature temperaturabhängige Frequenzänderung *f*
varnish 1. Lack *m*, Klarlack *m*, *(i.e.S.)* oxidativ trocknender Lack (Klarlack) *m*, Tränklack *m*, Isolierlack *m*; 2. Lackanstrich *m*, Lackierung *f*
varnish/to lackieren
Vegard's law (rule) *(Halbl)* Vegardsche Regel *f*
velocity of electrons *(Leit)* Elektronengeschwindigkeit *f*
veneer Furnier *n* *(Holz)*; Überzugsmaterial *n* *(vorgefertigt)*
venting Lüften *n*, Belüften *n*, Entlüften *n*
vermicular-type graphite Vermiculargraphit *m*
versatility Vielseitigkeit *f*, vielseitige Verwendbarkeit *f*, Anpassungsfähigkeit *f*
vertical pulling technique *(Halbl)* Senkrechtziehverfahren *n*
very fast switching *(Halbl)* sehr schnelles Schalten *n*
~**-high-resistivity skin** höchstohmige Haut *f*
~ **high-speed digital circuit** *(Halbl)* ultraschnelle Digitalschaltung *f*
~ **small device** *(Halbl)* Mikroelement *n*

V-groove *(Halbl)* V-Graben *m*
vibrate/to in Schwingung versetzen, schwingen (vibrieren, oszillieren) lassen, schütteln, rütteln; schwingen, vibrieren, oszillieren, zittern
vibration Schütteln *n*, Rütteln *n*; Schwingung *f*, Vibration *f*, Oszillation *f*
vibrational compaction *(Pulv)* Rüttelverdichtung *f*, Vibrationsverdichtung *f*
vibration damping Schwingungsdämpfung *f*
~ **damping sheet** Schwingungsdämpfblech *n*
Vicat softening temperature *(Kunst)* Vicat-Temperatur *f*, Erweichungspunkt *m* nach Vicat
vicinity Nähe *f*, Nachbarschaft *f*, Umgebung *f*
~ **of an insulation** *(Nichtl)* Isolierumgebung *f*
Vickers hardness Vickershärte *f*
~ **hardness tester** Vickershärteprüfer *m*
~ **hardness testing** Vickershärteprüfung *f*, Härteprüfung *f* nach Vickers
vidicon Vidicon *n*, Pyrovidicon *n (Bildaufnahmeröhre)*
vinyl Polyvinylchlorid *n*, Hart-PVC *n*
viscoelastic viskoelastisch
~ **behaviour** viskoelastisches Verhalten *n*
~ **deformation** viskoelastische Verformung *f*
viscoelasticity Viskoelastizität *f*
viscoplastic viskoplastisch
viscoplasticity Viskoplastizität *f*
viscosity Viskosität *f*
viscous flow viskoses Fließen *n*
visibility Sichtbarkeit *f*
visible LED *(Halbl)* LED *f* im sichtbaren Bereich
~ **region** *(Halbl)* sichtbarer Bereich *m*
~ **spectrum** sichtbares Spektrum *n*
visual examination (inspection) visuelle Beurteilung (Inspektion, Prüfung) *f*, Sichtprüfung *f*, Augeninspektion *f*
visualization Sichtbarmachen *n*
visualize/to sichtbar machen
visual observation visuelle Beobachtung *f*
~**-optical method** visuell-optische Methode *f*
vitreous glasig
~ **enamel** Emaille *f*, Email *n*, Emaillelack *m*, Glasur *f*, Schmelzglasur *f*
~ **enamelling** Emaillieren *n*, Emaillierung *f*
~ **silica** Quarzglas *n*, Kieselglas *n*
~ **state** glasartiger Zustand *m*, Glaszustand *m*
vitrification Verglasung *f*
vitroceramic Vitrokeram *n*, Glaskeramik *f*
void Hohlraum *m*, Pore *f*, Leerstelle *f (Kristall)*
~ **formation** Hohlraumbildung *f*
~**-free** ohne Fehlstellen *(Schutzschicht)*
~**-growth rate** Porenwachstumsgeschwindigkeit *f*
volatile flüchtig
~ **compound** flüchtige Verbindung *f*
~ **matter** flüchtige Substanz *f*, flüchtiger Stoff *m*, flüchtiger Bestandteil *m*
volatiles s. volatile matter
volatile semiconductor memory Regenerationshalbleiterspeicher *m*
volatility Flüchtigkeit *f*, Fugazität *f*
volatilization Verflüchtigung *f*
volatilize/to verdampfen, verflüchtigen; verdampfen, sich verflüchtigen; verdunsten
voltage application *(EE)* Anlegen *n* einer Spannung
~ **difference** Spannungsunterschied *m*
~ **endurance characteristic** Charakteristik *f* der elektrischen Lebensdauer
~ **limiting** *(Halbl)* Spannungsbegrenzung *f*
~ **responsivity** Spannungsempfindlichkeit *f*
~ **sensitivity** Spannungsempfindlichkeit *f*
volume diffusion Volumendiffusion *f*
~ **diffusivity** Volumendiffusionsfähigkeit *f*, Volumendiffusionsvermögen *n*
~ **efficiency** Kapazitätseffektivität *f*
~ **fraction** Volumenanteil *m*
~ **fraction of fibres** *(Verb)* Faservolumenanteil *m*
~ **production** Massenfertigung *f*
~ **strain** Raumdehnung *f*
volumetric volumetrisch
vortex Wirbel *m*
VPE (vapour-phase epitaxy) *(Halbl)* Gasphasenepitaxie *f*
vulcanizable vulkanisierbar, vernetzbar
vulcanize/to vulkanisieren, vernetzen
vulnerability Verletzbarkeit *f (von Schutzschichten)*; Angreifbarkeit *f*, Anfälligkeit *f (von Werkstoffen)*
vulnerable verletzbar *(Schutzschicht)*; angreifbar *(Werkstoff)*

W

wafer Halbleiterscheibe *f*, Wafer *m(n)*
warm extruded warm extrudiert
warp/to sich verwerfen, sich verziehen
warpage Verwerfung *f*, Verziehen *n*, Verzug *m*
warp thread Kettfaden *m*
wash coat poröse Zwischenschicht *f (Stahl)*
waste Abfall *m*
waste/to verschwenden, vergeuden
water atomization *(Pulv)* Wasserverdüsung *f*
~ **content** Wassergehalt *m*
~**-hardenable** wasserhärtbar
~ **hardening** Wasserhärten *n*
~**-hardening tool steel** Wasserhärtestahl *m*, Wasserhärter *m*, wasserhärtender Stahl *m*
~ **paint** wasserverdünnbarer Anstrichstoff *m*
waterproofing paint wasserundurchlässiger Anstrich *m*
water-quenched in Wasser abgeschreckt, in Wasser gehärtet
~ **quenching** Wasserabschrecken *n*, Wasserabschreckung *f*, Abschrecken *n* in Wasser *(auch als Härtungsverfahren)*
~**-resistant** wasserbeständig, wasserfest
~ **solubility** Wasserlöslichkeit *f*

~ **vapour** Wasserdampf *m*
~-**vapour permeability** Wasserdampfdurchlässigkeit *f*
~-**vapour solubility** Wasserdampflöslichkeit *f*
wave Welle *f*
~ **filter** Wellenfilter *n*
~ **function** *(Halbl)* Wellenfunktion *f*
~ **guide component** *(Halbl)* Wellenleiter-Bauelement *n*
waveguide coupler *(Halbl)* Wellenleiterkoppler *m*
~ **effect** *(Halbl)* Wellenleitereffekt *m*
wavelength Wellenlänge *f*
~ **imaging** *(elopt)* Wellenlängenabbildung *f*
~ **range** Wellenlängenbereich *m*
wax impregnation Wachsimprägnierung *f*
weak bond *(Halbl)* schwache Bindung *f*
~ **coupling** *(Halbl)* schwache Kopplung *f*
weaken/to entfestigen; nachgeben
weakening Entfestigen *n*
weak-field effect Schwachfeld-Effekt *m*
wear Verschleiß *m*, Abnutzung *f*
wearfacing abnutzungsbeständig, verschleißfest, abriebbeständig, abriebfest
wear failure Verschleißversagen *n*
~ **of materials** Materialabrieb *m*
~-**out** Verschleiß *m*, Abnutzung *f*
~-**out/to** [sich] abnutzen, verschleißen
~ **rate** Verschleißgeschwindigkeit *f*, Verschleißrate *f*, Abnutzungsgeschwindigkeit *f*
~-**reducing** verschleißmindernd
~ **resistance** Abnutzungsbeständigkeit *f*, Verschleißfestigkeit *f*, Verschleißwiderstand *m*, Abriebbeständigkeit *f*, Abriebfestigkeit *f*, Abriebwiderstand *m*
~-**resistant** abnutzungsbeständig, verschleißfest, abriebbeständig, abriebfest
weatherability Wetterfestigkeit *f*, Wetterbeständigkeit *f*, Witterungsbeständigkeit *f*
weathering *(Korr)* Frei[luft]bewitterung *f*, Außenbewitterung *f*, Freiluftauslagerung *f*; Verwitterung *f*
~ **resistance** Wetterfestigkeit *f*, Wetterbeständigkeit *f*, Witterungsbeständigkeit *f*
~ **steel** korrosionsträger Stahl *m*, KT-Stahl *m*
weather resistance Wetterfestigkeit *f*, Wetterbeständigkeit *f*, Witterungsbeständigkeit *f*
~-**resistant** witterungsbeständig, wetterbeständig, wetterfest
~-**resistant steel** wetterfester Stahl *m*
weaving Herstellen *n* des Schichtaufbaus von Verbundwerkstoffen durch Weben
wedge crack keilförmiger Riß *m*
~ **cracking** Keilrißbildung *f*
weft thread *(Verb)* Schußfaden *m*
weighing method *(Halbl)* Wägemethode *f*
weighted property index gewichteter Eigenschaftsindex *m*
weld Schweißnaht *f*, Schweißstelle *f*, Schweißung *f*
weld/to schweißen, miteinander verschweißen; verschweißen
weldability Schweißbarkeit *f*
weldable schweißbar
weld bath Schweißbad *n*
~ **decay** Schweißnahtkorrosion *f*, selektive Schweißnahtkorrosion *f*, Lötbrüchigkeit *f (Korngrenzenkorrosion bei Schweißverbindungen)*
welded joint Schweißverbindung *f*
welding 1. Schweißen *n*; 2. Verschweißung *f (von Metallteilchen, z.B. beim Spritzmetallisieren)*
~ **behaviour** Schweißverhalten *n*
~ **crack** Schweißriß *m*, Schweißbruch *m*
~ **cycle** Schweißzyklus *m*
~ **defect** Schweißfehler *m*
~ **direction** Schweißrichtung *f*
~ **material** Schweißgut *n*
~ **powder** Schweißpulver *n*
~ **property** Schweißneigung *f*
~ **steel** Schweißstahl *m*
~ **technique** Schweißtechnik *f*, Schweißmethode *f*, Schweißverfahren *n*
weldment geschweißte Konstruktion *f*
~ **cracking** Schweißnahtrißbildung *f*
weld metal Schweißgut *n*, Schweißmetall *n*
~ **metal solidification cracking** Schweißguterstarrungsrißbildung *f*
~ **pool** Schweißbad *n*
~ **quality** Schweißqualität *f*
~ **surfacing** Auftrag[s]schweißen *n*, Aufbringen *n* härterer Schutzschichten
~ **zone** Schweißzone *f*
well ordered atomic symmetry *(Halbl)* wohlgeordnete atomare Symmetrie *f*
wet/to benetzen, netzen
wet corrosion Naßkorrosion *f*
wetness Nässe *f*, Feuchtigkeit *f*
wet spinning Naßspinnen *n*, Lösungsspinnen *n*
wettability Benetzbarkeit *f*, Netzbarkeit *f*; Benetzungsvermögen *n*, Netzvermögen *n*
wettable benetzbar, netzbar
wetting Benetzung *f*
~ **ability** Benetzungsvermögen *n*, Netzvermögen *n*
~ **agent** Benetzungsmittel *n*
~ **behaviour** Benetzungsverhalten *n*
~ **liquid** Benetzungsflüssigkeit *f*
wet-winding technique Naßwickelverfahren *n*
whisker Whisker *m*, Haarkristall *m*
~ **composite** Whiskerverbundwerkstoff *m*, whiskerverstärkter Verbundwerkstoff *m*
~ **crystal** Whiskerkristall *m*
~ **material** Whiskerwerkstoff *m*
~-**reinforced** whiskerverstärkt
~-**reinforced brittle-matrix composite** *(Verb)* whiskerverstärkter Verbund *m* mit spröder Matrix
white cast iron weißes Gußeisen *n*, Hartguß *m*, Temperrohguß *m*
whiten/to entfärben, den Weißgehalt erhöhen
wide-gap material *(Halbl)* Material *n* mit breitem Bandabstand
wider band-gap material *(Halbl)* Material *n* mit größerem Bandabstand

widespread application weitverbreitete Anwendung *f*
Widmannstätten structure Widmannstätten-Gefüge *n*
winding Wicklung *f*
wipe-off *(Halbl)* Beendigung *f* der Kristallzucht
wire Draht *m*, Leiter *m*, Wickeldraht *m*
~ **drawing** Drahtziehen *n*
~ **electrode** Drahtelektrode *f*
~ **rope** Drahtseil *n*
withstand/to widerstehen, resistent sein
wood Holz *n*
workability Bearbeitbarkeit *f*, Verarbeitbarkeit *f*, Umformbarkeit *f*
workable bearbeitbar, verarbeitbar
work function *(Halbl)* Austrittsarbeit *f*, Ablösearbeit *f*
work-harden/to kaltverfestigen
work-hardenable kaltverfestigbar
~**-hardened** kaltverfestigt
~**-hardened surface** kaltverfestigte Oberfläche *f*
~ **hardening** Kaltverfestigung *f*, Verformungsverfestigung *f*
workhorse alloy Arbeitslegierung *f*
working electric stress elektrische Betriebsbeanspruchung *f*
~ **environment** Arbeitsumgebung *f*, Betriebsumgebung *f*
~ **life** Betriebsdauer *f*
~ **point** Arbeitspunkt *m*
~ **potential** Arbeitspotential *n*
~ **temperature** Arbeitstemperatur *f*, Betriebstemperatur *f*
workpiece Werkstück *n*, Teil *n*
woven gewebt, Web...
~ **cloth (fabric)** Gewebe *n*
~ **fabric composite** Gewebeverbundwerkstoff *m*
~ **fibres** *(Verb)* Fasergewebe *n*
~ **tape** Webstreifen *m*, Webband *n*
wrap/to einwickeln, umhüllen, umwickeln, einhüllen
wrapper Hülle *f*, Überzug *m*, Schutzhülle *f*, Umhüllung *f*
wrapping 1. Umwickeln *n (von Rohren)*; 2. Umwicklung *f*, Bandage *f*, Wickelschicht *f (für Rohre)*
wrought bearbeitet *(z.B. metallurgisch)*, gehämmert, geschmiedet, schmelzmetallurgisch hergestellt
~ **alloy** erschmolzene Legierung *f*
~**-iron** schmiedeisern
~ **iron** Schmiedeeisen *n*
~ **steel** Schweißstahl *m*, Schmiedestahl *m*
~ **zinc alloy** Zink-Knetlegierung *f*
wurtzite lattice *(Halbl)* Wurtzitgitter *n*
~ **structure** *(Halbl)* Wurtzitstruktur *f*
~**-type compound** *(Halbl)* wurtzitähnliche Verbindung *f*

X

xerogel Xerogel *n*, Trockengel *n*
xeroradiography Xeroradiographie *f*
x-ray/to eine Röntgenaufnahme anfertigen
X-ray analysis Röntgen[strahl]analyse *f*
X-ray diffraction Röntgen[strahl]beugung *f*, Röntgenstrahldiffraktion *f*
X-ray examination Röntgenprüfung *f*
X-ray fluorescence Röntgenfluoreszenz *f*
X-ray fluorescence analysis Röntgenfluoreszenzanalyse *f*, RFA
X-ray radiation Röntgenstrahlung *f*
X-ray topography Röntgentopographie *f*
XRD *s.* X-ray diffraction

Y

yarn Garn *n*, Faden *m*
yellowing *(Kunst)* Vergilbung *f*
yield 1. Fließen *n (von Werkstoffen)*; 2. Ausbeute *f*, Ertrag *m*
yield/to 1. sich plastisch verformen, sich strecken, fließen *(Werkstoff)*; 2. ergeben, liefern
yield curve Fließkurve *f*
yielding [plastisches] Fließen *n (von Werkstoffen)*
yield point Fließgrenze *f*, Streckgrenze *f (im Spannungs-Dehnungs-Diagramm)*
~ **point at elevated temperature** Warmstreckgrenze *f*
~ **point elongation (extension)** Dehnung *f* im Fließgrenzbereich (Streckgrenzbereich)
~ **strength** Dehngrenze *f*, technische Elastizitätsgrenze *f*, praktische Fließgrenze *f*
~ **stress** Fließspannung *f*, Streckspannung *f*
Young's modulus [of elasticity] Youngscher Modul *m*, Elastizitätsmodul *m*, E-Modul *m*
YSZ *s.* yttrium-stabilized zirconia
yttrium oxide Y_2O_3 Yttriumoxid *n*
~**-stabilized zirconia** yttrium-stabilisiertes Zirconiumoxid *n*, Y-stabilisiertes Zirconiumoxid *n*

Z

Zener diode *(Halbl)* Zener-Diode *f*, Z-Diode *f*
zeolite Zeolith *m*
zero bias *(Halbl)* Vorspannung *f* Null
~**-flux state** Nullfluß-Zustand *m*
~**-loss superconducting magnet** verlustfreier supraleitender Magnet *m*
~ **net conductivity** *(Halbl)* Gesamtleitfähigkeit gleich Null
~**-order disk** Scheibe *f* nullter Ordnung
~**-order Laue zone** Lauezone *f* nullter Ordnung
~**-resistance property** Eigenschaft *f* des Nullwiderstandes
zig-zag arrangement Zickzackanordnung *f*

zinc Zn Zink *n*
~ **base alloy** Zinklegierung *f*, Zinkbasislegierung *f*
~ **blende** ZnS Zinkblende *f*, Sphalerit *m*, Zinksulfid *n*
~-**blende structure** *(Halbl)* Sphaleritstruktur *f*, Zinkblendestruktur *f*, ZnS-Struktur *f*
~ **coating** Verzinken *n*, Zinkschicht *f*
~-**diffused** *(elopt)* zinkdiffundiert
~ **difluoride** *(elopt)* Zinkdifluorid *n*, ZnF_2
~ **oxide** Zinkoxid *n*
~ **selenide** *(Halbl)* Zinkselenid *n*, ZnSe
~ **sulphide** ZnS Zinksulfid *n*, *(i.w.S.)* Sphalerit *m*, Zinkblende *f*, Blende *f (Mineral)*
zircon Zirkon *m*
zirconia-toughened alumina zirconiumoxid-verfestigtes Aluminiumoxid *n*
~-**toughened ceramics** zirconiumoxid-verfestigte Keramik *f*
zirconium Zr Zirconium *n*
ZOLZ (zero-order Laue zone) Lauezone *f* nullter Ordnung
zonal dislocation Zonenversetzung *f*
zone axis Zonenachse *f*
~ **levelling** *(Halbl)* Zonenhomogenisierung *f*
~ **melting** Zonenschmelzen *n*
~ **melting technique** Zonenschmelzverfahren *n*
~ **of plasticity** plastische Zone *f*
~ **purification** *(Halbl)* Zonenreinigung *f*
~-**refined aluminium** zonengereinigtes Aluminium *n*
~ **refining** Zonenreinigen *n*, Zonenreinigung *f* *(auch Halbl)*
zoning Zonenbildung *f*, Abstufung *f*
ZTA zirconiumoxid-verfestigtes Aluminiumoxid *n*

Deutsch-Englisch

A

Abbau *m* degradation
chemischer ~ chemical decomposition
abbauen to degrade
biologisch ~ to biodegrade
abbeizen to pickel, to strip
Abbeizmittel *n* paint stripper
Abbildungstechnik *f* imaging technique
Abblätterfestigkeit *f* spall strength, spalling resistance
abblättern to spall [off], to peel [off], to scale [off], to exfoliate
Abblättern *n* spalling, spallation, peeling, scaling, exfoliation
Abbrand *m* burn-off
Abbrandfestigkeit *f* resistance to arc erosion, arc-erosion resistance
Abbrennen *n s.* Abbrand
Abbrennkontakt *m* arcing tip
Abbrennschweißen *n* flash welding
Abdichtung *f* sealing
Abdrift *f* drift
Abdruck *m* replica
Abdrucktechnik *f* replica study (technique)
Abdruckverfahren *n s.* Abdrucktechnik
abdunsten *(paint)* to flash off
Aberration *f*/**sphärische** *(semic)* spherical aberration
abfahren to scan
Abfall *m* 1. waste; scrap [material]; 2. *s.* Abfallen
~ **der Driftgeschwindigkeit** *(semic)* drop in drift velocity
Abfallen *n* drop, decrease *(of measuring values)*
abfallen to drop, to decrease *(measuring values)*
Abfallwiederverwertung *f* scrap recycling
abgerieben abraded, attrited
abgeschlossen/hermetisch hermetically sealed
abgießen *(mech)* to cast
Abgleich *m* **mittels Sandstrahls** abrasive trimming
abgleichen to adjust
Abgleitung *f* shear [deflection]
Abgratpresse *f (mech)* burring press
abhängen von to depend on
Abhängigkeit *f* dependence
lineare ~ linear dependence
abheben *s.* abschaben
~/**sich blasig** to blister
Abhilfsmaßnahme *f* remedy
Abkippen *n (semic)* tilting off
abklingen to decay
Abklingen *n*/**exponentielles** *(elopt)* exponential decay
hyperbolisches ~ hyperbolic decay
abkratzen *s.* abheben
abkühlen to cool [down]; to chill
~/**rasch** to quench, to cool rapidly
Abkühlgeschwindigkeit *f* cooling rate
~ **nach dem Sintern** *(powd)* post-sintering cooling rate
Abkühlung *f* cooling; chilling, *(rapidly:)* quenching
beschleunigte ~ accelerated cooling
kontinuierliche ~ continuous cooling
Abkühlungsrate *f* cooling rate
kritische ~ critical cooling rate
Abkühlungsspannung *f* cooling stress
Abkühlungszyklus *m* cooling cycle
ablagern to deposit
sich ~ to deposit
Ablagerung *f* deposition
ablenken to deflect
Ablenkung *f* deflection
Ablösearbeit *f (semic)* work function
Ablösefestigkeit *f* peel strength
ablösen to detach
sich ~ to peel [off], to scale [off]
Ablösung *f* detachment
ablüften to flash [off]
Abnahmebericht *m* acceptance report
Abnahme[prüf]protokoll *n* inspection report
Abnahmeprüfung *f* acceptance testing (inspection)
Abnahmezeugnis *n* inspection certificate
Abnahmeversuch *m* acceptance test
abnehmen 1. to remove, to take off; 2. *(t)* to accept; 3. *s.* abfallen
abnutzen/sich to wear [out]
Abnutzung *f* wear [out]
~ **durch Abrieb (Reibung)** abrasive wear, abrasion, attrition
abnutzungsbeständig resistant to wear, wear-resistant, wearfacing
Abnutzungsbeständigkeit *f* resistance to wear, wear resistance
Abnutzungsgeschwindigkeit *f* wear rate
abplatzen *s.* abblättern
Abplatzfestigkeit *f* spall strength, spalling resistance
abreiben to abrade
Abrieb *m*, **Abriebabnutzung** *f* abrasion, attrition, abrasive wear
Abriebbeständigkeit *f* abrasion resistance, wear resistance
abriebfest abrasion-resistant
Abriebfestigkeit *f s.* Abriebbeständigkeit
Abriebsgeschwindigkeit *f* rate of wear
Abriebwiderstand *m s.* Abriebbeständigkeit
abrösten to roast
Abrunden *n* **der Rißspitze** crack tip blunting
Abruptheit *f*/**atomare** *(semic)* atomic abruptness
Abrutschen *n (powd)* slumping
absaugen to exhaust
abschaben to scrape off
abschälen/sich to peel [off]
abscheiden to deposit; to separate
~ **sich** to deposit; to separate

Abscheiden *n* 1. deposition; 2. separation, segregation
~ **aus der Gasphase/chemisches** *(semic)* metal-organic chemical vapour deposition, MOCVD
elektrochemisches ~ electrodeposition
galvanisches ~ electrodeposition
~ **im Tauchverfahren [stromloses]** immersion plating
Abscheidung *f* 1. deposit; 2. s. Abscheiden
~ **der Dotierungssubstanz** *(semic)* dopant segregation
elektrochemisches ~ electrochemical deposition
elektrophoretisches ~ electrophoretic deposition
gemeinsames ~ codeposit, codeposition
lokales ~ *(semic)* local area deposition
plasmagestütztes ~ *(semic)* plasma-enhanced deposition
Abscheidungsgeschwindigkeit *f* deposition rate
Abscheidungskonstante *f* partition coefficient
Abscheidungspolarisation *f* activation polarization
Abscheidungsreaktion *f* deposition reaction
Abschirmstrom *m* screening current
Abschirmung *f* shield[ing] *(for cable)*
abschleifen to abrade
abschließen 1. to terminate *(a process); 2.* to seal *(a vessel or pipe)*
Abschluß *m* 1. termination *(of a process)*; 2. sealing *(of a vessel or pipe)*
leitender ~ conductive termination
Abschlußwiderstand *m* termination
abschmirgeln *s.* abschleifen
Abschnitt *m* section
abschnüren/den Kanal *(semic)* to pinch the channel
Abschnürpunkt *m (semic)* point of pinch-off
Abschnürspannung *f (semic)* saturation voltage
Abschnürung *f (semic)* pinch-off
Abschrägen *n (semic)* tapering
Abschreckalterung *f* quench ageing
abschrecken to quench, to chill
Abschrecken *n* **in Öl** oil quenching
~ **in Wasser** water quenching
Abschreckgeschwindigkeit *f* quenching rate
Abschreckgrad *m* quenching severity
abschreckhärten to quench-harden
Abschreckintensität *f* quenching severity
Abschreckmittel *n* quenching medium, quenchant
Abschreckriß *m* quench[ing] crack
Abschreckung *f s.* Abschrecken
Abschuppen *n* scaling
abschwächen to attenuate
Abschwächung *f* attenuation
absenken/Energie *(semic)* to drop energy
absetzen/sich to deposit, to settle down
absinken to drop, to decrease *(measuring values)*
absondern to segregate, to separate
Absonderung *f* segregation, separation
Absorbat *f/* **atomares** *(semic)* atomic absorbate
Absorbens *n* absorbing medium, absorbens
absorbieren to absorb
Absorption *f* absorption
Absorptionsfähigkeit *f* absorptivity
Absorptionskante *f* absorption edge
Absorptionskoeffizient *m* absorption coefficient
Absorptionsmaximum *n* absorption peak
Absorptionsmittel *n s.* Absorbens
Absorptionsspektroskopie *f* absorption spectroscopy
Absorptionsspektrum *n* absorption spectrum
Absorptionsvermögen *n* absorptive power
absperren to block; to seal
Absperrmittel *n* sealer
Absperrvorrichtung *f* stopping device; valve
abspülen to rinse
Abstand *m* spacing
~ **zwischen den Elektroden** *(noncond)* interelectrode spacing
~ **zwischen den Teilchen** [inter]particle spacing
~ **zwischen Valenz- und Leitungsband** *(semic)* valence-conduction band gap
abstimmen to tune
abstoßen to scrape off
Abstrahlung *f* radiation
Abstreifer *m* scraper
abstumpfen to blunt
Abstumpfen *n* **der Rißspitze** crack tip-blunting
abtasten to scan
abtragen to remove
Abtragen *n*, **Abtragung** *f* removal
Abtreiben *n* drift
abtrennbar separable
abtrennen to separate
Abtrennung *f* separation
~ **eines Elektrons** *(noncond)* electron-slowing
abweichen to deviate
Abweichung *f* deviation
mittlere quadratische ~ standard deviation
~ **von der kristallographischen Hauptrichtung** misorientation from principal crystallographic direction
Abwesenheit *f* **von Elektronen** *(semic)* absence of electrons
Acetylbutyrylcellulose *f* cellulose acetate butyrate *(a cellulose plastic)*
Acetylcellulose *f* cellulose acetate *(a cellulose plastic)*
Achse *f (cryst)* axis
optische ~ optic[al] axis
thermische ~ *(semic)* thermal axis
achsensymmetrisch axisymmetric[al]
Acryl... *s.* Akryl...
ad-Atom *n (semic)* adatom
Additionspolymerisation *n* addition polymerization
additiv additive

Additiv *n* additive
Addukt *n (semic)* adduct
Adhäsion *f* adhesion
adiabatisch adiabatic
Admittanz *f* admittance
AD*P *n s.* ADP/deuteriertes
ADP/deuteriertes (deuteriummarkiertes) $ND_4D_2PO_4$ deuterated ammonium dihydrogen phosphate, AD*P
Adsorption *f* adsorption *(surface adhesion)*
Aerogel *n* aerogel
Affinität *f* affinity
Agglomeration *f* agglomeration
agglomerieren to agglomerate
Aggregat *n* aggregate
aggregieren to aggregate
A-Glas *n* alkali glass, a-glass
ähnlich sein to resemble
Akrylatkautschuk *m (noncond)* acrylic rubber, ACM, ANM
Akryl-Butadien-Kautschuk *m (cond)* acrylate-butadiene rubber
Akrylharz *n* acrylic resin
Akrylnitril-Butadien-Kautschuk *m (noncond)* acrylonitrile-butadiene rubber, ABR
aktiv active
Aktivator *m* accelerator, activator *(component added to start a reaction)*
aktivieren to activate
Aktivierungsanalyse *f* activation analysis
Aktivierungsenergie *f* activation energy
~ **für das Kriechen** activation energy for creep
Aktivierungsmittel *n s.* Aktivator
Aktivierungspolarisation *f* activation polarization
Aktivität *f* activity
Aktivitätskoeffizient *m* activity coefficient
Akzelerator *m* accelerator
Akzeptor *m (semic)* acceptor
flachliegender ~ *(semic)* shallow acceptor
Akzeptordotierung *f* acceptor doping
Akzeptorion *n* acceptor ion
Akzeptorniveau *n (semic)* acceptor level
alitieren to aluminize
alkalibeständig alkali-resistant, resistant to alkalies
Alkalibeständigkeit *f* alkali-resistance, resistance to alkalies
alkalifest *s.* alkalibeständig
Alkaliglas *n* alkali glass, a-glass
Alkalimetallegierung *f* alkali metal alloy
alkalisch alkaline, basic • ~ **machen** *s.* alkalisieren
alkalisieren to alkalinize
Alkalisierung *f* alkalinization
Alkalität *f* alkalinity
Alkydharzklarlack *m* alkyd varnish
Al-Legierung *f* aluminium alloy
allotriomorph allotriomorphic
allotrop allotropic
Allylharz-Kunststoff *m* allyl plastic
AlNiCo-Dauermagnet *m*, **Alnico-Legierung** *f* aluminum-nickel-cobalt alloy, alnico
AlNiCo-Magnet *n s.* AlNiCo-Dauermagnet
Aloxidieren *n* anodization, anodizing
altern to age
Alterung *f* ageing, *(US)* aging
abnorme ~ abnormal ageing
beschleunigte (künstliche) ~ artifical (accelerated) ageing
natürliche ~ natural ageing
thermische ~ thermal ageing
alterungsbeständig non-ageing, resistant to ageing
Alterungsbeständigkeit *f* ageing resistance, resistance to ageing
Alterungsindex *m* ageing index
Alterungskurve *f (noncond)* ageing characteristic
alterungssicher *s.* alterungsbeständig
Alterungstemperatur *f* ageing temperature
Alterungswiderstand *m s.* Alterungsbeständigkeit
Alterungszeit *f s.* Alterung
Altmetall *n* scrap [metal]
aluminieren, aluminisieren to aluminize
Aluminium *n* Al aluminium, *(US)* aluminum
aufgedampftes ~ vapour-deposited aluminium
zonengereinigtes ~ zone-refined aluminium
Aluminiumarsenid *n (semic)* AlAs aluminium arsenide
aluminiumberuhigt aluminium-killed
Aluminiumfaser *f* aluminium fibre
Aluminium-Gallium-Arsen-Legierung *f (semic)* $Al_xGa_{1-x}As$ aluminium gallium arsenic alloy
Aluminiumgehäuse *n* aluminium can
Aluminiumguß *m (mech)* cast aluminium
Aluminiumgußlegierung *f* aluminium casting alloy
Aluminiumlegierung *f* aluminium alloy
hochfeste ~ high-strength aluminium alloy
Aluminium-Magnesium-Legierung *f* aluminium-magnesium alloy
Aluminiummatrixwerkstoff *m* aluminium-matrix composite
Aluminium-Nickel-Cobalt-Legierung *f (magn) s.* AlNiCo-Dauermagnet
Aluminiumoxid *n* alumina, aluminium oxide
reaktionsgebundenes ~ reaction-bonded aluminium oxide, RBAO
zirconiumoxid-verfestigtes ~ zirconia-toughened alumina, ZTA
Aluminiumoxidkeramik *f* alumina ceramic
Aluminiumoxidspule *f* alumina bobbin
aluminiumplattiert alclad
Aluminiumpulver *n*/**gesintertes** sintered aluminium powder alloy, SAP alloy
Aluminiumsilikatglas *n* aluminosilicate glass
Alumiumoxideinschluß *m* alumina inclusion
Alumosilicat *n* aluminosilicate
Aminoplast *m* aminoplastic
Ammoniakatmosphäre *f* ammonia atmosphere

Ammoniumdihydrogenphosphat *n (elopt)* $NH_4H_2PO_4$ ammonium dihydrogen phosphate, ADP
Ammoniumiodat *n* NH_4IO_3 ammonium iodate
Ammon[ium]sulfat *n* ammonium sulphate
amorph amorphous, non-crystalline
amphoter amphoteric
Amplitude *f* **eines Lichtstrahls** *(elopt)* amplitude of a light beam
anaerob anaerobic
Analyse *f* **an Ort und Stelle** in-situ analysis
bruchmechanische ~ fractographic analysis
chemische ~ chemical analysis
fraktographische ~ fractographic analysis
photometrische ~ photometric analysis
qualititive ~ qualitative analysis
quantitative ~ quantitative analysis
spektrochemische ~ spectrochemical analysis
thermische ~ thermal analysis
Analysenausrüstung *f* analytical [equipment]
Analysenbericht *m* analysis report
Analysengerät *n* analytical instrument
Analysengruppe *f* class of analysis
Analyseninstrumentierung *f* analytical instrumentation
Analysenklasse *f s.* Analysengruppe
Analysenmethodik *f* analytical technique
Analysenstrategie *f* analytical strategy
Analysentechnik *f***/klassische chemische** classical chemical analysis technique
oberflächenempfindliche ~ surface-sensitive analytical technique
Analysenverfahren *n* analytical technique
analysieren to analyse, *(US)* to analyze
Analytiker *m* analyst
anätzen to etch
Anätzen *n* etching
anbringen to attach
Anbringung *f* attachment
anelastisch anelastic
Anelastizität *f* anelasticity
anfällig susceptible, vulnerable • ~ **sein** to be susceptible
Anfälligkeit *f* susceptibility, vulnerability
Anfangsdehnung *f* initial elastic strain
Anfangsdurchschlagfestigkeit *f (noncond)* initial dielectric strength
Anfangskonzentration *f* initial concentration
Anfangsorientierung *f* initial orientation
Anfangspermeabilität *f (magn)* initial permeability
Anfangsspannung *f* opening stress
Anfangsteilchengröße *f* initial particle size
Anfangswert *m* initial value
Anfangszustand *m* initial state
anfertigen to fabricate, to manufacture
anfeuchtbar moistenable, wettable
Anfeuchtbarkeit *f* moistenability, wettability
anfeuchten to moisten, to wet
Anforderung *f***/funktionelle** functional requirement
Angebot *n* **und Nachfrage** *f* supply and demand
Angleichung *f (noncond)* matching *(as of various components)*
angreifbar attackable, vulnerable • ~ **machen** to make vulnerable
Angreifbarkeit *f* attackability, vulnerability
angreifen to attack
~ **durch Lochfraß** to pit
angrenzend adjacent
Angriff *m***/chemischer** chemical attack
elektrochemischer (elektrolytischer) ~ electrolytic attack
korrosiver ~ corrosive (corrosion) attack
Angriffsgrad *m* severity of attack
Angriffsmittel *n* corrodant, corrodent
Angriffsstärke *s.* Angriffsgrad
anhaften to adhere
Anhaften *n* adherence, adhesion
anhalten to stop
anhäufen to accumulate, to aggregate, to pile up
Anionenmangel *m* deficiency of anions
anisotrop anisotropic
Anisotropie *f* anisotropy
magnetokristalline ~ magnetocrystalline anisotropy
Anisotropieenergie *f* anisotropy energy
magnetische ~ magnetic anisotropy energy
magnetoelastische ~ magnetostrictive anisotropy energy
ankleben to stick
Anlagefläche *f* mating surface
Anlaßbehandlung *f* tempering treatment
Anlaßbeständigkeit *f* tempering resistance
Anlassen *n (met)* tempering
Anlaßfarbe *f* temper colour
Anlaßsprödigkeit *f* temper[ing] brittleness, temper embrittlement
Anlaßtemperatur *f* tempering temperature
Anlaufbeständigkeit *f (cond)* resistance to tarnishing
Anlaufen *n (cond)* tarnish
anlaufen to tarnish; *(form water condensation)* to mist
Anlauffarbe *f s.* Anlaßfarbe
Annäherung *f* approach
Annäherungsverfahren *n* trial-and-error procedure
Anode *f* anode
Anodenmetall *n* anodic metal
Anodisieren *n* anodization, anodizing, anodic oxidation
anodisieren to anodize
Anodisier[ungs]schicht *f* anodic coating
Anomalie *f* anomaly
anordnen/schichtweise to sandwich
sich regelmäßig ~ to align
zwischen zwei Schichten ~ *(semic)* to sandwich between two layers
Anordnung *f* arrangement, composition

nichtpolare ~ non-polar arrangement
regellose ~ random orientation
regelmäßig ausgerichtete ~ alignment
selektive ~ selective placement *(a form to layer fibres)*
ungeordnete ~ *s.* regellose ~
~ **von Atomen** *(semic)* array of atoms
Anpaßbarkeit *f* conformability
anpassen to adjust; to adapt; to match
sich ~ to conform
Anpassung *f* adaptation; *(noncond)* matching *(e.g. of various components)*
anpassungsfähig adaptable
Anpassungsvermögen *n* adaptability
anquellen to swell
anregen to initiate *(a process)*; to excite *(particles)*
Anregung *f* initiation *(of a process)*; excitation *(of particles)*
~ **durch Licht** *(semic)* photoexcitation
~ **von Elektronen/thermische** *(semic)* thermal excitation of electrons
Anregungsenergie *f (elopt)* excitation energy
Anreichern *n*, **Anreicherung** *f* concentration
~ **mit Sauerstoff** oxygenation
Anreicherungs-MOSFET *m (semic)* enhancement-mode MOSFET (device)
Anreicherungsverfahren *n (semic)* enhancement mode
anreißen 1. to scribe; 2. to crack slightly *(superficially)*
Anriß *m* 1. scribing; 2. incipient crack
anrißfrei uncracked
ansäuern to acidify
anschließen to joint
Anschluß *m* joint
Anschlußklemme *f* terminal
Anschmelzen *n* incipient melting
Anschmiegsamkeit *f* conformability
Ansprechen *n* response
schnelles ~ fast response
anstellen to carry out, to conduct, to run *(an experiment)*
Ansteuerungsstrom *m (semic)* drive current
Anstieg *m* slope
Anstoß *m* impetus
Anstreichen *n* [brush] coating; painting
anstreichen to coat; to paint
Anstrich *m* 1. surface coating, coat; paint; 2. *s.* Anstreichen
wasserundurchlässiger ~ waterproofing paint *(bituminous paint)*
Anstrichfarbe *f* paint, pigmented coating
Anstrichstoff *m* coating [material]
bituminöser ~ bituminous paint (coating)
organischer ~ organic paint (coating)
wasserverdünnbarer ~ water paint (coating)
Anteil *m* **der Abwärtsübergänge** *(semic)* downward transitions rate
~ **der Aufwärtsübergänge** *(semic)* upward transitions rate

Antihautmittel *n* antiskin[ning] agent
Antimon *n* Sb antimony
Antimon(III)-chlorid *n* $SbCl_3$ antimony(III) chloride
Antimon(V)-oxid, Antimonpentoxid *n* Sb_2O_5 antimony(VI) oxide, antimonic oxide
Antimontrichlorid *s.* Antimon(III) chlorid
Antioxidans *n* **Antioxidationsmittel** *n* antioxidant [agent]
Antiphasenkorngrenze *f (cryst)* antiphase boundary, APB
Antischaummittel *n* defoaming agent, defoamer
Antisitedefekt *m (semic)* antisite defect
Antivalenz-Koeffizient *m* non-equivalent coefficient
Antivalenzniveau *n (semic)* antibonding (high-energy) level
Antriebsregler *n* motor controller
anwachsen an *(semic)* to nucleate on
anwendbar applicable, practicable
Anwendbarkeit *f* applicability, practicability
anwenden to apply
Anwendung *f* application
~ **für Schmalband-Resonatoren** narrow-band resonant use
industrielle ~ industrial application
kommerzielle ~ commercial use
maritime ~ marine application
optoelektronische ~ *(semic)* optoelectronic application
strukturelle ~ structural application
technische ~ engineering application
weitverbreitete ~ widespread application
Anwendungsbedingung *f* service (operating) condition
Anwendungsklima *n* service environment
Anwendungsrichtlinien *fpl* instructions for use
Anwendungstemperatur *f* use (application) temperature
Anzahl *f* **der Endzustände** *(semic)* number of final states
Anzeigeeinrichtung *f* display device
anziehen/Staub to attract dust
Anziehung *f* attraction
AOD-Verfahren *n* argon oxygen decarburization
Apfelsinenschaleneffekt *m*, **Apfelsinenschalenhaut** *f* orange peel effect
Aquagel *n* aquagel
Äquikohäsionstemperatur *f* equicohesive temperature *(temperature of equal strength for grains and grain boundaries)*
Aramid-Epoxid *n* aramide-epoxy
Aramidfaser *f* aramide fibre
Arbeitsbeispiel *n* case history
Arbeitsbereich *m* operational (operating) range
Arbeitsgang *m* operation
Arbeitspotential *n* working potential
Arbeitspunkt *m* working point
Arbeitsschutz *m* industrial safety
Arbeitstemperatur *f* operating (service, working) temperature

Arbeitsumgebung *f* operating (service, working) environment
Arbeitsweise *f* operation
Arbeitszyklus *m* duty cycle
arm poor
armieren to reinforce
Armierung *f* reinforcement
Arrhenius-Beziehung *f* Arrhenius relationship
Arrhenius-Funktion *f* Arrhenius law
Arrhenius-Gleichung *f* Arrhenius equation
Arsen *n* As arsenic
Arsendimer[es] *n (semic)* arsenic dimer
Arsen(III)-hydrid *n (semic)* AsH_3 arsenic(III) hydride
Arsentrichlorid *n (semic)* $AsCl_3$ arsenic trichloride
Arsin *n (semic)* AsH_3 arsine
Asbest *m* asbestos
Asbestfaser *f* asbestos fibre
Asphalt *m* asphalt
  rissiger ~ cracked asphalt
Atmosphäre *f*/**ammoniakalische** ammonia-containing environment
  sauerstoffhaltige ~ oxygen-containing atmosphere
  schwefelhaltige ~ sulphurous atmosphere
Atom *n*/**adsorbiertes** *(semic)* adatom
  ~ **auf einem Zwischengitterplatz** *(cryst)* interstitial
  chemisch absorbiertes ~ *(semic)* chemisorbed atom
  gelöstes ~ solute atom
  ionisiertes ~ ionized atom
Atomabsorption *f* atomic absorption
Atomanordnung *f*/**absolute** absolute atomic arrangement
Atombindung *m* covalent bond
  reine ~ *(semic)* pure covalent bonding
Atome *npl* **je Milliarde Atome** *(US)* ppba, part per billion atomic
  ~ **je Million Atome** *(semic)* ppma, parts per million atomic
Atomebene *f*/**dichtest gepackte** densest-packed atomic plane
Atomgewicht *n* atomic weight
Atomion *n* ionized atom
Atommodell *n*/**Bohrsches** *(semic)* Bohr (hydrogenic) model
Atompackung *f* atom[ic] packing
Atomreihe *f*/**dichtest gepackte** densest-packed atomic row
Atomschichtepitaxie *f (semic)* atomic layer epitaxy, ALE
atoxisch non-toxic
Attritor *m (powd)* attritor mill
ätzen to etch
Ätzen *n* etching
  elektrolytisches ~ electrolytic etching
Ätzgrübchen *n (semic)* [etch] pit
Ätzmittel *n* etchant, etching reagent
Ätzvorgang *m* etch process
Ätzzeit *f* etch time
aufbereiten to treat, to condition
Aufbereitung *f* treatment, conditioning
Aufbereitungsanlage *f* mill *(for ores)*
aufblättern to exfoliate, to delaminate
Aufblättern *n* exfoliation, delamination
aufblitzen to scintillate
aufbrauchen to exhaust
aufbringen to impose, to deposit; to apply; to plate *(esp. metals)*
Aufbringen *n* **härterer Schutzschichten** hard (weld) surfacing
aufdampfen to deposit from the vapour phase
Aufdampfen *n* vapour deposition, deposition from vapour (the vapour phase), vapour condensation plating
  ~ **im Vakuum** evaporation in vacuum, vacuum evaporation
auffangen to collect
aufgebracht/chemisch chemically deposited
aufgewachsen/durch Molekularstrahlenepitaxie *(semic)* MBE-grown
aufhalten to impede, to hinder
Aufhebung *f (cryst)* annihilation
Aufheizgeschwindigkeit *f* heating rate
aufhellen to bleach
aufkohlen to carburize *(low-carbon steel)*
Aufkohlen *n* carburizing *(of low-carbon steel)*
Aufkohlungsmittel *n* carburizing agent
aufladen/elektrisch to charge
Auflagerung *f* bearing
Auflagewerkstoff *m* facing
aufleuchten *s.* aufblitzen
auflösen/sich to dissolve
Auflösung *f*/**räumliche** spatial resolution
Auflösungsgrenze *f* resolution limit
Auflösungsprozeß *m*, **Auflösungsvorgang** *m* dissolution process
Aufnahme *f* absorption
Aufnahmefähigkeit *f* absorptivity
Aufnahmefläche *f* mating surface
Aufnehmen *n s.* Aufnahme
aufnehmen to absorb, to take up
aufprägen to impose
Aufprägung *f* imposition
Aufprall *m* impingement
aufprallen to impact
Aufprallerosion *f* impingement corrosion
Aufpreßverfahren *n* squeezing technique
aufquellen to swell
aufrauhen to roughen
Aufreißen *n* rupture, cracking
  schrittweises ~ gradual cracking
aufreißen to rupture, to crack
aufschäumen to foam, to effervesce
Aufschlaggeschwindigkeit *f* impact velocity
Aufschlämmung *f* slurry
aufschmelzen to fuse

Aufspalten *n* 1. cleavage, cracking, splitting; 2. [de]lamination *(into layers)*
aufspalten to cleave, to crack, to split
in Schichten ~ to laminate
sich schichtenweise ~ to delaminate
Aufspaltung *f* **auf Energieniveaus** *f (semic)* splitting between energy levels
spektrale ~ spectral splitting
Aufspannvorrichtung *f* chuck
Aufsplitterung *f* splintering
aufspringen to crack
aufspritzen to sputter
Aufstau *m* pile-up
Aufstellung *f*/**tabellarische** tabulation
Aufsticken *n* nitridation, nitriding *(of steel)*
aufsticken to nitride *(steel)*
Aufstickung *f* 1. *(process)* nitrogen absorption, nitrogen pickup; 2. *s.* Aufsticken
Auftragschweißen *n* hard [sur]facing, weld surfacing
auftragschweißen to hard-[sur]face
auftreffen to impact
Auftreffgeschwindigkeit *f* impact velocity
auftreten to occur, to appear
Auftreten *n* occurrence, appearance
~ **von Haarrissen in der Matrix** matrix crazing
Auftrieb *m*/**hydrostatischer** buoyancy
Aufwachsen *n*/**epitaxiales** *(semic)* epitaxial growth
Aufweitung *f (mech)* bulge
Aufzehrung *f* consumption
Auger-Elektronenspektroskopie *f* Auger electron spectroscopy
ausbauchen to bulge
Ausbauchung *f (mech)* bulge
Ausbeute *f* yield
Ausbildung *f*/**bevorzugte** preferential development
ausbreiten/sich to propagate
Ausbreitungsgeschwindigkeit *f* propagation velocity
Ausbreitversuch *m* slump test
ausbrennen to burn out
Ausbrennen *n* **eines Transformators** transformer burn-out
Ausdehnung *f* extension, expansion
isotherme ~ isothermal expansion
Ausdehnungskoeffizient *m* coefficient of expansion, expansion coefficient
thermischer ~ coefficient of thermal expansion, thermal expansion coefficient
Ausdehnungsvermögen *n* stretchability
ausdiffundieren to diffuse out
Ausdiffundierung *f* out-diffusion
Ausfall *m* [service] failure
~ **durch Korrosion** corrosion failure
vorzeitiger ~ premature failure
ausfallen to fail
Ausfallzyklenzahl *f* number of cycles to failure
Ausfließen *n* effusion
ausfließen to effuse
ausflocken to flocculate
Ausflockung *f* flocculation
Ausfluß *m s.* Ausfließen
ausführbar feasible
ausführen to carry out
Ausfüttern *n* bushing
Ausgangsdonator *m (semic)* parent donor
Ausgangselektrode *f (semic)* drain
Ausgangsfaser *f (comp)* precursor fibre
Ausgangskonzentration *f* initial concentration
Ausgangskorn *n* initial grain
Ausgangskorngröße *f* initial (starting) grain size
Ausgangslegierung *f* parent alloy
Ausgangsmaterial *n* feedstock, starting material
Ausgangsrißlänge *f* initial crack length
Ausgangsstoff *m*/**hochreiner** high-purity starting material
Ausgangsteil *n* blank
Ausgangsteilchengröße *f* initial particle size
Ausgangszustand *m* initial state
ausgehärtet age-hardened
ausgekleidet/mit Gummi rubber-lined
ausgerichtet aligned
ausgleichen to adjust; to level; to accommodate
Ausgleichsdipol *m* compensating dipole
Ausgleichsglühen *n* diffusion annealing, soaking
Ausglühtemperatur *f* annealing temperature
aushalten to endure
aushärtbar precipitation-hardenable, age-hardenable *(metal)*; curable, hardenable *(organic coating material)*
Aushärten *n* age (precipitation) hardening (strengthening) *(of metals)*; curing, cure hardening *(of organic coating materials)*
aushärten to age-harden *(metals)*; to cure, to harden *(organic coating materials)*
aushärtend precipitation-hardening
Aushärtungskurve *f* age-hardening curve
Aushärtungsmittel *n* curing agent
Aushärtungstemperatur *f* curing temperature *(of an adhesive)*
Aushärtungszeit *f* age-hardening time *(of metals)*; cure (curing) time *(of organic coating materials)*
Ausheilen *n* anneal; self-healing
thermisches ~ thermal annealing
Ausheilungsvermögen *n* repairability
Auskleiden *n* lining
auskleiden to line
Auskleidung *f*/**basische** basic lining
saure ~ acid lining
Ausknicken *n (mech)* buckling
ausknicken *(mech)* to buckle
Ausknickfestigkeit *f (mech)* buckling resistance
Auskopplung *f (semic)* coupling out
auskristallisieren to crystallize
wieder ~ to recrystallize
Auslagerung *f* exposure testing

Auslagerungsdauer *f* exposure period (time)
Auslagerungsort *m* exposure [test] site
Auslagerungsversuch *m* exposure test
Auslaugbarkeit *f* leachability
auslaugen to leach
auslenken to deflect
Auslenkung *f* deflection
Auslese *f* selection
auslesen to select
Auslieferzustand/im as-received
auslöschen to extinguish
auslösen to nucleate, to initiate
auspressen to press
auspumpen to exhaust
ausrichten to align, to orient
Ausrichtung *f* alignment, orientation
  falsche ~ misalignment, misorientation
Ausrüstung *f* equipment
Ausschalter *m (cond)* circuit breaker
ausscheiden to separate; to exude
Ausscheidung *f* 1. precipitation; 2. precipitate *(matter)*
  dehnungsinduzierte ~ strain-induced precipitate
  kohärente ~ coherent precipitate
  nichtkohärente ~ non-coherent precipitate
  stabile ~ stable precipitate
  ~ von Legierungselementen segregation of alloying elements
Ausscheidungsanordnung *f* precipitate array
Ausscheidungsgröße *f* precipitate size
ausscheidungshärtbar precipitation-hardenable, age-hardenable
Ausscheidungshärten *n* precipitation hardening (strengthening), age hardening
ausscheidungshärten to age-harden
ausscheidungshärtend precipitation-hardening
Ausscheidungsmorphologie *f* precipitate morphology
Ausscheidungsort *m* precipitation site
Ausscheidungspartikel *n*, **Ausscheidungsteilchen** *n* second-phase particle
Ausscheidungsverfestigung *f s.* Ausscheidungshärten
Ausscheidungsvergröberung *f* precipitate coarsening
Ausscheidungsverteilung *f* precipitate array
ausschlacken to slag
Ausschlämmen *n* elutriation
ausschlämmen to elutriate
Ausschluß *m* **von Luft** exclusion of air
ausschneiden to cut
Ausschnitt *m* punching
Ausschußteil *n* defective part
Aussehen *n* appearance
ausseigern to liquate
Ausseigerung *f* liquation
Außenbeheizung *f* external heating
Außenbewitterung *f (corr)* outdoor (exterior, natural) weathering
aussetzen to subject to *(an influence)*
aussetzend/zeitweilig intermittent
Aussetzlast *f* intermittent load[ing]
Ausstrahlung *f* radiation
Ausströmen *n* effusion
ausströmen to effuse
Austausch *m* exchange, replacement, substitution
austauschbar exchangeable, replaceable, substitutable
Austauschbarkeit *f* exchangeability, replaceability, substitutability
  wechselseitige ~ interchangeability
austauschen to exchange, to replace, to substitute
Austauschkriterium *n* end-point criterion
Austenit *m* austenite, gamma-iron
Austenitausgangskorngröße *f* prior austenite grain size
austenitbildend austenite-forming
Austenitbildner *n* austenite-forming element
Austenitbildung *f* austenite formation
Austenitformhärten *n* ausforming
austenitisch austenitic
austenitisieren to austenitize
Austenitisierung *f* austenitization
Austenitisierungsdauer *f* austenitizing period (time)
Austenitisierungstemperatur *f* austenitizing temperature
Austenitkeimbildung *f* austenite nucleation
Austenitkornfeinung *f* austenite grain refinement
Austenitkorngrenze *f* austenitic (austenite) grain boundary
Austenitkorngröße *f* austenite grain size
Austenitrekristallisation *f* austenite recrystallization
Austenitstabilisator *m* austenite stabilizer
Austenitstabilisierung *f* austenite stabilization
Austenitumwandlung *f* austenite transformation
austreiben/Luft to expel air
austreten to escape, to emerge
Austritt *m* escape, emergence
Austrittsarbeit *f (semic)* work function
Austrittswahrscheinlichkeit *f (elopt)* escape probability
Auswahl *f*, **Auswählen** *n* selection
  ~ eines Fertigungsprozesses selection of a manufacturing process
auswählen to select
Auswahlflächen-Epitaxie *f (semic)* selective area epitaxy
Auswahlkriterium *n* selection criterion
Auswahlprüfung *f* evaluation (elimination) test
Auswalzen *n* **zu einer Folie** lamination
auswalzen/zu einer Folie to laminate
auswaschen to leach
auswechselbar *s.* austauschbar
Ausweitung *f* dilatation

Auswertung *f* interpretation
zerstörungsfreie ~ non-destructive evaluation
Auswirkung *f* effect
negative ~ adverse effect
positive ~ beneficial effect
Autoklav *m* pressure vessel, autoclave • **im Autoklaven behandeln** to autoclave
Automatenmessing *n* free-cutting brass
Automatenstahl *m* **mit geringem Bleizusatz** leaded steel
Automatisierung *f* automation
Autoradiograph *m* autoradiograph
axial axial
Axialspannung *f* axial stress
axialsymmetrisch axisymmetric[al]
azeotrop azeotropic
Azeotrop *n* azeotrope
Azeotropie *f* azeotropy
Azetalharz *n* acetal resin
Azidität *f* acidity

B

„back bond"-Oberflächenzustand *m (semic)* back bond surface state
Badaufkohlen *n* liquid carburizing
Badflüssigkeit *f* bath fluid; electrolyte solution
Bainit *m (mech)* bainite
mittlerer ~ intermediate bainite
oberer ~ upper bainite
unterer ~ lower bainite
Bainitbildung *f (mech)* bainite formation
Bainitgefüge *n (mech)* bainite [structure]
Bainitstufe *f s.* Bainit
Ballastwiderstand *m (ee)* ballast resistor
Band *n* 1. band; 2. strip, tape
isotropisches nichtparabolisches ~ *(semic)* isotropic non-parabolic band
voll besetztes ~ *(semic)* filled band
Bandabstand *m semic)* band gap
absoluter ~ absolute gap
durchschnittlicher direkter ~ average direct gap
effektiver ~ effective band gap
indirekter ~ indirect band gap
Bandabstandsenergie *f (semic)* band-gap energy
Bandabstand-Zusammensetzungs-Kurve *f (semic)* band gap-composition curve
Bandbeschichtung *f* coil coating
Bandkante *f (semic)* band edge
scharfe ~ *(semic)*sharp band edge
verwischte ~ *(semic)* band tail
Bandkantenabstand *m (semic)* band edge offset
Bandoberkante *f (semic)* top of a band
Bandsintern *n (powd)* continuous sintering
Bandstahl *m* steel strip, strip steel
Bandübergang *m*/**direkter** *(semic)* direct band gap

Bandverbiegung *f (semic)* band-bending
Bariumkarbonat *n* $BaCO_3$ barium carbonate
Bariumniobat *n* barium niobate
Bariumoxid *n* BaO barium oxide
Bariumtitanat *n* $BaTiO_3$ barium titanate
dotiertes ~ *(semic)* doped barium titanate
Bariumtitanat-Thermistor *m (ee)* barium titanate thermistor
Barkhausen-Effekt *m* Barkhausen effect
Barkhausen-Rauschen *n* Barkhausen noise
Barkhausen-Sprung *m* Barkhausen jump
Barren *m (mech)* ingot, bloom
Barriere *f* barrier
optische ~ *(semic)* optical confinement
Barrierenhöhe *f* barrier height
Basalt *m* basalt
Basis *f* basis; base
~ **eines Schalttransistors** *f (semic)* base of a switching transistor
Basisbreite *f (semic)* base width
Basisdotierungsniveau *n (semic)* base-doping level
Basisebene *f* basal plane
Basis-Kollektorübergang *m (semic)* base-collector junction
Basisplatte *f (semic)* substrate
Basistransportfaktor *m (semic)* base transport factor
Basiswerkstoff *m* base (basis, parent) material
Basizität *f* alkalinity
Basquin-Gesetz *n* Basquin's law
Baueinheit *f* building block
Bauelement *n*/**aktives** *(ee)* active device
~ **auf der Basis von InGaAs** *(semic)* InGaAs-based device
bipolares ~ *(semic)* bipolar device
diskretes ~ *(semic)* discrete device
ferroelektrisches ~ ferroelectric component
~ **im Verarmungsbetrieb** *(semic)* depletion-mode device
integriertes optoelektronisches ~ *(semic)* integrated-optic structure
mehrschichtiges ~ multilayer device
~ **mit Elektronenübertragung** *(semic)* transferred-electron device
~ **mit n-leitendem Kanal** *(semic)* *n*-channel device
~ **mit p-leitendem Kanal** *(semic)* *p*-channel device
~ **mit superschnellem Schaltkreis** *(semic)* ultrahigh-speed device
nichtlineares ~ non-linear device
optoelektronisches ~ optoelectronic device
passives ~ passive component
quantenelektronisches ~ *(semic)* quantum effect device
selbstleitendes ~ *(semic)* depletion-mode device *(e.g. MOSFET)*

selbstsperrendes ~ *(semic)* enhancement-mode device
Bauelementbearbeitung *f (semic)* device processing
Baufehler *m* defect
Baufehleraggregation *f (semic)* defect aggregation
Bauglied *n* member
Baumkristall *m* dendrite crystal
Baumwolle *f* cotton
Bauschinger-Effekt *m* Bauschinger effect
Baustahl *m* structural steel
Baustoff *m* construction material; structural material
Bauteil *n* component; member
keramisches ~ ceramic component
korrodiertes ~ corroded component
Bauteilausfall *m* component failure
Bauteilgestaltung *f* design
Bauxit *m* bauxite
BCS-Theorie *f* Bardeen-Cooper-Schrieffer theory, BCS theory
beanspruchen to stress, to exposure
Beanspruchung *f* stress[ing], stress application
~ **bis zum Bruch** ultimate stress
dreiachsige ~ triaxial stress
elektrische ~ *(noncond)* electric[al] stress
linear proportionale ~ linearly proportional strain
mechanische ~ mechanical stress
quasistatische ~ quasi-static load
Beanspruchungsart *f* mode of stressing, *(t also)* exposure type
Beanspruchungsbedingung *f* stressing condition, *(t also)* exposure condition
Beanspruchungsdauer *f* stressing time, exposure period (time)
Beanspruchungs-Dehnungs-Linie *f* stress-strain curve (line)
Beanspruchungshäufigkeit *f* stress frequency
Beanstandung *f* complaint
bearbeitbar formable, workable, processable
spanend ~machinable
Bearbeitbarkeit *f* formability, workability, processability
bearbeiten to process
spanend ~ to machine
bearbeitet wrought
Bearbeitung *f* processing
spanende ~ machining [operation]
Bearbeitungsmethode *f* fabrication method
Becherbruch *m* cup fracture
bedienen to manipulate
beeinflussen to influence
beeinträchtigen to impair
beenden to terminate
Beendigung *f* termination
~ **der Kristallzucht** *(semic)* termination of growth, wipe-off
befassen mit/sich to deal with
befestigen to attach
Befestigung *f* 1. *(act)* fastening, fixing, attachment; 2. *(device)* tie
befeuchten to moisten
befreien to relieve
Beginn *m* **der Einschnürung** onset of necking
Begleitelement *n* concomitant element
begrenzen to limit, to terminate, to restrict
Begrenzung *f* limitation
begünstigen to favour, to promote
behandeln to treat
eine Oberfläche ~ to surface
mit Flußmittel ~ to flux
übermäßig ~ to overtreat
Behandlung *f* treatment
mechanische ~ mechanical treatment
~ **nach dem Schweißen** postweld treatment, post welding heat treatment
thermische ~ thermal (heat) treatment
thermomechanische ~ thermomechanical processing, TMP
vorreinigende ~ prepurification, rough cleaning
Beharrungszustand *m* steady state
Beheizung *f* heating
indirekte ~ external heating
behindern to impede, to hinder, to obstruct
eine Versetzungsbewegung ~ to impede a dislocation motion
Behinderung *f* **des diffusiven Porenwachstums durch das umgebende Material** constrained cavity growth
Beibehalten *n* retention
Beimischen *n* admixing
beimischen to admix
Beimischung *f* admixture
beizen to pickle
Beizen *n* pickling
bekämpfen to combat
bekleben to laminate
Beladen *n* loading
beladen to load; to charge
Belag *m* backing, tarnish; overlay
belasten to load
Belastung *f* load[ing]
ausgedehnte ~ prolonged loading
aussetzende ~ intermittent load[ing]
dynamische ~ dynamic loading
einachsige ~ uniaxial loading
konstante ~ constant load
mechanische ~ mechanical load[ing]
statische ~ static loading
verlängerte ~ prolonged loading
zweiachsige ~ biaxial loading
zyklische ~ load cycling
Belastungsgeschwindigkeit *f* rate of loading
Belastungsspitze *f* maximum load
Belastungsstufe *f* loading level
Belastungswiderstand *m* load resistance

Belastungszeit *f***/konstante** *f* sustained-load time
Belastungszyklus *m* loading cycle
belegen to cover, *(esp. relating to inner surfaces:)* to line
beliebig arbitrary
Belüften *n* venting
Belüftung *f* aeration
unterschiedliche ~ differential aeration
benachbart adjacent
benennen to designate
Benennung *f* designation
benetzbar wettable
Benetzbarkeit *f* wettability
benetzen to wet
Benetzung *f* wetting
Benetzungsflüssigkeit *f* wetting liquid
Benetzungsmittel *n* wetting agent
Benetzungsverhalten *n* wetting behaviour
Benetzungsvermögen *n* wetting ability, wettability
Benzen *n*, **Benzol** *n* benzene
Beobachtung *f* inspection
visuelle ~ visual observation
berechnen aus to calculate from
Berechnung *f* calculation
Bereich *m* region
aktiver ~ active region
defektleitender ~ *(semic) p*-type region
grobkörniger ~ coarse-grained region
leitender ~ conducting region
oberflächennaher ~ near-surface region
sichtbarer ~ visible region
überschußleitender ~ *(semic) n*-type region
Bereitstellung *f* **von Strukturen** *(semic)* provision of structures
bersten to crack
berücksichtigen to take into account
Beruhigen *n* killing
beruhigen to kill
Berührungsfläche *f* junction
Berührungskorrosion *f* crevice corrosion
Berührungszone *f* junction
Beryllium *n* Be beryllium
Berylliumbronze *f (cond)* beryllium copper
beschädigen to damage
Beschaffenheit *f* quality
beschichten to coat
elektrochemisch (galvanisch) ~ to [electro]plate
Beschichten *n* coating
chemisches ~ chemical coating
elektrochemisches (galvanisches) ~ electroplating
~ **in Metallschmelzen** hot dipping
~ **von Gegenständen mit Metall** plating
Beschichtung *f s.* 1. Beschichten; 2. Schutzschicht
Beschichtungsmaterial *n* coating
Beschichtungsmetall *n (mech)* coating metal
Beschichtungsmuster *n* pattern of deposition
Beschichtungsstoff *m***/organischer** organic coating
Beschicken *n* loading, charging
beschicken to load, to charge
Beschickung *f s.* 1. Beschicken; 2. Beschickungsgut
Beschickungsgut *n* charge, batch
beschleunigen to accelerate, to speed up
Beschleuniger *m* accelerator
Beschleunigung *f* acceleration
~ **der Elektronenverteilung** *(cond)* acceleration of the electron distribution
Beschleunigungsspannung *f* accelerating voltage
beschränken to restrict
Beschwerde *f* complaint
beseitigen to eliminate, to remove
Beseitigung *f* elimination, removal
~ **von Verunreinigungen** scavenging of impurities
besetzt/vollständig completely filled
Besetzung *f (semic)* occupancy, population, occupation
Besetzungsinversion *f (semic)* population inversion
Besetzungswahrscheinlichkeit *f (semic)* probability of occupancy (occupation)
beständig resistant
~ **gegen Kornvergröberung** resistant to coarsening
thermodynamisch ~ thermodynamically stable
Beständigkeit *f* resistance
chemische ~ chemical resistance (stability), resistance to chemical attack
elektrochemische ~ electrochemical stability
~ **gegen den Koronaeffekt** *(noncond)* resistance to corona [discharge]
~ **gegen Hochtemperaturkorrosion** hot corrosion resistance
~ **gegen Kühlmittel** resistance to refrigerants
~ **gegen Mikrobenangriff** resistance to microbial attack
~ **gegen oxidative Einflüsse** oxidation resistance, resistance to oxidation
~ **gegen Spannung** resistance to stress
~ **gegen Teilchenvergröberung** particle coarsening resistance
thermische ~ thermal endurance
Bestandteil *m* 1. component *(design)*; 2. constituent *(of a material)*
flüchtiger ~ volatile component
~ **mit der größeren Bandlücke** *(semic)* constituent with the larger band gap
Bestätigung *f* acknowledgement
bestimmen to determine
Bestrahlung *f (semic)* irradiation
konvergente ~ convergent illumination
Bestreichbarkeit *f* paintability
bestreichen/mit Leim to glue
betätigen to manipulate
Betätigung *f* manipulation

BET-Gleichung *f (powd)* BET equation
Beton *m* concrete
armierter ~ reinforced concrete
Betonbewehrung *f* concrete reinforcement
Betreiben *n* **eines Bauelements** *(semic)* device operation
betreiben/Systemtests mit thermischer Alterung to run system tests with thermal ageing
Betrieb *m* operation
diskontinuierlicher ~ batch operation
Betriebsanforderungen *fpl* [in-]service requirements
Betriebsbeanspruchung *f***/elektrische** working electric stress
Betriebsbedingung *f* service (operating) condition
Betriebsbedingungen *fpl* conditions of service
Betriebsbelastung *f* operating (service) load
Betriebsbereich *m* operational (operating) range
betriebsbereit serviceable
Betriebsbereitschaft *f* serviceability
Betriebsdauer *f* working life
Betriebskosten *pl* operating cost
Betriebslebensdauer *f* operating life[time]
Betriebsmedium *n* operating medium
Betriebsmethode *f* operation
Betriebsniveau *n* operational level
Betriebspegel *m* operational level
Betriebsprüfbedingung *f* operational test condition
betriebssicher reliable
Betriebssicherheit *f* reliability
Betriebsspannung *f* 1. *(mech)* service stress; 2. *(ee)* operating voltage
zulässige ~ allowable working stress
Betriebstemperatur *f* working (operating, service) temperature
~ **eines Bauelements** *(semic)* device operating temperature
Betriebstemperaturbereich *m* operating-temperature range
Betriebsumgebung *f* operating (service, working) environment
Betriebsverhalten *n* [service] performance, in-service behaviour
Betriebsversuch *m* [in-]plant test, in-service test
Betriebsweise *f* **der aussetzenden Entladung** intermittent discharge duty
Betriebszyklus *m* duty cycle
BET-Verfahren *n (powd)* BET method
Beugung *f***/Braggsche** Bragg diffraction
~ **hochenergetischer Reflexionselektronen** *(semic)* reflection high-energy electron diffraction, RHEED
Beugungsbild *n* diffraction pattern
Beugungspeakverbreiterung *f* diffraction peak broadening
Beule *f* dent
Beurteilung *f***/visuelle** visual examination (inspection)
bewahren to retain, to preserve
Beweglichkeit *f* mobility
~ **der Ladungsträger** *(semic)* carrier mobility
individuelle ~ *(semic)* individual mobility
Beweglichkeitskante *f (semic)* mobility edge
Bewegung *f* motion
elliptische ~ elliptical motion
bewehren to reinforce
Bewehrung *f* reinforcement
Bewehrungsstahl *m* reinforcing (concrete) steel
bewerten to evaluate, to assess
Bewertung *f* evaluation, assessment, rating
bewirken to effect
Bewitterungsdauer *f* exposure period (time)
Bewitterungsort *m* exposure [test] site
Bewitterungsprüfung *f* outdoor exposure testing
Bewitterungsversuch *m* exposure test
bezeichnen to designate
Bezeichnung *f* designation
Bezirk *m***/Weißscher** *(magn)* magnetic domain
Bezugszustand *m* reference state
B-Graphit *m* rosette graphite
biaxial biaxial
Biegeeigenschaften *fpl* bend properties
Biegefähigkeit *f* bendability
Biegefestigkeit *f* bending strength, deflective strength, flexural strength
Biegehalbmesser *m* bend radius
Biegekriechen *n* flexural creep
Biegemodul *m* flexural modulus
Biegemoment *n* bending moment
Biegen *n* bending
~ **im Mikrobereich** microbending
Biegeprozeß *m* bending process
Biegeprüfung *f* bend[ing] test
Biegeschlagversuch *m* bending impact test
Biegespannung *f* bending stress
Biegesteifigkeit *f* bending stiffness
Biegetestprobe *f* bending test specimen
Biegeträger *m* bending beam
Biegeversuch *m* bend test, bending test
Biegewechselfestigkeit *f* bend fatigue strength
biegsam pliable, pliant, supple
Biegsamkeit *f* bendability
Biegung *f* flexure
Bild *n***/durch konvergente Elektronenstrahlbeugung erzeugtes** CBED pattern
ionenmikroskopisches ~ ion micrograph
Bildanalyse *f***/quantitative** quantitative image analysis
Bildelement *n* picture element
bilden to form
ein Aggregat ~ to aggregate
eine Kruste ~ to encrust
Bildpunktmuster *n* pattern of spots, spot pattern
Bildsamkeit *f* plasticity
Bildsensor *m* image sensor
thermischer ~ thermal imager (image sensor)
Bildsimulation *f* image simulation

Bildung *f* formation
~ **eines Zwischenstufengefüges** bainite formation
~ **von chemischen Verbindungen** compound formation
~ **von Versetzungen** dislocation formation
Bildungsenergie *f* energy of formation
Bindefestigkeit *f* bond[ing] strength, adhesive strength
Bindekraft *f* bonding force, *(cryst)* interatomic bonding force
Bindelack *m* binder
Bindemetall *n* bonding metal, binder metal
Bindemittel *n* bonding agent
organisches ~ organic binder
Bindestabilität *f* bonding integrity
Bindung *f* bonding, bond
aufgebrochene ~ *(semic)* broken bond
chemische ~ chemical bonding
gerichtete kovalente ~ directional covalent bond
heteropolare ~ ionic bonding
~ **in Festkörpern** solid-state bonding
intakte ~ *(semic)* unbroken bond
kovalente ~ covalent bond
lose ~ *(semic)* dangling bond, undercoordination
metallische ~ metallic bond[ing]
nichtpaarige ~ *s.* lose ~
schwache ~ *(semic)* weak bond
Bindungsenergie *f* bond energy
Bindungsfähigkeit *f* connectivity
Bindungsfestigkeit *f (mech)* bond stiffness
Bindungskraft *f* [interatomic] bonding force
Bindungsorbital *n* bond orbital (wave function)
Bindungswinkelspannung *f (semic)* bond angle strain
binodal binodal
biobeständig bioinert
Biokompatibilität *f* biocompatibility *(e.g. of carbon fibres)*
Bipolartechnik *f (semic)* bipolar-transistor technology
Bipolartransistor *m* **mit Heteroübergang** *(semic)* heterojunction bipolar transistor, HJBT, HBT
Bitumenanstrichstoff *m* bituminous paint
blankgezogen *(mech)* bright-drawn
Blankstahl *m (mech)* bright steel
Bläschenbildung *f* bubbling
Blase *f* blister • **Blasen bilden** to blister
Blasenbildung *f* blistering, bubbling
Blasendomäne *f (magn)* bubble domain
Blasenkupfer *n (mech)* blister copper
Blasformen *n* blow moulding
Blashochofen *m (mech)* blast furnace
blasig unsound • **sich ~ abheben** to blister
Blaslanze *f* oxygen lance
Blasstahlverfahren *n (mech)* basic oxygen [converter] process
Blausprödigkeit *f (mech)* blue brittleness
Blech *n* sheet, plate, sheet metal
kaltgewalztes ~ *(mech)* cold-rolled sheet
verzinktes ~ galvanized sheet
warmgewalztes ~ hot-rolled sheet
Blechformung *f* sheet metal forming
Blei *n* lead
Bleialkaliglas *n* lead-alkali glass
Blei-Antimon-Legierung *f* antimonial lead
Bleibadpatentieren *n* lead patenting
Blei-Cadmium-Boro-Alumosilicatglas *n* lead-cadmium-boroaluminosilicate glass
Bleichen *n* bleaching
bleichen to bleach
Bleichmittel *n* bleaching agent
Blei-Lanthan-Zirkonat-Titanat *n* lanthanum-modified $PbZrO_3$-$PbTiO_3$, lead-lanthanum zirconate-titanate, PLZT
Bleilegierung *f* lead alloy
Bleimetatitanat *n s.* Bleititanat
Bleiniobat *n* lead niobate
Blei(II)-selenid *n (semic)* PbSe lead(II) selenide
Blei(II)-tellurid *n (semic)* PbTe lead(II) telluride
Bleititanat *n* $PbTiO_3$ lead titanate, lead metatitanate
Bleititanatzirkonat *n* $PbZrO_3$-$PbTiO_3$ lead zirconate titanate, PZT
Bleititanatzirkonat-Keramik *f* $PbZr_xTi_{1-x}O_3$ lead zirconate titanate ceramic, PZT
Bleizirkonat *n* $PbZrO_3$ *(noncond)* lead zirconate
Blei-Zirkonat-Titanat-Keramik *f* $PbZr_xTi_{1-x}O_3$ lead zirconate titanate ceramic, PZT
Blende *f* ZnS sphalerite, zinc blende, zink sulphide
Blindhärtung *f (mech)* blank hardening
Blindlastwiderstand *m* resistive dummy load
Blindwiderstand *m* reactance
Blisterkupfer *n (mech)* blister copper
Blitz[ein]schlag *m (noncond)* lightning stroke
Blochwand *f* domain wall
Block *m (mech)* ingot, bloom
Blockcopolymer *n (plast)* block copolymer
Blockgießen *n* ingot casting
Blockieren *n* pinning
blockieren to obstruct, to block, to pin
Boden *m* soil
Bodenkorrosion *f* soil corrosion
Bogenüberschlag *f (cond)* arcing
Boltzmann-Konstante *f* Boltzmann constant
Boltzmann-Näherung *f (semic)* Boltzmann approximation
Bolzen *m (mech)* billet *(casting)*
Bor *n* B boron
elementares ~ elemental boron
α-rhomboedrisches ~ α-rhombohedral boron
Boracit *n* $Mg_3B_7O_{13}Cl$ boracite
Borarsenid *n* B_6As *(semic)* boron arsenide
Borfaser *f (mech)* boron fibre
Borfaser-Epoxid *n (mech)* boron fibre epoxy
Borfaser/Epoxidharz-Verbund *m (mech)* boron-fibre/epoxy-composite

borfaserverstärkt *(mech)* boron-fibre-reinforced
borieren *(mech)* to boronize
Borieren *n (mech)* boronizing
Borkarbid *n* B_4C boron carbide
Bornitrid *n* BN *(semic)* boron nitride
Borosilicat *n* borosilicate
Borosilikatglas *n (mech)* borosilicate glass
Bor(III)-oxid *n* B_2O_3 *(semic)* boron(III) oxide, boron trioxide
Borstahl *m (mech)* boron steel
Borsubphosphid *n* B_6P, $B_{12}P_2$ *(semic)* boron subphosphide
Brand *m* firing, baking *(ceramics)*
brauchbar suitable
Bravais-Gitter *n (cryst)* Bravais lattice
Brechen *n* breakage, fracture
Brechpunkt *m (mech)* breaking point
Brechung *f* refraction
Brechungsgesetz *n***/Braggsches** Bragg law
Brechungsindex *m*, **Brechungszahl** *f* refractive index
Brei *m* **[/dünner]** slurry
breiig mushy
Breitbandimpuls *m (ee)* broadband pulse
Breitenabmessung *f* **der Basis** *(semic)* lateral base width
Breitresonanz *f* broad resonance
Breitwinkelstreuung *f* high-angle scattering
Bremsung *f* retardation
Brennen *n* calcination *(solid dissociation to a gas and another solid)*, baking, firing
brennen to calcine, to bake, to fire
Brennhärtung *f* flame hardening
Brennkammer *f* combustion chamber
Brennschneidverfahren *n* cutting process
Brennschweißen *n* flash welding
Brennstoffbeständigkeit *f* fuel resistance
Brennstofflagerung *f* fuel storage
Brennstoffzuführung *f* fuel delivery
Bridgman-Stockbarger-Verfahren *n (semic)* Bridgman-Stockbarger technique
Bridgman-Verfahren *n***/horizontales** *(semic)* horizontal Bridgman technique
Brillouin-Zone *f***/oberflächliche** *(semic)* surface Brillouin zone
Brinellhärte *f (mech)* Brinell hardness
bröcklig friable
Bröckligkeit *f* friability
broken-bond-Band *n (semic)* broken-bond band
broken-bond-Oberflächenzustand *m* broken-bond surface state
Bronze *f* bronze
Bruch *m* breakage, fracture
 faseriger ~ fibrous fracture
 interkristalliner ~ intergranular fracture (failure), intercrystalline fracture
 interlaminarer ~ interlaminar fracture
 intrakristalliner ~ transgranular fracture (failure), transcrystalline failure
 katastrophenartiger ~ *(mech)* catastrophic fracture
 kegelförmiger ~ cup fracture
 kristalliner ~ crystalline fracture
 kumulativer ~ cumulative fracture
 mechanischer ~ mechanical rupture
 mehrfacher ~ multiple fracture (crack)
 plastischer ~ plastic fracture
 sehniger ~ *s.* faseriger ~
 transkristalliner ~ transgranular fracture (failure), transcrystalline failure
 ~ **unter der Oberfläche** subsurface cracking
 verformungsarmer ~ small-scale yield fracture
Bruchaussehen *n* appearance of fracture, fracture appearance
Bruchbedingung *f* condition of fracture
bruchbeständig resistant to cracking
Bruchbild *n* appearance of fracture, fracture appearance
Bruchcharakteristik *f* fracture characteristic
Bruchdehnung *f* fracture strain, strain-to-failure, elongation at break, failure strain
Bruchduktilität *f* rupture ductility
Bruchebene *f* plane of fracture
Brucheinschnürung *f* reduction in area
bruchfest fracture-proof
Bruchfestigkeit *f* breaking strength, ultimate strength
Bruchfläche *f* fracture surface
Bruchflächenaussehen *n* fracture surface appearance
brüchig brittle • ~ **machen** to embrittle
Brüchigkeit *f* brittleness
Brüchigwerden *n* embrittlement
Bruchinitiierung *f* fracture initiation
Bruchlastspielzahl *f* cycles to fracture
Bruchlastzyklen *mpl* number of cycles to failure
Bruchmechanik *f* fracture mechanics
 linear-elastische ~ linear-elastic fracture mechanics, LEFM
Bruchmechanismus *m* fracture mechanism
Bruchmodul *n* modulus of rupture
Bruchpfad *m* fracture path
Bruchpunkt *m* breaking point
Bruchriefen *fpl* fracture striation
Bruchsicherheit *f* safety against fracture
Bruchspannung *f* fracture stress, rupture stress
Bruchstelle *f* point of fracture
Bruchstücke *npl* debris
Bruchverformung *f* ductility
Bruchverlauf *m* fracture path
Bruchzähigkeit *f* fracture toughness
Bruchzeit *f* time to rupture (failure)
Brückensauerstoff *m (glass)* bridging oxygen
Brunauer-Emmet-Teller-Gleichung *f (powd)* BET equation
Bubble-Domäne *f (magn)* bubble domain
Buckelbildung *f* kinking
Bulk-Probe *f* bulk specimen

Buntglas *n* coloured glass
Buntmetall *n (mech)* brass and bronze
Burgersvektor *m (cryst)* Burgers vector
Butadien-Acrylnitril-Kautschuk *m* nitril-butadiene rubber, butadiene-acrylonitrile rubber
Butadien-Acrylnitril-PVC *n* butadiene-acrylonitrile-polyvinylchloride, NBR-PVC
Butylelastomer *n* butyl elastomer
Butylkautschuk *m* butyl rubber

C

Cadmium *n* cadmium
Cadmiumfluorid *n (elopt)* CdF_2 cadmium fluoride
Cadmiumsulfid *n* CdS cadmium sulphide
Calciumcarbonat *n* $CaCO_3$ calcium carbonate
Calciumoxid *n* CaO calcium oxide
Calciumselenid *n (elopt)* CaSe calcium selenide
Calciumsulfat *n (eleopt)* $CaSO_4$ calcium sulphate
Calciumsulfid *n (elopt)* CaS calcium sulphide
Carbamidsäureester *m* urethane
Carbid *n* carbide
Carbid... *s.* Karbid...
C/C-Verbundwerkstoff *m* carbon-carbon-composite
Celluloseabkömmling *m* cellulose derivate (derivative)
Celluloseacetat *n* cellulose acetate
Celluloseacetatlack *n* cellulose acetate lacqueur
Celluloseacetobutyrat *n* cellulose acetate butyrate *(a cellulose plastic)*
Cellulosederivat *n* cellulose derivative
Celluloseethylether *m* ethyl cellulose
Cellulosenitrat *n* cellulose nitrate
Cellulosesalpetersäureester *m* cellulose nitrate
Cer *n* Ce cerium, Ce
Cermet *n* metal ceramics
Cermet-Dünnfilmwiderstand *m* cermet thin film resistor
Cermetelement *n* cermet element
Cermet-Verbund *m* cermet composite
CFC carbon-carbon-composite
Charakter *m***/ räumlicher** *(semic)* spatial character
Charakterisierung *f***/ optische** optical characterization
Charakteristik *f* **der elektrischen Lebensdauer** voltage endurance characteristic
Charge *f* batch, charge
Chargenbetrieb *m* batch operation
Chargenglühen *n* batch annealing
Chargenzusammensetzung *f* charge make-up
Charpy-Prüfung *f* Charpy test
Chemiefaser *f* synthetic fibre, man-made fibre
Chemikalienbeständigkeit *f* chemical resistance (stability)
Chlor *n* chlorine
Chlorbutylkautschuk *m* chlorobutyl rubber, CBR
Chloridkorrosion *f* chloride corrosion
Chloridtransportprozeß *m (semic)* chloride transport process
Chlortrifluorethen *n* chlortrifluoroethylene
Chlortrifluorethylen *n* chlortrifluoroethylene
Chrom *n* Cr chromium
Chromäquivalent *n* chromium equivalent *(stainless steels)*
Chromatieren *n* chromating
Chromatographie *f* chromatographic analysis
Chromdiffundieren *n* chromizing
Chromgußlegierung *f* chromium casting alloy
Chrom-Mangan-Stahl *m* chromium manganese steel
Chrom-Molybdän-Stahl *m* chrome-molybdenum steel, chromium molybdenum steel, Cr-Mo steel
Chromnickel *n* nichrome
Chrom-Nickel-Stahl *m* nickel-chromium steel
austenitischer ~ austenitic nickel-chromium steel
chromreich chromium-rich
Chromstahl *m* chromium (chrome) steel
Chrom-Vanadium-Stahl *m* chromium-vanadium steel
chromverarmt chromium-depleted
Cluster *m* cluster
Clusterbildung *f* cluster formation
CMOS-Schaltkreis *m (semic)* complementary MOS circuit, CMOS circuit
CNC computer numerical control, CNC
Cobalt *n* Co cobalt
Cobalt[basis]legierung *f* cobalt-base alloy
cold-wall-Reaktor *m (semic)* cold-wall reactor
Columbium *n s.* Niobium
Computersimulation *f* computer simulation
Constant-Straining-Korrosion *f* constant-straining corrosion
Copolymer *n* copolymer
~ **aus Ethylen und Propylen** *n (noncond)* polyethylene-polypropylene
Copolymerisation *f* copolymerization
copolymerisieren to copolymerize
Cordierit *n* cordierite
c-Richtung *f* c-direction
C-Ring-Prüfverfahren *n* C-ring test
Crossply-Laminat *n (comp)* cross-ply laminate
CuNiCo-Legierung *f* copper-nickel-cobalt alloy, Cunico alloy
CuNiFe-Legierung *f* copper-nickel-iron alloy, Cunife alloy
Curie-Temperatur *f* T_C Curie temperature
CVD-Beschichtung *f* chemical vapour deposition, CVD
CVD-Verfahren *n* chemical vapour deposition, CVD
Cyanidlaugung *m* cyanidation, cyaniding
Czochralski-Methode *f s.* Czochralski-Ziehverfahren
Czochralski-Verfahren *n* **mit Flüssigkeitskapselung der Schmelze** liquid-encapsulated Czochralski method, LEC method

Czochralski-Ziehapparatur *f* LEC-growth chamber, liquid-encapsulated Czochralski-growth chamber (apparatus)
Czochralski-Ziehverfahren *n* Czochralski [crystal-] pulling method

D

Dacron *n (noncond)* Dacron
Dacronfaser *f (noncond)* Dacron fibre
dämmen to insulate
Dämmung *f* insulation
Dampfabscheidung *f* vapour condensing
Dampfblase *f* vapour bubble
Dampfdruck *m* vapour pressure
partieller ~ partial vapour pressure
Dampfdruckkurve *f* vapour-pressure curve
dämpfen to attenuate
Dampfinfiltration *f***/ chemische** chemical vapour infiltration
Dampfphasenepitaxie *f***/ metallorganische** *(semic)* metal organic vapour phase epitaxy, MOVPE
organometallische ~ *(semic)* organometallic vapour-phase epitaxy, OMVPE
Dampfstrom *m* vapour stream
Dampfturbine *f* steam turbine
Dämpfung *f* damping, attenuation
unelastische ~ anelastic damping
Dämpfungseigenschaften *fpl* damping properties
Dämpfungskapazität *f* damping capacity
Dämpfungsmessung *f* attenuation measurement
Dämpfungsverhalten *n* damping behaviour
Dampfverlust *m* vapour loss
„dark-line"-Defekt *m (semic)* "dark-line" defect
Daten *pl***/ empirische** empirical data
Datenbank *f* data base
Dauer *f* duration
Dauerbeständigkeit *f* durability
Dauerbruch *m* fatigue failure (fracture)
Dauereffekt *m* long-time effect
Dauerfestigkeit *f* fatigue limit (life), endurance limit
Dauerfestigkeitsprüfung *f* endurance test
Dauergebrauch *m* long-life use
Dauergießform *f***/ metallische** die
Dauerhaftigkeit *f* durability
Dauerschwingbeanspruchung *f* cyclic straining, high-cycle fatigue
Dauerschwingbereich *m* endurance limit range
Dauerschwingbruch *m* fatigue failure (fracture)
Dauerschwingfestigkeit *f* fatigue limit (life), endurance limit
Dauerschwingverhalten *n* high-cycle fatigue
Dauerschwingversuch *m* fatigue test (experiment), time-to-failure test, TTF test
Dauertauchversuch *m* continuous-immersion test
Dauerwechseldrehversuch *m* alternating torsion fatigue test
Dauerwechselstrombetrieb *m* **bei hohen Temperaturen** sustained high-temperature ac operation
Dauerzustand *m* steady state
dazwischenschichten to sandwich
Deagglomeration *f* deagglomeration
Deckanstrich *m* finish
Deckel *m* cap
Deckmaterial *n* roofing material
Deckmetall *n* plating material
Deckschicht *f* surface layer, *(intentionally applied and prefabricated also)* overlay
oxidische ~ oxide coat[ing], oxide layer
Deckwerkstoff *m* roofing material
Defekt *m* defect; flaw, material defect; imperfection, impurity
dielektrischer ~ dielectric imperfection
makroskopischer ~ macroscopic defect
ohmscher ~ resistive fault
Defektelektron *n (semic)* [electron] hole, defect electron
Defektelektronendichte *f (semic)* hole density
defektfrei defect-free
Defektkonfiguration *f***/ momentane** intermediate defect configuration, IDC
Defektkonzentration *f***/ natürliche** native defect concentration
Defektzustand *m* defect state
Deformation *f* deformation
einachsige ~ uniaxial deformation
plastische zyklische ~ cyclic plastic deformation
Deformationsband *n* deformation band
Deformationsgeschwindigkeit *f***/ plastische** plastic deformation rate
Deformationsgradient *m* deformation gradient
Deformationskonstante *f***/ piezoelektrische** piezoelectric strain coefficient
Deformationsmessung *f* deformation measurement
Deformationszwilling *m* deformation twin
deformieren to deform
degradieren to degrade
dehnbar ductile *(metal)*; extensible *(plastic)*
Dehnbarkeit *f* ductility *(of metals)*; extensibility *(of plastics)*
Dehnbruchverhalten *n* tensile fracture behaviour
dehnen to extend; to stretch
Dehngeschwindigkeit *f***/ kritische** critical strain rate
Dehngrenze *f* yield strength, proof stress
0,2%-Dehngrenze *f* 0.2%-proof stress
Dehnung *f* strain; elongation
anelastische ~ anelastic strain
einachsige ~ uniaxial strain
elastische ~ elastic strain
große ~ high strain
~ **im Fließgrenzbereich (Streckgrenzbereich)** yield-point extension
~ **in Zugrichtung** tensile strain

kleine ~ small strain
lineare ~ linear strain
linearelastische ~ linear elastic strain
nichtelastische ~ inelastic strain
plastische ~ plastic strain
technische ~ technical strain
uniaxiale ~ uniaxial strain
wahre ~ true strain
dehnungsabhängig strain-dependent
Dehnungsanteilregel *f* strain-proportion rule
Dehnungsbruch *m* ductile fracture
Dehnungsenergie *f* strain energy
Dehnungsgedächtniseffekt *m* strain memory effect
Dehnungsgeschichte *f* strain history *(of materials)*
Dehnungsgeschwindigkeit *f* strain rate
plastische ~ plastic strain rate
dehnungsinduziert strain-induced
Dehnungskoeffizient *m* strain coefficient
Dehnungsmeßgerät *n* extensometer
Dehnungsmeßstreifen *m* strain ga[u]ge
Dehnungszunahme *f* accumulation of strain
dehydratisieren to dehydrate
Dekohäsion *f* decohesion
Dekoration *f* decoration
Delamination *f (comp)* delamination, interlaminar separation (delamination)
Delaminationsreißen *n* delamination cracking
Delle *f* dent
Deltaeisen *n* delta iron
Delta-Ferrit *m* delta ferrite
Dendrit *m* dendrite crystal
Dendritenarm *m* branch of a dendrite
Dendritenarmabstand *m* dendrite arm spacing
sekundärer ~ *(powd)* secondary dendrite arm spacing, SDAS *(a measure of the cooling rate and degree of chemical segregation)*
Dendritengefüge *n* dendritic structure
Dendritengrenze *f* dendrite boundary
dendritisch dendritic
Denitrieren *n* denitration
Desoxidation *f* deoxidation
Desoxidationseffekt *m* deoxidizing effect
Desoxidationsmittel *n* deoxidant, deoxidizer, deoxidizing agent
Desoxidationstechnologie *f* deoxidation technique
desoxidieren to deoxidize
Destillationsverfahren *n* distillation process
destillieren to distil
Detektor *m* **/ optischer** *(semic)* optical detector
pneumatischer ~ *(semic)* pneumatic detector
pyroelektrischer ~ *(semic)* pyroelectric detector
Diagramm *n* **mit geringer Auflösung** low-resolution plot
Diamant *m* diamond
Diamantstruktur *f* diamond structure
Diboran *n* B_2H_6 *(semic)* diborane
dicht leakproof, dense

Dichte *f* density
~ **der freien Defektelektronen** *(semic)* free-hole concentration
~ **der Strahlungsenergie / spektrale** *(semic)* spectral density of the radiation energy
~ **des Preßlings** *(powd)* green density
kritische ~ critical density
~ **nach dem Brand** fired density *(ceramics)*
relative ~ relative density; specific gravity
scheinbare ~ bulk (apparent) density
Dichteverhältnis *n* relative density; specific gravity
Dichtezahl *f* relative density; specific gravity
dichtgepackt close-packed
Dichtheit *f* impermeability, imperviousness
Dichtung *f* sealing
Dicke *f* thickness
kritische ~ critical thickness
Dickschicht-Cermetwiderstand *m* thick-film cermet resistor
Dickschichtkohlewiderstand *m* thick-film carbon-composition resistor
Dickschicht-Leitungsstruktur *f* thick-film conductive pattern
Dickschichtüberzug *m* **/ aufgebrannter leitender** fired-on thick-film conductive paint
Dielektrikum *n* dielectric
festes ~ solid dielectric
~ **mittlerer Permittivität** medium-permittivity dielectric
Dielektrizität *f* **/ relative** ε_r, ε_{rel} [relative] permittivity
Dielektrizitätskonstante *f* $\varepsilon = \varepsilon_0 \cdot \varepsilon_r$ dielectric constant (coefficient), permittivity of the material
~ **des Vakuums** ε_0 [absolute] permittivity of vacuum
relative ~ ε_r, ε_{rel} [relative] permittivity
Dielektrizitätszahl *f* ε_r, ε_{rel} [relative] permittivity
dienen to serve
Differentialthermoanalyse *f* differential thermal analysis
Diffraktometer *n* diffractometer
diffraktometrisch diffractometric
diffundieren to diffuse
Diffusion *f* diffusion
~ **durch den Versetzungskern** dislocation-core diffusion
feldgestützte ~ field-aided diffusion
interstitielle ~ interstitial diffusion
kanalartige ~ pipe diffusion
~ **über Zwischengitterplätze** interstitial diffusion
~ **von Zwischengitteratomen der III. Gruppe / schnelle** *(elopt)* fast diffusion of group III interstitials
Diffusionsabstand *m* diffusion distance
Diffusionsbarriere *f* diffusion barrier
Diffusionsbedingung *f* diffusion condition
Diffusionsbindung *f* diffusion bonding
diffusionschromieren to chromize
Diffusionschromieren *n* chromizing
Diffusionserstarrung *f* diffusional solidification

Diffusionsfähigkeit *f* diffusivity
Diffusionsgeschwindigkeit *f* diffusion rate, rate of diffusion
Diffusionsgesetz *n* diffusion equation
Ficksches ~ Fick's law
Diffusionsgleichung *f* diffusion equation
Diffusionsglühen *n* diffusion annealing, soaking, [diffusional] homogenization
Diffusionskoeffizient *m*, **Diffusionskonstante** *f* diffusion coefficient, diffusivity
Diffusionskriechen *n* diffusional creep
Diffusionslänge *f* diffusion length
~ **von Minoritätsladungsträgern** *(semic)* minority-carrier diffusion length
Diffusionsmetallisieren *n* pack cementation
Diffusionspotential *n (semic)* built-in potential
Diffusionssättigung *f* diffusion saturation
Diffusionsschwanz *m (semic)* concentration tail *(ion implantation)*
Diffusionsstrom *m* 1. *(semic)* diffusion current; 2. diffusive flux
Diffusionstransport *m* diffusional transport
Diffusionsverbindung *f* diffusion bonding
Diffusionsverchromen *n* chromizing
diffusionsverchromen to chromize
Diffusionsvermögen *n* diffusivity
Diffusionsverschweißen *n* diffusion welding
Diffusionsweg *m* diffusion path
Diffusionswiderstand *m* resistance to diffusion
Digitalschaltung *f***/schnelle integrierte** *(semic)* high-speed digital integrated circuit
ultraschnelle ~ very-high-speed digital circuit
Dihedralwinkel *m (powd)* dihedral angle
Dilatometrie *f* dilatometry
dilatometrisch dilatometric
Dimension *f* dimension
Dimensionalität *f* **ferroelektrischer Kristalle** dimensionality of ferroelectric crystals
Dimensionierung *f***/versagenssichere konstruktive** failsafe design
Dimerisation *f* dimerization
Diode *f* diode
großflächige ~ large-area diode
schnelle ~ fast-switching diode
***pn*-Diode** *f (semic) p-n* junction diode
Diodenfeld *n (semic)* diode array
Dipol *m***/effektiver** effective dipole
Dipoldrehung *f* rotation of dipoles
Dipolmolekül *n* dipolar molecule
Dipolmoment *n***/permanentes elektrisches** permanent electric dipole moment
Dipolrotation *f* dipolar rotation
Dipolschicht *f* dipole layer
Direktreduktionsverfahren *n* direct reduction process
diskontinuierlich discontinuous
Diskontinuität *f* **zwischen Band und verbotener Zone** *(semic)* band-gap discontinuity
Dislokation *f* dislocation
Dispersion *f* dispersion
Dispersions[aus]härtung *f* dispersion hardening (strengthening)
dispersionsgehärtet dispersion-strengthened
Dispersionskeramik *f* dispersion ceramics
dispersionsverfestigen to dispersion-strengthen
Dispersoid *m* dispersoid
Dissipation *f* dissipation
dissoziabel ionizable
Dissoziation *f***/elektrolytische** electrolytic ionization (dissociation)
Dissoziationsdruck *m (semic)* dissociation pressure
Dissoziationsfähigkeit *f (semic)* dissociability
dissoziativ dissociatively
dissoziieren to ionize, to dissociate [into ions]
Domäne *f* domain
magnetische ~ magnetic domain
Domänengrenze *f* domain boundary
Domänenstruktur *f* domain structure
Domänenvolumen *n* domain volume
Domänenwand *f* domain wall
dominieren to predominate
Donator *m (semic)* donor
flachliegender ~ shallow donor
Donatoratom *n* donor atom
Donatordichte *f (semic)* donor concentration
Donatorniveau *n (semic)* donor level
Donatorzustand *m (semic)* donor state
Doppelabschrecken *n* double quenching
Doppelbalkenbiegeversuch *m* double cantilever beam test, DCB test
doppelbrechend birefringent
Doppelbrechung *f* birefringence
Doppelbrechungsmessung *f* birefringence measurement
Doppel-Heterostruktur-Aufbau *m (semic)* double heterostructure design
Doppelreihengehäuse *n* dual in-line molded package
Doppelschicht *f***/elektrische** electric double layer
elektrochemische ~ Helmholtz double layer
dosieren to dose, to meter, to batch, to charge
Dotand *m (semic)* dopant
Dotieratom *n (semic)* impurity atom
dotieren *(semic)* to dope
dotiert/schwach *(semic)* lightly doped, low-doped
stark ~ *(semic)* heavily (highly) doped
Dotierung *f (semic)* doping
***n*-Dotierung** *f n*-type doping
***p*-Dotierung** *f p*-type doping
Dotierungsatom *n s.* Dotieratom
Dotierungskonzentration *f (semic)* dopant concentration, concentration of dopant
Dotierungskonzentrationsprofil *n (semic)* dopant profile
Dotierungsniveau *n (semic)* doping level, level of doping
Dotierungssubstanz *f (semic)* dopant

Dotierungsverunreinigung *f (semic)* dopant impurity
Dotier[wirkstoff]zusatz *m (semic)* doping additive
Draht *m* wire
~ **für elektronische Geräte** electronic-equipment wire
gezogener ~ drawn wire
kaltgezogener ~ cold-drawn wire
lötmittelüberzogener ~ solder-coated wire
Drahtelektrode *f* wire electrode
Drahtseil *n* wire rope
Drahtziehen *n* wire drawing
Drain *m*, **Drain-Elektrode** *f (semic)* drain [electrode]
Drapierfähigkeit *f (comp)* drapability
drehen to rotate
Drehgeschwindigkeit *f* **der Hauptachsen** spin of principal axes
Drehimpuls *m* angular momentum
Drehrohrofen *m* rotary kiln
Drehschwingversuch *m* alternating torsion test
Drehspule *f* moving coil
Dreiachsigkeit *f* triaxiality
dreidimensional three-dimensional
Dreistoffeutektikum *n* ternary eutectic system
Dreistofflegierung *f* ternary alloy
Drift *f* drift
Driftgeschwindigkeit *f* drift velocity
~ **der Elektronen** electron drift velocity
Driftstrom *m (semic)* drift current
Drillung *f* torsion
drosseln to slow down
Druck *m* pressure
atmosphärischer ~ atmospheric pressure
ausgeübter ~ applied stress
hydrostatischer ~ hydrostatic pressure
kritischer ~ critical pressure
Druckauflösung *f* resolution of the point
Druckbehälter *m* pressure vessel
Druckbehandlung *f* pressurization
Druckbelastung *f* compressive load
Druckbeständigkeit *f* compressive performance
Druckeigenspannung *f* residual compressive stress, compressive residual stress
druckempfindlich susceptible to pressure
Druckfestigkeit *f* compressive (compression) strength
Druckgefäß *n* pressure vessel
dünnwandiges ~ thin- walled pressure vessel
Druckgießen *n* die casting
Druckguß[teil] *n* die casting
Druckknopfsystem *n* push-button system
Druckreduzierung *f* pressure reduction
Druckregelung *f* pressure control
Druckrestspannung *f* residual compressive stress, compressive residual stress
Drucksintern *n (powd)* hot pressing
Druckspannung *f* compressive stress
innere ~ residual compressive stress, compressive residual stress
Drucksteuerung *f* pressure control
Drucktastenauslöser *m* tab
Drucktastensystem *n* push-button system
Druckverdüsen *n* atomizing, atomization
Druckverformen *n* compression moulding
Druckversuch *m* compression test
Druckwasserstoffbeständigkeit *f* high-pressure hydrogen resistance
Dualphasenstahl *m* dual-phase steel
duktil ductile
Duktilität *f* ductility
~ **über die ganze Materialdicke** through-thickness ductility
Dunkelstrom *m (semic)* dark current
Dünnfilm-Polymerisat *n* thin-film polymeric material
Dünnfilmwiderstand *m* thin-film resistor
Dünnschichtbauelement *n (elopt)* thin-film device
großflächiges ~ *(elopt)* thin-film large area device
Dünnschichtgestalt *f* thin-film form
Dünnschichthalbleiter *m***/polykristalliner** *(elopt)* thin-film polycrystalline semiconductor
Dünnschichthalbleiterwiderstand *m* thin-film semiconductor resistor
Dünnschichtsupraleiter *m* thin-film superconductor
Dünnschichtsystem *n (semic)* thin-film system
Dünnschichttransistor *m (semic)* thin-film transistor, TFT
Dünnschichtwiderstand *m* metal thin-film resistor
dünnwandig thin-walled
Duplexstahl *m* duplex steel
Duraluminium *n* duraluminium
Duranickel *n* duranickel
durchbiegen/sich to deflect
Durchbiegung *f* deflection
elastische ~ elastic deflection
Durchbrechen *n* breakdown, break-down
durchbrennen to burn out
durchbrochen werden *(ee)* to break down
Durchbruchspannung *f (ee)* breakdown voltage
durchdringbar penetrable, permeable
Durchdringbarkeit *f* penetrability, permeability
Durchdringen *n* penetration
durchdringen to penetrate
Durchdringungsfähigkeit *f* penetrating ability
Durchdringungsgefüge *n* interpenetrating microstructure
Durchdringungsverbundwerkstoff *m* penetration composite, composite contact material
Durchdringungsvermögen *n* penetrating ability
Durchflußmesser *m* flowmeter
durchführbar feasible
Durchführbarkeit *f* feasibility
durchführen 1. to carry out, to run *(e.g. an experiment)*; 2. to lead through *(e.g. a cable)*
Durchführung[shülse] *f* bushing
durchgehärtet fully hard

Durchhärtung *f* through-hardening
durchkneten to knead
Durchlässigkeit *f* permeability
Durchlaßstrom *m (semic)* forward current
Durchlaßvorspannung *f (semic)* forward bias [voltage]
Durchlaufglühung *f* continuous annealing
durchrosten to rust through
Durchschlag *m* **[/elektrischer]** *(noncond)* [electrical] breakdown, insulation breakdown
Durchschlagfestigkeit *f (noncond)* dielectric (breakdown) strength
~ **bei Feuchtigkeit** dielectric strength in humidity
~ **nach Alterung** dielectric strength after ageing
~ **nach Lichtbogenabbrand** dielectric strength after corona attack
relative ~ relative electric strength, RES
Durchschlagsbeständigkeit *f s.* Durchschlagfestigkeit
Durchschlagspannung *f (ee)* breakdown voltage
durchschütteln to shake
durchsetzen mit to intersperse with
Durchsichtigkeit *f* transparency
optische ~ optical transparency
Durchstrahlung *f* penetrating radiation
Durchstrahlungselektronenmikroskopie *f* transmission electron microscopy, TEM
Durchtränkung *f* impregnation
Durchtrittspolarisation *f* activation polarization
Durchtunnelung *f* tunnelling
~ **von Band zu Band** band-to-band tunneling
Durchtunnelungsstrom *m* tunnel current
Durchwärmung *f* through heating
Duromer *n* duromer
Duroplast *m* thermosetting plastic (polymer, resin), thermoset
Duroplast-Harzmatrix *f* thermosetting resin matrix
duroplastisch thermosetting
Düse *f* nozzle
Dysprosium *n* Dy dysprosium

E

Ebene *f***/dicht bepackte** *(cryst)* close-packed plane
oberflächliche ~ *(semic)* surface plane
Ebenheit *f* flatness
Edelmetall *n* noble (precious) metal
Edelmetallegierung *f* noble-metal-base alloy
Edelmetallpaste *f* noble-metal paste
Edelmetallpulver-Glas-Kombination *f* noble metal powder-glass combination
Edelmetalltinte *f* noble-metal ink
Effekt *m* effect
~ **an Korngrenzen/elektrischer** grain-boundary electrical effect
direkter piezoelektrischer ~ direct piezoelectric effect
elektrooptischer ~ electro-optic (Pockels) effect
hemmender ~ inhibiting effect
inverser ~ converse effect
inverser piezoelektrischer ~ converse piezoelectric effect
linearer elektrooptischer ~ linear (Pockels) electro-optic effect
nichtlinearer elektrooptischer ~ non-linear electro-optic effect
mechanischer ~ mechanical effect
nachteiliger ~ detrimental (deleterious, adverse) effect
reziproker piezoelektrischer ~ converse piezoelectric effect
thermischer ~ thermal effect
Effektivität *f* effectiveness
Effektivitätszahl *f* **freier Elektronen** *(cond)* effective number of free electrons
Effusionsofen *m (semic)* effusion (Knudsen) cell, Knudsen (source) oven
E-Glas *n* e-glass, electrical glass
E-Glas-Epoxid *n* e-glass epoxy, electrical-glass-epoxy
eichen to calibrate
Eichspektrum *n* calibration spectrum
Eichung *f* calibration
Eigendiffusion *f* self-diffusion
Eigendurchschlag[s]feldstärke *f* inherent dielectric strength
Eigenfrequenz *f* resonance frequency
Eigenhalbleiter *m* intrinsic semiconductor
eigenleitend intrinsically conductive
Eigenreibung *f* internal friction
Eigenresonanzfrequenz *f* natural resonance frequency
Eigenschaft *f* property • **eine ~ verbessern** to upgrade a property
chemische ~ chemical property
~ **des Nullwiderstandes** zero-resistance property
dielektrische ~ dielectric property
elektrische ~ electrical property
isolierende ~ *(noncond)* dielectric property
makroskopische ~ macroscopic property
mechanische ~ mechanical property
nichtlineare optische ~ non-linear optical property
oberflächennahe ~ near-surface property
optische ~ optical property
physikalische ~ physical property
polare ~ polar property
strukturelle ~ structural property
technologische ~ technological property
thermische ~ thermal property
verfahrenstechnische ~ engineering property
Eigenschaften *fpl* **bei hoher Temperatur/mechanische** elevated temperature mechanical properties
maßgeschneiderte ~ tailored properties
Eigenschaftsänderung *f* property alteration (modification)

Eigenschaftsanforderungen *fpl* property requirements
Eigenschaftsanpassung *f* property tailoring
Eigenschaftsindex *m***/gewichteter** weighted property index
Eigenschaftsverbesserung *f* property enhancement (improvement)
Eigenschwingungsfrequenz *f* natural frequency of vibration
Eigenspannung *f* residual stress
Eigenspannungszustand *m* residual stress state
Eigenleitfähigkeit *f (semic)* intrinsic conductivity
Eignung *f* suitability
einachsig uniaxial
Einbau *m* incorporation, introduction
~ **chemischer Verunreinigungen** *(semic)* introduction of chemical impurities
~ **von atomaren Eigenstörstellen** *(semic)* native-point-defect incorporation
~ **von Dotierungsatomen** *(semic)* dopant incorporation
~ **von Fremdatomen** *(semic)* introduction of impurities
einbauen to incorporate, to introduce
einbetten to embed
Einbettharz *n (noncond)* embedding resin
Einbettmasse *f*, **Einbettmaterial** *n* embedding material
Einbeulen *n* denting
einbrennen to bake *(esp. coatings)*, to fire on *(esp. enamels)*
eindicken to thicken, to concentrate
Eindiffundieren *n* diffusion, penetration
eindiffundieren to diffuse, to penetrate
Eindomänen-Kristall *n* single-domain crystal
Eindomänen-Material *m* single-domain material
eindringen to penetrate
Eindringen *n* penetration
~ **von Feuchtigkeit** ingress of moisture
Eindringhärteprüfung *f* indentation hardness testing
Eindringkörper *m* indenter
~ **aus Diamant** diamond indenter
Eindringtest *m* indentation test
Eindringtiefe *f* depth of penetration, penetration depth
Eindringvermögen *n* penetrating ability
Eindruck *m* indentation, dent
~ **im Nanometer-Bereich** nanoindentation
Eindrücken *n* denting
Eindruckkörper *m* indenter
Eindruckmethode *f* indentation test
Eindrucktiefe *f* indentation depth
einebnen to smooth
eineindeutig one-to-one
Einfachschicht *f (semic)* single layer
Einfallsebene *f* plane of incidence
Einfallswinkel *m* incidence angle
Einfangen *n* trapping, capture
einfangen to trap, to capture
Einfangplatz *m* trapping site
Einfangquerschnitt *m (elopt)* capture cross section
einfärben to dye
Einfluß *m* influence
Einführung *f* introduction
Eingangselektrode *f (semic)* source
eingehen/eine Bindung to bond
eine Legierung ~ to alloy
eingravieren to cut
eingruppieren to classify, to class
Eingruppierung *f* classification
Einheitsfläche *f* unit area
Einheitszeit *f* standard time
Einheitszelle *f* unit cell
einhüllen to wrap
einkapseln to encapsulate
Einkerbung *f* indentation
Einklinken *n (magn)* latching
Einkristall *m* single crystal
pyroelektrischer ~ pyroelectric single crystal
Einkristallgraphit *m* single-crystal graphite
Einkristall-Heteroübergang *m (semic)* single-crystal heterojunction
Einkristall-Korn *n* single-crystal grain
Einkristallkörper *m (semic)* boule
Einkristall-Piezoelektrikum *n* single-crystal piezoelectric
Einkristall-Polkoeffizient *m* single-crystal polar coefficient
Einkristallquarz *m* single-crystal quartz
Einkristallzucht *f*, **Einkristallzüchtung** *f (semic)* single-crystal growth
~ **aus der Schmelze** growth of single crystals from the melt
Einlage *f* inlay
einlagern to incorporate
Einlagerung *f* incorporation
Einlagerungsmischkristall *m* interstitial solid solution
Einleitung *f* nucleation, initiation
einordnen to classify, to class
Einordnung *f* classification
Einphasenlegierung *f* single-phase alloy
Einphasenmetall *n* single-phase metal
einphasig single-phase
Einregeln *n* adjustment
Einsatz *m* 1. application, use *(as of materials)*; 2. *s.* Einsatzmaterial
Einsatzbedingung *f* service (operating) condition
Einsatzgut *n* charge
Einsatzhärte *f (mech)* case hardness
Einsatzhärten *n (mech)* case hardening
Einsatzhärtetiefe *f (mech)* case depth
Einsatzmaterial *n* charge
Einsatzort *m* service environment
Einsatzrichtlinie *f* specification
Einsatzstahl *m (mech)* carburizing (case-hardening) steel

legierter ~ alloy case-hardening steel
Einsatztiefe *f (mech)* case depth
einsatzverchromen to chromize
Einsatzzeit *f* design life
Einschleifen-Schaltkreis *m* sigle-loop circuit
Einschließen *n* incorporation, encapsulation, entrapment
einschließen to incorporate, to encapsulate, to entrap
Einschluß *m* 1. inclusion *(matter)*; 2. *s.* Einschließen
kugelförmiger ~ spherical inclusion
nichtmetallischer ~ non-metallic inclusion
oxidischer ~ oxidic inclusion
zeilenartiger ~ stringer
Einschlußanhäufung *f* inclusion cluster
Einschlußart *f* inclusion type
Einschlußform *f* inclusion shape
Einschlußformsteuerung *f* inclusion shape control
Einschlußgröße *f* inclusion size
Einschlußmorphologie *f* inclusion morphology
Einschlußnest *n* inclusion cluster
Einschlußverteilung *f* inclusion distribution
Einschmelzen *n* meltdown
einschnüren/sich to neck
Einschnürung *f* 1. necking *(process)*; 2. neck *(result)*
instabile ~ unstable neck
stabile ~ stable neck
Einschnürungsriß *m* necking rupture
einschränken to restrict
einsetzbar applicable
Einsetzbarkeit *f* applicability
einsickern to seep in
einspannen to clamp
Einstellen *n* adjustment, *(according to a standard:)* standardization
einstellen to adjust, *(according to a standard:)* to standardize
wieder ~ to readjust
einstufen to classify, to class
Einstufung *f* classification
Eintauchen *n* immersion, dipping
eintauchen to immerge, to immerse, to dip
Eintauchplattierung *f* immersion plating
einteilen to classify, to class
Einteilung *f* classification
einwertig single-valued
einwickeln to wrap
Einwirkung *f* influence
Einzelbauteil *n* subcomponent
Einzelkorn *n* individual grain
Einzelpotentialkasten *m (semic)* single quantum well, SQW
Einzelpunktdefekt *m* single point defect
Einzelschicht *f*/**ideale** *(semic)* smooth individual layer
Eis *n* ice
Eisen *n* iron
Eisenbahnschiene *f* railway rail, *(US)* railroad rail
kopfgehärtete ~ head-hardened rail
Eisenbasislegierung *f* iron-base[d] alloy
Eisenblech *n* 1. sheet iron *(material)*; 2. *(shaped)* iron sheet, *(if thickness >0.25 inch:)* iron plate
verzinntes ~ tin-plate
Eisencarbid *n (mech)* iron carbide, cementite
Eisen-Cobalt-Legierung *f (magn)* iron-cobalt alloy
Eisen-Eisencarbid-Diagramm *n* iron-iron carbide diagram
Eisenerz *n* iron ore
eisenfrei non-ferrous
Eisen-Kohlenstoff-Diagramm *n* Fe-C phase diagram
Eisen-Kohlenstoff-Legierung *f* iron-carbon alloy
Eisenlegierung *f* ferrous alloy
Eisen-Nickel-Legierung *f* iron-nickel alloy
Eisenschwammbildung *f* graphite corrosion
Eisenwerkstoff *m* ferrous material
Eisenwhisker *m* iron whisker
Eisen-Zementit-Zustandsdiagramm *n* iron-cementite (iron-iron carbide) diagram
E-Kupfer *n (semic)* electrolytic copper
Elast *m* elastomer
elastisch elastic
Elastizität *f* elasticity
lineare ~ linear elasticity
Elastizitätsgrenze *f*/**technische** yield strength, proof stress
Elastizitätskonstante *f* elastic constant
Elastizitätsmodul *m* elastic modulus, Young's modulus [of elasticity]
Elastizitätstheorie *f*/**lineare** linear elasticity theory
Elastomer *n* elastomer
Elektret *n* pyroelectric material
Elektroaffinität *f s.* Elektronenaffinität
Elektrode *f* electrode
abschmelzende ~ consumable electrode
transparente ~ *(elopt)* transparent electrode
Elektrodenabstand *m (noncond)* electrode separation
Elektrodenerosion *f (cond)* electrical erosion
Elektrodengeometrie *f (noncond)* electrode geometry
Elektrodenpotential *n* electrode potential
Elektroinstallationskabel *n (ee)* building wire
Elektrolumineszenz *f* electroluminescence
Elektrolumineszenzbauelement *n* **mit** ***p-n*-Übergang** *(elopt)* *p-n* junction electroluminescent device
Elektrolyse *f* electrolysis
Elektrolyt *m* electrolyte
Elektrolytleitfähigkeit *f* ionic conductance
Elektrolytverfahren *n* electrolytic method (process)
Elektron *n* electron
aktiviertes ~ *(noncond)* energized electron
äußeres ~ *(semic)* outer electron

heißes ~ *(semic)* hot electron
Elektron-Defektelektron-Paar *n*, **Elektron-Loch-Paar** *n (semic)* exciton; electron-hole pair
durch Licht erzeugtes ~ photogenerated electron-hole pair
elektronegativ *(noncond)* electronegative
Elektronegativität *f* electronegativity
Elektronenabbildung *f* electron imaging
Elektronenaffinität *f (noncond)* electron-affinity value, electron affinity
Elektronenanlagerung *f (noncond)* electron attachment
Elektronenbeugung *f* electron diffraction
Elektronenbeweglichkeit *f* electron mobility
Elektronenbewegung *f (semic)* electron motion
Elektronendichte *f (semic)* electron density
~ **der metallischen Leitung** *(semic)* metal-conduction electron density
Elektronendurchstrahlung *f* electron transmission
Elektroneneinfang *m (noncond)* electron attachment
Elektronenenergie *f (noncond)* electron energy
Elektronenenübergang *m (semic)* electron transfer
Elektronengas *n (semic)* electron gas
Elektronengeschwindigkeit *f (cond)* electron velocity
Elektroneninterferenz *f* electron interference
Elektronenmikroskop *n* electron microscope
Elektronenmikroskopie *f* electron microscopy
hochauflösende ~ high resolution electron microscopy
Elektronenneutralität *f* electrical neutrality
elektronenoptisch *(semic)* electron-optical
Elektronenpaar-Durchtunnelung *f* electron-pair tunneling
Elektronenrückstreubild *n* backscattered-electron image
Elektronenschicht *f (semic)* layer of electrons
Elektronenspektrum *n (semic)* electronic spectrum
Elektronensperrschicht *f* electron barrier
Elektronenspinresonanzspektroskopie *f* electron spin resonance spectrometry (spectroscopy), ESR spectrometry
Elektronenstoßionisationsquerschnitt *m (noncond)* electron-impact-ionization cross section
Elektronenstrahlbeugung *f* electron diffraction
konvergente ~ convergent beam electron diffraction, CBED • **durch konvergente ~ erzeugtes Bild** CBED pattern
Elektronenstrahldiffraktion *f s.* Elektronenstrahlbeugung
Elektronenstrahlhärten *n* electron beam hardening
Elektronenstrahlmikroanalyse *f* electron-probe microanalysis, EPMA
Elektronenstrahlverdampfung *f* electron beam evaporation
Elektronenstreuung *f (ee)* electron scattering
Elektronenstruktur *f* **der Grenzschicht** *(semic)* interface electronic structure
Elektronentheorie *f* **der Festkörper** *(cond)* electron theory of solids
Elektronenübergangs[bau]element *n (semic)* transferred electron device
Elektronenumverteilung *f* electronic redistribution
Elektronenverschiebung *f* electronic displacement
Elektronenverteilung *f (cond)* electron distribution
Elektronen-Miniband *n (semic)* electron miniband
Elektron-Loch-Paar *n (semic)* electron-hole pair
Elektron-Molekül-Zusammenstoß *m (noncond)* electronic-molecule collision
Elektron-Phonon-Kopplung *f* electron-phonon coupling
Elektroofen *m* electric furnace
Elektroplattieren *n* electroplating
elektroplattieren to electroplate
Elektropolieren *n* electropolishing
elektropolieren to electropolish
Elektroporzellan *n* porcelain
Elektroporzellanspule *f* electrical porcelain bobbin
Elektroschlackeumschmelzen *n* electroslag refining
Elektrostahl *m* electrical steel
Elektrotauchlackierung *f* electrocoating
Element *n* 1. element *(chemistry)*; 2. *s.* galvanisches ~
amphoteres ~ amphoteric element
aus der IV. Gruppe *(semic)* group IV element
austenitstabilisierendes ~ austenite-stabilizing element
carbidbildendes ~ carbide forming element
dreiwertiges ~ trivalent element
einwertiges ~ monovalent (univalent) element
fünfwertiges ~ pentavalent element
galvanisches ~ galvanic cell
gelöstes ~ solute
nitridbildendes ~ nitride-forming element
sulfidbildendes ~ sulphide-forming element
vierwertiges ~ tetravalent (quadrivalent) element
zweiwertiges ~ divalent element
Elementaranalyse *f* elementary analysis
Elementarzelle *f* unit cell
Elementarzellenbegrenzung *f* unit-cell boundary
Elementenhalbleiter *m (semic)* elemental semiconductor
Elementstrom *m* cell current
Elementverteilung *f* elemental distribution
eliminieren to eliminate, to remove
Ellipsometrie *f (semic)* ellipsometry
Eloxieren *n* anodization, anodizing, anodic oxidation *(of aluminium)*
Email *n*, **Emaille** *f* [vitreous] enamel
Emaillelack *m*, **Emaillelackfarbe** *f* enamel [paint], hard-gloss enamel

Emaillieren *n* [vitreous] enamel[l]ing
emaillieren to enamel
Emaillierstahl *m* enameling steel
Emaillierung *f* vitreous enamel[l]ing
Emailschutzschicht *f* [vitreous] enamel coating, glass coating
Emailzusammensetzung *f* enamel composition
Emission *f (semic)* emission
  induzierte ~ stimulated emission
  spontane ~ spontaneous emission
Emissionsbetrag *m* emission rate
Emissionsintensität *f (semic)* emission intensity
Emissionsmaximum *n* emission peak
Emissionsrichtung *f* direction of emission
Emissionsspektrometer *n* emission spectrometer
Emissionsspektroskopie *f* emission spectroscopy, ES
  optische ~ optical emission spectroscopy, OES
Emissionswellenlänge *f (semic)* emission wavelength
Emitter *m (semic)* emitter
Emitteranschluß *m (semic)* emitter terminal
Emitter-Basisübergang *m (semic)* emitter-base junction
Emittereffizienz *f (semic)* emitter efficiency
Emitterstrom *m (semic)* emitter current
Emitterwirkungsgrad *m (semic)* emitter efficiency
E-Modul *m s.* Elastizitätsmodul
empfindlich sensitive, susceptible
Empfindlichkeit *f* sensitivity, susceptibility
Empfindlichkeitsanalyse *f* sensitivity analysis
Empfindlichkeitsbereich *m*, **Empfindlichkeitsgebiet** *n* sensitizing range (zone)
Empfindlichkeitsmaximum *n* response peak
enantiomorph enantiomorphous
endformnah near net shape • ~ **herstellen** to fabricate near net shape
Endgestalt *f* net shape
endkonturnah *s.* endformnah
endlos continuous
Endlosfadenfaser *f* continuous-filament fibre
Endlosfaden-Glasfaser *f* continuous-filament glass fibre
endlosfaserverstärkt *(comp)* continuous-fibre-reinforced
Endprodukt *n* final (end) product
Endpunkt *m* end point
Endverschluß *m* termination
Endwert *m* **der spontanen Polarisation** final spontaneous polarization, final P_s
Energie *f* energy
  abgestrahlte ~ emitted energy
  elastische ~ elastic energy
  magnetoelastische ~ magnetostrictive anisotropy energy
  mittlere ~ mean energy
  molare freie ~ molar-free energy
  ~ **unterhalb des niedrigsten angeregten Zustands** *(noncond)* subexitation energy
Energieabstand *m (semic)* energy separation
Energiebarriere *f* energy barrier
Energiedissipation *f* energy dissipation
Energiefaktor *m* energy factor
Energiefreisetzung *f* release of energy
Energiefreisetzungsrate *f* energy release rate
Energiefunktion *f*/**treppenförmige** *(semic)* staircase energy dependence
Energiegap *m s.* Energielücke
Energieinhalt *m* energy content
Energielücke *f (semic)* [forbidden energy] gap
  innere ~ internal gap
Energieprodukt *n (magn)* energy product
Energieschwelle *f* energy barrier
Energiestreuung *f (semic)* energy dispersion
Energieumwandlung *f (semic)* energy conversion
  pyroelektrische ~ pyroelectric energy conversion
Energieverbrauch *m* energy consumption
Energieverteilung *f* energy distribution
Energiezustand *m* energy state
  ~ **der Elektronen** *(cond)* electrons energy state
ENF Test *m* end notched flexure test
entarten to degenerate
Entartung *f* degeneracy
entfärben to bleach, to decolo[u]rize
Entfärbung *f* decolo[u]rization
entfernbar removable
Entfernbarkeit *f* removability
entfernen to remove, to eliminate
Entfernen *n* removal, elimination
  ~ **eines Elektrons** removal of an electron
Entfernung *f* spacing
  ~ **zwischen zwei Zusammenstößen/mittlere** *(noncond)* mean free path, mean intercollision distance
entfestigen to weaken
Entfestigen *n*, **Entfestigung** *f* weakening, softening
entflammbar [in]flammable
Entflammbarkeit *f* [in]flammability
Entflammbarkeitsprüfung *f* flammability test
entflammen to [in]flame
Entflammung *f* inflammation
Entgasen *n* degassing
entglasen to devitrify
Entglasung *f* devitrification
entgraten *(mech)* to [de]burr
Enthalpie *f*/**freie** Gibbs free energy, Gibbs function
Entkohlen *n* decarburization
entkohlen to decarburize
Entkohlungswiderstand *m* decarburization resistance
Entladungsbehandlung *f* discharge treatment
entlasten to relieve, to unload
entleeren to deplete, to exhaust
Entleerung *f* depletion, exhaustion
Entlüften *n* degassing *(of plastics)*

entlüften to degas *(plastics)*
entmischen/sich to segregate, to separate
Entmischung *f* segregation, separation
spinodale ~ spinodal decomposition
Entnetzen *n (semic)* dewetting
entnetzen *(semic)* to dewet
entphosphoren to dephosphorize
Entphosphorung *f* dephosphorization
Entropie *f* entropy
entsalzen to desalinate, to desalt
Entsalzung *f* desalination, desalting
Entschäumungsmittel *n* defoaming agent, defoamer
entschlacken to slag
Entschlackung *f* slagging
Entschwefeln *n* desulphurizing, desulphurization
entschwefeln to desulphurize
entsilizieren to desiliconize
Entsilizierung *f* desiliconization
Entsorgung *f* disposal
Entspannen *n (met)* stress-relieving treatment, stress-relief heat treatment, annealing
entspannen *(met)* to stress-relieve, to anneal
sich ~ to relax
Entspannung *f* stress relief (relaxation)
elastische ~ elastic relaxation
Entspannungsglühen *n* stress-relief annealing
Entspannungszeit *f* relaxation time
Entstabilisierung *f* destabilization
Entstehung *f* generation, formation
entwässern to dehydrate
entweichen to escape, to leak [out]
Entwicklung *f***/selektive** preferential development
Entzinkung *f* dezincification
entzünden to [in]flame
Entzundern *n* [de]scaling
entzundern to descale, to scale
Entzündung *f* inflammatation
E-Ofen *m* electric furnace
EP epoxy [resin]
EPDM-Kautschuk *m* (Ethylen-Propylen-Dien-Terpolymer) polyethylene-polypropylene-butadiene, ethylene-propylene diene monomer [rubber]
Epichlorhydrin-Kautschuk *m* epichlorohydrin [rubber]
Epitaxialscheibe *f (semic)* epitaxial slice (wafer)
Epitaxialstoff *m* epitaxial material
Epitaxie *f* epitaxy
~ **aus der Gasphase/chemische** *(semic)* chemical vapour epitaxy
Epitaxiehalbleiter *m* epitaxial semiconductor
Epitaxieschicht *f (semic)* epitaxial layer
einkristalline ~ single-crystal epitaxial layer
Epitaxieschicht-Substrat-Grenzschicht *f* epitaxial layer-substrate interface
Epoxidharz *n* epoxy [resin]
kohlenstoffgewebeverstärktes ~ *(mech)* carbon-fabric-reinforced epoxy
Epoxidharzmatrix-Verbund *m* epoxy-resin-matrix-composite
Epoxyharz *n s.* Epoxidharz
erbgutschädigend mutagenic
Erdalkalichalkogenid *n (elopt)* alkaline earth chalcogenide
Erdalkalisulfid *n (elopt)* alkaline earth sulphide
Erdalkalititanat *n* alkaline-earth titanate
Erdboden *m* soil
Erdbodenkorrosion *f* soil corrosion
Erdgas *n* natural gas
Erdölasphalt *m* asphalt
Erdschluß *m (ee)* conduction to ground
Erfordernis *n***/technisches** engineering requirement
Erforschung *f* investigation, examination
ergeben to yield
erhitzen to heat
Erholung *f***[/elastische]** recovery
Erichsen-Versuch *m* Erichsen test
ermüden to fatigue
Ermüdung *f* fatigue
dynamische ~ dynamic fatigue
~ **eines Bauteils ohne Anriß** fatigue of an uncracked structure (component)
niederzyklische ~ low-cycle fatigue, LCF
statische ~ static fatigue
thermische ~ thermal fatigue
~ **von Bauteilen mit Anrissen** fatigue of cracked structures (components)
zyklische ~ cyclic fatigue
Ermüdungsbelastung *f* fatigue loading
Ermüdungsbeständigkeit *f* fatigue strength (resistance), resistance to fatigue
Ermüdungsbruch *m* fatigue failure (fracture)
Ermüdungseigenschaft *f* fatigue property
Ermüdungsfestigkeit *f s.* Ermüdungsbeständigkeit
Ermüdungsgrenze *f* fatigue limit (life)
Ermüdungsmechanismus *m* fatigue mechanism
Ermüdungsprüfung *f* fatigue testing
niederfrequente ~ low-cycle fatigue testing
Ermüdungsriß *m* fatigue crack
Ermüdungsrißausbreitung *f* fatigue crack propagation
Ermüdungsrißbildung *f* fatigue crack initiation
Ermüdungsrißwachstum *n* fatigue crack growth
Ermüdungsrißwachstumsgeschwindigkeit *f* fatigue crack growth rate
Ermüdungsschaden *m* fatigue damage
Ermüdungsverhalten *n* fatigue behaviour (performance)
Ermüdungsversuch *m* fatigue test
Ermüdungswiderstand *m s.* Ermüdungsbeständigkeit
Erosion *f* [surface] erosion
Erosionsbeständigkeit *f* resistance to erosion
Erosionsgeschwindigkeit *f* erosion rate
Erosionskorrosion *f* erosion corrosion

errechnen aus to calculate from
Ersatz *m* substitution
Ersatzstoff *m* substitute [material]
erschöpfen to exhaust
ersetzen to replace, to substitute
erstarren to solidify, to freeze
Erstarrung *f* solidification, freezing
eutektische ~ eutectic solidification
gerichtete ~ directional solidification
progressive ~ progressive solidification
Erstarrungsgefüge *n* solidification structure
Erstarrungsgestein *n* igneous rock
Erstarrungslunker *m (mech)* contraction cavity
Erstarrungspunkt *m* freezing point
Erstarrungsrißbildung *f* solidification cracking
Erstarrungsschrumpfen *n* solidification shrinkage
Erstarrungsverhalten *n* solidification behaviour
Ertrag *m* yield
erwärmen to heat
Erwärmen *n* heating
~ **bis zur blauen Anlaßfarbe** *(mech)* blueing
induktives ~ inductive heating
örtliches ~ local heating
erweichen to soften
Erweichungspunkt *m*, **Erweichungstemperatur** *f* softening point (temperature)
~ **nach Vicat** *(plast)* Vicat softening point (temperature)
erwünscht desirable *(e.g. property)*
Erz *n* ore
erzeugen to produce, to manufacture
Erzeugnisgestalter *n* product designer
Erzeugnisse *npl***/oxidkeramische** oxide ceramics
Erzeugung *f* 1. *(per unit time)* production; 2. *(know-how)* manufacture; 3. generation *(as of phenomena)*
~ **der zweiten Fourier-Komponente** second harmonic generation
~ **einer maßgeschneiderten Farbe** *(elopt)* tailoring of colour
~ **von Elektron-Loch-Paaren** *(semic)* electron-hole pair generation
erzielen/anwendungsspezifische Eigenschaften to tailor properties
ESMA (Elektronenstrahlmikroanalyse) electron-probe microanalysis, EPMA
ESR-Spektroskopie *f* electron spin resonance spectrometry, ESR spectroscopy
Ethylcellulose *f* ethyl cellulose
Ethylendiamintartrat *n* $C_2H_4(NH_3)_2(C_4H_4O_6)$ ethylene diamine tartrate
Ethylen-Propylen-Dien-Terpolymer *n* (EPDM-Kautschuk) *(noncond)* polyethylene-polypropylene- butadiene, ethylene-propylene diene monomer [rubber]
Ethylen-Propylen-Kautschuk *m* ethylene-propylene rubber
Ethylen-Propylen-Terpolymer *n* ethylene-propylene terpolymer
Eutektikum *n* eutectic
Eutektikumszusammensetzung *f* eutectic composition
eutektisch eutectic
eutektoid eutectoid
Eutektoid *n* eutectoid
Expansion *f* expansion
adiabatische ~ adiabatic expansion
experimentieren to experimentalize
Explosivpressen *n*, **Explosivverdichtung** *f (powd)* explosive (shock) compaction
Expositionsdauer *f* exposure period (time)
Extraktion *n* extraction
extrapolieren to extrapolate
Extrudieren *n* extrusion *(shaping operation accomplished by forcing a plastic material through a die)*
extrudieren to extrude
extrudiert/warm warm extruded
Extrusion *n s.* Extrudieren
Extrusionsblasformen *n* blow moulding
Exziton *n (semic)* exciton, electron-hole pair

F

Facette *f* facet
spiegelähnliche ~ *(semic)* mirrorlike facet
Facettenspannung *f***/maximale** principal facet stress
Facettenstruktur *f* faceted shape
Faden *m* 1. *(metal, plastics:)* filament; 2. *(consisting of fibres:)* thread, *(esp. for woven-fabric composites:)* yarn
Fadendurchmesser *m* filament diameter
Fadenwickelverfahren *n (comp)* filament winding *(fabrication technique for FRP leaf springs)*
Fallbeispiel *n*, **Fallstudie** *f* case history
Falte *f* crimp
falten to crimp
Faltenbildung *f* crimping; kinking
Farbänderung *f* discolo[u]ration
Farbdiffusionsprüfung *f* penetrant-dye testing
Farbdiffusionsverfahren *n* dye penetrant inspection method
Farbentferner *m* paint stripper
Farbglas *n* coloured glass
Farbhaftfestigkeit *f* paint adherence
Farbstoff *m* dye
Farbveränderung *f* discolo[u]ration
Faser *f* fibre, *(US)* fiber
anorganische ~ inorganic fibre
diskontinuierliche ~ discontinuous fibre
hochfeste ~ high-strength fibre
kontinuierliche ~ continuous fibre
natürliche ~ natural fibre
organische ~ organic fibre
synthetische ~ synthetic (man-made) fibre
Faseranordnung *f (comp)* fibre orientation

Faserausreißen *n (comp)* fibre pull-out
Faserausreißlänge *f* / **kritische** *(comp)* critical pull-out length
Faserausrichtung *f (comp)* fibre alignment
Faserbruch *m (comp)* fibre fracture
Faserbündel *n (comp)* fibre bundle, strand
Faserdehnung *f* fibre strain
Faserfehlausrichtung *f (comp)* fibre misalignment
Faserfestigkeit *f (comp)* fibre strength
Fasergehalt *m (comp)* fibre content
Fasergelege *n* / **vorimprägniertes** *(comp)* prepreg, preimpregnated material
Fasergewebe *n (comp)* woven fibres
Faserhybridisierung *f (comp)* fibre hybridization *(e.g. with glass or aramid reinforcements)*
Faserkomposit *m (comp)* fibre[-reinforced] composite
Faserlänge *f* fibre length
Faser-Matrix-Bindungsfestigkeit *f (comp)* fibre-matrix bond strength
Faser-Matrix-Grenzschicht *f (comp)* fibre-matrix interface
Fasermatte *f (comp)* fibre mat
Faseroberfläche *f* fibre surface
Faserorientierung *f (comp)* fibre orientation
Faserrichtung *f (comp)* fibre alignment
Faserschädigung *f* damage to fibres
Faserspannung *f* fibre strain
Faserstoff *m* / **anorganischer** inorganic fibre
  organischer ~ organic fibre
Faserummantelung *f* fibre sheath
Faserverbund *m* / **gerichteter** *(comp)* directional fibre composite
Faserverbundlaminat *n (comp)* fibre composite laminate
Faserverbundwerkstoff *m (comp)* fibre[-reinforced] composite
  neuerer ~ advanced fibre composite
faserverstärkt *(comp)* fibre-reinforced
Faserverstärkung *f* fibre reinforcement
Faservlies *m* non-woven fabric
Faservolumenanteil *m (comp)* volume fraction of fibres, fibre volume fraction
Faservolumengehalt *m (comp)* fibre volume content
Fäule *f* rot
Fe-C-Diagramm *n* Fe-C phase diagram
FeCrCo-Legierung *f*, **Fe-Cr-Co-Legierung** *f* chromium-cobalt-iron alloy
Feder *f* spring
federnd resilient, springy
Federschalter *m (cond)* snap switch
Federstahl *m* spring steel
Federwerkstoff *m* spring material
Fehlanpassung *f* **der Kristallgitter** lattice mismatch
Fehler *m* 1. flaw, [material] defect; 2. error
  mittlerer quadratischer ~ standard deviation *(statistics)*
Fehlerabschätzungsdiagramm *n* failure-assessment diagram
Fehleranalyse *f* failure analysis
Fehlerbeseitigung *f* elimination of defects
Fehlerbestimmung *f* failure analysis
Fehlerermittlung *f s.* Fehlersuche
Fehlergröße *f* flaw size
fehlerhaft unsound
Fehlerhaftigkeit *f* unsoundness
Fehlersignal *n* flaw signal
Fehlersuche *f* fault finding, trouble-shooting
Fehlordnung *f (cryst)* disorder
  chemische ~ chemical disorder
  durch Ionenimplantation hervorgerufene ~ *(semic)* ion implantation-induced disordering
  durch Verunreinigung hervorgerufene ~ *(elopt)* impurity-induced disordering
Fehlorientierung *f* misorientation, misalignment
Fehlpassung *f* mismatch, misfit
Fehlpassungsgrenze *f* mismatch boundary
Fehlstelle *f* 1. *(cryst)* defect; 2. void *(in a coating)*
  • **ohne Fehlstellen** void-free *(coating)*
Fehlstellenbildung *f* defect formation
Fehlstellendichte *f* defect density
Fehlstellenverteilung *f* defect distribution
Feinblech *n* sheet metal
feindispers finely dispersed
Feinguß *m* precision (investment) casting
Feinheit *f* fineness
Feinkornerzeugung *f* fine-grain production
feinkörnig fine-grained
Feinkörnigkeit *f* fine-graininess
Feinkornstahl *m* fine-grained steel
Feinpolieren *n* fine polishing
Feinstruktur *f* microstructure
Feinstrukturanalyse *f* microstructure (microstructural) analysis
Feld *n* / **angelegtes elektrisches** applied electric field
  elektrisches ~ electric field
  homogenes ~ *(noncond)* uniform field
  inneres elektrisches ~ *(semic)* internal electric field
  magnetisches ~ magnetizing field
Feldeffektbauelement *n* **auf der Basis von III-V-Verbindungshalbleitern** *(semic)* III-V field-effect device
Feldeffektbauteil *m* field effect device
Feldeffekttransistor *m (semic)* field-effect transistor, FET
Feldeffekttransistorbauelement *n (semic)* field-effect-transistor device, FET device
Feldemissionsstrahler *m* field emission gun
Feldionenmikroskopie *f* field-ion microscopy
Feldspat *m* feldspar
Feldstärke *f (noncond)* field strength
  elektrische ~ electric field strength, electric[al] stress *(V μm^{-3})*
Feldstärkekonzentration *f* electric-stress concentration

Fensterätzen *n (semic)* etching of windows
Fermi-Energie *f (semic)* Fermi energy, chemical potential
Fermi-Fläche *f (cond)* Fermi surface
freie ~ free Fermi surface
Fermi-Niveau *n (semic)* Fermi level
Fernbedienungsgreifer *m* manipulator
Ferndotierung *f (semic)* remote doping
ferngesteuert remotely controlled
Ferngreifer *m* manipulator
Fernmeldekabel *n* communication wire
Fernordnung *f (semic)* long-range order
Ferrimagnetikum *n (magn)* ferrimagnet
Ferrit *m* ferrite, alpha iron
bainitischer ~ bainitic ferrite
nadelförmiger ~ acicular ferrite
polygonaler ~ polygonal ferrite
voreutektoider ~ proeutectoid ferrite
Ferritanteil *m* percentage of ferrite
Ferritbildner *m* ferrite former
ferritisch ferritic
ferritisch-perlitisch ferritic-pearlitic
Ferritkorn *n (mech)* ferrite grain
Ferritkorngröße *f (mech)* ferrite grain size
Ferritnadel *f (mech)* ferrite needle
Ferrit-Perlit-Mikrogefüge *n (mech)* ferrite-pearlite microstructure
Ferritplatte *f (mech)* ferrite plate
Ferritstabilisator *m (mech)* ferritic stabilizer, ferrite stabilizing element
Ferroelektrikum *n* (*pl* Ferroelektrika) ferroelectric
ferroelektrisch ferroelectric
Ferroelektrizität *f* ferroelectricity
Ferrolegierung *f* ferro-alloy
Ferrosilicium *n* high-silicon iron
fertigen to fabricate
Fertigung *f*/**endkonturnahe** near-net-shape processing (manufacturing)
Fertigungsmethode *f* fabrication method
fest solid
Fest-Flüssig-Phasen-Gleichgewicht *n (semic)* solid-liquid phase equilibrium
Festfressen *n* seizure
festhalten to impede, to hinder
Festigkeit *f* strength
~ **des Vorpreßlings** *(powd)* green strength, strength after pressing
dielektrische ~ *(noncond)* dielectric strength
mechanische ~ mechanical strength
mittlere ~ medium strength
spezifische ~ specific strength
theoretische ~ ideal strength
Festigkeitsabbau *m* strength degradation
Festigkeitsanstieg *m* increase in strength
Festigkeitserhaltung *f (powd)* strength retention
Festigkeits-Masse-Verhältnis *n* strength-[to-]weight ratio
Festigkeitssteigerung *f* increase in strength
Festigkeits-Zähigkeits-Verhältnis *n* strength-ductility relationship
Festigkeitszunahme *f* increase in strength
festkleben to stick
Festkörper *m* solid
amorpher ~ amorphous solid
flachdimensionierter ~ *(semic)* low-dimensional solid
idealer ~ ideal solid
kompakter ~ bulk solid
kristalliner ~ crystalline solid
Festkörperdiffusion *f* solid diffusion
Festkörperelektronik *f* solid-state electronics
Festkörperlaser *m (semic)* solid-state laser
Festkörperlöslichkeit *f* solid solubility
Festkörper-Mikrowellentechnik *f (semic)* solid-state microwave electronics
Festkörper-Unvermischbarkeit *f (semic)* solid-state immiscibility
Festkörperzustand *m* solid state
Festphasensintern *n (powd)* solid state sintering
Festschmierstoff *m* solid lubricant
Feststoffisolation *f (noncond)* solid (dielectric) insulation
Feststoffoberfläche *f* solid surface
Festwerden *n* solidification
Festwiderstand *m* fixed resistor
FET (Feldeffekttransistor) *(semic)* field-effect transistor, FET
Fett *n* grease
Feuchte *f* moisture
Feuchte... *s.a.* Feuchtigkeits...
Feuchtegehalt *m* moisture content
Feuchtekonzentration *f* moisture concentration
Feuchtigkeit *f* moisture
Feuchtigkeitsaufnahme *f* moisture absorption (pick-up)
Feuchtigkeitsbeständigkeit *f* resistance to moisture, moisture resistance
feuchtigkeitsempfindlich sensitive (susceptible) to humidity
Feuchtigkeitsempfindlichkeit *f* moisture sensitivity (susceptibility)
feueraluminiert hot-dip aluminized, aluminium-dipped
feuerbeständig fireproof
Feuerbeständigkeit *f* refractoriness, fire resistance
feuerdämmend fire-retardant
Feuerdämmung *f* fire retardation
feuerfest fire-resistant, fireproof, refractory
Feuerfestigkeit *f* fire resistance, refractoriness
Feuerfestmaterial *n* refractory material
Feuerfestton *m* fire clay
feuerhemmend fire-retardant
Feuerlöschsystem *n* fire-extinguishing system, sprinkler
Feuermetallisieren *n* hot dipping
Feuerraum *m* combustion chamber

feuersicher fireproof
Feuerton *m* fire clay
Feuerungswiderstandheizelement *n* furnace resistive-heating element
Feuerverzinken *n* [hot-dip]galvanizing
feuerverzinken to galvanize
feurig igneous
Filament *n s.* Faden 1.
Filament-Winding-Verfahren *n (comp)* filament winding *(fabrication technique for FRP leaf springs)*
Film *m* film
  anorganischer ~ inorganic film
  strukturierter ~ textured film
Filmbildner *m* film former
Filmbildungshilfsmittel *n* coalescing aid (agent)
Finalprodukt *n* final (end) product
Finish *n* finish, surface condition (appearance)
Finite-Elemente-Methode *f* finite-element method
Fischschuppen *fpl* fish scales
Fixieren *n* fixing
fixieren/das Ferminiveau *(semic)* to pin the Fermi level
Fläche *f* face
  ebene ~ *(semic)* flat surface
(100)-Fläche *f (semic)* (110) surface
  ~ **von GaAs** GaAs (100) surface
Flächeneffekt *m (semic)* low-dimensional effect
Flächenfraß *m* general corrosion
Flächengebilde *n*/**vorimprägniertes** *(comp)* prepreg, preimpregnated material
Flächenkorrosion *f* general corrosion
Flächenstrahler *m (semic)* surface-emitting diode
flächenzentriert face-centred
  kubisch ~ face-centred cubic, f.c.c.
Flachheit *f* flatness
Flachkorngefüge *n* pancake grain structure
Flach-LCD *n*, **Flach-LCD-Bildschirm** *m (semic)* flat panel-liquid crystal display
Flachprüfstab *m* flat test bar
Flachsfaser *f* flax fibre
Flachsubstrat *n* flat substrate
flammbeständig flame resistant, flameproof
Flammbeständigkeit *f* flame resistance, flameproofness
Flammenhärtung *f* flame hardening
Flammenofen *m* reverberatory furnace, *(esp. for ceramics:)* reverberatory kiln
Flammenrauchgiftigkeit *f*, **Flammenrauchtoxizität** *f* flame-smoke-toxicity
Flammhärten *n* flame hardening
Flammhemmung *f* flame retardancy
Flammofen *m s.* Flammenofen
Flammspritzen *n* flame spraying
Fleckenbildung *f* staining
Fleckigkeit *f* spottiness
Fließbeständigkeit *f* resistance to flow
Fließeigenschaft *f* flow property
fließen to flow *(also relating to materials)*
Fließen *n* flow
  plastisches ~ plastic flow, yield[ing]
  viskoses ~ viscous flow
Fließfähigkeit *f* flowability
Fließfertigung *f* flow processing
Fließfestigkeit *f* resistance to flow
Fließfiguren *fpl* stretcher lines
Fließgeschwindigkeit *f* **der Elektronen** electron drift velocity
Fließgrenze *f* yield point
  ~ **für Scherbeanspruchung** shear yield strength
  ~ **im Zugversuch** tensile yield strength
  obere ~ upper yield point
  praktische ~ yield strength, proof stress
  untere ~ lower yield point
Fließkurve *f* yield curve
Fließphasenreaktion *f* flux phase reaction
Fließpressen *n* impact extrusion
Fließspannung *f* yield stress
  obere ~ upper yield stress
  untere ~ lower yield stress
Fließspannungsbruch *m* general yield fracture
Fließstahl *m* mild steel
Fließverhalten *n* fluidity
Fließvermögen *n* fluidity
flimmern to scintillate
Flintglas *n* flint glass
flüchtig volatile
Flüchtigkeit *f* volatility, *(esp. quantitatively:)* fugacity
Fluid *n*/**ideales** ideal fluid
  reibungsfreies ~ ideal fluid
Fluorcarbon-Elastomer *n* polyfluoro elastomer
Fluorcarbonkautschuk *m (noncond)* fluorocarbon polymer
Fluorcarbonkunststoff *m* fluoroplastic
Fluoreszenz *f* fluorescence
Fluoreszenzlösung *f* fluorescent paint
Fluoreszenzspektrometer *n* fluorescence spectrometer
Fluoreszenzspektrometrie *f* fluorescence spectrometry
Fluoreszenz-Spektrophotometer *n* fluorescence spectrophotometer
Fluoreszenztest *m* fluorescence test
Fluoreszenzverfahren *n* fluorescent-penetrant inspection
Fluorierung *f* fluorination
Fluorkautschuk *m (noncond)* fluorocarbon polymer
Fluorkohlenwasserstoff *m* fluorocarbon
  flüssiger ~ *(noncond)* liquid fluorocarbon
Fluß *m* flux
  thixotropischer ~ thixotropic flow
flüssig liquid • ~ **werden** to liquefy; *(of crystals:)* to deliquesce
Flüssigkeit *f* liquid
  magnetische ~ magnetic fluid

Flüssigkeitskapselung *f (semic)* liquid encapsulation
Flüssigkeitsschlag *m* impingement corrosion
Flüssigkeitsstandsensor *m* liquid-level sensor
Flüssigkeitsvergüten *n* liquid hardening and tempering
Flüssigkeitsverschluß *m (semic)* liquid seal
Flüssigkristall *m* liquid crystal
Flüssigkristallanzeige *f***/farbige** *(semic)* LC colour display
flüssig-kristallin liquid-crystalline, *(elopt)* mesomorphic
Flüssigmetall *n* liquid metal
Flüssigphasen-Aufwachsen *n***/epitaxiales** *(semic)* liquid phase epitaxial growth
Flüssigphasenepitaxie *f (semic)* liquid-phase epitaxy, LPE
flüssigphasengesintert liquid-phase sintered
Flüssigphasensintern *n (powd)* liquid-phase sintering
  permanentes ~ persistent liquid-phase sintering
  temporäres ~ transient liquid-phase sintering
Flüssigzustand *m* liquid state
Flußmittel *n* flux
Flußmittelbehandlung *f* fluxing
Flußquant *n***/magnetisches** *s.* Fluxoid
Flußstahl *m* ingot iron, dead soft (mild) steel
fluxen to flux
Fluxoid *n* fluxoid, quantized flux element
Fluxoid-Zustand *m* fluxoid state
Fokusfehler *m* defocus
Folge *f* sequence
Folgefehler *m*, **Folgeversagen** *n* subsequent failure
Folie *f (esp. relating to metal:)* foil; *(relating to plastics:)* film, *(if thickness > 0.01 inch:)* sheeting *(as a web)*, sheet *(as a piece)*
Folienkondensator *m* foil capacitor
Folienrand *m* foil edge
Foliestapelkondensator *m* stacked-film capacitor
Foliewickelkondensator *m* foil capacitor
fördern to promote, to favour
Förderseil *n* haulage rope
Forderung *f***/anwendungsspezifische** application-based requirement
  strenge ~ stringent requirement
Form *f* 1. shape, form, geometry; 2. *(for shaping materials:)* die, *(for castings:)* mould, *(US)* mold
  ~ **der Elektrode** *(noncond)* electrode geometry
  endgültige ~ final shape
  ~ **mit Endabmessungen** net shape
Formänderung *f* change of shape; deformation; *(result of stress:)* strain
  logarithmische ~ logarithmic strain
Formänderungsarbeit *f* deformation energy
  spezifische ~ specific deformation work
Formänderungsfestigkeit *f* resistance to deformation
Formanisotropie *f (magn)* shape anisotropy
Formartikel *m* moulding, *(US)* molding
formbar shapeable, malleable, *(in moulds:)* mouldable
Formbarkeit *f* shapeability, malleability, *(in moulds:)* mouldability
  leichte ~ ease of shaping (forming)
Formbeständigkeit *f* dimensional stability, shape retention
Formeinstreichmittel *n* release agent
formen to shape, to form, *(in moulds:)* to mould, *(US)* to mold
Formenbaustahl *m* die steel
Formeneinstreichmittel *n* release agent
Formenwerkzeugstahl *m* mould tool steel
Formgebung *n* forming, shaping, working
Formgedächtniseffekt *m* shape-memory effect, SME
Formgestaltung *f* design
Formguß *m* mould (shaped) casting
Formgußstück *n* casting
formieren to pole
Formkeramik *f* shaped ceramics
Formpressen *n* [compression] moulding
Formteil *n* moulding, *(US)* molding
Formunbeständigkeit *f* dimensional instability
Formwerkzeug *n* forming tool
fortpflanzen/sich to propagate
Fortschritt *m* advance
foto... *s.* photo...
Fourieranalyse *n* Fourier analysis
Fourierkoeffizient *m* Fourier coefficient
Fourier-Transformation *f* Fourier transformation
Fraktion *f (powd)* fraction
Fraktographie *f* fractography, fractographic analysis
Franck-Condon-Verschiebung *f (elopt)* Franck-Condon shift
Fräsen *n* milling
Freibewitterung *f (corr)* outdoor exposure, [outdoor] weathering
Freibewitterungsprüfung *f* atmospheric-exposure testing
Freiheitsgrad *m* degree of freedom
Freileitung *f (noncond)* overhead transmission line
Freiluftauslagerung *f*, **Freiluftbewitterung** *f s.* Freibewitterung
freisetzen to release
Fremdbestandteil *m* impurity
Fremdhalbleiter *m (semic)* extrinsic semiconductor
Fremdion *n* foreign ion (extraneous) ion
Fremdverunreinigung *f (semic)* dopant impurity
Frenkel-Defekt *m*, **Frenkel-Fehlordnung** *f* Frenkel defect
Frequenz *f* frequency
  ~ **eines Lichtstrahls** *(elopt)* frequency of a light beam
  obere ~ upper frequency
  ~ **optischer Phononen** *(semic)* optical-phonon frequency

Frequenzänderung *f*/**temperaturabhängige** variation of frequency with temperature
Frequenznormal *n* frequency standard
Frequenzvervielfacher *m* frequency multiplier
fressen *(corr)* to fret
Frischverfahren *n* oxidation process
Fritte *f* frit
Frontplatte *f* panel
Fugazität *f* fugacity
Fügbarkeit *f*/**leichte** ease of joining
fügen to mate
Fügetechnologie *f* joining technique
Führung *f* guide
füllen 1. to charge; 2. *(plast)* to fill, to load
Füller *m (noncond)* filler
Füllmasse *f*, **Füllmaterial** *n* filler, filler material
Füllmittel *n* bulking agent
Füllstandsanzeige *f* level indication
Füllstoff *m* filler, extender
zerkleinerter ~ chopped filler
Füllung *f* 1. charge; 2. inlay
fungizid fungicidal
Fungizid *n* fungicide
Funktion *f*/**Gibbssche** Gibbs free energy, Gibbs function
funktionsfähig serviceable
Funktionsfähigkeit *f* serviceability
funktionstüchtig serviceable
Funktionstüchtigkeit *f* serviceability
Furche *f* groove
Furchenbildung *f* grooving, *(as a type of erosion-corrosion also)* trenching
Furnier *n* veneer
Fusionsreaktion *f* fusion reaction

G

GaAs-Barren *m (semic)* bar of GaAs
p^+**-GaAs-Basisgebiet** *n (semic)* p^+-GaAs base region
GaAs-Paar *n*/**oberflächliches** *(semic)* surface Ga-As pair
GaInAsP-Legierung *f* $Ga_xIn_{1-x}As_yP_{1-y}$ *(semic)* GaInAsP alloy
Gallium *n* Ga gallium
Galliumarsenid *n (semic)* GaAs gallium arsenide
massives ~ bulk gallium arsenide
Galliumarsenidbauelement *n* **mit Elektronenübertragung** *(semic)* gallium arsenide transferred-electron device
Galliumarsenidschaltkreis *m*/**integrierter** *(semic)* gallium arsenide IC, GaAsIC
Galliumarsenid-Substrat *n*/**halbisolierendes (semi-isolierendes)** *(semic)* semi-insulating GaAs substrate
Galliumarsenphosphid *n (semic)* GaAsP gallium arsenide phosphide
Gallium-Arsen-Verbindung *f (elopt)* gallium-arsenic compound
Galliumchlorid *n (semic)* gallium chloride
Galliummonochlorid *n (semic)* GaCl gallium monochloride
Galvanisieren *n* [electro]plating
galvanisieren to [electro]plate
Galvanisierverfahren *n* electroplating process
galvanodynamisch galvanodynamic
galvanostatisch galvanostatic
gamma-Eisen *n* austenite, gamma-iron
gargeblasen full-blown
Garkupfer *n*/**elektrolytisches** *(cond)* electrolytic tough pitch copper, ETP copper
Garn *n* yarn *(for woven fabric composites)*
synthetisches ~ synthetic yarn
Gas *n*/**halogenhaltiges** *(noncond)* halogen-containing gas
reagierendes ~ *(semic)* reacting gas
gasartig gaseous
gasaufkohlen to gas-carburize
Gasaufkohlen *n* gas carburizing
Gasaufnahme *f* gas pick-up
Gasblase *f* gas bubble
gasdicht gas-tight
Gaseinschluß *m* gas cavity
gaseinsetzen *s.* gasaufkohlen
gasförmig gaseous
Gaskarbonitrieren *n* gaseous carbonitriding
Gaskonstante *f*/**universelle** universal gas constant
Gaskorrosion *f* gaseous corrosion
Gasnitrieren *n* gas nitriding (nitrocarburizing)
Gaspermeabilität *f* gas permeability
Gasphasenabscheidung *f*/**chemische** chemical vapour deposition, CVD
physikalische ~ physical vapour deposition, PVD
Gasphasenbeschichtung *f (semic)* vapour-phase deposition
Gasphasenepitaxialmaterial *n (semic)* vapour-phase epitaxial material
Gasphasenepitaxie *f (semic)* vapour-phase epitaxy, VPE
photolytische metallorganische ~ *(semic)* photolytic metalorganic vapour phase epitaxy, photo-MOVPE
Gasphasenwachstum *n (semic)* vapour phase growth
Gasporosität *f* gas porosity
gasundurchlässig gas-tight
Gasverdüsung *f (powd)* gas atomization
gaszementieren *s.* gasaufkohlen
Gate *n*, **Gateelektrode** *f (semic)* gate [electrode]
Gatelänge *f (semic)* gate length
Gate-Metall *n (semic)* gate metal
Gatespannung *f (semic)* gate voltage (bias)
Gatestruktur *f (semic)* gate structure
gattieren to calculate a charge

Gattierung *f* 1. charge make-up *(act)*; 2. charge [composition] *(result)*
Gattierungsrechnung *f (mech)* calculation of a charge
Gebiet *n* region
Gebläseofen *m*, **Gebläseschachtofen** *m (mech)* blast furnace
Gebrauch *m* use
kommerzieller ~ commercial use
Gebrauchsanweisung *f* direction[s] for use
Gebrauchsbedingung *f* service (operating) condition
Gebrauchsfertigkeit *f* **für den Einsatz** fitness for purpose
gebrauchstauglich usable
Gebrauchstauglichkeit *f* usability
Gebrauchswertdauer *f* service life
Gedächtnislegierung *f* [shape-]memory alloy
geeignet suitable
gefährlich hazardous
geformt /unregelmäßig irregularly shaped
gefrieren to freeze
Gefriertemperatur *f* freezing temperature (point)
Gefüge *n* structure
amorphes ~ amorphous structure
entartetes ~ degenerate[d] structure
entartetes eutektisches ~ degenerate[d] eutectic structure
faseriges ~ fibrous structure
grobkörniges ~ coarse-grained structure
kohärentes ~ coherent structure
lamellares ~ lamellar structure
meliertes ~ mottle *(a mixed grey and white structure)*
mikrodendritisches ~ microdendritic structure
ungesintertes ~ *(powd)* green structure
untereutektoides ~ hypoeutectoid structure
zweiphasiges ~ duplex structure
Gefügeanisotropie *f* structural anisotropy
Gefügeaufbau *m* structure
Gefügebeschreibung *f* structural characterization
Gefügebeständigkeit *f* structural integrity
Gefügeblockiermechanismus *m* structural pinning
Gefügefeinung *f* structural refinement, refinement of structure
Gefügefoto *n* optical micrograph
Gefügeumwandlung *f* structural modification (conversion)
Gefügeunstetigkeit *f* unsteadiness
Gefügeuntersuchung *f* examination of structure
Gegendruckgießen *n* counterpressure casting
Gegenfläche *f* mating surface
Gegenkraft *f* reaction force
Gegenmaßnahme *f* remedial measure
Gegenspannung *f (elopt)* offset voltage
Gehalt *m* concentration
gehämmert wrought
Gehäuse *n* housing
~ **mit einreihigem Anschluß** single in-line moulded package, SIP
Gel *n* gel
~ **mit Alkohol** alcogel
gelatinieren to gelatinize
Gelbwerden *n* yellowing
gelieren to gelatinize
Gelieren *n* gelation
Gelöstsauerstoff *m* dissolved oxygen
Genauigkeit *f* accuracy
generieren to generate
genügen to serve
Geometrie *f***/lokale** *(semic)* local geometry
Geometriebestimmung *f* **durch Energieminimierung** *(semic)* energy-minimization geometric determination
gepaart/elektrisch electrically twinned
gepackt/hexagonal dicht *(cryst)* close-packed hexagonal, c.p.h.
kubisch dicht ~ *(cryst)* cubic close-packed
Geradlinigkeit *f* linearity
Gerät *n***/elektronisches** electronic device
fehlerhaftes ~ faulty appliance
gerichtet aligned
gerieft, geriffelt corrugated
Germanium *n* Ge germanium
Germaniumphotodiode *f (semic)* germanium photodiode
Gesamtbetrag *m* **des pyroelektrischen Koeffizienten** total pyroelectric coefficient
Gesamtdehnung *f* total elongation
Gesamtdipolmoment *n* net dipole moment
Gesamtdruck *m* total pressure
Gesamtenergie *f* total energy
Gesamtgeometrie *f* overall geometry
Gesamtleitfähigkeit *f*, **Gesamtleitvermögen** *n* total conduction (conductivity)
Gesamtporosität *f* true porosity *(including open and closed pores)*
Gesamtrißlänge *f* total crack length
Gesamtspannungsbereich *m* total stress range
geschmeidig pliable, pliant, supple
Geschmeidigkeit *f* pliability, suppleness
geschmiedet wrought
geschmolzen molten
geschützt/katodisch cathodically protected
Gesenk *n* die
gesenkschmieden to swage
Gesetz *n***/Ficksches** Fick's law *(of diffusion)*
Hookesches ~ Hooke's law
Paschensches ~ *(noncond)* Paschen's law
Gestalt *f* form, shape
endgültige ~ final shape
gestalten to design
Gestaltsakkommodation *f*, **Gestaltsanpassung** *f (powd)* shape accommodation
Gestaltung *f***/konstruktive** design
Gestein *n***/metamorphes** metamorphic rock
Gesundheitsgefährdung *f* health hazard

Getriebe *n* gear
getrübt cloudy
Gettern *n* gettering
Getterquelle *f (semic)* gettering source
Gewaltbruch *m* forced fracture
Gewebe *n* woven fabric (cloth)
bidirektionales ~ *(comp)* bidirectional fabric
Gewebeaufbau *m* fabric construction
Gewebeverbund *m* fabric composite
Gewebeverbundwerkstoff *m* woven fabric composite *(reinforced with two-dimensional and three-dimensional textile preforms)*
biegsamer ~ pliable fabric
zweidimensionaler ~ 2-D woven fabric composite
gewebt woven
gewellt corrugated
Gewicht *n*/**spezifisches** specific weight
Gewinde *n* [serving] thread
Gewindegang *m* [serving] thread
Gewindewalzen *n* thread rolling
gezüchtet/thermisch *(semic)* thermally grown
GGG nodular (spheroidal) cast iron, ductile [cast] iron
GGV compacted graphite [cast] iron, CG cast iron, CG iron
gießbar *(mech)* castable
Gießbarkeit *f (mech)* castability
gießen *(mech)* to cast
Gießen *n (mech)* casting
endabmessungsnahes (endformnahes) ~ near-net-shape casting
halbkontinuierliches ~ semi-continuous casting
kontinuierliches ~ continuous casting
Gießform *f* mould
Gießharzmischung *n* moulding compound
Gießling *m (mech)* casting
Gießmasse *n* moulding compound
Gipfelpunkt *m* peak
Gips *m* plaster
Gitter *n (cryst)* lattice
Gitterabbild *n* lattice image
Gitterabbildung *f* lattice imaging
Gitterabstand *m* lattice spacing
Gitteraufbau *m* lattice structure
Gitterdefekt *m* lattice defect
Gitterdehnung *f* lattice straining
Gitterdiffusion *f* lattice diffusion
Gitterebene *f* lattice plane
Gitterenergie *f* lattice energy
Gitterfehler *m* lattice defect
eindimensionaler ~ line defect
flächenhafter ~ planar defect
Gitterfehlpassung *f* lattice mismatch
Gitterfehlstelle *f* lattice defect
Gitterkonstante *f* lattice constant
Gitterleerstelle *f*, **Gitterlücke** *f* lattice vacancy
Gitterparameter *m* lattice parameter
Gitterparameter *mpl*/**naheliegende** closely matched lattice parameters
Gitter-Phononen-Amplitude *f* lattice-phonon amplitude
Gitterplatz *m* lattice site
innerer ~ bulk-lattice site
Gitterpunkt *m* lattice point
Gitterschwingung *f* lattice vibration, phonon
Gitterstörung *f s.* Gitterfehler
Gitterstruktur *f* lattice structure
Gitterverformung *f* lattice deformation
Gitterverzerrung *f* lattice distortion
Glanz *m* brightness
glänzen to brighten
Glänzen *n*/**elektrolytisches** electrolytic brightening
glänzend bright
glanzlos matt, matt[e]
Glanzlosigkeit *f* mattness
Glanzmeßgerät *n* brightness meter
Glas *n* glass
alkalibeständiges ~ alkali resistant glass, AR glass
alkalihaltiges ~ alkali glass, a-glass
chemisches ~ chemical glass, C-glass
farbiges ~ coloured glass
metallisches ~ metallic glass
photosensibles (photosensitives) ~ photosensitive glass
vorgespanntes ~ prestressed glass
glasartig glassy, glass-like
Glasauskleidung *f* glass lining
Glasbildner *m* glass-forming substance
Glasfaser *f* glass fibre, fibre glass
Glasfaserkommunikation *f* optical fibre communication
Glasfaserstoff *m* glass fibre, fibre glass
Glasfasersystem *n* optical-fibre system
Glasfaser-Verbund *m (mech)* glass-fibre composite
Glasform *f* mould
glasieren to glaze
glasig glassy, glass-like
Glasigkeit *f* glassiness
Glaskeramik *f (mech)* glass ceramic, vitroceramic, devitrified glass
Glasmatrix *f* glass (glassy) matrix
Glasschutzschicht *f* glass coating
Glasseidenmatte *f* chopped strand mat
Glasseidenstrang *m (comp)* roving *(bundle of fibres slightly twisted)*
Glasseidenstränge *mpl*/**gehackte** chopped strand mat
Glasstapelfaser *f (mech)* glass staple fibre
Glasübergang *m* glass transition
Glasumwandlungstemperatur *f* glass-transition temperature
Glasur *f* glaze
Glasurziegel *m* glazed brick
Glaszustand *m* vitreous state
glatt smooth

Glätte *f* smoothness
Glätten *n* smoothing
glätten to smooth
Gleichartigkeit *f* homogeneity, homogenousness
Gleichfeld *n* d.c. field
gleichförmig verteilt *(elopt)* uniformly distributed
Gleichförmigkeit *f* uniformity
Gleichgewicht *n***/ annäherndes** near-equilibrium
~ **der Phasen** phase equilibrium
thermisches ~ thermal equilibrium
thermodynamisches ~ thermodynamic equilibrium
Gleichgewichtsbedingungen *fpl* equilibrium conditions
Gleichgewichtsdampfdruck *m* equilibrium vapour pressure
Gleichgewichtsdiagramm *n* equilibrium [phase] diagram
Gleichgewichtsgefüge *n* equilibrium structure
Gleichgewichtskonstante *f* equilibrium constant
Gleichgewichtsverteilungskoeffizient *m (semic)* equilibrium distribution coefficient
Gleichmaßdehnung *f* uniform elongation
gleichmäßig machen to homogenize
Gleichmäßigkeit *f* uniformity
~ **der Dotierung** *(semic)* uniformity of doping
Gleichrichtung *f* rectification
Gleichung *f* equation
Arrheniussche ~ Arrhenius equation
Clausius-Clapeyronsche ~ Clapeyron equation
empirische ~ empirical equation
Gleitband *n* slip (glide) band
Gleitbandzone *f* slip band zone
Gleitdeformation *f* slip deformation
Gleitebene *f* slip (glide) plane
Gleiteigenschaft *f (mech)* bearing property
gleiten to slip, to slide, to glide
Gleiten *n* slip, sliding, gliding
~ **bei Ermüdung** fatigue slip
kristallographisches ~ crystallographic slip
Gleitkontakt *m (cond)* sliding contact
Gleitkraft *f* glide force
Gleitmodul *m* shear modulus, modulus of shear
Gleitmuster *n* slip pattern
Gleitorientierung *f* sliding orientation
Gleitreibung *f* sliding friction
Gleitreibungskoeffizient *m* kinetic coefficient of friction, coefficient of kinetic friction
Gleitrichtung *f* slip direction
Gleitsystem *n* slip system
Gleitung *f s.* Gleiten
Gleitversetzung *f* slip (glide) dislocation
Gleitweg *m* slip path
Glied *n* member
Glimmentladung *f (semic)* glow discharge
Glimmermineral *n* mica
Glühatmosphäre *f* annealing atmosphere
Glühbarkeit *f* annealability
Glühbedingungen *fpl* annealing conditions
Glühbehandlung *f* annealing treatment
glühen to anneal
normalisierend ~ to normalize
Glühen *n* annealing
diskontinuierliches ~ batch annealing
erneutes ~ reannealing
isothermes ~ isothermal annealing
stufenförmiges ~ step annealing
glühend igneous
Glühfadenpyrometer *n* disappearing-filament pyrometer
Glühtemperatur *f* annealing temperature
Glühtextur *f* annealing texture
Glühzyklus *m* annealing cycle
Gold *n* Au gold
Goss-Textur *f* Goss texture
Grad *m* **der Formbarkeit** degree of plasticity
~ **der Übersättigung** degree of supersaturation
Granat *m* garnet
Granit *m* granite
Granulierung *f* granulation
Graphit *m* graphite
entarteter ~ degenerated graphite
polykristalliner ~ polycrystalline graphite
pyrolytischer ~ pyrolytic graphite
Graphit-Epoxid-Verbundwerkstoff *m (comp)* graphite-epoxy composite
Graphitfaser *f* graphite fibre
graphitisieren to graphitize
Graphitknötchen *n* nodule
Graphitlamelle *f* graphite flake
Graphitmorphologie *f* graphite morphology
Graphitpartikel *n***/ ultrafeines** ultrafine graphite particle
Graphitschieber-Boot *n* **mit mehreren Aufnehmern** *(semic)* multicompartment slider boat
Graphitwhisker *m* graphite whisker
Grat *m (mech)* burr
Grauguß *m* grey cast iron
sphärolithischer ~ nodular (spheroidal) cast iron, ductile [cast] iron
Gravitation *f* gravity
Grenzbeanspruchung *f* limit stress (straining)
Grenze *f* **der Festkörperlöslichkeit** *(semic)* solid solubility limit
~ **der Nichtentartung** *(semic)* non-degenerate limit, Boltzmann limit
langwellige ~ *(semic)* long-wavelength cutoff
Grenzfläche *f* interface
Grenzflächenatom *n (semic)* interface atom
Grenzflächenbruch *m* interfacial rupture
Grenzflächendiffusion *f* interface diffusion
Grenzflächeneigenschaft *f* interfacial property
Grenzflächenenergie *f* interfacial energy
Grenzflächenentmischung *f* interfacial segregation
Grenzflächenhaftfestigkeit *f* interfacial bond strength
Grenzflächenriß *m* interfacial crack

Grenzflächenscherfestigkeit *f* interfacial shear strength
Grenzflächenzustand *m* interface state
Grenzschicht *f* barrier [layer], boundary layer; interface
fehlgeordnete ~ *(semic)* disordered interface
hyperabrupte ~ *(semic)* hyperabrupt interface
ideale abrupte ~ *(semic)* ideal abrupt interface
nichtpolare ~ *(semic)* non-polar interface
reale ~ *(semic)* real interface
~ **zwischen AlGaAs und GaAs** *(semic)* AlGaAs/GaAs heterointerface
Grenzschichtdefekt *m (semic)* interface defect
Grenzschichtpotential *n* interface potential
selbstkonsistentes ~ *(semic)* self-consistent interface potential
Grenzschichtschmierung *f* boundary lubrication
Grenzschichtwiderstand *m* barrier resistance
Grenzschichtzustand *m* interface state
Grenzschwingspielzahl *f* fatigue limit (life)
Grenzspannung *f* threshold stress, stress threshold
Grenzstauchung *f* ultimate compressive strain
Grenzstromdichte *f* limiting current density
Grenztemperatur *f* limiting temperature
Grenztragfähigkeit *f* ultimate load capacity
Grenzviskosität *f* intrinsic viscosity
Grenzwellenlänge *f (semic)* cutoff wavelength
Grobblech *n* plate
grobdendritisch coarse-dendritic
Grobeinstellung *f* coarse focusing
Grobkornbildung *f* coarsening, coarse-grain growth
Grobkornglühen *n* coarse-grain annealing
Grobkörnigkeit *f* coarseness
Grobkornrekristallisation *f* coarse-grain recrystallisation
Grobkornstahl *m* coarse-grained steel
grobkristallin coarse-crystalline
Grobschleifen *n* coarse grinding
Grobstrukturanalyse *f* macrostructure analysis
Grobstrukturprüfung *f* macrostructure testing
Grobwalzen *n* roughing [rolling]
Großanwendung *f* large-scale application
Größe *f* **der Teilentladung** partial-discharge magnitude
Größenordnung *f* order of magnitude
Größenverteilung *f* size distribution
großflächig large-area
Großproduktion *f* mass production
großtechnisch large-scale
Grübchen *n* pit
Grübchenbildung *f* pitting
Grübchenkorrosion *f* pit[ting] corrosion
Grünband *n (powd)* green tape
Grundabsorption *f (semic)* fundamental absorption
Grundgefüge *n* matrix
Grundgitter *n* host lattice
Gründichte *f (powd)* green density
Grundkonzentration *f* background concentration
Grundlage *f* basis, base
Grundmasse *f* matrix
Grundmaterial *n* bulk
~ **für feste Isolierstoffe** *(noncond)* bulk solid insulation
Grundmetall *n* basis (base) metal
Grundniveau *n* ground state
Grundstruktur *f* basic (perfect) structure
Grundterm *m* ground state
Grundwerkstoff *m* base (basis, parent) material
Grundzustand *m* ground state
Grünfestigkeit *f*, **Grünkörperfestigkeit** *f (powd)* green strength, strength after pressing
Grünling *m (powd)* green body
Gruppengeschwindigkeit *f (semic)* group velocity
Gruppenschwingung *f (semic)* collective oscillation
Guanidiniumaluminiumsulfathexahydrat *n* $C(NH_2)_3Al(SO_4)_2 6 H_2O$ guanidinium aluminium sulphate hexahydrate, GASH
Guinier-Preston-Zone *f* Guinier-Preston zone, GP zone
Gummi *m* rubber
gummiartig rubbery
Gummibelag *m* rubber-based coating
Gummielastizität *f* rubber elasticity
gummieren to rubber
gummiert rubber-coated; *(inner surfaces:)* rubber-lined
Gummierung *f* rubber-based coating; *(inner surfaces:)* rubber lining
Gummiisolation *f* elastomeric (rubber) insulation
Gummi-Metall-Verbindung *f* rubber-metal bonding
gummiverfestigt rubber-toughened
Gunn-Effekt *m (semic)* Gunn effect
Gunn-Effekt-Oszillator *m (semic)* Gunn-oscillator device
Gunn-Element *n (semic)* Gunn device
Guß *m (mech)* casting
kontinuierlicher ~ continuous casting
Gußblase *f* cavity
Gußblock *m (mech)* ingot, bloom
Gußeisen *n (mech)* cast iron
ferritisches ~ ferritic cast iron
hochfestes ~ high-strength cast iron
legiertes ~ alloy cast iron
meliertes ~ mottled cast iron
~ **mit Kugelgraphit** nodular (spheroidal) cast iron, ductile [cast] iron
~ **mit Vermiculargraphit** compacted graphite [cast] iron, CG [cast] iron
weißes ~ white cast iron
Gußfehler *m (mech)* casting defect
Gußgefüge *n* as-cast structure
Gußhaut *f (mech)* casting skin
Gußlegierung *f (mech)* cast alloy

~ **mit hohem Siliciumgehalt** high-silicon cast alloy
Gußstahl *m (mech)* cast steel
Gußstruktur *f (mech)* cast structure
Gußstück *n (mech)* casting
dekoratives ~ decorative casting
druckdichtes ~ pressure-tight casting
gesundes ~ sound casting
warm ausgehärtetes ~ age-hardened casting
Gußstückimprägnierung *f* impregnation of casting
Gußstückwanddicke *f (mech)* casting wall thickness
Gußteil *n (mech)* casting
Gußwerkstoff *m (mech)* cast alloy
Gußzustand *m* as-cast state (condition) • **im** ~ as-cast
Gütekontrolle *f* quality assessment (inspection)
Gütekriterium *n* figure of merit
Güteverlust *m* degradation
Gütezahl *f* figure of merit
Guttapercha *f(n)* gutta percha

H

Haarkristall *m* whisker
Haarriß *m* craze, microcrack, capillary crack, microfissure
Haarrißbildung *f* crazing
Habitebene *f (cryst)* habit plane
hacken to chop
haften to adhere, to stick
Haftfestigkeit *f* adhesive strength, bond[ing] strength, adherence, adhesion
~ **der Schutzschicht** coating adherence
Haftkleber *m* pressure-sensitive adhesive
Haftkoeffizient *m* sticking coefficient
Haftmittel *n* coupling agent
Haftreibungskoeffizient *m* static coefficient of friction, coefficient of static friction
Haftstelle *f (semic)* trap
tiefliegende ~ *(semic)* deep trap
Haftstellentiefe *f (elopt)* trap depth
Haftterm *m (elopt)* trapping level
Haftung *f* adhesion, adhesive bond[ing]
vollständige ~ complete seizure
Haftvermittler *m* coupling agent
halbaustenitisch semi-austenitic
halbberuhigt semikilled
Halbebene *f* half plane
halbhart half-hard, semi-hard
halbisolierend *(semic)* semi-insulating
halbkristallin semi-crystalline
Halbleiter *m* semiconductor
amorpher ~ amorphous semiconductor
kristalliner ~ crystalline semiconductor
~ **mit direktem Bandabstand** direct-gap semiconductor
~ **mit ionischer Bindung** ionic semiconductor
~ **mit kovalenter Bindung** covalent semiconductor
ternärer ~ ternary semiconductor
tetraedrisch koordinierter ~ tetrahedrally bonded semiconductor
zusammengesetzter ~ compound semiconductor
III-V-Halbleiter *m* **mit indirektem Bandabstand** indirect III-V semiconductor
ternärer ~ ternary III-V semiconductor
Halbleiterbandlücke *f* semiconductor band gap
Halbleiterbauelement *n* semiconductor device
Halbleiter-Heteroübergang *m*/**modulationsdotierter** modulation-doped heterojunction
Halbleiterlaser *m* semiconductor laser
Halbleiter-Luft-Grenzschicht *f* semiconductor-air interface
Halbleitermaterial *n* **mit direktem Bandabstand** direct-gap material
~ **mit indirektem Bandabstand** indirect-band-gap material
~ **mit schmalem Bandabstand** narrow-band-gap material
Halbleiteroberfläche *f*/**saubere** clean semiconductor surface
Halbleiter-Photodiode *f* semiconductor photodiode
Halbleiterqualität *f* semiconductor quality
Halbleiterscheibe *f* wafer
Halbleiterschicht *f* semiconductor layer
Halbleiterstoff *m*/**reiner** pure semiconductor
$A^{III}B^{V}$-Halbleiterverbindung *f* III-V semiconductor
Halbleiter-Wellenleiter *m* semiconductor waveguide
Halbleiterwerkstoff *m* semiconductor material
III-V-Halbleiterwerkstoff *m* III-V material
Halbmetall *n (cond)* semimetal *(Bi, Sb and As)*
Halbmetallegierung *f (cond)* alloy of semimetals
halbmetallisch semi-metallic
halbspröde semi-brittle
Halbwertszeit *f (semic)* half-life (*pl* half-lives)
Halbzeilenimpuls *m (ee)* broadband pulse
Halbzeug *n* semi-finished product (material)
Halbzeugmasse *f* **für die Verbundwerkstoffherstellung/teigige** *(comp)* dough (bulk) moulding compound, DMC, BMC *(fibre-reinforced plastic moulding compound)*
Hall-Effekt *m* Hall effect
Hall-Probe *f* Hall probe
Hall-Spannung *f (semic)* Hall voltage
Hall-Petch-Beziehung *f* Hall-Petch relationship
Hall-Widerstand *m (semic)* Hall resistance
Halo *m (semic)* halo
Halogenid *n (semic)* halide
Halogenid-Gasphasenepitaxie *f (semic)* halide vapour-phase epitaxy, halide VPE
Halsbildung *f (powd)* neck formation
haltbar durable
Haltbarkeit *f* durability

Haltbarmachung *f* preservation
Haltepunkt *m* critical point
Halter *m* support
Halterung *f* bracket
Haltetemperatur *f* arrest temperature
hämmerbar *(cond)* malleable
Hämmern *n* hammering
Handauflegeverfahren *n (comp)* tape laying
Handelsgüte *f* commercial quality (grade)
Handelslegierung *f* commercial alloy
Handelsregister *n* commercial register
Handelsstahl *m (mech)* commercial steel
handhabbar handleable
Handhabbarkeit *f* handleability
Handhabetechnik *f* handling (manipulation) technique
Handhabung *f* handling, manipulation
Hantel *f* dumb[b]ell
hart hard
Hartauftragslegierung *f* hard-facing alloy
härtbar hardenable
Härtbarkeit *f* hardenability
Hartblei *n* antimonial lead
Härte *f* hardness
wahre ~ true hardness
Härtebestimmung *f* hardness testing
Härteflüssigkeit *f* quenchant
Härtegeschwindigkeit *f* baking speed *(of cores)*
Härtegrad *m* hardness
Härtekennwert *m* **nach Vickers** *(t)* diamond-pyramid hardness number
Härtemeßgerät *n* **für Härtemeßverfahren nach Rockwell** Rockwell (superficial-hardness) tester, superficial Rockwell tester
Härtemittel *n* quenching medium, quenchant
härten to harden; to cure *(plastics)*; to bake *(cores)*
Härten *n* hardening; curing *(of plastics)*; baking *(of cores)*
martensitisches ~ martensitic hardening
thermisches ~ thermal hardening
Härteprofil *n* hardness profile
Härteprozeß *m* baking process *(with cores)*
Härteprüfer *m* hardness tester
tragbarer ~ portable hardness tester
Härteprüfung *f* hardness testing
~ **nach Brinell** Brinell hardness testing
~ **nach Knoop** Knoop hardness (indentation) testing
~ **nach Vickers** Vickers hardness testing
Härteprüfverfahren *n* **nach Vickers** Vickers diamond-pyramid hardness test
Härter *m* curing agent
Härteriß *m* quench[ing] crack
Härterißbildung *f* quench cracking
Härterißempfindlichkeit *f* quench cracking sensitivity (susceptibility)
Härtetemperatur *f* curing temperature *(of plastics)*
Härtetiefe *f* hardening depth, depth of hardening
Härteumrechnung *f* hardness conversion
Härteversuch *m* hardness test
Härtewert *m* hardness number
Härtezahl *f* hardness
Härtezeit *f* curing (cure) time *(of plastics)*; baking time *(of cores)*
Hartfaserplatte *f* hardboard
hartgezogen hard-drawn
Hartguß *m* chill (white) cast iron, chilled iron
Hartlötbarkeit *f (mech)* brazability
Hartlöten *n (mech)* brazing
Hartlotlegierung *f (mech)* brazing alloy (compound)
Hartlötung *f (mech)* brazing
Hartmetall *n* hard metal
hartpanzern to hard-face, to hard-surface
Hartpapier *n* laminated paper
Hartporzellan *n* porcelain
Hart-PVC *n* unplasticized (rigid) PVC (polyvinyl chloride)
Hartstoff *m* hardening component *(of a hard metal)*
Härtung *f s.* Härten
Härtungsmittel *n* curing agent
Härtungstiefe *f s.* Härtetiefe
Härtungszyklus *m* cure cycle *(of plastics)*
Harz *n* resin
Harzfüller *m* resin filler
harzgetränkt resin-impregnated
Harzinjektionsverfahren *n* [resin] transfer moulding
Harzöl *n* liquid resin
Harzträger *m* filler [material]
Haube *f* cap
Haupteinfluß *m* major influence
Hauptkette *f* chain backbone
Hauptrichtung *f* principal direction
Hauptstrahl *m* main beam
Hauptstrang *m* chain backbone
Haut *f***/höchstohmige** very-high-resistivity skin
Hautbildungsinhibitor *m s.* Hautverhinderungsmittel
Hautverhinderungsmittel *n*, **Hautverhütungsmittel** *n* antiskinning (anti-skin) agent
HB *(mech)* Brinell hardness
H-Bindung *f* hydrogen [bridging] bond
hdP (hexagonal dichteste Packung) *(cryst)* hexagonal close (closest) packing
Hebel *m***/kurzer** small lever
Hebelgesetz *n* lever rule
Heftigkeit *f* severity
Heißdruckfestigkeit *f* compression hot strength
Heißgaskorrosion *f* hot corrosion
Heißgasschweißen *n* hot-gas welding
Heißkorrosion *f* hot corrosion
Heißleiter *m***/elektronischer** electronic thermistor
Heißluft *f* dry air
heißpressen to hot-press *(powders)*
Heißpressen *n (powd)* hot pressing

isostatisches ~ *(powd)* hot isostatic pressing, HIP
Heißriß *m* hot crack (tear), thermal (solidification) crack
heißrißanfällig susceptible to thermal crack
Heißrißanfälligkeit *f* susceptibility to thermal crack
heißrißbeständig resistant to thermal crack
Heißrißbeständigkeit *f* resistance to thermal crack
Heißrißbildung *f* hot cracking
Heißsintern *n (powd)* hot pressing
Heißstrecken *n* hot stretching
Heizdraht *m* resistance wire
Heizelement *n* heating element
Heizen *n* heating
Heizer *m (semic)* susceptor
Heizkörper *m* heating element
Heizung *f* heating
hochfrequente induktive ~ *(semic)* radiofrequency (rf) induction heating
hell bright
Helligkeit *f* brightness
Helligkeitsmeßgerät *n* brightness meter
Helmholtz-Schicht *f* Helmholtz double layer
hemmen to inhibit, to retard
hemmend inhibitive
Hemmstoff *m* inhibitor
Hemmung *f* inhibition, retardation
HEMT *(semic)* high-electron-mobility transistor, HEMT
Heptan *n* C_7H_{16} heptane
Herabminderung *n* deterioration *(of quality)*
herabsetzen to slow down *(velocity)*
Herabsetzung *f* slowing-down *(of velocity)*
Herauslösung *f*/**selektive** selective leaching
herausziehen to pull out
hergestellt/schmelzmetallurgisch wrought
herstellbar producible
Herstellbarkeit *f* producibility
leichte ~ ease of fabrication
herstellen to manufacture, to produce, to fabricate
endformnah (endkonturnah) ~ to fabricate near net shape
synthetisch ~ to synthesize
Herstellung *f* manufacture, production, fabrication
~ **durch Schnellabkühlung** rapid solidification processing, RSP
endformnahe ~ near-net-shape manufacturing (processing)
~ **maßgeschneiderter Halbleiterbauelemente** *(semic)* band-gap tailoring (engineering)
~ **von Formteilen** moulding, *(US)* molding
Herstellungsbedingungen *fpl* manufacturing (processing) conditions
Herstellungsgeschichte *f* processing history *(of a material)*
Herstellungsmethode *f* preparative technique
Herstellungsstadium *n*, **Herstellungsstufe** *f* processing stage
Herstellungstechnologie *f*/**patentrechtlich geschützte** proprietary process
Herstellungsverfahren *n* manufacturing process
Herstellungszustand/im as-fabricated
hervorrufen to effect
hervortreten to emerge
Heteroepitaxialstruktur *f* heteroepitaxial structure
heterogen heterogeneous
Heterogenität *f* heterogeneity
Heterostruktur *f (semic)* heterostructure
Heterostruktur-Laser *m (semic)* heterostructure laser
vergrabener ~ buried heterostructure laser, BH laser
Heteroübergang *m (semic)* heterojunction
polarer ~ polar heterojunction
~ **zwischen Halbleitern** semiconductor-semiconductor heterojunction
HF-Erwärmung *f (noncond)* dielectric heating
Hilfselektrode *f* auxiliary electrode
Hilfsstoff *m* additive
Hin- und Herbiegeversuch *m* repeated bend test
Hindernis *n* obstacle
hintereinander in series
hinwegheben/über die Energielücke *(semic)* to exit across the gap
HIP *(powd)* hot isostatic pressing, HIP
hitzebeständig heat-resistant, thermally stable
Hitzebeständigkeit *f* heat resistance, thermal resistance (stability)
hitzehärtbar thermosetting, heat-curing
Hitzestabilität *f s.* Hitzebeständigkeit
HLW-Glas *n* high-level waste glass, HLW glass
hochbelastbar heavy-duty
hochchromhaltig high-chromium
Hochdruckverdichtung *f* high-pressure compaction
Hochenergie-Niveau *n (semic)* high-energy level, antibonding level
Hochfeld-Hochstrom-Supraleiter *m* high-field superconductor
hochfest high-strength
Hochfrequenzkondensator *m* high-frequency capacitor
Hochfrequenzmodulation *f (semic)* high-frequency modulation
Hochfrequenztransistor *m (semic)* high-frequency transistor
Hochfrequenzwiderstandshärten *n* high-frequency resistance hardening
hochgekohlt high-carbon
Hochgeschwindigkeitsmodulation *f (elopt)* high-speed modulation
Hochgeschwindigkeitsphotodetektor *m (semic)* high-speed photodetector
Hochglühen *n* full annealing
hochhitzebeständig high-temperature-resistant
Hochhitzebeständigkeit *f* high-temperature resistance (strength)

hochkohlenstoffhaltig high-carbon
Hochleistungsanwendung *f* high-duty application
hochleistungsfähig high-performance
Hochleistungskeramik *f* high-performance ceramics
Hochleistungslaser *m (semic)* high-power laser
~ **im sichtbaren Bereich** *(semic)* high-performance visible laser
Hochleistungslegierung *f* high-performance alloy
Hochleistungsverbund[werkstoff] *m* high-performance composite
Hochleistungswerkstoff *m* high-performance material
Hochofen *m (mech)* blast furnace
hochpolymer high polymeric
Hochpolymer *n* high polymer
hochsiedend high-boiling
hochsiliciumhaltig high-silicon
Hochspannungsanwendung *f (noncond)* high-voltage application
Hochspannungselektronenmikroskopie *n* high-voltage electron microscopy
Hochspannungsisolation *f (noncond)* high-voltage insulation
Hochspannungsisolator *m (noncond)* high-voltage insulator
keramischer ~ high-voltage ceramic insulator
Hochspannungskabel *n (noncond)* high-voltage cable
Hochspannungsleitung *f (cond)* transmission line
Hochspannungsnichtleiterwerkstoff *m (noncond)* high voltage insulating material
Hochspannungsprüfung *f (noncond)* high-voltage testing
Höchstgeschwindigkeits-Digital-IC *m (semic)* highest-speed digital integrated circuit
Höchstwert *m* peak
Hochtemperaturanwendung *f* high-temperature (elevated-temperature) application
Hochtemperaturaufkohlung *f* high-temperature carburizing, rapid carburizing
hochtemperaturbeständig high-temperature-resistant
Hochtemperaturbeständigkeit *f* high-temperature resistance (strength)
Hochtemperatur-Betriebsbedingungen *fpl* high-temperature operating conditions
Hochtemperaturkorrosion *f* high-temperature corrosion, hot corrosion
Hochtemperaturkriechen *n* high-temperature creep
Hochtemperaturoxidation *f* dry oxidation
Hochtemperaturphase *f* high-temperature phase
Hochtemperaturschmiermittel *n* high-temperature lubricant
Hochtemperaturschutzschicht *f* high-temperature coating
Hochtemperaturverformung *f* high-temperature deformation
Hochtemperaturverhalten *n* high-temperature behaviour
Hochtemperaturversprödung *f* high-temperature embrittlement
Hochtemperaturverträglichkeit *f* high temperature compatibility
Hochtemperaturverwendung *f* high-temperature use
Hochtemperaturwerkstoff *m* high-temperature material, refractory [material]
Hochtemperaturziehen *n* elevated temperature drawing
hochverdichtet high-density
hochwarmfest resistant to high temperatures
Höhe *f* **der Potentialschwelle** barrier height
~ **der Schottky-Sperrschicht** *(semic)* Schottky-barrier height
Hohlraum *m* cavity, void
Hohlraumbildung *f* cavity (void) formation
Hohlraumstrahlung *f* black-body radiation
Hologramm *n* hologram
Hologramminterferometer *n* holographic interferometer
Holographie *f* holography
akustische ~ acoustical holography
Holz *n* wood
HOLZ-Linie *f (semic)* higher-order Laue zone line, HOLZ line
Holzstoff *m* lignin
Homoepitaxie *f (semic)* homoepitaxy
homogen homogeneous
homogenisieren to homogenize
Homogenisierungsglühen *n* [diffusional] homogenization
Homogenisierungsgrad *m* degree of homogenization
Homogenität *f* homogeneity, homogeneousness
~ **des verarbeiteten Materials** homogeneity of processed material
Homopolymer[isat] *n* homo-polymer
Honigwabenstruktur *f (comp)* honeycomb structure
Hoopes-Verfahren *n* Hoopes electrolytic[-refining] process
Hot-wall-Reaktor *m (semic)* hot-wall reactor
HR *s.* Rockwellhärte
Hülle *f* wrapper
Hüttenkunde *f* metallurgy
HV *s.* Vickershärte
Hybridfaserharzverbundwerkstoff *m* hybrid fibre-resin composite
Hybridkomposit *m (comp)* hybrid composite
Hybridverstärkung *f* hybrid reinforcement
Hydratation *f* hydration
hydratisieren to hydrate
Hydratisierung *f* hydration
Hydrid *n (semic)* hydride
Hydrodynamik *f (semic)* hydrodynamics
hydrolysierbar hydrolyzable

hydrophil hydrophilic
hydrophob hydrophobic
Hydrostatik *f* hydrostatics
hydrostatisch hydrostatic
hygrothermisch hygrothermal
hygroskopisch hygroscopic
hypereutektisch hypereutectic
Hysterese *f* hysteresis
  ferroelektrische ~ ferroelectric hysteresis
hysteresearm *(elopt)* slim-loop
Hysteresemotor *m (magn)* hysteresis motor
Hystereseschleife *f* hysteresis loop
Hysteresis *f s.* Hysterese

I

IC *(semic)* integrated circuit, IC
Idealkristall *m* perfect (defect-free) crystal
Idealstruktur *f* basic (perfect) structure
identifizieren to identify *(inclusions, particles)*
ideomorph *(cryst)* ideomorphic
Ikosaeder *n (semic)* icosahedron (*pl* icosahedra)
illegal outlawed
Imid *n* imide
Imidstruktur *f* imide structure
Immersionsversuch *m* immersion test
immun immune
IMPATT-Diode *f (semic)* IMPATT [diode], impact avalanche and transit-time diode
Impedanz *f* impedance
  akustische ~ acoustic impedance
impermeabel impermeable
Impermeabilität *f* impermeability
Impfen *n* inoculation, seeding
impfen to inoculate, to seed
Impfzusatz *m* inoculant
Implantation *f* implantation
Implantationsprozeß *m (semic)* implantation process
imprägnieren to impregnate
Imprägnierflüssigkeit *f* impregnant fluid
Imprägniermittel *n* impregnant
Impregnation *f* impregnation
Impuls *m* / **an das Gitter abgegebener** *(cond)* momentum lost to the lattice
  ~ **mit langer Dauer** *(ee)* broadband pulse
  vom Feld verliehener ~ *(cond)* momentum gained from the field
Impulsbetrieb *m (elopt)* pulsed operation
Impulsecho *n* pulse echo
Impulsentladungsanwendung *f* pulse-discharge application
Impulsmoment *n* angular momentum
Impulsraum *m (semic)* momentum space
Impulsschaltung *f* pulse circuit
Impulstechnik *f* pulse technique
Impulsübertragung *f* pulse transmission
Impulsverfahren *n* pulse technique
Impulsverteilung *f (cond)* momentum distribution
Impulswellenvektor *m (semic)* momentum wave vector
inaktiv inert
Inchromieren *n* chromizing
inchromieren to chromize
Inconel-Legierung *f* inconel alloy
Index *m* / **Millerscher** *(semic)* Miller direction index
Indium *n* In indium
Indiumantimonid *n* InSb *(semic)* indium antimonide
Indiumchlorid *n s.* Indiummonochlorid
Indiumgalliumarsenid *n (semic)* InGaAs indium gallium arsenide
Indiummonochlorid *n (semic)* InCl indium monochloride
Indiumphosphid *n (semic)* InP indium phosphide
Induktionserwärmen *n* induction heating
Induktionshärten *n* induction hardening
Induktionsofen *m* induction furnace
Induktivitätscharakteristik *f* inductive characteristic
Industrieabfall *m* industrial waste
Industrieofen *m* furnace
Industriewiderstand *m* industrial resistor
inert inert
Inertgas *n (semic)* inert gas
Inertgasverdüsung *f (powd)* gas atomization
Infiltration *f* infiltration
Influenzkonstante *f* ε_0 [absolute] permittivity of vacuum
Informationsspeicherung *f (semic)* information storage
Infrarot *n* infrared
Infrarotdetektor *m* infrared detector
Infrarot-Leuchtdiode *f (semic)* infrared-emitting diode, IRED
Infrarotspektrometrie *f* infrared spectrometry
InGaAs-Photodetektor *m (semic)* InGaAs detector
InGaAsP-Laser *m (semic)* InGaAsP laser
InGaAsP-System *n (semic)* InGaAsP system
Ingenieurwerkstoff *m* engineering material
Ingot *m (mech)* ingot, bloom
inhibierend inhibitive
Inhibitor *m* inhibitor
inhomogen inhomogeneous
Inhomogenität *f* inhomogeneity
initiieren to initiate, to nucleate
Initiierung *f* initiation, nucleation
Injektionslaser *m (semic)* injection laser
injizieren *(semic)* to inject
Inklusion *f* inclusion
inkompatibel incompatible
Inkompatibilität *f* incompatibility
inkompressibel incompressible
inkorporieren to incorporate
Inkrustation *f* encrustation
Inkrusten *pl* encrustants, encrusting materials
Inkrustierung *f* encrustation

Innenbruch *m* internal fracture
Innendruck *m* internal pressure
Innendruckbelastung *f* internal pressure
Innenfehler *m* internal defect
Innenriß *m* internal crack
Inneres *n* bulk
innermolekular intramolecular
in situ in situ *(in its original place)*
In-situ-Komposit *n* in-situ composite
In-situ-Polymerisation *f* in-situ polymerization
In-situ-Verbundwerkstoff *m* in-situ composite
Inspektion *f*/**visuelle** visual examination (inspection)
instabil unstable, instable, labile
Instabilität *f* instability, lability
plastische ~ plastic instability
thermische ~ thermal instability
Installationsrohr *n* conduit
Integrationsgrad *m (semic)* level of integration, density of elements
hoher ~ large-scale-integration, LSI
mittlerer ~ medium-scale-integration, MSI
Intensität *f* intensity
interatomar interatomic
Interferenzmetallographie *f* interference metallography
Interferenzschicht *f* interference layer
Interferenzspektrometer *n* interference spectrometer
Interferometrie *f* interferometry
intergranular, interkristallin intergranular, intercrystalline
interlaminar interlaminar
Interteilband-Übergang *m (semic)* intersubband transition
Intervall *n* spacing
Intervalley-Streuung *f (semic)* intervalley scattering
intramolekular intramolecular
Intrinsic-Halbleiter *m* intrinsic semiconductor
Intrusion *f* intrusion
Invarmetall *n* invar metal
Invarstahl *m* invar steel
Inversion *f* inversion
Inversionsschicht *f (semic)* inversion layer
Inversionszentrum *n* centre of inversion
Invertierung *f* inversion
Ionenaustauschprozeß *m* ion-exchange process
Ionenbindung *f* ionic bonding
reine ~ *(semic)* pure ionic bonding
Ionenchromatographie *f* ion chromatography
Ionenimplantation *f* ion implantation
direkte ~ *(semic)* direct ion implentation
Ionenplattieren *n* ion plating
Ionenrumpf *m (semic)* ion core
Ionenstrahlanalyse *f* ion-beam analysis
Ionenstrahlätzen *n (semic)* ion beam etching, IBE
Ionen-Teilgitter *n* ionic sublattice
Ionenverschiebung *f* ionic displacement
relative ~ relative ionic displacement
Ionenwanderung *f* ionic migration
Ionisation *f* ionization
Ionisationspotential *n* ionization potential
ionisieren to ionize
Ionisierung *f* ionization
~ **durch Elektronenstoß** *(noncond)* electron-ionization
umweltbedingte ~ *(noncond)* external ionization
Ionisierungsenergie *f (semic)* ionization energy
Ionisierungskoeffizient *m (noncond)* ionization coefficient
Ionisierungsschwellenenergie *f (noncond)* ionization threshold energy
Ionisierungsspannung *f* ionization potential
Ionomer *n* ionomer
Iridium *n* Ir iridium
isobar isobaric
isoelektronisch *(elopt)* isoelectronic
Isoforming *n* isoforming [process]
Isolationsdurchschlag *m* insulation breakdown
Isolationsfestigkeit *f (noncond)* insulation strength
Isolationskeramik *f* electrical porcelain
Isolationsrille *f*/**wendelförmige** helical insulating groove
Isolator *m (noncond)* insulator, insulating material *(s.a. under* Isolierstoff*)*
elektronischer ~ electronic insulator
~ **mit höherer Wärmeleitung** higher-thermal-conductivity insulator
verlustarmer ~ low-loss insulator
Isolatorenhersteller *m (noncond)* insulation producer
Isolatorkörper *m (noncond)* insulator body
Isolatoroberfläche *f (noncond)* insulation surface
isolieren *(ee)* to insulate
Isolierkerbe *f* insulating kerf
Isolierlack *m* varnish
Isoliermaterial *n s.* Isolierstoff
Isoliernennwert *m* insulation rating
Isolierpapier *n (noncond)* insulating paper
ölgetränktes ~ paper-and-oil insulation
Isolierstoff *m (noncond)* insulator, insulant, insulating (insulation) material *(s.a. under* Isolator*)*
fester ~ solid insulator
flüssiger ~ liquid insulator
gasförmiger ~ gaseous insulator
keramischer ~ ceramic insulator
organischer ~ polymeric insulator
Isolierstoffabscheiden *n (semic)* deposition of insulating material
Isolierumgebung *f (noncond)* vicinity of an insulation
Isolierung *f (noncond)* insulation
~ **aus festen Isolierstoffen** solid (dielectric) insulation
biegsame ~ flexible insulation
elektrische ~ electrical insulation
feste anorganische ~ solid inorganic insulation

hochdurchschlagfeste ~ high-dielectric-strength insulation
~ **mit Flüssigkeiten** liquid insulation
Isolierwerkstoff *m s.* Isolierstoff
Isomer[es] *n* isomer
isomer/optisch enantiomorphous, enantiomeric
isotaktisch isotactic
isotherm isothermal
Isotherme *f* isotherm
isothermisch isothermal
Isotop *n*/**instabiles** radioactive isotope
Isotopenhäufigkeit *f (semic)* isotopic abundance
isotrop isotropic
optisch ~ *(elopt)* optically isotropic
Isotropie *f* isotropy
isotropisch *s.* isotrop

J

Jade *f* jade
Josephson-Effekt-Speicher *m (semic)* Josephson-junction logic
Josephson-Element *n* Josephson junction (device)
Josephson-Schalter *m* Josephson switch
Josephson-Sensor *m* Josephson junction sensor
justieren to adjust
Justieren *n* adjustment
~ **des Widerstandswertes** resistance value trimming
Justiergeschwindigkeit *f* trimming rate

K

Kabelabschirmung *f* shielding for cable
Kabelisolation *f*, **Kabelmantel** *m* cable coating (jacket)
Kabelrohr *n* conduit
Kabelummantelung *f s.* Kabelisolation
Kadmium... *s.* Cadmium...
Kalandrieren *n (mech)* calendering
Kaldo-Verfahren *n* Kaldo process
kalibrieren to calibrate
Kaliglimmer *m* muscovite mica
Kalium *n* K potassium
Kaliumdihydrogenphosphat *n* KH_2PO_4 potassium dihydrogen phosphate
deuteriummarkiertes ~ *(elopt)* deuterated potassium dihydrogen phosphate, KD*P
Kaliumnatriumtartrat *n* Rochelle (seignette) salt, sodium potassium tartrate 4-water
kalkhaltig, kalkig calcareous
Kalkmörtel *m* lime mortar
Kalknatronglas *n* soda-lime glass
Kalkül *n* **der erweiterten Oberflächen** *(semic)* extended-surface calculation
Kalling-Domnarvet-Verfahren *n* Kaldo process
Kalomelelektrode *f* calomel electrode (half-cell)
Kalorimeter *n* calorimeter
adiabatisches ~ adiabatic calorimeter
Kaltarbeitsstahl *m (mech)* cold-work tool steel
Kaltaushärten *n*, **Kaltauslagern** *n* natural ageing
kaltbearbeitbar cold workable
Kaltbearbeitbarkeit *f* cold workability (formability)
Kaltbearbeitung *f* cold work[ing]
Kaltbildsamkeit *f* cold ductility
kaltbrüchig cold-short
Kaltbrüchigkeit *f* cold shortness
Kaltduktilität *f* cold ductility
kältebeständig cold-resistant, resistant to cold
Kältebeständigkeit *f* resistance to cold
Kälteerzeugung *f* refrigeration
Kältefestigkeit *f s.* Kältebeständigkeit
Kaltformung *f s.* Kaltumformen
Kältemedium *n*, **Kältemittel** *n* refrigerant
Kalt-Fließpressen *n (mech)* cold extrusion
Kaltfließpreßstahl *m (mech)* cold-extruded steel
kaltgewalzt *(mech)* cold-rolled
kaltgezogen *(mech)* cold-drawn
Kaltnachwalzen *n (mech)* cold finishing
Kaltpressen *n*/**isostatisches** *(powd)* cold isostatic pressing, CIP
Kaltreduzieren *n (mech)* cold reduction
kaltreduzieren *(mech)* to cold-reduce
Kaltrißbildung *f* cold cracking
Kaltrißempfindlichkeit *f* cold cracking susceptibility
Kaltrissigkeit *f s.* Kaltrißbildung
Kaltsprödigkeit *f s.* Kaltbrüchigkeit
Kaltstauchen *n (mech)* cold heading
Kalttauchen *n (mech)* cold dipping
kaltumformbar cold-workable, cold-formable
Kaltumformbarkeit *f* cold workability (formability)
Kaltumformen *n* cold working (forming)
kaltumformen *(mech)* to cold-work, to cold-reduce
kaltverfestigbar work-hardenable
kaltverfestigen to work-harden
kaltverfestigt work-hardened
Kaltverfestigung *f* work hardening
Kaltverfestigungsversprödung *f* cold work embrittlement
Kaltverformung *f*/**kritische** critical cold work
Kaltverschweißen *n* cold welding
Kaltverwinden *n* cold-twisting
kaltvulkanisierend *(noncond)* room-temperature vulcanizable (vulcanizing)
Kaltwalzen *n (mech)* cold rolling
kaltwalzen *(mech)* to cold-roll
kaltziehbar *(mech)* cold-drawable
Kaltziehen *n (mech)* cold-drawing
kaltziehen to cold-draw
Kalzination *f* calcination *(solid dissociation to a gas and another solid)*
kalzinieren to calcine
Kalzium... *s.* Calcium...
Kanalbildung *f (semic)* channeling

Kanalfestlegung *f*/**effektive** *(semic)* effective channel definition
Kanalgebiet *n (semic)* channel
Kanalisolation *f*/**effektive** *(semic)* effective channel isolation
Kanalleitwert *m (semic)* channel conductivity
Kanalschichtdicke *f (semic)* thickness of the channel layer
Ka-Na-Tartrat *n s.* Kaliumnatriumtartrat
Kante *f* edge
Kantenleuchtdiode *f (semic)* edge-emitting diode *(LED)*
Kantenriß *m* edge crack
Kantenstrahler *m (semic) s.* Kantenleuchtdiode
kanzerogen carcinogenic, cancer-causing
Kaolinit *n* kaolinite
Kapazität *f*/**parasitäre** *(semic)* parasitic capacitance
Kapazitätsdiode *f (semic)* varactor diode
Kapazitätseffektivität *f* volume efficiency
Kapazitätsverlust *m* capacitance loss
Kapillarfluß *m* capillary flow
Kapillarität *f* capillarity
Kapillarkraft *f* capillary force
Kapillarwirkung *f* capillarity
Kappe *f* cap
kapseln *(semic)* to encase, to encapsulate
Kapselungsanordnung *f* packaging arrangement *(of devices)*
Kapselungsflüssigkeit *f (semic)* encapsulant
Karbid *n (mech)* carbide
Karbidanteil *m* percentage of carbide
Karbidausscheidung *f* carbide precipitation
karbidbildend carbide-forming
Karbidbildner *m* carbide former
Karbidbildung *f* carbide formation
Karbidkeramik *f (mech)* carbide ceramics
Karbidstabilisator *m* carbide stabilizer
Karbochemie *f* coal chemistry
Karbonitrieren *n (mech)* carbonitriding, gas nitrocarburizing
Karbonitrierhärten *n* cyanide [case-]hardening
karzinogen carcinogenic, cancer-causing
Kastenguß *m (mech)* box casting *(process)*
Katalysator *m* catalyst
Kationenmangel *m* deficiency of cations
Katode *f* cathode
Katodenlumineszenz *f (elopt)* cathodoluminescence
Katodenmetall *n* cathodic metal
Katodenschutz *m* cathodic protection
Katodenzerstäubung *f* cathode (cathodic) sputtering
Kautschuk *m* rubber
  fließfähiger ~ *(noncond)* flowable (depolymerized) rubber
  fluorhaltiger ~ polyfluoro elastomer
  künstlicher ~ synthetic rubber
  regenerierter ~ reclaimed rubber
  synthetischer ~ *s.* künstlicher ~
Kautschukelastizität *f* rubber elasticity
Kavitation *f* cavitation
Kavitationskorrosion *f* cavitation corrosion
Kehlnahtschweißung *f*, **Kehlnahtverbindung** *f* fillet weld
Keiligkeit *f (semic)* taper
Keilrißbildung *f* wedge cracking
Keim *m* nucleus
  einkristalliner ~ *(semic)* single-crystal seed
Keimbildung *f* nucleation
  diffusionsgesteuerte ~ diffusion-controlled nucleation
  heterogene ~ heterogeneous nucleation
  homogene ~ homogeneous nucleation
  orientierte ~ oriented nucleation
  selektive ~ selective nucleation
  thermisch aktivierte ~ thermally-activated nucleation
Keimbildungsgeschwindigkeit *f* nucleation rate (velocity)
Keimbildungsort *m* nucleation site
Keimbildungsrate *f s.* Keimbildungsgeschwindigkeit
Keimförderer *m* nucleating agent
Keimplatte *f* seed plate
Kelvin-Temperatur *f* absolute temperature
Kenngröße *f* characteristic
Kennlinie *f* characteristic curve
  ~ **der Lichtausbeute** *(semic)* light output characteristics
  ~ **der Lichtbogenbeständigkeit** *(cond)* arc-resisting characteristic
Kennzahl *f* value
Keramik *f* ceramics
  faserverstärkte ~ *(comp)* fibre-reinforced ceramics
  feinkörnige ~ fine-grained ceramics
  feuerfeste ~ refractory ceramics
  grobkörnige ~ coarse-grained ceramics
  ~ **hoher Permittivität** high-permittivity ceramic, high-dielectric-constant ceramics
  ~ **hoher Permittivität/ferroelektrische** high-permittivity ferroelectric ceramics
  organisch modifizierte ~ organically modified ceramics
  transparente piezoelektrische ~ transparent piezoelectric ceramics
  zirkoniumoxid-verfestigte ~ zirconia-toughened ceramics
Keramikerzeugnisse *npl (mech)* ceramics
Keramikfaservorgespinst *n (comp)* ceramic-fibre twisted roving
Keramikkondensator *m* ceramic capacitor
Keramikkorn *n* ceramic grain
Keramikkurzfaser *f* short ceramics fibre
Keramik-Matrix-Verbund *m* ceramic-matrix-composite

Keramik-Metall-Verbund *m* ceramic-metal composite
Keramiksubstrat *n* ceramic substrate
~ **mit hohem Aluminiumoxidgehalt** high-alumina-ceramic substrate
Keramikwerkzeug *n* ceramic tool
keramikwhiskerverstärkt *(mech)* ceramic-whisker-reinforced
keramisch ceramic
Kerbe *f* notch
kerbempfindlich notch-sensitive
Kerbempfindlichkeit *f* notch sensitivity
Kerbempfindlichkeitsfaktor *m* notch sensitivity factor
Kerbfaktor *m* notch factor
Kerbprobe *f* notched specimen
Kerbschärfe *f* notch sharpness
Kerbschlagbiegeversuch *m* notched-bar test
Kerbschlagversuch *m* impact test
Kerbschlagzähigkeit *f* notch impact resistance (strength)
Kerbspannungsfaktor *m* stress-intensity factor
Kerbspannungslehre *f* notch-stress theory
Kerbwirkung *f* notch effect
Kerbzähigkeit *f* notch toughness, notched tensile strength
Kern *m* core
Kernbohren *n*, **Kernen** *n* coring
Kernfeldkräfte *fpl* nuclear forces
Kerngrat *m* core flash
Kernhärte *f (mech)* core hardness
Kernhärtung *f (mech)* core hardening
Kernkräfte *fpl* nuclear forces
Kernofen *m* core oven
Kernresonanz *f* **/ magnetische** nuclear magnetic resonance
Kernriß *m* internal (centre) crack
Kernrissigkeit *f* internal cracking
Kerntrockenofen *m* core-baking (core-drying) oven
Kerntrocknung *f* core baking
Kernzerfall *m* core breakdown
Kernzone *f* core
Kerr-Effekt *m* **[/ elektrooptischer]** *(elopt)* quadratic electrooptic effect, Kerr [electrooptic] effect
Kesselstein *m* scale
Kette *f* chain
Kettenausrichtung *f* chain orientation
Kettenlänge *f* chain length
Kettenmolekül *n* chain molecule
Kettenpolymerisation *f* chain polymerization
Kettenspaltung *f*, **Kettensprengung** *f* chain scission (splitting)
Kettenstrom *m* cell current
K-Faktor *m* stress-intensity factor
kfz *(cryst)* face-centred cubic, f.c.c.
kfz-Metall *n* f.c.c. metal
Kfz-Relais *n (cond)* automotive relay
Kieselerde *f* silica
Kieselgel *n* silica gel
Kieselglas *n* vitreous silica
durchscheinendes ~ fused silica
durchsichtiges (klares) ~ quartz glass
Kikuchi-Abbildung *f (semic)* Kikuchi map
Kikuchi-Muster *n (semic)* Kikuchi pattern
Kinetik *f* **der Diffusion** kinetic theory of diffusion
Kink *f (semic)* kink
kippen to tumble
ein Graphitboot ~ *(semic)* to tip an LPE boat
Kipptechnik *f (semic)* tipping technique
Klarlack *m* [clear] varnish *(chemically drying);* [clear] lacquer *(physically drying)*
oxidativ trocknender ~ varnish
Klasse *f* **der nichtmetallischen Werkstoffe** class of non-metallic materials
eindimensionale ~ one-dimensional class
klassieren to classify
Klassifikation *f*, **Klassifizierung** *f* classification
Kleben *n* glu[e]ing, [adhesive] bonding
kleben to glue, to bond
Kleber *m* adhesive [agent, substance]
Kleb[e]verbindung *f (mech)* adhesive bond, glued joint
klebrig sticky, tacky
Klebrigkeit *f* stickiness, tackiness
Klebstoff *m s.* Kleber
Klebtemperatur *f* sticking temperature
Kleinanzeige *f* **/ alphanumerische** *(semic)* small alphanumeric display
Kleinbereichsfließen *n* small-scale yielding
Kleinserienherstellung *f*, **Kleinserienproduktion** *f* small-volume production
Kleinstkorn *n* micrograin
Kleinwinkelkorngrenze *f* small-angle grain boundary
Kleinwinkelstreuung *f* small-angle scattering
Klemme *f* clamp
Klemmschraube *f* screw clamp
Klettern *n* climb[ing]
~ **von Versetzungen** climb of dislocations
Kletterrichtung *f* climb direction
Klettertyp *m (semic)* shuffle type
Kletter- und Gleitfolge *f* climb-glide sequence
Klimaprüfung *f* climatic testing
Klopfdichte *f (powd)* tap density
Klumpen *n* agglomeration, clotting
kneten to knead
knicken *(mech)* to buckle
Knicken *n (mech)* buckling
~ **von einzelnen Fasern** microbuckling
Knickfestigkeit *f (mech)* buckling resistance
Knickrekonstruktion *f (semic)* buckling reconstruction
Knickspannung *f (mech)* buckling stress
Kniehebel *m* toggle
Knochenimplantat *n (mech)* bone implant
Knoop-Härte *f* Knoop hardness
Knoop-Eindringkörper *m* Knoop indenter

Knötchen *n* nodule
Koabscheidung *f* codeposit[ion]
Koaleszenz *f* coalescence
koaleszieren, koalieren to coalesce
Kobalt *n* Co cobalt
Kobalt[basis]legierung *f* cobalt-base alloy
Kochpunkt *m* boiling point
Koeffizient *m* **der elektromechanischen Kopplung** electromechanical coupling coefficient
linearer elektrooptischer ~ linear electrooptic coefficient
primärer pyroelektrischer ~ primary pyroelectric coefficient
pyroelektrischer ~ pyroelectric coefficient
qudratischer elektrooptischer ~ quadratic electrooptic coefficient
sekundärer pyroelektrischer ~ secondary pyroelectric coefficient
spannungsoptischer ~ *(glass)* stress-optical coefficient
Koerzitivfeldstärke *f*, **Koerzitivkraft** *f (magn)* coercive [field] force
Kohärenz *f* coherency *(a matching structure of two phases)*
~ **der belichtenden Elektronen** *(semic)* coherence of the illuminating electrons
Kohärenzlänge *f* coherence length
Kohäsionsdruck *m* internal pressure
Kohäsivenergie *f (semic)* cohesive energy
Kohlefaser *f (mech)* carbon fibre
Kohlen *n* carburizing *(introduction of carbon to the surface of the steel to change the surface properties)*
kohlen to carburize *(low-carbon steel)*
Kohlenstoff *m* C carbon
pyrolytischer ~ pyrolytic carbon
Kohlenstoffäquivalent *n (mech)* carbon equivalent, CEV
kohlenstoffarm low-carbon
Kohlenstoffaser *f (mech)* carbon fibre
Kohlenstoffaser-Epoxidharz *n* carbon-fibre-epoxy composite
Kohlenstoffaser/Epoxidharz-Prepreg *n* carbon-fibre-epoxy prepreg
Kohlenstoffaserverbund *m (mech)* carbon-fibre composite
Kohlenstoffgehalt *m* carbon content
kohlenstoffgewebeverstärkt *(mech)* carbon-fabric-reinforced
kohlenstoffhaltig carbonaceous
Kohlenstoff-Kohlenstoff-Kontakt *m* carbon-to-carbon contact
Kohlenstofflöslichkeit *f* carbon solubility
kohlenstoffreich high-carbon, rich in carbon *(e.g. steel)*
Kohlenstoffstahl *m (mech)* carbon steel
reiner (unlegierter) ~ plain carbon steel
Kohlenstoffverarmung *f* depletion of carbon
Kohlenwasserstoff *m* hydrocarbon
fluorierter ~ fluorocarbon, teflon
Kohleschicht-Masse-Widerstand *m*, **Kohle[schicht]widerstand** *m* carbon-film (carbon-composition) resistor, carbon (composition) resistor
Kokille *f* die
Kokillen[form]guß *m* die casting, permanent-mould casting
Kokillengußverfahren *n s.* Kokillen[form]guß
Kolbenlegierung *f* piston alloy
Kollektor *m (semic)* collector
Kollektorstrom *m (semic)* collector current
Kollimator *m* collimator
kollimieren to collimate
Kolloid *n* colloid
Kolonienmikrogefüge *n* colony microstructure
Kombination *f* **von Eigenschaften** combination of properties
Kommunikation *f***/optische** optical communication
Kompaktheit *f* compactness
Kompaktheitsgrad *m (semic)* degree of compactness
Kompatibilität *f* compatibility
Kompatibilitätsbeschränkungen *fpl* compatibility constraints
Kompatibilitätsgrad *m* degree of compatibility
Komplementärmuster *n* complementary pattern
komplexieren to complex
Komplexität *f* complexity
~ **der geometrischen Form** complexity of geometric shape
Kompliziertheit *f s.* Komplexität
Komponente *f* component
~ **in Richtung der Polarachse** polar-axis component
piezoelektrische ~ piezoelectric device
pyroelektrische ~ pyroelectric device
Komponentenausfall *m* component failure
Komposit *n***/strukturelles** structural composite
Kompressibilität *f* compressibility
Kompressionsoberfläche *f* compressive surface
komprimierbar compressible
Komprimieren *n* compression
Kompromiß *m* trade-off
Kondensation *f***/elektronische** electronic condensation
Kondensationspolymerisation *f* condensation polymerization, polycondensation
Kondensator *m* capacitor
keramischer ~ ceramic capacitor
verlustarmer ~ low-loss capacitor
Kondensatorausfall *m* capacitor failure
Kondensatordielektrikum *n* capacitor dielectric
Kondensatorwerkstoff *m* capacitor material
kondensieren to condense
konditionieren to condition
Konfiguration *f***/gewendelte** coiled configuration
Konkurrenz *f* competition

Konkurrenzfähigkeit *f* competitiveness
Konkurrenzreaktion *f* competitive reaction
Konkurrenzwerkstoff *m* competitor material
Konservieren *n* preservation
konservieren to preserve
Konstantan *n* constantan
Konstante *f*/**dielektrische** *(noncond)* dielectric constant (coefficient), permittivity of the material
elastische ~ elastic constant
kinetische ~ kinetic constant
Konstituentenphase *f* constituent phase
Konstruieren *n*/**mikrostrukturelles** microstructural design
Konstruktion *f*/**geschweißte** weldment
versagenssichere ~ failsafe design
Konstruktionsfehler *m* error in design
Konstruktionsstahl *m (mech)* constructional steel
Konstruktionsverbundwerkstoff *m* structural composite
Konstruktionswerkstoff *m* engineering material
Kontakt *m*/**elektrischer** electrical contact
ohmscher ~ *(semic)* ohmic contact
Kontaktabflachung *f (powd)* contact flattening
Kontaktgeber *m (cond)* contactor
Kontaktgrenzenfurchenwinkel *m (powd)* dihedral angle
Kontaktkorngrenzenmigration *f*/**spannungsinduzierte** stress-induced grain boundary migration, SIGM
Kontaktkorrosion *f* contact corrosion
Kontaktkraft *f (cond)* contact force
Kontaktniet *m* rivet
Kontaktoberfläche *f* contact surface
Kontaktprüfung *f* contact testing
Kontaktschweißen *n (cond)* contact welding
Kontaktspitze *f* tip
Kontaktstreifen *m (semic)* contact stripe
Kontaktunterlage *f (cond)* contact bracket
Kontaktverbreiterung *f (powd)* contact flattening
Kontaktwerkstoff *m (cond)* contact material
Kontaktwiderstand *m* contact resistance
~ **zwischen Partikeln** interparticle contact resistance
Kontamination *f* contamination
kontaminieren to contaminate
kontinuierlich continuous
Kontraktion *f* contraction
thermische ~ thermal contraction
Kontrolle *f* inspection, checking
zerstörungsfreie ~ non-destructive inspection
Kontrolleur *m* checker
kontrollierbar checkable
kontrollieren to check
Konturendiagramm *n* contour plot
Konzentration *f* concentration
~ **beweglicher Ladungsträger** *(semic)* concentration of free carriers, free-carrier concentration
~ **der elektrischen Feldstärke** electric-stress concentration
~ **der freien Elektronen** *(semic)* free-electron concentration
~ **der freien Ladungsträger** *s.* ~ beweglicher Ladungsträger
~ **der geschmolzenen Phase** *(semic)* melt concentration
geringe ~ minute concentration
~ **von Zwischengitteratomen** *(semic)* interstitial concentration
Konzentrationsgefälle *n*, **Konzentrationsgradient** *m* concentration gradient
Konzentrationspolarisation *f* concentration polarization
Konzentrationsprofil *n* concentration profile
Koordinationszahl *f* coordination number
Koordinierung *f*/**tetraedrische** *(semic)* tetrahedral coordination
Kopplung *f*/**schwache** *(semic)* weak coupling
Korn *n* grain • ~ **feinen** to grain-refine
dendritisches ~ dendritic grain
feines ~ fine grain
flaches ~ pancake grain
grobes ~ coarse grain
orientiertes ~ oriented grain
rekristallisiertes ~ recrystallized grain
stengliges ~ columnar grain
vierzehneckiges ~ tetrakaidecahedral grain
Kornaufbau *m* grain structure
Korndehnung *f* grain elongation
Kornfeinen *n* grain refining
Kornfeinung *f* grain refinement, grain size refinement
Kornfeinungszusatz *m* grain refining additive
Kornformakkommodation *f (powd)* grain shape accommodation
Korngefüge *n* grain structure
Korngestalt *f* grain shape
Korngrenze *f* grain boundary
blockierte ~ pinned boundary
kohärente ~ coherent (grain, matching) boundary
~ **über mehrere Pulverteilchen hinweg** interparticle grain boundary
Korngrenzenabgleitung *f* grain-boundary sliding
Korngrenzenarretierung *f* grain-boundary pinning
Korngrenzenausscheidung *f* grain-boundary precipitate; segregate
Korngrenzenbruch *m* intergranular fracture (failure), intercrystalline fracture
Korngrenzendiffusion *f* grain-boundary diffusion
Korngrenzenentspannung *f* grain-boundary relaxation
Korngrenzengleiten *n* grain-boundary sliding
Korngrenzenkorrosion *f* intercrystalline (intergranular, grain-boundary) corrosion
Korngrenzenmigration *f* grain-boundary migration (movement, motion)
spannungsinduzierte ~ strain-induced boundary migration
Korngrenzenriß *m* intergranular crack

Korngrenzenseigerung, Korngrrenzensegregation *f* grain-boundary segregation
Korngrenzenverankerung *f* grain-boundary pinning
Korngrenzenverfestigung *f* grain-boundary hardening
Korngrenzenversprödung *f* grain-boundary embrittlement
Korngrenzenwanderung *f s.* Korngrenzenmigration
Korngröße *f* grain size
  mittlere ~ mean grain size
Korngrößensteuerung *f* grain-size control
Korngrößenverteilung *f* grain-size distribution
Kornkern *m* **mit niedrigem spezifischem Widerstand/halbleitender** low-resistivity semiconducting grain core
Kornoberflächenschicht *f* grain surface layer
kornorientiert grain-oriented
Kornorientierung *f* grain orientation
Kornstreckung *f* grain elongation
Kornverfestigung *f* grain strengthening
Kornvergröberung *f* grain coarsening
Kornvergröberungsgeschwindigkeit *f* coarsening rate
Kornvergrößerung *f s.* Kornwachstum
Kornwachstum *n* grain growth
  behindertes ~ inhibited grain growth
  diskontinuierliches ~ discontinuous grain growth
  gleichmäßiges (stationäres) ~ steady-state grain growth
Kornwachstumsbehinderung *f* grain growth inhibition
Kornwachstumsinhibitor *m* grain growth inhibitor
Kornzerfallsbeständigkeit *f* resistance to intergranular corrosion
Kornzwickel *m* triple-point junction
Kornzwickelaufreißen *n* triple-point cracking
Koronabeständigkeit *f*, **Koronawiderstandsfähigkeit** *f (noncond)* corona resistance, resistance to corona [discharge], *(quantitatively:)* corona resistivity
körperbeständig bioinert
körperverträglich biocompatible *(carbon fibres)*
Körperverträglichkeit *f* biocompatibility *(e.g. of carbon fibres)*
Korrodierbarkeit *f* corrodibility, corrosion susceptibility
korrodieren to corrode
korrodiert werden/durch Lichtbogenabbrand to be eroded by corona attack
Korrosion *f***/aktive** active corrosion
  atmosphärische ~ atmospheric corrosion
  chemische ~ [direct] chemical corrosion, direct oxidation
  ebenmäßige ~ uniform corrosion
  elektrochemische (elektrolytische) ~ electrochemical (electrolytical) corrosion, wet (liquid) corrosion
  flächenhafte ~ general corrosion
  galvanische ~ galvanic (contact) corrosion, bimetallic (two-metal) corrosion
  gleichmäßige ~ uniform corrosion
  graphitische ~ graphite corrosion
  ~ **im Betrieb** in-plant corrosion
  ~ **in Metallschmelzen** liquid-metal corrosion
  interkristalline ~ *s.* Korngrenzenkorrosion
  lochförmige ~ pit[ting] corrosion
  örtliche ~ local[ized] corrosion
  schichtförmige ~ exfoliation corrosion
  selektive ~ selective (preferential) corrosion
  ungleichmäßige ~ non-uniform corrosion, local[ized] corrosion
  ~ **von Grauguß/selektive** graphitic corrosion
korrosionsanfällig corrodible, corrosion-sensitive
Korrosionsanfälligkeit *f* corrodibility, corrosion susceptibility
Korrosionsangriff *m* corrosive (corrosion) attack
Korrosionsart *f* type of corrosion
korrosionsbeständig corrosion-resistant
Korrosionsbeständigkeit *f* corrosion resistance, resistance to corrosion
Korrosionsbruch *m* corrosion failure
Korrosionseigenschaft *f* corrosion property
Korrosionselement *n* corrosion cell
Korrosionsermüdung *f* corrosion fatigue
Korrosionsermüdungsbeständigkeit *f* resistance to corrosion fatigue
korrosionsfähig *s.* korrosionsanfällig
korrosionsfest *s.* korrosionsbeständig
Korrosionsgefahr *f* risk of corrosion
Korrosionsgeschwindigkeit *f* rate of corrosion, corrosion rate
Korrosionshemmstoff, Korrosionsinhibitor *m* corrosion inhibitor
Korrosionskurzschlußzelle *f* corrosion cell
Korrosionslehre *f* corrosion science
Korrosionsmechanismus *m* corrosion mechanism
Korrosionsmedium *n* corrosive [agent, medium], corrodent, corrodant
Korrosionsmilieu *n* corrosive environment
Korrosionsmittel *n s.* Korrosionsmedium
Korrosionsmulde *f* corrosive pit
Korrosionsproblem *n* corrosion problem
Korrosionsreaktion *f* corrosive (corrodent) reaction
Korrosionsschaden *m* corrosion damage
Korrosionsschutz *m* corrosion protection
  katodischer ~ cathodic (galvanic) protection
Korrosionsschutzbehandlung *f* protective (remedial) treatment
korrosionssicher *s.* korrosionsbeständig
Korrosionstyp *m* type of corrosion
Korrosionsumgebung *f* corrosive environment
Korrosionsuntersuchungen *fpl* corrosion studies
Korrosionsverhalten *n* corrosion behaviour
Korrosionsverhinderung *f* corrosion prevention

Korrosionsvermögen *n* corrosivity
Korrosionsversuch *m* corrosion test
Korrosionsverzögerer *m s.* Korrosionshemmstoff
Korrosionsvorgang *m* corrosion process
Korrosionswiderstand *m s.* Korrosionsbeständigkeit
Korrosionswissenschaft *f* corrosion science
Korrosionszelle *f* corrosion cell
korrosiv corrosive
Korrosivität *f* corrosivity
Korund *m* corundum
kovalent covalent
Kovalenz *f* covalence
Kracken *n***/ radikalisches (thermisches)** thermal cracking
Kraft *f* force
  mechanische ~ mechanical force
  treibende ~ driving force
Kraft[pack]papier *n* kraft paper
kraftübertragend force transmitting
Kraft-Verlängerungskurve *f* load-extension curve
Kraft-Verlängerungsschaubild *n* load-extension diagram
Krater *m* circular pit
kratzen to scratch
Kratzer *m* scratch
Kratzfestigkeit *f* scratch resistance
krebsauslösend carcinogenic, cancer-causing
Kreislauf-Recycling *n* closed-loop recycling
Kreuzgewebeverbund *m (comp)* cross-ply fabric
Kreuzlaminat *n (comp)* cross-ply laminate
kreuzlaminiert *(comp)* angle-plied
Kriechbeanspruchung *f* creep straining
Kriechbeständigkeit *f* creep strength (resistance)
Kriechbruch *m* creep fracture (rupture)
Kriechbruchdehnung *f* creep ductility
Kriechbruchfestigkeit *f* creep strength (resistance), resistance to creep
Kriechcharakteristik *f***/ visoko-lineare** linear-viscous creep
Kriechdehnung *f* creep strain
Kriechen creep
kriechen to creep
Kriechen *n***/ beschleunigtes** accelerated creep
  primäres ~ primary creep
  sekundäres (stationäres) ~ secondary creep
  tertiäres ~ tertiary (accelerating) creep
Kriechermüdung *f* creep fatigue
kriechfest creep-resistant, creep-resisting
Kriechfestigkeit *f s.* Kriechbruchfestigkeit
Kriechgeschwindigkeit *f* creep rate
Kriechkurve *f* creep curve
Kriechmechanismus *m* mechanism of creep, creep mechanism
Kriechrate *f s.* Kriechgeschwindigkeit
Kriechrißwachstum *n* creep crack growth
Kriechschädigung *f* creep damage
Kriechspurbildung *f (noncond)* tracking
  oberflächliche ~ *(noncond)* surface tracking
Kriechstromfestigkeit *f (noncond)* tracking resistance
kriechverformt creep-deformed
Kriechverformung *f* creep deformation
  plastische ~ plastic creep deformation
Kriechverhalten *n* creep behaviour
Kriechversuch *m* creep test
Kriechwegbildung *f s.* Kriechspurbildung
Kriechwiderstand *m s.* Kriechfestigkeit
Kristall *m* crystal
  dendritischer ~ dendrite crystal
  gepolter ~ poled crystal
  idealer ~ perfect (defect-free) crystal
  mondsichelförmiger ~ *(semic)* moon-shaped crystal
  pyroelektrischer ~ pyroelectric crystal
  säulenförmiger ~ columnar crystal
  tetraedrischer ~ *(semic)* tetrahedral crystal
  unbehandelter ~ *(semic)* as-grown crystal
Kristallanisotropie *f* crystal anisotropy
Kristallbau *m* crystal structure
Kristallbaufehler *m* crystalline defect
  ~ **durch Verunreinigungen** *(semic)* impurity-related defect
  nichtstöchiometrischer ~ *(semic)* non-stoichiometric crystal defect
Kristallebene *f* crystal plane
Kristallfehler *m s.* Kristallbaufehler
Kristallfläche *f s.* Kristallebene
Kristallgitter *n* crystal lattice
Kristallgitterannäherung *f* lattice matching
Kristallgitterpotential *n***/ konkretes** detailed crystal lattice potential
Kristallgitterstruktur *f***/ fehlerfreie** crystalline perfection
Kristallgrenzfläche *f (semic)* crystal interface
kristallin crystalline
Kristallinität *f* crystallinity
  schlechte ~ poor crystallinity
Kristallinitätsgrad *m* degree of crystallinity
Kristallisation *f* crystallization
  dehnungsgesteuerte ~ strain-induced crystallization
  eutektische ~ eutectic crystallization
Kristallisationsgeschwindigkeit *f* crystallization velocity
Kristallisationskeim *m* crystal nucleus
Kristallisationskeimbildung *f* nucleation
Kristallisationsprozeß *m***/ stationärer** *(semic)* steady-state crystallization process
Kristallisationswärme *f***/ latente** *(semic)* latent heat of crystallization
kristallisieren to crystallize
Kristallkeim *m s.* Kristallisationskeim
Kristallklasse *f***/ dreidimensionale** three-dimensional class
  nichtzentralsymmetrische (nichtzentrosymmetrische) ~ non-centrosymmetric crystal class
Kristallkorn *n* grain
Kristallkornorientierung *f* grain orientation

kristallographisch crystallographic
Kristallographie *f* crystallography
Kristallphase *f* crystalline phase
Kristallpotential *n* crystal potential
Kristallsäule *f* crystal column
Kristallschmelzengleichgewicht *n* crystal-melt equilibrium
Kristallseigerung *f (mech)* [crystal] coring
Kristallstöchiometrie *f* crystal stoichiometry
Kristallstruktur *f* crystal structure
Kristallstrukturanalyse *f* crystal [structure] analysis
Kristallsymmetrie *f* crystal symmetry
Kristallsystem *n* crystal system
Kristallwachstum *n (semic)* crystal growth
Kristallwachstumsprozeß *m (semic)* crystal-growth process
kristallwasserfrei anhydrous
Kristallziehanlage *f (semic)* crystal puller
Kristallzüchter *m (semic)* crystal grower
Kristallzüchtung *f (semic)* crystal growing (growth)
Kristallzüchtungsverfahren *n (semic)* crystal-growth technology
Kronig-Penney-Modell *n (semic)* Kronig-Penney model
krz *(cryst)* body-centred cubic, b.c.c.
krz-Metall *n* b.c.c. metal
KT-Stahl *m* weathering steel
kubisch cubic
kubisch-flächenzentriert *(cryst)* face-centred cubic, f.c.c.
kubisch-innenzentriert, kubisch-raumzentriert *(cryst)* body-centred cubic, b.c.c.
Kugeldruckhärte *f* ball indentation hardness
Kugelförmigkeit *f* sphericity
kugelgepackt/hexagonal dichtest *(cryst)* hexagonal-close-packed, hcp
Kugelgraphit *m* spheroidal graphite
Kugellager *n (mech)* ball-bearing
Kugelleuchtdiode *f (semic)* dome LED
Kugelmahlen *n* ball milling
Kugelmühle *f (powd)* jar mill
Kugelpackung *f* sphere packing
  hexagonal dichteste ~ *(cryst)* hexagonal close[st] packing, hcp
  kubisch dichteste ~ *(cryst)* cubic close[st] packing, ccp
Kugelstrahlen *n* shot peening
Kugelzementit *m* divorced cementite
Kühlbedingung *f* cooling condition
kühlen to cool, *(quickly by immersion:)* to quench
Kühler *m* condenser
Kühlgeschwindigkeit *f* cooling rate
Kühlmittel *n*, **Kühlmedium** *n* cooling agent (medium), coolant, refrigerant
Kühlmittelatmosphäre *f* refrigerant atmosphere
Kühlspannung *f* cooling stress
Kühlung *f* cooling, refrigeration

Kunstharzmatrix *f* resin matrix
Kunstharzschutzschicht *f s.* Kunstharzüberzug
Kunstharzüberzug *m* resin coating
kunstharzumpreßt resin-moulded
Kunstkautschuk *m* synthetic rubber
künstlich artificial, man-made
Kunststoff *m* plastic material, plastic
  asbestverstärkter ~ asbestos-reinforced plastic
  ~ **aus Melamin-Formaldehyd-Harz** melamine formaldehyde plastic
  borfaserverstärkter ~ boron-fibre-reinforced polymer (plastic)
  duroplastischer ~ thermosetting plastic, thermoset
  glasfaserverstärkter ~ glass-[fibre-]reinforced plastic, G.R.P.
  hitzehärtbarer ~ *s.* duroplastischer ~
  hochtemperaturbeständiger ~ high-temperature plastic
  kohlefaserverstärkter (kohlenstoffaserverstärkter) ~ carbon-fibre reinforced plastic, CFRP
  wärmehärtbarer ~ *s.* duroplastischer ~
Kunststoffbeschichten *n* plastic coating
Kunststoff-Einkapselung *f* plastic encapsulation
kunststoffimprägniert plastic-proofed
Kunststofflaminat *n* plastic laminate
Kunststoffmatrix *f* polymer matrix
Kunststoffmatrixverbundwerkstoff *m* polymer-matrix composite
Kunststoffverbund *m*/**thermoplastischer** thermoplastic composite
Kunststoffverstärkung *f* plastics reinforcement
Kupfer *n* Cu copper
  sauerstofffreies ~ *(cond)* oxygen-free high-conductivity copper, OFHC
  unlegiertes ~ unalloyed copper
Kupfer-Beryllium *n (cond)* beryllium copper
Kupfer(I)-chlorid *n (elopt)* CuCl copper(I) chloride
kupferhaltig copper-bearing
Kupferlegierung *f (mech)* copper alloy
Kupferleiter *m* copper conductor
Kupfermatrix *f (mech)* copper matrix
Kupfer-Nickel-Legierung *f* cupronickel
Kupferschutzschicht *f (mech)* copper coating
Kupolofen *m*, **Kuppelofen** *m* cupola
Kurzfaser *f* short-length fibre
kurzfaserverstärkt short-fibre-reinforced
Kurzschlußkontakt *m* arcing tip *npl*
Kurzschlußschutz *m* short-circuit protection
Kurzzeit-Ermüdungsprüfung *f* accelerated fatigue testing
Kurzzeit-Korrosionsermüdung *f* low-cycle [corrosion] fatigue
Kurzzeitprüfung *f* accelerated testing
Kurzzeitschwingbruch *m* low-cycle fatigue fracture
Kuspidalpunkt *m (cryst)* cusp

L

Labor[atorium] *n* lab[oratory]
Laboruntersuchung *f* laboratory investigation (examination)
Laborversuch *m* laboratory experiment, *(using standardized methods)* laboratory test
Lack *m* 1. [clear] varnish *(chemically drying)*; [clear] lacquer *(physically drying)*; 2. *s.* Lackfarbe
oxidativ trocknender ~ [clear] varnish
photoempfindlicher ~ *(semic)* photoresist
physikalisch trocknender ~ [clear] lacquer
Lackanstrich *m* 1. varnish coat[ing] *(chemically dried)*; lacquer coat[ing] *(physically dried)*; 2. *s.* Lackfarbenanstrich
Lackfarbe *f* topcoat paint, finish[ing] paint; enamel [paint], topcoat enamel *(very smooth, hard, and glossy drying)*; lacquer *(physically drying)*
Lackfarbenanstrich *m* topcoat, finish[ing] coat; enamel coat[ing] *(very smooth, hard, and glossy)*; lacquer coat[ing] *(physically dried)*
Lackhilfsmittel *n*, **Lackhilfsstoff** *m* paint additive
lackieren to varnish *(using clear coatings)*; to lacquer *(using physically drying coatings)*; to enamel (*using very smooth, hard, and glossy drying coatings)*; to paint *(using pigmented coatings)*
Lackiertechnik *f* painting technology
Lackierung *f* varnishing *(using chemically drying coatings)*; lacquering *(using physically drying coatings)*; enameling *(using very smooth, hard, and glossy drying coatings)*; painting *(using pigmented coatings)*
laden/elektrisch to electrify
Ladung *f* charge
Ladungsdichte *f* charge density
Ladungskompensation *f (elopt)* charge compensation
Ladungsträger *m***/positiver freier** positively charged free carrier
schneller ~ *(elopt)* hot carrier
Ladungsträgerbegrenzung *f (semic)* carrier confinement
Lage *f* 1. position; 2. *(comp)* layer, ply *(as of laminated material)*
Lagefehlordnung *f* positional disorder
Lagenanordnung *f (comp)* ply assembly
Lager *m***/mechanisches** mechanical bearing
selbstschmierendes ~ *(powd)* oilless bearing
unbeschichtetes (unlegiertes) ~ plain bearing
Lagerbronze *f (mech)* bearing bronze
Lagerfähigkeit *f* shelf (bench) life
lagern to store
Lagerstahl *m (mech)* bearing steel
Lagerung *f* 1. *(mech)* bearing; 2. storing *(of goods)*
Lagerwerkstoff *m (mech)* bearing material
Lamellenabstand *m* interlamellar spacing
Lamellenende *n* lamellar termination
Lamellengraphit *m* flake graphite
Laminat *n (comp)* laminate, laminated material (plastic)
Laminatschicht *f* laminate layer
Laminieren *n* lamination
laminieren to laminate
Längenänderung *f* change in length
Längenverhältnis *n* aspect ratio
Längenzunahme *f* extension
Langfaser *f (comp)* long fibre
langfaserverstärkt *(comp)* long-fibre-reinforced
Langfaserverstärkung *f (comp)* long-fibre reinforcement
langlebig long-lived
Längsdehnung *f* elongation, strain
Längskraft *f* axial force
Längsmodulator *m (elopt)* longitudinal modulator
Längsrichtung *f* longitudinal direction
Längsriß *m* longitudinal crack
Längsschnitt *m* longitudinal section
Langzeitaltern *n* prolonged ageing
Langzeitauswirkung *f* long-time effect
Langzeitbeanspruchung *f* long-term exposure
Langzeiteinsatz *m* **bei hohen Temperaturen** long-term high-temperature service
Langzeitermüdung *f* high-cycle fatigue
Langzeit-Ermüdungsfestigkeit *f* long-term fatigue resistance
Langzeithaltbarkeit *f* long-term durability
Langzeitkriechprüfung *f* long-term creep-rupture testing
Langzeitstabilität *f* long-term stability
Langzeitverhalten *n* long-term behaviour
Langzeitversuch *m* long-term test
Lanthan *n* La lanthanum
Lanthan(III)-oxid *n*, **Lanthan[tri]oxid** *n*, La_2O_3 lanthanum(III) oxide, lanthanum trioxide
läppen to lap
Lasche *f* tab
Laser *m***/gütegeschalteter** *(elopt)* laser Q switch, Q-switched laser
Laserbauelement *n (semic)* lasing device
Laserhärten *n* laser hardening
Laserlegieren *n* laser alloying
Laserleistungsniveau *n* laser-power level
Lasern *n (semic)* lasing
Laserresonator *m (semic)* laser cavity
Laserschneiden *n* laser-beam cutting
Laserstrahl *m* laser beam • **mit** ~ **geschrieben** laser-scribed
Laserstrahlhärtung *f* laser-beam hardening
Lasertrimmen *n* laser trimming
Last *f* load
konstante ~ static (constant) load
mittige ~ central load
Lastaufbringung *f* load application
Last-Stauchungsdiagramm *n* load-compression curve
Lasttragfähigkeit *f* load-bearing capacity

Lastverschiebung *f* load displacement
Lastverschiebungskurve *f* load-displacement curve
Lastwiderstand *m* load resistance
Lattenmartensit *m* lath martensite
Laue-Zone *f* **nullter Ordnung** zero-order Laue zone, ZOLZ
Laufzeit *f (semic)* transit time
laugenbeständig alkali-resistant
Laugenkorrosion *f*, **Laugensprödigkeit** *f* caustic cracking (embrittlement)
Lautsprecher *m*/**permanent-magnetischer** permanent-magnet loudspeaker
Lawinendurchbruch *m (noncond)* avalanche breakdown
Lawinenlaufzeitdiode *f (semic)* IMPATT diode, impact avalanche and transit-time diode
Lawinenwirkung *f (noncond)* avalanching
LB-Schicht *f* Langmuir-Blodgett film, LB film
Lebensdauer *f* [service] life, life expectancy
geplante ~ design life
Lebensdauerabschätzung *f* life prediction
Lebensdaueranteilregel *f* **von Miner** Miner's rule of cumulative damage
Lebensdauerkennlinie *f (noncond)* ageing characteristic
Lebensdauertest *m*/**funktioneller** functional-life testing
Leckdichtheit *f* leak tightness
Lecken *n* leakage
lecken to leak
Leckprüfung *f* leak detection (testing)
Leckspürgerät *n* leak detector
Leckstrom *m (semic)* leakage current
Leckverlust *m* leakage, seepage
Leck-vor-Bruch-Bedingung *f* leak-before-fracture condition
Leckwiderstand *m (semic)* leakage resistance
LED *f* **im sichtbaren Bereich** *(semic)* visible LED
Ledeburit *m* ledeburite
ledeburitisch ledeburitic
lederartig leathery
Leerstelle *f* vacancy
~ **von Atomen der III. Gruppe/dreifach geladene** *(elopt)* group III triply charged vacancy
Leerstellenannihilation *f* vacancy annihilation
Leerstellendiffusion *f* vacancy diffusion
Leerstellenkonzentration *f (semic)* vacancy concentration
Leerstellenübersättigung *f (semic)* vacancy supersaturation
Leerstellenwanderung *f* vacancy migration
legieren to alloy
~ **lassen/sich** to alloy
Legieren *n*/**mechanisches** mechanical alloying
legiert / mechanisch mechanically alloyed
Legiertechnik *f* addition technique
Legierung *f* alloy
aluminiumhaltige ~ *(semic)* aluminium-containing alloy
amorphe weichmagnetische ~ *(magn)* amorphous soft-magnetic alloy
~ **auf Aluminiumbasis** aluminium-base alloy
~ **auf der Grundlage von Nickel und Chrom** nickel-chromium-base alloy
aus[scheidungs]härtende ~ precipitation-hardening alloy
binäre ~ binary alloy
dampfabgeschreckte ~ vapour-quenched alloy
~ **der Seltenerdmetalle** rare-earth alloy
dispersionsgehärtete ~ dispersion-strengthened alloy
dispersionshärtende ~ dispersion-hardening alloy
duktile ~ ductile alloy
durch Schnellabkühlung hergestellte ~ RSP alloy
gerichtet erstarrte ~ directionally solidified alloy
handelsübliche ~ commercial alloy
hochfeste ~ high-strength alloy
hochschmelzende ~ high-melting-point alloy
hochwertige ~ high-quality alloy
homogene ~ single-phase alloy
korrosionsbeständige ~ corrosion-resistant alloy
magnetische ~ magnetic alloy
metastabile ~ metastable alloy
~ **mit geringer Ausdehnung** low-expansion alloy
~ **mit niedriger Dichte** low-density alloy
mittelfeste ~ medium-strength alloy
niedriglegierte ~ dilute alloy
niedrigschmelzende ~ low-melting-point alloy
oxid-dispersionsgehärtete ~ oxide dispersion-strengthened alloy, ODS alloy
quaternäre ~ quaternary alloy
tauchabgeschreckte ~ liquid-quenched alloy
technische ~ engineering alloy
ternäre ~ ternary alloy
~ **von III-V-Verbindungen/ternäre** *(semic)* ternary alloy of III-V compounds
unmischbare ~ immiscible alloy
wärmebehandelbare ~ heat-treatable alloy
warmverschleißbeständige ~ hot-wear-resistant alloy
zusatzfreie ~ plain alloy
Legierungsart *f* alloy type
Legierungsbestandteil *m* alloy[ing] element, alloying component (constituent)
Legierungsbezeichnung *f* alloy designation
Legierungsbildung *f* alloy formation
Legierungselement *n s.* Legierungsbestandteil
Legierungsfestigkeit *f* alloy strength
Legierungsgehalt *m* alloy content
Legierungshärtung *f* alloy hardening
Legierungskomponente *f s.* Legierungsbestandteil
Legierungskristall *m (semic)* alloy crystal
Legierungsmetall *n* alloy metal

Legierungspartner *m s.* Legierungsbestandteil
Legierungspulver *n* alloy powder
Legierungsstahl *m* alloy steel
perlitischer ~ pearlite alloy steel
Legierungsstreuen *n (semic)* alloy scattering
Legierungssystem *n* alloy system
~ **Gallium-Aluminium-Arsenid/ternäres** *(semic)* Al_xGa_{1-x}As-GaAs aluminum gallium arsenide structure
III-V-Legierungssystem *n (semic)* III-V alloy system
Legierungstechnik *f*/**besondere** special alloying procedure
Legierungstyp *m* alloy type
Legierungsübergitter *n (semic)* compositional superlattice
Legierungsverfestigung *f s.* Legierungshärten
Legierungsverhalten *n* alloying behaviour
Legierungszusammensetzung *f* alloy composition
Legierungszusatz *m* alloy[ing] addition, minor element (phase)
Leichtbauweise/in light-weight
Leichtmetall *n* light metal
Leichtmetallegierung *f* light metal alloy
leichtschmelzend low-melting
leichtsiedend low-boiling
Leim *m* glue
leimen to glue
Leimfuge *f (mech)* glued joint
Leistung *f* 1. [service] performance, in-service behaviour; 2. *(physics)* power
~ **eines in Betrieb befindlichen Teils** performance of the part in service
Leistungsanforderungen *fpl* performance requirements
Leistungsfähigkeit *f* 1. efficiency; 2. productivity
Leistungskondensator *m* power capacitor
Leistungs-Mikrowellenbauelement *n (semic)* microwave power device
Leistungsschalter *m (cond)* circuit breaker, power switch
leistungsstark power-efficient
Leistungstransformator *m (magn)* power transformer
Leistungstransistor *m* power transistor
Leistungsverbrauch *m* power consumption
Leistungsverhalten *n s.* Leistung 1.
Leistungsverstärkung *f (semic)* performance enhancement
Leitband *n (semic)* conduction band
~ **des massiven Siliciums** *(semic)* bulk silicon band
Leitbandkante *f (semic)* conduction-band edge
leitend conductive, conducting *(e.g. a substrate)*
elektrisch ~ electrically conductive
Leiter *m*/**elektrischer** electrical conductor
monolithischer ~ monolithic conductor
Leiterabschirmung *f* shielding for wire
Leiterspannung *f* line voltage
Leiterwerkstoff *m* conductor (conducting) material, material for conductors
leitfähig *s.* leitend
Leitfähigkeit *f* conductivity
ambipolare ~ *(semic)* ambipolar conductivity
elektrische ~ [electrical] conductivity
intrinsische ~ *(semic)* intrinsic conductivity
Leitung *f* 1. conduction *(process)*; 2. [electric] line, cable, wire
angelötete ~ soldered-on lead
elektrische ~ 1. [electrical] conduction *(process)*; 2. *s.* Leitung 2.
erdverlegte (unterirdische) ~ buried (underground) line
Leitungsband *n (semic)* conduction band
Leitungsbandkante *f (elopt)* conduction-band edge
untere ~ *(semic)* bottom of the conduction band
Leitungsbandminimum *n (semic)* conduction-band minimum
Leitungsdraht *m (ee)* lead wire
Leitungselektron *n (cond)* conduction electron
Leitungselektronen-Energiespektrum *n* conduction electron energy spectrum
Leitungsentzerrung *f* line equalization
Leitungskanal *m* conducting channel
Leitungsrohr *n* conduit
Leitungsstörung *f (noncond)* line disturbance
Leitwert *m*/**parasitärer** *(semic)* parasitic inductance
lentikular lenticular
Leuchtdichte *f (elopt)* brightness *(unit: cd m^{-2})*
Leuchtdichtepyrometer *n* radiation pyrometer
Leuchtdiode *f (semic)* light-emitting diode, LED
Leuchtdiodenbauelement *n (semic)* light-emitting device
Leucht-Festkörperbauelement *f (elopt)* light-emitting solid-state device
Leuchthalbleiterbauelement *n* semiconductor light-emitting device
Licht *n*/**einfarbiges** monochromatic light
elliptisch polarisiertes ~ elliptically polarized light
linear polarisiertes ~ plane-polarized light
monochromatisches ~ monochromatic light
ultraviolettes ~ ultraviolet light
zirkular polarisiertes ~ circularly polarized light
Lichtanzeige *f* light display
Lichtausbeute *f (semic)* light output
Lichtausgang *m (semic)* light output
lichtbeständig lightfast, resistant to light
Lichtbeständigkeit *f* lightfastness
Lichtblende *f (elopt)* light shutter
Lichtbogenabbrand *m (noncond)* corona attack, arc erosion
lichtbogenbeständig *(cond)* arc-resistant
Lichtbogenbildung *f (cond)* arcing
Lichtbogenlöschkennlinie *f (cond)* arc interrupting characteristic

Lichtbogenlöschung *f (noncond)* arc quenching (extinction)
Lichtbogenschmelzverfahren *n* vacuum arc-melting process
Lichtbrechungseffekt *m* photorefractive effect
Lichtdeflektor *m* light deflector
Lichtdetektor *m*/ **rauscharmer** *(semic)* low-noise optical detector
Lichtechtheit *f s.* Lichtbeständigkeit
Lichtemission *f (semic)* optical emission
lichtempfindlich photosensitive
Lichtempfindlichkeit *f* photosensitivity
Lichterzeugung *f* 1. light generation; 2. *(semic)* optical generation
Lichterzeugungsquelle *f* light-generating source
Lichtmikroskop *n* optical microscope
Lichtmodulator *m (elopt)* electrooptic (light) modulator
Lichtquant *n* photon, light quant[um]
Lichtquelle *f* light source
Lichtstärkemessung *f* photometric analysis
Lichtstreuung *f* light scattering
Lichtundurchlässigkeit *f* opacity
Lichtventil *n (elopt)* light valve
Lichtwandlungsanzeige *f* light conversion display
Lichtwellenleiter *m (semic)* optical wave guide
Linearbereich *m (semic)* linear region
linearelastisch linearelastic
Linearität *f* linearity
Linie *f* **gleicher Gitterkonstanten** *(semic)* iso-lattice-constant curve
Liniendefekt *m (cryst)* line defect
Linienspannung *f* line tension *(of a dislocation)*
Linienvektor *m* line vector
linsenförmig lenticular
Liquiduskurve *f* liquidus [line, curve]
Liquidustemperatur *f* liquidus temperature
Lithium *n (cond)* Li lithium
Lithiumiodat *n* $LiIO_3$ lithium iodate
Lithiumniobat *n* $LiNbO_3$ lithium niobate
Lithiumtantalat *n* $LiTaO_3$ lithium tantalate
Loch *n* 1. hole; pit; 2. *(semic)* [electron] hole
lochen to punch
Löcherbeweglichkeit *f* hole mobility
Löcherdichte *f (semic)* hole density
Löcherinjektion *f (semic)* hole injection
Löcher-Miniband *n (semic)* hole miniband
Lochfraß *m* pit[ting]
Lochfraßanfälligkeit *f* susceptibility to pitting
Lochfraß-Ätzgrübchen *n* etching pit
Lochfraßbeständigkeit *f* resistance to pitting
Lochfraßkorrosion *f* pit[ting] corrosion
Lochfraßneigung *f* tendency to pitting
Lochfraßpotential *n* pitting potential
Lochfraßstelle *f* pit
Lochkorrosionspotential *n* pitting potential
Lokalisierung *f* **des Fehlers** location of the defect
Lokalkorrosion *f* localized corrosion
Loranverfahren *n* long-range navigation, loran

löschen to extinguish; to quench *(an electric arc)*
Löschen *n*/ **selektives** selective erasure
Lösefähigkeit *f* solvency
Lösekraft *f* solvency
Lösemittel *n*, **Löser** *m s.* Lösungsmittel
Lösevermögen *n* solvency
Losfertigung *f* batch production
löslich soluble • ~ **machen** to solubilize
Löslichkeit *f* solubility
~ **im flüssigen Zustand** liquid solubility
~ **in festem Zustand** solid solubility
wechselseitige ~ intersolubility
Löslichkeitsgrenze *f* solubility limit
Löslichkeitskurve *f* solubility curve
Löslichmachung *f* solubilization
Lösung *f* 1. solution; 2. dissolution
feste ~ solid solution
gesättigte ~ saturated solution (liquid)
ideale ~ *(semic)* ideal solution
neutrale ~ neutral solution
normale ~ *(semic)* standard (normal, regular) solution
übersättigte [flüssige] ~ supersaturated [liquid] solution
verdünnte ~ dilute solution
Lösungselektrode *f* anode
lösungsgeglüht solution-annealed
lösungsglühbehandelt solution heat-treated
Lösungsglühbehandlung *f* solution heat treatment
Lösungsglühen *n* solution annealing (treatment)
Lösungsglühtemperatur *f* solution annealing temperature
Lösungsmittel *n* solvent, dissolver
lösungsmittelbeständig solvent-resistant, resistant to solvents
Lösungsmittelbeständigkeit *f* solvent resistance, resistance to solvents
lösungsmittelfest *s.* lösungsmittelbeständig
lösungsmittelfrei solventless
Lösungssättigung *f* saturation of a solution
Lösungsspinnen *n* wet spinning
Lösungsvermittler *m* solubilizer, solubilizing agent
Lösungsvermögen *n* solvency
Lot *n* solder
lötbar solderable
Lötbarkeit *f* solderability
Lötbarkeitsversuch *m* solderability test
Lötbrüchigkeit *f* weld decay
Löten *n* soldering
löten to solder
Lötmittel *n s.* Lot
Lötung *f s.* Löten
Lötverbindung *f (mech)* soldered connection (joint), brazed joint
Lücke *f (cryst)* 1. vacancy *(in a lattice)*; 2. interstice *(between atoms)*
~ **zwischen Valenz- und Leitband** *(semic)* valence-conduction band gap

Lüders-Band *n* Lüders band
Luftabschluß *m* exclusion of air
Luftblasentest *m* bubble point test
luftempfindlich air-sensitive
Lüften *n* venting
Luftfahrttauglichkeit *f* airworthiness
~ **von Verbundwerkstoffen** airworthiness of composite materials
luftgekühlt air-cooled
lufthärtbar air-hardenable
lufthärten to air-harden
Lufthärtestahl *m* air-hardening steel
Lufthärtung *f* air hardening
Luftkühlung *f* air cooling
Luftofen *m* air furnace
Luftpatentieren *n* air patenting
Luftspalt *m* air gap
Lufttauglichkeit *f s.* Luftfahrttauglichkeit
Lufttrocknung *f* air drying
Lufttüchtigkeit *f s.* Luftfahrttauglichkeit
Luftumwälzofen *m s.* Luftofen
Luftverdüsung *f* air atomization
Luftverschmutzung *f*, **Luftverunreinigung** *f* air pollution
Lumineszenz *f (elopt)* luminescence
Lunker *m* cavity

M

Machbarkeit *f***/ökonomische** economic feasibility
machen/brüchig (spröde) to embrittle
Magnesiabinder, Magnesiazement *m* magnesium oxychloride cement
Magnesiospinell *m (semic)* $MgAl_2O_2$ spinel
Magnesitbinder *m s.* Magnesiabinder
Magnesium *n* Mg magnesium
Magnesiumbasislegierung *f* magnesium-base alloy
Magnesiumguß *m* magnesium casting
Magnesiumlegierung *f* magnesium alloy
Magnesiumoxid *n* MgO magnesium oxide
Magnesiumsilicat *n* $MgSiO_3$ magnesium silicate
Magnet *m***/supraleitender** superconducting magnet
verlustfreier supraleitender ~ zero-loss superconducting magnet
Magnetfeld *n* magnetizing field
Magnetflußzusammenbruch *m* flux jumping
magnetisieren to magnetize
Magnetisierung *f* magnetization
Magnetisierungskurve *f* magnetization curve
Magnetisierungsstrom *m* magnetization current
Magnetismus *m* 1. magnetismus; 2. magnetics *(science)*
Magnetkopf *m* magnetic head
Magnetlegierung *f* magnetic alloy
magnetooptisch magneto-optic[al]
Magnetpulver *n* magnaflux
Magnetpulverprüfung *f* magnaflux test[ing], magnetic-particle method of crack detection
Magnetstahl *m* magnet[ic] steel
Mahldauer *f* grinding time
mahlen to grind, to mill
Makrogefüge *n* macrostructure
Makroinhomogenität *f* macro-inhomogeneity
Makrokorn *n* macrograin
Makroriß *m* macrocrack, macrofissure
Mangan *n* Mn manganese
Manganhartstahl *m* manganese steel
Manganin *n* $CuMn_{12}Ni_{12}$ manganin
Manganstahl *m* manganese steel
Mangansulfid *n* manganese sulphide
Manipulator *m* manipulator
Mantel *m* shell; casing; jacket
Maragingstahl *m* maraging steel
Marmor *m* marble
marmorieren to mottle
Martensit *m* martensite
nadeliger ~ acicular martensite
Martensitanlassen *n*, **Martensitaushärten** *n* maraging, martensite precipitation hardening
Martensitbildung *f* martensite formation
martensitisch martensitic
Martensitumwandlung *f* martensitic transformation
Martensitversprödung *f* martensite embrittlement
Masche *f* mesh
Maschenelektrode *f* mesh electrode
Maschenweite *f (powd)* screen opening size
Maßänderung *f* dimensional change
Masse *f* **der Löcher/effektive** *(semic)* effective mass of holes
~ **eines Elektrons/effektive (fiktive)** *(semic)* effective mass of an electron
~ **eines freien Elektrons** *(semic)* free-electron mass
teigartige ~ dough
Masse-Leistungs-Verhältnis *n* performance-to-weight ratio
Massenanwendung *f* large-scale application
Massenanziehung *f* gravity
Massendichte *f (noncond)* mass density
Massenfertigung *f* volume production
Massenmittelpunktmethode *f* centre-of-gravity method
Massenspektrometrie *f* mass spectrometry
Massenstahl *m* plain carbon steel
Massenwerkstoff *m* mass-produced material
Massenwirkungsgesetz *n* law of mass-action
Massenwirkungskonstante *f* mass-action constant
Massewiderstand *m* composition resistor
Maßgenauigkeit *f* dimensional accuracy
Massivisolation *f (noncond)* solid (dielectric) insulation
Massivmartensit *m* lath martensite
Maßnahme *f***/vorbeugende** preventative measure
Maßschneidern *n* **von Werkstoffen** materials by design

Maßtoleranz *f* dimensional tolerance
Material *n* material *(s.a. under* Werkstoff*)*
bandbeschichtetes ~ coil-coated material
biologisch abbaubares ~ biodegradable material
biomedizinisches ~ biomedical material
einkristallines piezoelektrisches ~ single-crystal piezoelectric material
ferrimagnetisches ~ ferrimagnet
feuerfestes ~ refractory [material]
hochdurchschlagfestes ~ *(noncond)* high-dielectric-strength material
massives ~ bulk material
~ **mit breitem Bandabstand** *(semic)* wide-gap material
~ **mit geringem spezifischen Widerstand** low-resistivity material
~ **mit größerem Bandabstand** *(semic)* wider band-gap material
~ **mit indirektem Bandabstand** *(semic)* indirect-gap material
~ **mit kleinem Bandabstand** *(semic)* small-gap material
~ **mit schmalem Bandabstand** *n (semic)* narrow-gap material
neutrales feuerfestes ~ neutral refractory material
nichtgeschweißtes ~ unwelded material
nichtlineares ~ *(semic)* non-linear material
nichtmagnetisches ~ non-magnetic material
n-leitendes ~ *n*-type material
optisch durchsichtiges ~ *(elopt)* optical[ly] transparent material
polymeres ~ polymeric material
sich selbst passivierendes ~ self-passivating material
stark dotiertes ~ *(elopt)* heavily doped material
undotiertes ~ *(semic)* undoped material
ungeschweißtes ~ unwelded material
unmagnetisches ~ *s.* nichtmagnetisches ~
untersuchtes ~ material under study
versetzungsfreies ~ dislocation-free material
Materialabfall *m* materials waste
Materialabrieb *m* wear of materials
Materialauswahl *f* materials selection, selection (choice) of materials
rechnergestützte ~ computer-aided materials selection
Materialauswahlkriterien *npl* materials selection criteria
Materialeinstülpung *f* intrusion
Materialfehler *m* flaw, material defect
Materialgrenze *f* boundary of the material
Materialgüte *f* material quality
Materialhomogenität *f* material homogeneity
Materialkreislauf *m* materials cycle
Materialparameter *m* material parameter
Materialrückgewinnung *f* materials recycling
Materialverhalten *n* **bei der Bearbeitung** behaviour of material in processing
~ **bei der Fertigung** behaviour of material in manufacturing
Materialverlust *m* material loss
Materialversagen material failure
Materialverschwendung *f* materials waste
Matrix *f* matrix
~ **der nichtverschwindenden piezoelektrischen Koeffizienten** matrix of non-zero piezoelectric coefficients
ferritische ~ ferritic matrix
metallische ~ metal matrix
schwachmagnetische ~ lessmagnetic matrix
spröde ~ brittle matrix
supraleitende ~ superconducting matrix
unmagnetische ~ non-magnetic matrix
Matrixbindemittel *n* matrix binder *(resin)*
Matrixkriechen *n* matrix creep
Matrixreißen *n* matrix cracking
Matrixriß *m* matrix crack
Matrixschrumpfen *n* matrix shrinkage
Matrixspeicher *m* matrix-addressed memory
Matrizenstahl *m* die steel
matt matt[e] • ~ **werden** to mist
Matte *f* mat
mattenverstärkt *(comp)* fibre-mat reinforced
Mattheit *f* mattness
Mattwerden *n* misting
Maximalwert *m* peak value
Maximum *n* peak
~ **des Valenzbandes** *(semic)* top of the valence band
Mechanismus *m* / **radikalischer** free-radical mechanism
mechano-chemisch mechanochemical
Medium *n* / **aggressives (angreifendes)** aggressive medium (agent)
anregendes ~ *(elopt)* excitation means
dielektrisches ~ *(noncond)* dielectric medium
korrodierendes (korrosives) ~ corrosive [medium, agent], corrodent
Meeresatmosphäre *f* marine atmosphere
Meerwasser *n* sea water
Meerwasserkorrosion *f* marine (seawater) corrosion
Mehrachsigkeit *f* multiaxiality
Mehrfachbruch *m* multiple fracture (crack)
Mehrfachgleiten *n* multiple slip
Mehrfachschicht *f* multilayer
mehrkomponentig multicomponent
Mehrlagenverbund *m (comp)* multi-ply laminate
Mehrphasenkeramik *f* multiphase ceramic
mehrphasig multiphase, polyphase
Mehrquantenmulden-Struktur *f (semic)* multi-quantum-well structure, MQW structure
Mehrscheiben[sicherheits]glas *n* safety [sheet] glass
Mehrschichtenglas *n* laminated glass

Mehrschichtenstruktur *f (semic)* multilayer structure
Mehrschichtverbund *m* multilayer fabric composit
Mehrstofflegierung *f* multicomponent alloy
Mehrstufenpolymerisation *f* multi-stage polymerization
mehrwertig polyvalent
Mehrzweckeisen *n* general-purpose iron
Mehrzweckkautschuk *m* general-purpose elastomer (rubber)
Mehrzwecklegierung *f* general-purpose alloy
Mehrzweckstahl *m* general-purpose steel
Meißner-[Ochsenfeld-]Effekt *m* Meissner effect
melieren to mottle
Memorylegierung *f* shape[-memory] alloy
mengen to mingle
Merkmal *n* **der Temperaturbeständigkeit** *(noncond)* heat-resistance characteristic
Mesaätzung *f (semic)* mesa etching
MESFET-Bauelement *n (semic)* MESFET device, metal semiconductor field-effect transistor device
messen to measure
Messerlinienkorrosion *f* knife-line corrosion
Meßgenauigkeit *f* accuracy of measurement
Messing *n* brass
  bleiarmes ~ *(cond)* low-lead brass
messingen brass
Messung *f* measurement
  ~ **der Doppelbrechung** birefringence measurement
  magnetische ~ magnetic measurement
  radiographische ~ radiographic measurement
  vorbereitende ~ preliminary measurement
Metall *n* metal
  amorphes ~ metallic glass
  anodisches ~ anodic metal
  beschichtetes ~ coated metal
  duktiles ~ ductile metal
  erdverlegtes ~ buried metal
  feuerfestes (hochschmelzendes) ~ refractory metal
  instabiles ~ unstable metal
  katodisches ~ cathodic metal
  korrodierendes ~ corroding metal
  kubisch-flächenzentriertes ~ face-centred-cubic metal
  ~ **[mit] niedriger Dichte** low-density metal
  niedrigschmelzendes ~ low-melting-point metal
  plattiertes ~ clad metal
  polykristallines (vielkristallines) ~ polycrystalline metal
  weiches ~ soft metal
Metallabscheidung *f* metal deposition
metallähnlich near-metallic
Metallauflösung *f* metal dissolution
Metallbearbeitungsprozeß *m* metal-working process
Metallbeschichtung *f* metal coating
Metallbindung *f* metallic bond[ing]
Metalldraht *m* metal wire
Metalldrahtwiderstand *m* metal-wire resistor
Metalleinsatz *m* charge
Metalleitband *n (semic)* metallic band
Metallform *f* die
Metall-Grenzschichtzustand *m (semic)* metallic-interface state
Metall-Halbleiter-Feldeffekttransistor *m (semic)* metal-gate transistor, semiconductor (Schottky-gate) field-effect transistor, metal-semiconductor FET, MESFET
Metall-Halbleiter-Grenzschicht *f (semic)* metal-semiconductor interface
Metallionendurchtrittsreaktion *f* metal- ion transfer reaction
metallisch metallic
Metallisierung *f* metallization
Metall-Isolator-Halbleiter-Feldeffekttransistor *m (semic)* metal-insulator-semiconductor FET, MISFET
Metall-Isolator-Halbleiter-Isolator-Metall-Struktur *f (elopt)* metal-insulator-semiconductor-insulator-metal structure, MISIM structure
Metallkappe *f*/**aufgepreßte** pressed-on metal end cap
Metallkapsel *f*/**preßgepaßte** force-fit metal cap
Metallkarbid *n* metal carbide
Metallkeramik *f* metal ceramics
Metall-Korngrenze *f* metal-grain boundary
Metallmatrixverbundwerkstoff *m* metal-matrix composite
Metalloberfläche *f* metallic surface
Metallographie *f* metallography
  quantitative ~ quantitative metallography
metallographisch metallographic
Metalloxid *n* metal oxide
Metall-Oxid-Halbleiter-Feldeffekttransistor *m (semic)* metal-oxide semiconductor FET, MOS-FET
Metallpaarung *f* bimetal[lic] couple
Metallprobe *f* metallic specimen
Metallpulver *n* metal powder
Metallschichtwiderstand *m* metal-film resistor
Metallschmelzenkorrosion *f* liquid-metal corrosion
Metallspritzbeschichten *n* metal spraying
Metallstaubbildung *f* metal dusting
Metallurge *m* metallurgist
Metallurgie *f* metallurgy
Metall-Wellenfunktion *f (semic)* metal-wave function
Metallwhisker *m* metal whisker
Metallwiderstand *m* metal[lic] resistor
Metallzusammensetzung *f* metal composition
metamorph metamorphic
Metamorphit *m* metamorphic rock
metastabil metastable
Metastabilität *f* metastability
Methan *n* CH_4 methane
Methode *f*/**akustische** acoustic method

~ **der kapillaren Depression** capillary-depression method
experimentelle ~ experimental method
magnetische ~ magnetical method
radiographische (röntgenographische) ~ radiographic method
spektroskopische ~ spectroscopic method
visuell-optische ~ visual-optical method
Methyl-Fluoro-Siloxan *n (noncond)* methyl-fluoro siloxane
Methylkautschuk *m* methyl rubber
Methyl-Vinyl-Phenyl-Siloxan *n (noncond)* methyl-vinyl-phenyl siloxane, MVP siloxane
Migration *f* migration
migrieren to migrate
Mikroausscheidung *f* microsegregation
Mikrobenbeständigkeit *f* resistance to microbial attack
Mikrobiegen *n* microbending
Mikroelement *n (semic)* microelectronic element
Mikroentmischung *f* microsegregation
Mikrofibrille *f* microfibril
Mikrogefüge *n* microstructure
austenitisches ~ austenitic microstructure
bainitisches ~ bainitic microstructure
feinkörniges ~ fine-grained microstructure
martensitisches ~ martensitic microstructure
polykristallines heterogenes ~ polycrystalline heterogeneous microstructure
Mikrogefügeanalyse *f* microstructure (microstructural) analysis
Mikrogefügebestandteil *m* microstructural constituent
Mikrogefügeeinschätzung *f* microstructure assessment
Mikrogefügestabilität *f* microstructural stability
Mikrogefügesteuerung *f* microstructure control
Mikrogefügeveränderung *f* microstructural change
Mikrogefügevergröberung *f* microstructural coarsening
Mikrohärte *f* microhardness
Mikrokorn *n* micrograin
mikrokristallin microcrystalline
Mikrolegierelement *n* microalloying element
Mikrolegieren *f* microalloying
mikrolegiert microalloyed
Mikrolegierzusatz *m* microalloying addition
Mikromechanik *f* micromechanics
Mikropore *f* microvoid
Mikroporenkoaleszenz *f* microvoid coalescence
mikroporig microporous
Mikroporosität *f* microporosity
Mikrorauhigkeit *f* microroughness
Mikroriß *m* craze, microfissure
Mikroskop *n*/**optisches** optical microscope
Mikrosondenanalyse *f*, **Mikrosondenuntersuchung** *f* microprobe analysis, electron-probe microanalysis, EPMA
Mikrostruktur *f s.* Mikrogefüge
Mikrotextur *f* microtexture
Mikrowellenanwendung *f (semic)* microwave application
Mikrowellenbauelement *n (semic)* microwave device
Mikrowellenerzeugung *f (semic)* microwave generation
Mikrowellenoszillator *m (semic)* microwave oscillator
Mikrowellenverstärkung *f (semic)* microwave amplification
Miller-[Bravais-]Indizes *mpl (cryst)* Miller[-Bravais] indices
Mineral *n* mineral
Mineralisator *m* mineralizer
Mineralöl *n* mineral oil
Miniaturthermostat *m* miniature thermostat
Minoritätsträger *m (semic)* minority carrier
Minoritätsträgerinjektion *f (elopt)* minority carrier injection
Minoritätsträgerlebensdauer *f (semic)* lifetime of minority carriers, minority-carrier lifetime
Minustemperatur *f* subzero temperature
Mischbarkeit *f* miscibility
Mischbruch *m* mixed fracture
mischen to mix, to mingle, to blend
Mischenthalpie *f (semic)* enthalpy of mixing
Mischentropie *f (semic)* entropy of mixing
Mischkristall *m* solid solution, mixed crystal
übersättigter ~ supersaturated solid solution
Mischkristallegierung *f* solid-solution alloy
Mischkristallgitter *n* solid-solution lattice
Mischkristallhärtung *f* solid-solution hardening (strengthening)
Mischkristallsystem *n*/**ternäres** *(semic)* ternary solid-solution system
Mischkristallverfestigung *f s.* Mischkristallhärtung
Mischkristallzerfall *m* decomposition of the solid solution
Mischmetall *n* mischmetal
Mischphasensintern *n (powd)* mixed-phase sintering
Mischstufe *f (semic)* compounding stage
Mischung *f*/**mehrphasige** multiphased mixture
Mischungsenergie *f*/**freie** *(semic)* free energy of mixing
Mischungslücke *f* miscibility gap
Mischzustand *m* mixed state
MISFET *m* metal-insulator-semiconductor FET, MISFET
Misfit-Versetzung *f* misfit dislocation
Mitablagerung *f*, **Mitabscheidung** *f* 1. deposition *(process)*; 2. codeposit *(substance)*
mitausscheiden to cosegregate
Mitausscheidung *f* cosegregation
Mitfällung *f* coprecipitation
Mitte *f* **des Bandabstandes** *(noncond)* midgap

Mittel *n***/pilztötendes** fungicide
Mittellagenanordnung *f* mid-position arrangement
Mittelspannung *f* mean stress
Mittenriß *m* centre crack
M I LB I M-Struktur *f* M I LB I M [structure] *(structure of the type metal 1 I DDOP-C-TCNQLB film I metal 2)*
Mn-Al-Legierung *f (magn)* manganese-aluminium alloy
Mo-Co-Fe-Legierung *(magn)* molybdenum-cobalt-iron alloy, Mo-Co-Fe alloy
Modell *n* **der festen Bindungen** *(semic)* tight-binding model
~ **der regulären Lösung** *(semic)* regular-solution model
~ **mit frei beweglichen Elektronen** *(semic)* free-electron model
physikalisches ~ physical model
thermodynamisches ~ thermodynamic model
Modellierung *f***/mathematische** mathematical modeling
Modifikation *f* modification, alteration
allotrope ~ allotropic form
modifizieren to modify, to alter
Modul *m***/von Null verschiedener** non-zero modulus
Modulation *f* **der Eingangselektrodenstromflüsse** *(semic)* modulation of source fluxes
Modulationsspannung *f (elopt)* modulating voltage
Modulator *m***/elektrooptischer** *(elopt)* electrooptic (light) modulator
Modulus *m***/piezoelektrischer** *m* piezoelectric modulus
Modusbegrenzung *f (semic)* confinement of the mode
Molarität *f (semic)* molar concentration
Molekül *n***/aktiviertes** *(noncond)* energized molecule
langlebiges ~ *(noncond)* long-lived molecule
polares ~ *(noncond)* polar molecule
Molekulararchitektur *f* molecular architecture
Molekularbewegung *f***/Brownsche** Brownian motion
Molekulargewicht *n (noncond)* molecular weight
Molekularstrahlepitaxie *f (semic)* molecular-beam epitaxy, MBE
~ **metallorganische** *(semic)* metal-organic molecular-beam epitaxy, MOMBE
Molekülkristall *m* molecular crystal
Molekülstruktur *f***/polare** polar molecular structure
Molenbruch *m* molar (mole) fraction
Molybdän *n* Mo molybdenum
Molybdänlegierung *f* molybdenum alloy
Moment *n***/inneres magnetisches** *(magn)* intrinsic magnetic moment
Momentankonfiguration *f* current configuration
Monelmetall *f* monel metal
Monoammoniumphosphat *n (elopt)* $NH_4H_2PO_4$ ammonium dihydrogen phosphate, ADP
monodispers monodisperse
Monofilament *n (comp)* monofilament
Monokaliumphosphat *n* KH_2PO_4 potassium dihydrogen phosphate
monoklin monoclinic
Monokristall *m* single crystal
Monom[er] *n* monomer
Monosilan *n (semic)* SiH_4 monosilane
Monotektikum *n* monotectic system
monotektisch monotectic
MOSFET *m* metal-oxide semiconductor FET, MOSFET
Mößbauer-Spektroskopie *f* Moessbauer spectrometry (spectroscopy)
MOS-Technik *f (semic)* metal-oxide-semiconductor technology, MOS technology
Mühle *f* mill
Muldenbildung *f* pitting
Mullit *m* mullite
multidirektional multidirectional
Multifilament-Leiter *m* multifilamentary conductor
Muntz-Metall *n* Muntz metal *(60% Cu, 40% Zn, up to 0,8% Pb added)*
Muster *n* sample, specimen
mustern to pattern
Musterprobe *f* pattern
mutagen mutagenic
MVP-Siliconelastomer *n (noncond)* MVP (methyl-vinyl-phenyl) silicone rubber

N

nachahmen to mimic
Nachaushärten *n (comp)* post-curing
Nachbarkorn *n* adjacent grain
Nachbarschaft *f* vicinity
nachbehandeln to aftertreat
Nachbehandlung *f* aftertreatment, post-treatment, secondary treatment
nachgeben to yield, to weaken
nachgiebig compliant
Nachgiebigkeit *f* compliance, deflection
Nachlassen *n* **von Spannung** stress relaxation
Nachleuchten *n* afterglow
Nachrichtenkabel *n* communication wire
Nachsintern *n* post-sintering
nächstbenachbart first-neighbour
Nachweis *m* detection, identification
~ **von Radioaktivität** detection of radioactivity
Nachweisempfindlichkeit *f* detection sensitivity
Nachweisfähigkeit *f* detectivity
Nachwirkung *f***/dielektrische** dielectric hysteresis
nadelartig acicular
Nadelferrit *m* acicular (polygonal) ferrite
nadelförmig, nadelig acicular
Nadelkopfporenbildung *f* **durch Gas** gas pin-holing

Nadelkristall *m* acicular crystal
Nadelmartensit *m* acicular martensite
Nadelstichpore *f* pinhole
Nadelstichporosität *f* pinholes
Nadelstruktur *f* acicular structure
Näherung *f* approximation
Näherungsverfahren *n* approximation method
Nahordnung *f* short-range order
Napfbruch *m* cup fracture
Narbenbildung *f* pitting
Narbenkorrosion *f* pit[ting] corrosion
Nase *f* tab
Nässe *f* wetness
Naßkorrosion *f* wet corrosion
Naßspinnen *n* wet spinning
Naßverfahren *n* slip process
Naßwickelverfahren *n* wet-winding technique *(for carbon fibres)*
Natriumchlorid *n* NaCl sodium chloride
Natriumniobat *n* $NaNbO_3$ sodium niobate
Natronkalkglas *n* soda-lime glass
Naturasphalt *m* natural (rock) asphalt
Naturfaser *f* natural fibre
Naturfaserverbundwerkstoff *m* natural-fibre-based composite
Naturkautschuk *m* natural rubber
Naturkautschukisolierung *f* natural elastomeric insulation
natürlich [vorkommend] naturally occurring
Naturversuch *m* field test (trial)
n-Bereich *m (semic)* *n*-type region, *n*-region
NbTi-Filament *n* niobium-titanium (Nb-Ti) filament
Nb-Ti-Legierung *f* niobium-titanium (Nb-Ti) alloy
Nebenerzeugnis *n*, **Nebenprodukt** *n* by-product
Nebenschlußwiderstand *m* shunt resistance
Nebenschlußwiderstandspfad *m* shunt resistive path
Nebenwiderstand *m* shunt resistance
Neigungskorngrenze *f (cryst)* tilt (small-angle) boundary
nematisch nematic
NE-Metall *n* non-ferrous metal
Nennspannung *f (mech)* nominal [service] stress
Neopren *n* neoprene, chloroprene, polychloroprene
Neoprenkautschuk *m* neoprene (chloroprene) rubber
Nettostrom *n (cond)* net current
netzartig reticular
netzbar wettable
Netzbarkeit *f* wettability
Netzebene *f (cryst)* lattice plane
Netzebenenabstand *m (cryst)* interplanar spacing (distance)
Netztransformator *n (magn)* power transformer
Netzvermögen *n* wetting ability
Netzwerk *n* network
Netzwerkbildner *m (glass)* network former
Netzwerkwandler *m (glass)* network modifier
Neuausrichtung *f* realignment
Neuaustenitisierung *f* reaustenitization
Neutronenaktivierungsanalyse *f* neutron activation analysis, NAA
neutronenbestrahlt neutron-irradiated
Neutronenradiographie *f* neutron radiography
Neutronenspektroskopie *f* neutron spectroscopy
Neutronen-Transmutationsdotierung *f*, **Neutronenumwandlungsdotierung** *f (semic)* [neutron] tramsmutation doping
neuverteilen to redistribute
Neuverteilung *f* **der Elektronenladung** electric charge redistribution
nichtaggressiv non-corrosive
nichteisenhaltig non-ferrous
Nichteisenmetall *n* non-ferrous metal
Nichteisenmetallegierung *f* non-ferrous alloy
nichtelastisch non-elastic, inelastic
Nichtelektrolyt *m* non-electrolyte
nichtentflammbar non-[in]flammable, flame-proof
Nichtentflammbarkeit *f* non-flammability
nichtflüchtig involatile
nichtgewebt non-woven
nichthygroskopisch non-hygroscopic
nichtkorrosiv non-corrosive
nichtkristallin amorphous, non-crystalline
Nichtleiter *m* dielectric, electrical insulator
Nichtmetall *n* non-metal
nichtmetallisch non-metallic
nichtmischbar immiscible
Nichtmischbarkeit *f* immiscibility
nichtpolar *(semic)* non-polar
Nichtschalt-Verwendung *f* non-switching use
nichtschmelzend non-melting
Nichtstöchiometrie *f (semic)* non-stoichiometry
nichttoxisch non-toxic
Nichtübereinstimmung *f* mismatch, misfit
~ **im Gitter** *(cryst)* lattice mismatch
nichtvergütbar *(met)* non-heat-treatable
nichtwärmebehandelbar *(met)* non-heat-treatable
nichtzentralsymmetrisch non-centrosymmetric
Nickel *n* Ni nickel
Nickeläquivalent *n* nickel equivalent *(stainless steels)*
Nickelbasislegierung *f* nickel-based alloy
Nickeldraht *m* nickel wire
Nickel-Eisen-Legierung *f* nickel-iron alloy
nickelhaltig nickeliferous
Nickellegierung *f* nickel alloy
~ **mit Chrom** nichrome
Nickelpulver *n* nickel powder
Nickelstahl *m* nickel steel
Niederdruck *m* low pressure
niederenergetisch low-energy
niedergeschlagen/chemisch chemically deposited
Niederschlag *m* precipitate
Niederspannungsisolator *m (noncond)* low-voltage ceramic insulator

Niederspannungskondensator *m* low-voltage capacitor
Niederspannungsschaltung *f* low-voltage circuit
Niedertemperaturanlassen *n (mech)* blueing
niedriggekohlt low-carbon
Niedriglastspielermüdung *f* low-cycle fatigue, LCF
niedriglegiert low-alloy
niedrigschmelzend low-melting
niedrigsiedend low-boiling
Niedrigspannungsbruch *m* low-stress fracture
Niedrigtemperatur-Absorptionsspektrum *n (semic)* low-temperature absorption spectrum
Niet *m* rivet
Nietloch *n* rivet hole
Niob *n* Nb niobium, columbium
Niobat *n* niobate
Niobpentoxid *n* Nb_2O_5 niobium pentoxide
Niob-Titan *n* niobium-titanium alloy
n-i-p-i-Kristall *m*, **n-i-p-i-Struktur** *f*, **n-i-p-i-Übergitter** *n (semic)* nipi-structure
Nitratcellulose *f* cellulose nitrate
Nitridhärten *n s.* Nitrierhärten
Nitridlöslichkeit *f* nitride solubility
nitrieren, nitrierhärten *(met)* to nitride
Nitrierhärten *n (met)* nitride hardening, nitridation, nitriding
~ **mit Ammoniak in Cyanidschmelze** chapmanizing
Nitrierstahl *m* nitriding steel, nitralloy
Nitrilkautschuk *m (noncond)* acrylonitrile-butadiene rubber, ABR
Niveau *n* **leichter Löcher** *(semic)* light hole level
~ **schwerer Löcher** *(semic)* heavy hole level
tiefliegendes ~ *(semic)* deep level
NK (Naturkautschuk) natural rubber
n-leitend *(semic)* *n*-conducting, *n*-type, *n*-region
Nomexfaser *n (noncond)* Nomex fibre
normalglühen to normalize
Normalglühen *n* normalization, normalizing
normalisieren to normalize
Normalisierungsglühen *n s.* Normalglühen
Normalspannung *f* normal stress
Normalspannungsbruch *m* fracture by normal stress
Normalzeit *f* standard time
Normalzustand *m* ground state
Norm[al]temperatur *f* **und Norm[al]druck** *m* standard temperature and pressure, STP
npn-Struktur *f (semic) n-p-n* structure
npn-Transistor *m (semic) n-p-n* transistor
NTC-Werkstoff *m* (Werkstoff für Thermistoren mit negativem Temperaturkoeffizienten) NTC thermistor material
Nullfluß-Zustand *m* zero-flux state
Nullpunkt *m*/**absoluter** absolute zero *(–273.16 °C)*
Nutzen-Kosten-Analyse *f* benefit/cost analysis
Nutzung *f* utilization
~ **als Breitband-Resonator** *(ee)* broad-band resonant use
diskontinuierliche ~ intermittent use
kontinuierliche ~ continuous use
Nutzungsdauer *f* service life

O

Oberfläche *f* surface, *(quantitatively:)* surface area
angegriffene ~ attacked surface
ebene ~ *(semic)* even surface
freie ~ free surface
glatte ~ smooth surface
kaltverfestigte ~ work-hardened surface
niedrig indizierte ~ *(semic)* low-index surface
polierte ~ smooth surface
rauhe ~ rough surface
reine (saubere) ~ clean surface
(100)-Oberfläche *f*/**polare** polar (100) surface
Oberflächenabdruck *m* replica
oberflächenaktiv surface-active
Oberflächenaktivität *f* surface activity
Oberflächenangriff *m* surface attack
Oberflächenatom *n (semic)* surface [region] atom
Oberflächenätzen *n* surface etching
Oberflächenaufkohlung *f* surface carburization
Oberflächenbehandlung *f* surface treatment
Oberflächenbeschaffenheit *f* surface quality (condition, appearance)
Oberflächenbeschichtungstechnologie *f* surface coating technology
Oberflächendiffusion *f* surface diffusion
Oberflächendurchschlag *m (ee)* surface breakdown
Oberflächeneffekt *m* surface effect
Oberflächeneigenschaft *f* surface property
Oberflächenenergie *f* surface energy
Oberflächenentkohlung *f* surface decarburization
Oberflächenermüdung *f* surface fatigue
Oberflächenfehler *m* surface defect (flaw)
Oberflächenfilm *m* surface film
Oberflächengeometrie *f*/**ideale** *(semic)* ideal surface geometry
Oberflächengüte *f* surface quality
Oberflächenhaltbarkeit *f* surface durability
Oberflächenhärte *f* surface hardness
oberflächenhärten to surface-harden
Oberflächenhärten *n* surface hardening
Oberflächenladung *f* surface charge
Oberflächenlegieren *n* surface alloying
Oberflächenleuchtdiode *f (semic)* surface-emitting diode
Oberflächenmorphologie *f* surface morphology
Oberflächenoxidation *f* surface oxidation
Oberflächenoxidieren *n*/**elektrolytisches** electrolytic anodization
Oberflächenprüfung *f* surface analysis
Oberflächenrauhigkeit *f* surface roughness

Oberflächenreinigung *f* surface cleaning
Oberflächenriß *m* surface crack
Oberflächenrißbildung *f* surface cracking
Oberflächenschaden *m* surface damage
Oberflächenschicht *f* surface layer, *(if thin:)* surface film
Oberflächenschutzschicht *f* surface coating
Oberflächenspannung *f* surface tension (stress)
Oberflächensperrschicht *f (semic)* surface barrier
Oberflächenstörstelle *f (semic)* surface defect
Oberflächenstörung *f* surface imperfection
Oberflächenstromschicht *f* surface current layer
Oberflächenüberzug *m* surface cover[ing], surface coating
Oberflächenuntersuchung *f* surface analysis
Oberflächenveränderung *f* surface alteration
Oberflächenverfestigung *f* surface hardening, surface strengthening
Oberflächenverluststrom *m (semic)* surface leakage current
Oberflächenverunreinigung *f* surface contamination
Oberflächenvorbehandlung *f* surface preparation
Oberflächenwirkung *f* surface effect
Oberflächenzustand *m* surface condition (appearance, quality)
Oberfächenzustandsdichte *f (semic)* surface state density
Oberspannung *f* maximum stress
Oberwindfrischverfahren *n (mech)* basic oxygen [converter] process
Objektivblende *f* objective aperture
Ochsenaugenstruktur *f (mech)* bulls-eye structure *(cast iron)*
ODS-Legierung *f* oxide dispersion strengthened alloy, ODS-alloy
Ofen *m* oven, *(for high temperatures:)* furnace, *(esp. for ceramics:)* kiln
  induktionsbeheizter ~ induction furnace
Ofenwiderstandsheizelement *n* oven-resistive heating element
Offsetspannung *f (elopt)* offset voltage
OFHC-Cu *(cond)* oxygen-free high-conductivity copper, OFHC
Öl *n* oil
ölabgeschreckt oil quenched
Ölabschrecken *n* oil quenching
Ölaschekorrosion *f* fuel ash corrosion
ölbeständig oil-resistant
Ölbeständigkeit *n* oil resistance
Ölhärten *n* oil hardening
ölimprägniert oil-impregnated
Ölpapier *n* oil[ed] paper
Ölschalter *m (cond)* oil circuit breaker
Opaleszenz *f* opalescence
Operation *f* operation
Opferanode *f* sacrificial anode
optimal/chemisch *(semic)* chemically optimal
Optoelektronik *f* optoelectronics
Optoisolator *m (semic)* optoisolator
Ordnung *f***/weitreichende polare** long-range polar order
Ordnungsgrad *m* degree of order
Ordnungszahl *f* atomic number *(of chemical elements)*
Orientierung *f* orientation
  kristallographische ~ crystallographic orientation
Orientierungsabhängigkeit *f* orientation dependence
Orientierungseffekt *m* orientation effect
Orientierungsfehlordnung *f* orientational disorder
Orientierungsgrad *m* degree of orientation
Orientierungsstruktur *f* orientation structure
Orientierungszustand *m* orientational state
Ormocer *n* organically modified ceramics
Ormosil *n* organically modified silicate, ormosil
Orowan-Spannung *f* Orowan stress
Orowan-Verfestigung *f* Orowan strengthening
orthorhombisch orthorhombic
orthotrop orthotropic
Osmium *n* Os osmium
Ostwald-Reifung *f* Ostwald ripening
Oszillator *m* oscillator
  ~ mit Elektronenübertragung *(semic)* transferred electron oscillator
oszillieren to oscillate
Oszilloskop *n* oscilloscope
Oxidation *f* oxidation
  anodische (elektrochemische) ~ anodization, anodizing, anodic oxidation
  ~ in trockener Atmosphäre dry oxidation
  katastrophale ~ catastrophic (break-away) oxidation
  selektive ~ selective (preferential) oxidation
  trockene ~ dry oxidation
  ~ von Metallschmelzen/gerichtete directed metal melt oxidation, DMO
Oxidationsanfälligkeit *f* susceptibility to oxidation
Oxidationsanode *f* oxidized anode
oxidationsbeständig oxidation-resistant
Oxidationsbeständigkeit *f* oxidation resistance, resistance to oxidation
Oxidationsgeschwindigkeit *f* rate of oxidation
Oxidationsgrad *m* degree of oxidation
Oxidationsmittel *n* oxidizer, oxidizing agent
Oxidationspotential *n* oxidation potential
Oxidationsprodukt *n* oxidation product
Oxidationsverhalten *n***/lineares** linear oxidation behaviour
Oxidationsvorgang *m* oxidation process
Oxidbelag *m* oxide film
Oxiddispersionshärtung *f* oxide dispersion strengthening
Oxideinschluß *m* oxide inclusion
Oxidfilm *m* oxide film
oxidierbar oxidizable
Oxidierbarkeit *f* oxidizability

Oxidieren *n s.* Oxidation
oxidieren to oxidize; to undergo oxidation, to oxidize
anodisch (elektrochemisch, elektrolytisch) ~ to anodize
Oxidkeramik *f* oxide ceramics
Oxidschicht *f (spontaneously formed:)* oxide layer; *(intentionally applied:)* oxide coating
Oxidschutzschicht *f (met)* oxide coating
Oxydation *f s.* Oxidation
oxydieren *s.* oxidieren
Ozon *n* ozone
Ozonbeständigkeit *f*, **Ozonfestigkeit** *f* ozone resistance

P

paaren to mate
Paarung *f* **zweier Metalle** bimetal[lic] couple
Paarungsfläche *f* mating face
Packung *f (cryst)* packing
dichteste ~ densest packing
Packungsdichte *f (semic)* packing density
Packzementation *f* pack cementation *(of steel)*
Palladium *n* Pd palladium
Palmgren-Miner Regel *f* Palmgren-Miner rule
PAN polyacrylonitrile, PAN
Panzerstahl *m* armour steel
Papier *n*/**beidseitig metallisiertes** doubly metallized paper
imprägniertes ~ impregnated paper
laminiertes ~ laminated paper
Papierkondensator *m* paper capacitor
paraelektrisch paraelectric
Paraffin-Polyethylen-Mischung *f* paraffine wax-polyethylene mixture
Parallelreaktion *f* competitive reaction
Parameter *m*/**innerer magnetischer** intrinsic magnetic parameter
Parameterraum *m (semic)* parameter space
Parkerisieren *n* parkerizing
Partialdruck *m* partial pressure
partiell partial
Partikelgröße *f* particle size
Partikelvolumen *n* particle volume
Paschen-Minimum *n (noncond)* Paschen minimum
Paßfläche *f* mating surface
passiv passive • **~ sein, sich ~ verhalten** to exhibit passivity • **~ werden** to go passive
Passivation *f s.* Passivierung
Passivator *m* passivator
passivierbar passivatable
Passivierbarkeit *f* passivatability
passivieren to passivate • **passiviert werden** to passivate
sich ~ to passivate, to go passive
passivierend passivating
Passivierung *f* passivation
Passivierungsmittel *n* passivator
Passivierungsschicht *f* passivating layer
Passivität *f* passivity • **~ zeigen** to exhibit passivity
passivitätserzeugend producing passivation (passivity)
Passivitätsprozeß *m* passivity process
Passivoxid *n* passive oxide
Passivschicht *f* passive film
Passivschichtbildner *m* passivator
Passung *f* fit
Passungsfläche *f* mating surface
Paste *f* dough
patentieren to patent *(wire)*
p-Bereich *m (semic) p*-type region, *p*-region
PC *n* polycarbonate
PCTFE polychlorotrifluoroethylene
Peak *m* peak
Peakverbreiterung *f* peak broadening
Pech *n* pitch
Penetration *f* penetration
Penetrieranstrichstoff *m* penetrating primer, penetrant
penetrieren to penetrate
Perfluorethen *n* tetrafluoroethylene, TFE
Periodensystem *n* **der Elemente** periodic table of the elements
Peritektikum *n* peritectic system
peritektisch peritectic
peritektoid peritectoid
Perlit *m* pearlite
kugeliger ~ divorced pearlite
Perlitbildung *f* pearlite formation
Perlitgehalt *m* pearlite content
perlitisch pearlitic
Perlitlamelle *f* pearlite lamella *(pl* lamellae*)*
Perlmutt *n* mother of pearl
Permalloy *n* Fe14-64Ni77-36MoCu permalloy
Permeabilität *f* permeability
Permittivität *f (noncond)* dielectric constant (coefficient), permittivity of the material
relative ~ [relative] permittivity
Permittivitätszahl *f* [relative] permittivity
Perowskit-Struktur *f* perovskite structure
PETP polyethylene terephthalate
Pfannenmetallurgie *f* ladle metallurgy
Phase *f* phase
amorphe ~ amorphous phase
ausgeschiedene ~ exuded phase
cholesterische ~ cholesteric phase
dispergierte ~ dispersed phase
ferroelektrische ~ ferroelectric phase
feste ~ solid phase
flüssige ~ liquid phase
intermetallische ~ intermetallic [phase]
kohärente ~ coherent phase
kontinuierliche ~ continuous phase
kristalline ~ crystalline phase
leitende ~ conductive phase

metallische ~ metallic phase
nematische ~ nematic phase
nichtpolare ~ non-polar phase
orthorhombische ferroelektrische ~ orthorhombic ferroelectric phase
paraelektrische ~ paraelectric phase
smektische ~ smectic phase
tetragonale ~ tetragonal phase
trigonale ~ trigonal phase
verfestigende ~ strengthening phase
Phasenänderung *f* phase change
Phasendiagramm *n* phase diagram
ternäres ~ ternary phase diagram
Phasengleichgewicht *n* phase equilibrium *(pl* equilibria*)*
mehrkomponentiges ~ *(semic)* multicomponent phase equilibrium
Phasengrenze *f* phase boundary
Phasengrenzfläche *f* interface
Phasenkontakt *m* interphase contact
Phasenkontrastanalyse *f* phase-contrast method
Phasenregel *f***/Gibbssche** Gibbs phase rule
Phasentrennung *f* phase separation
spinodale ~ spinodal phase separation
Phasenübergang *m* phase transformation (transition)
~ **vom ferroelektrischen zum paraelektrischen Zustand** ferroelectric-paraelectric phase transition
~ **zweiter Ordnung** second-order phase transition
Phasenumwandlung *f* phase transformation (transition)
~ **im festen Zustand** solid-state phase transformation
Phenolharz *n* phenolic [resin]
Phenolharzphase *f* **als Matrix** phenolic-resin matrix phase
Phenollack *m* phenol varnish
Phonon *n* phonon, lattice vibration
Phosphatieren *n* phosphate coating, phosphating
Phosphatschutzschicht *f* phosphate coating
Phosphid *n* phosphide
Phosphin *n (semic)* PH_3 phosphine
Phosphor *m* P phosphorus
Phosphorbronze *f* phosphor bronze
Phosphor(III)-chlorid *n (semic)* PCl_3 phosphorus(III) chloride
Phosphoreszenz *f (elopt)* phosphorescence
Photodetektor *m (semic)* photodetector
Photodiode *f* **mit Avalanche-Effekt** *(semic)* avalanche photodiode, APD
Photoelektron *n (semic)* photogenerated electron
Photoelektronenvervielfacher *m (semic)* photomultiplier
Photoelement *n (semic)* photovoltaic cell
Photoemission *f (semic)* photoemission
Photoempfindlichkeit *f (semic)* photoresponse
spektrale ~ spectral photoresponse
Photokatode *f (semic)* photocathode
Photolack *m (semic)* photoresist
Photoleitfähigkeit *f (semic)* photoconductivity
Photoleitfähigkeitsspektrum *n (semic)* photoconductivity spectrum
Photolumineszenz *f (elopt)* photoluminescence
Photometrie *f* photometric analysis
Photoresist *n (semic)* photoresist
Photoresist-Material *n (semic)* photoresist material
Photorezeptor *m* photoreceptor
photosensibel photosensitive
photosensibilisieren to photosensitize
Photosensibilität *f* photosensitivity
photosensitiv photosensitive
Photostrom *m (semic)* photocurrent
Photostrukturierung *f (semic)* photopatterning
Physik *f* **der Halbleiterbauelemente** semiconductor device physics
Piezoeffekt *m***/direkter** direct piezoelectric effect
Piezoelektrikum *n***/ferroelektrisches** ferroelectric piezoelectric
Piezoelektrizität *f* piezoelectricity
Piezowerkstoff *m* piezoelectric material
Pigment *n* pigment
leitendes ~ conductive pigment
organisches ~ organic pigment
Pilz *m* fungus *(pl* fungi*)*
Pilzbeständigkeit *f* resistance to fungal attack
pilztötend fungicidal
pinch-off-Punkt *m (semic)* point of pinch-off
Planardiffusion *f* planar diffusion
Planarleuchtdiode *f* planar LED
Planartechnologie *f (semic)* planar technology
Planartransistor *m* planar transistor
Planarwiderstand *m* planar resistor
Plasmaquelle *f* plasma source
Plasmaspritzbeschichten *n* plasma spray coating, plasma spraying
Plasmazerstäubung *f* [plasma] sputtering, *(esp. powd)* plasma atomization
Plasmon *n (semic)* plasmon *(collective oscillation of electrons)*
Plast *m s.* Kunststoff
plastifizieren to plasticize
Plastifizierung *f* plasticization, plastification
Plastifizierungsmittel *n* plasticizer
plastisch plastic
Plastiziermittel *n* plasticizer
Plastizität *f* plasticity
umwandlungsinduzierte ~ transformation-induced plasticity
Platin *n* Pt platinum
Platindraht *m***/isolierter** insulated platinum wire
Plättchen *n* platelet
Plattenmartensit *m* acicular martensite
plattieren to clad, to plate
Plattieren *n***/galvanisches** electroplating

Plattier[schutz]schicht *f*, **Plattierüberzug** *m* cladding
Platz *m (semic, cryst)* site
platzen to burst
p-leitend *(semic) p*-conducting, *p*-type, *p*-region
Plexiglas *n* plexiglass
PLZT[-Keramik *f*] *(elopt)* lead lanthanum zirconate titanate [ceramics], PLZT [ceramics]
pnp-Transistor *m (semic) p-n-p* transistor
pn-Übergang *m (semic) p-n* junction
idealer ~ ideal *p-n* junction
~ **zum Substrat/rückwärtiger** back-to-back *p-n* junction
pn-Übergang-Isolation *f (semic) p-n*-junction isolation
Pockels-Effekt *m (semic)* electro-optic (Pockels) effect
Pockels-Zelle *f (elopt)* electro-optic (light) modulator
Pol *m* terminal, pole
Polarachse *f* polar axis
Polarachsenebene *f* plane containing the polar axis
Polarisation *f* polarization
elektrische ~ electric[al] polarization
remanente ~ remanent polarization
spontane ~ spontaneons polarization
ursprüngliche gesamte spontane ~ original full spontaneous polarization
Polarisationsdiagramm *n* polarization diagram
Polarisationsebene *f (semic)* plane of polarization
Polarisationseffekt *m (noncond)* polarization effect
Polarisierbarkeit *f* polarizability
polarisieren to polarize
Polarisierung *f s.* Polarisation
Polarität *f* polarity
~ **eines Kristalls** crystal polarity
Polarkomponente *f (noncond)* polar component
Polen *n* poling
polen to pole
Polfläche *f* polar face
polierbar polishable
Polierbarkeit *f* polishability
polieren to polish
Polieren *n* polish
anodisches (elektrolytisches) ~ electropolishing, anodic brightening
mechanisches ~ mechanical polishing
Polyacetal *n* polyacetal
Polyacrylat *n s.* Polyakrylharz
Polyacrylnitril *n* polyacrylonitrile, PAN
Polyacrylnitrilfaser *f* polyacrylonitrile fibre, PAN fibre
Polyaddition *f* addition polymerization
Polyakrylharz *n* polyacrylate, acrylic resin
Polyallomer[es] *n* polyallomer
Polyamid *n* polyamide
Polyamidabkömmling *m* polyamide derivate
Polyäthylen *n s.* Polyethylen
Polyblend *n* polymer blend, polyblend
Polybutylen *n* polybutylene
Polycarbonat *n* polycarbonate
Polychlorbiphenyl *n* polychlorobiphenyl, polychlorinated biphenyl
Polychloropren *n* polychloroprene, chloroprene rubber, neoprene
Polychlortrifluorethylen *n* polychlorotrifluoroethylene
Polydomänenkristall *n* polydomain crystal
Polyester *m* polyester
Polyesterharz *n* polyester resin
Polyestermatrix *f* polyester resin matrix
Polyetherimid *n* polyetherimid
Polyethylen *n* polyethylene
chlorosulfoniertes ~ chlorosulphonated polyethylene
~ **hoher Dichte** high-density polyethylene, HDPE
vernetztes ~ crosslinked polyethylene, CLPE
Polyethylenterephthalat *f* polyethylene terephthalate
Polyethylentetrasulfid *f* polysulphide elastomer, PSE
Polyfluorcarbon *n (noncond)* fluorocarbon polymer
Polygonisierung *f* polygonization
Polyimid *n* polyimide
Polyisopren *n (noncond)* polyisoprene, isoprene rubber, IR
Polykondensat *n* polycondensate, condensation polymer
Polykondensation *f* condensation polymerization, polycondensation
Polykristall *m* polycrystal
polykristallin polycrystalline
Polykristallinität *f* polycrystallinity
polymer polymeric
Polymer[es] *n* polymer
eigenleitendes ~ intrinsically conductive polymer
flüssigkristallines ~ liquid crystal polymer, LCP
imidisiertes ~ imidized polymer
kristallines ~ crystalline polymer
temperaturbeständiges ~ heat-resistant polymer
vernetztes ~ crosslinked polymer
Polymerfaser *f*/**synthetische organische** *(noncond)* synthetic organic polymer fibre
Polymerfilm *m*/**metallisierter** metallized polymer film
Polymergemisch *n* polymer blend, polyblend
Polymerisat *n s.* Polymer
Polymerisatfolie *f* polymer film
verlustarme ~ low-loss polymer film
Polymerisatfolien-Dielektrikum *n*/**synthetisches** synthetic polymer-film dielectric

Polymerisation *f* polymerization
~ **an Ort und Stelle** in-situ polymerization
Polymerisationsmethode *f* polymerization method
polymerisieren to polymerize
Polymerisieren *n* polymerization
Polymerkette *f* polymer chain
Polymermatrix *f* polymer[ic] matrix
Polymermatrix-Kohlenstoff-Verbund *m* polymer matrix-carbon composite
Polymerwerkstoffe *mpl*/**faserverstärkte** *(comp)* fibre-reinforced plastics
polymorph polymorphic, polymorphous
Polymorphie *f* polymorphism
Polyolefine *f* polyolefin
Polypropylen *n* polypropylene
Polypropylenfolie *f* polypropylene film
Polypropylenmaterial *n* polypropylene material
Polysilizium *n (semic)* polycrystalline silicon, polysilicon
Polysiliziumstab *m* polysilicon rod
Polystyren *n*, **Polystyrol** *n* polystyrene
Polysulfidkautschuk *m* polysulphide elastomer (rubber)
Polysulfon *n* polysulphone
Polytetrafluorethylen *n* polytetrafluoroethylene
Polytyp *m*/**intermediärer** *(semic)* intermediate polytype
Polyurethan *n* polyurethane
Polyurethanelastomer[es] *n* polyurethane elastomer
Polyurethankautschuk *n* polyurethane rubber, PUR
Polyvinylacetat *f* polyvinyl acetate, formvar
Polyvinylbutyral *n* polyvinyl butyral
Polyvinylchlorid *n* polyvinyl chloride, PVC
Polyvinylfluorid *n* polyvinyl fluoride
Polyvinyliden[di]fluorid *n* $(CH_2CF_2)_n$ polyvinylidene fluoride, PVF_2
Pore *f* pore, void; pinhole *(esp. in coatings)*
geschlossene ~ closed pore
Porenabstand *m* pore spacing
Porenbildung *f* pore formation
porenfrei non-porous
Porenfreiheit *f* absence of porosity
Porengröße *f* pore size
durchschnittliche ~ average pore size
Porennetz *n*/**verzweigtes** *(powd)* interconnected porosity
Porenreifen *n* pore ripening
Porenschrumpfen *n* pore shrinkage
Porenvergröberung *f* pore coarsening
Porenwachstumsgeschwindigkeit *f* void-growth rate
Porenziehen *n* pore drag
porig porous
Porigkeit *f s.* Porosität
porös porous
Porosität *f* porosity
interdendritische ~ interdendritic porosity
scheinbare ~ apparent porosity
Portlandzement *m* portland cement
Porzellan *n* porcelain
Positronenauslöschung *f* positron annihilation
Potential *n* potential
chemisches ~ *(semic)* chemical potential, Fermi energy
elektrisches ~ electric potential
thermodynamisches ~ thermodynamic potential, Gibbs free energy, Gibbs function
Potentialkasten *m*/**dreieckförmiger** *(semic)* triangular-shaped potential well
Potentialwall *m (semic)* potential barrier (wall)
Potentiometer *n* potentiometer
potentiostatisch potentiostatic
PP *n* polypropylene
präexistieren to pre-exist
präexistierend pre-existent
Prägefolie *f* embossed foil
prägen to stamp; to coin; to punch
Präzisionsglimmerkondensator *m* precision mica capacitor
Präzisionsguß *m* precision (investment) casting
Präzisionsthermometrie *f* precision thermometry
Prepreg *n (comp)* prepreg, preimpregnated material
Preßbarkeit *f* compactability
pressen to press
Preßform *f* pressing die; *(for plastics:)* [pressing] mould
Preßgehäuse *n* moulded housing
mehrpoliges ~ multipin moulded housing
Preßling *m (powd)* compact
Preßlingshomogenität *f (powd)* compact homogeneity
Pressmasse *f* moulding compound
pulvrige ~ moulding powder
Preßpappe *f* pressboard
Preßsintern *n (powd)* hot pressing
Preßspan *m* pressboard
Preßspritzen *n* [resin] transfer moulding
Preßstempel *m* plunger
Preßstoff *m* laminate
Preßteil *n (powd)* compact
Preßverformung *f (powd)* die compaction
Preßwerkzeug *n* die
Primärbindung *f* primary bond
Primärkristallisation *f* primary crystallization
Probe *f* specimen, test piece, *(esp. if not yet shaped and randomly collected:)* sample
ungekerbte ~ unnotched specimen
vorgekerbte ~ pre-notched specimen
Probeabguß *m* test casting
Probeblech *n* test panel
Probeguß *m* sample casting
Probekörper *m* [test] specimen, test piece (*for compounds s.* Probe)
Probenempfindlichkeit *f* sample sensitivity
Probenform *f* specimen shape

Probengenauigkeit *f* sample precision
Probengeometrie *f* specimen geometry
Probengießen *n* sample casting
Probengröße *f* sample size
Probenhomogenität *f* sample homogeneousness
Probenorientierung *f*/**kristallographische** crystallographic orientation of specimen
Probenumfang *m* sample size
Probenverunreinigung *f* contamination of the specimen
Probeplatte *f* test panel
Probestück *n* sample, *(metallography also)* coupon *(for preparing test specimens)*
Probetafel *f* test panel
Probiermethode *f* trial-and-error procedure
Produkt *n*/**endformnahes** near-net shape product
heißbearbeitetes ~ hot-worked product
Produkteigenschaften *fpl* product properties
Produktentwicklung *f* product development
Produkthomogenität *f* product homogeneity
Produktinnovation *f* product innovation
Produktion *f* 1. *(per unit time)* production; 2. *(know-how)* manufacture
Produktionsgeschwindigkeit *f* production speed (rate)
Produktionskapazität *f* productive capacity
Produktionsleistung *f* production efficiency
Produktionsprozeß *m*/**mehrstufiger** multi-stage production process
Produktivität *f* productivity
Produktleistung *f* product performance
Produktverbesserung *f* product improvement
profilieren to profile
Projektionsrichtung *f* direction of projection
Proportionalitätsgrenze *f* proportional limit
Protonenstreifenbeschuß *m (semic)* proton-stripe bombardment
Prototyp *m* prototype
Prozentdehnung *f* percentage elongation
Prozeß *m*/**hochenergetischer** high-energy process
molekularer ~ molecular process
niedrigenergetischer ~ low-energy process
strahlungsloser ~ *(semic)* non-radiative process
thermisch aktivierter ~ thermally activated process
zeitabhängiger ~ time-dependent process
prozeßabhängig process-dependent
Prozeßdiagramm *n*/**schematisches** schematic diagram of process
Prüfbedingungen *fpl* test conditions
Prüfblech *n* test panel
Prüfempfindlichkeit *f* test sensitivity
prüfen to check, *(using standardized methods)* to test
Prüfer *m* checker, *(using standardized methods)* tester
Prüfergebnis *n* test result
Prüfkörper *m* test piece
Prüfmedium *n* test medium
Prüfmethode *f* test method
dielektrische ~ dielectric test method
Prüfstab *m*/**im Trockensand geformter** dry-sand moulded test bar
Prüfstand *m* test bench
Prüfstandversuch *m* bench test
Prüfung *f* check, *(using standardized methods)* test[ing]
beschleunigte ~ accelerated testing
elektromagnetische ~ elektromagnetic testing
mechanische ~ mechanical testing (test)
visuelle ~ visual examination (inspection)
zerstörende ~ destructive testing
zerstörungsfreie ~ non-destructive testing, NDT
Prüfverfahren *n* test[ing] method
Prüfvorschrift *f* specification
PS *n* polystyrene
Pseudopotentialkalkül *n*/**selbstkonsistentes** *(semic)* self-consistent pseudopotential calculation
PTC-Bereich *m* PTC region
PTC-Schalterwerkstoff *m* PTC switching material
PTC-Schaltthermistor *m* PTC switching thermistor
PTC-Sensorwerkstoff *m* PTC sensor material
PTC-Sprungtemperatur *f* PTC switching temperature
PTC-Thermistor *m*/**selbsterhitzter** self-heated PTC thermistor
PTC-Übertemperaturfühler *m* PTC over-temperature sensor
PTC-Werkstoff *m* PTC material
PTFE polytetrafluoroethylene
Pufferschicht *n*/**hochohmige** *(semic)* high-resistivity buffer layer
Pulsmethode *f*, **Pulsverfahren** *n* pulse technique
Pultrusion *f (comp)* pultrusion
Pulver *n* powder
chemisch abgeschiedenes ~ chemically precipitated powder
dendritisches ~ dendritic powder
elektrolytisch hergestelltes ~ electrolytic powder
explosivverdichtetes ~ explosively-consolidated powder
granuliertes ~ granular powder
grobkörniges ~ coarse-grained powder
kugelförmiges ~ nodular powder
nadeliges ~ acicular powder
polydisperses ~ polydisperse powder
schwammartiges ~ spongy (sponge-like) powder
technisches ~ industrial powder
ultrafeines ~ ultrafine powder
verdüstes ~ atomized powder
vorlegiertes ~ prealloyed powder
wasserstoffreduziertes *(powd)* hydrogen reduced powder

Pulveraufkohlen *n* pack carburizing
pulveraufkohlen to pack-carburize
Pulverbeschichten *n* powder coating
Pulverdurchgang *m (powd)* minus sieve *(the position of a powder sample which passes through a sieve of specified mesh)*
Pulverelektrolumineszenz-Bauelement *n (elopt)* powder electroluminescence (EL) device, powder[-based] device
Pulverfließgeschwindigkeit *f (powd)* powder flow rate
Pulverfließverhalten *n* powder flow
Pulvergemisch *n* powder mixture (blend)
Pulverherstellung *f* **durch Schnellabkühlung** rapid solidification powder fabrication
mechanische ~ mechanical powder fabrication
pulverisieren to pulverize, to [reduce to] powder
Pulverkern *m (magn)* powder core
weichmagnetischer ~ magnetic metal powder core
Pulverkörper *m*, **Pulverkuchen** *m (powd)* cake
Pulvermetall *n* powder metal
Pulvermetallurgie *f* powder metallurgy, P/M
pulvermetallurgisch powder-metallurgical
Pulvermischung *f* powder mixture (blend)
Pulvernitrieren *n* powder nitriding
Pulver-Prepreg *n (comp)* powder prepreg
Pulverpreßkörper *m (powd)* compact
Pulverrückstand *m* **bei Siebanalyse** *(powd)* plus sieve (mesh)
Pulverschrumpfung *f (powd)* powder shrinkage
Pulvertechnologie *f* powder technology
Pulverteilchengrößenbestimmung *f* particle sizing (size analysis)
Pulververdichtung *f (powd)* powder compaction
Pulverwalzen *n* powder rolling
pulverzementieren to pack-carburize
Pulverzementieren *n* pack carburizing
Pulverzustand *m* powder state
Pumpe *f* pump
pumpen to pump
pumpbar, pumpfähig pumpable
Punkt *m*/**eutektischer** eutectic point
kritischer ~ critical point
Punktauflösung *f (semic)* point resolution
Punktdefekt *m*, **Punktfehler** *m s.* Punktstörstelle
Punktgruppe *f*/**dreidimensionale** three-dimensional class
nichtzentrosymmetrische ~ non-centrosymmetric point group
Punktspannungskriterium *n* point stress criterion, PSC
Punktstörstelle *f*, **Punktstörung** *f (cryst)* point defect (obstacle)
~ **der Muttersubstanz** *(semic)* native point defect
PUR PUR, polyurethane
Push-out-Versuch *m* push-out test
Putzmaschine *f* cleaner
PVAC PVAC, polyvinyl acetate
PVB PVB, polyvinyl butyral
PVD-Verfahren *n* physical vapour deposition, PVD
Pyrochlor *n* pyrochlor *(containing Nb and Ta)*
Pyroelektrikum *n* pyroelectric material
Pyroelektrizität *f*/**falsche (tertiäre)** tertiary (false) pyroelectricity
Pyrolyse *f* pyrolysis, pyrolytic decomposition
Pyrolysetemperatur *f* pyrolysis temperature
pyrophor pyrophoric
Pyrovidicon *n* pyroelectric vidicon tube, vidicon
PZT-Keramik *f* lead zirconate titanate ceramics, PZT

Q

Quadrupolmassenspektrometer *n (semic)* quadrupole mass spectrometer
Qualität *f* quality
minderwertige ~ inferior quality
Qualitätsguß *m* quality casting
Qualitätskontrolle *f* quality control (assessment, inspection)
rechnergestützte ~ computer-aided quality control, CAQ
Qualitätsprüfung *f* quality test
Qualitätssicherung *f* quality assurance
Quantenausbeute *f (semic)* quantum efficiency
äußere ~ *(semic)* external quantum efficiency
Quanten-Halleffekt *m (semic)* quantum Hall effect
Quanteninterferenzdetektor *m*/**supraleitender** superconducting quantum interference detector, SQUID
Quantenmulde *f (semic)* quantum well
Quantenmuldenlaser *m (semic)* quantum well laser
Quantenphasenkopplung *f* quantum phase coupling
Quantentunnelung *f* quantum tunneling
Quarz *m* SiO_2 quartz
Quarzglas *n* quartz glass, vitreous silica
Quarzgut *n* fused silica
Quarzuhr *f* crystal-controlled clock
quasiamorph quasiamorphous
quasi-konstant quasi-static
Quasi-Temperaturunabhängigkeit *f* **des Widerstandes** near-constant temperature dependence of resistance
quaternär quaternary
Quecksilberporosometrie *f* mercury porosimetry
quellbeständig resistant to swelling
Quellbeständigkeit *f* resistance to swelling
Quelle *f*/**radioaktive** radioactive source
quellen to swell
Quellfestigkeit *f s.* Quellbeständigkeit
Quellung *f* swelling
Quellungsgrad *m* degree of swelling
Quellungsmittel *n* swelling agent

Querbruchfestigkeit *f* transverse strength
Querdehnung *f* lateral strain
quergleiten to cross-slip
Quergleiten *n* cross slip
Quergleithäufigkeit *f* cross-slip frequency
Quergleitlinie *f* cross-slip line
Querkontraktion *f* lateral shrinkage (strain)
Querkontraktionskoeffizient *m*, **Querkontraktionszahl** *f* Poisson ratio
Querleitfähigkeit *f*/**ionische** ionic shunt conductance
Quermodulator *m (elopt)* transverse modulator
Querrichtung *f* transverse direction
Querriß *m* transverse crack
Querrißbildung *f* transverse cracking
Querschnitt *m* cross section
Querschnittsfläche *f* cross-sectional area
Querschnittsverringerung *f* reduction of cross section
Querschub *m* transverse shear
Querschubmodul *m* transverse shear modulus
Querzahl *f* Poisson ratio
Querzugfestigkeit *f* transverse tensile strength

R

Radialspannung *f* radial stress
Radikalmechanismus *m* free-radical mechanism
Radiographie *f* radiography
Radioisotop *n* radioactive isotope
Raffination *f* purification, refining, refinement
RAM *m* random-access memory, RAM
Raman-Spektroskopie *f* Raman spectroscopy
Raman-Spektrum *n* Raman spectrum
Raman-Untersuchung *f* Raman study
Randdelamination *f* edge delamination
Randhärte *f (mech)* case hardness
Randhärten *n (mech)* case hardening
Randriß *m* edge crack
Randschicht *f* surface layer
  aufgekohlte (gehärtete) ~ *(mech)* case
randschichtgehärtet case-hardened
Randschichthärten *n (mech)* case hardening
Rasterdurchstrahlungselektronenmikroskop *n* scanning transmission electron microscope, STEM
Rasterdurchstrahlungselektronenmikroskopie *f* scanning transmisssion electron microscopy
Rasterelektronenmikroskop *n* scanning electron microscope
Rasterelektronenmikroskopie *f* scanning electron microscopy, SEM
Rastlinie *f (mech)* beach mark *(fatigue fracture)*
Rastlinienbildung *f (mech)* beach marking *(fatigue fracture)*
Rauchemission *f* smoke emission
rauh rough
Rauhigkeit *f* roughness
  mikroskopische ~ microroughness
Raumdehnung *f* volume strain
Raumdichte *f* density
Raumgruppe *f (semic)* space group
  hexagonale ~ hexagonal space group
  kubische ~ cubic space group
  orthorhombische ~ orthorhombic space group
Raumladung *f (semic)* space charge
Raumladungssperrschicht *f* space-charge barrier layer
Raumladungsstreuen *n (semic)* space-charge scattering
räumlich 1. spatial; 2. *(cryst)* cubic[al]; three-dimensional
Raumtemperatur *f* room temperature
raumzentriert *(cryst)* body-centred, space-centred
  tetragonal ~ *(cryst)* body-centred tetragonal, b.c.t.
Raumzentrum *n* body centre
rauscharm *(semic)* low-noise
Rauschen *n (semic)* noise
Rauschpegel *m* noise level
reagieren to react
  chemisch ~ to react, to undergo chemical reaction
  chemisch nicht ~ **mit** to be chemically unreactive towards
Reaktanz *f* reactance
Reaktion *f* reaction • **zur** ~ **bringen** to react
  komplexbildende ~ *(semic)* complexing reaction
  peritektoide ~ peritectoid reaction
  vorzeitige ~ premature reaction
  zerstörende chemische ~ destructive chemical reaction
  zerstörende elektrochemische ~ destructive electrochemical reaction
Reaktionsbedingung *f* reaction condition
reaktionsfähig reactive
Reaktionsfähigkeit *f* reactivity
  chemische ~ chemical reactivity
Reaktionsfreudigkeit *f* reactivity
Reaktionsgeschwindigkeit *f* reaction rate
Reaktionskinetik *f* reaction kinetics
Reaktionsmahlen *n* reaction milling
Reaktionsmechanismus *m* reaction mechanism
Reaktionsschaumguß *m* reinforced reaction injection moulding, RRIM
Reaktionsschicht *f* reaction layer
Reaktionssintern *n (powd)* reactive sintering
Reaktionstiefe *f* reaction depth
Reaktionsvermögen *n* reactivity
reaktiv reactive
Reaktivität *f* reactivity
Realstruktur *f* defect structure
reaustenitisieren to reaustenitize
rechneroptimiert computer-optimized
Rechnerprogrammpaket *n* computer package
Rechnung *f* calculation

Reckalterung *f* strain[-induced] ageing
recken to stretch *(Zug, Druck)*; to strain *(Zug)*; to draw *(ziehen)*
Reckspannung *f* stretcher strain
recyceln to recycle
Recyceln *n* recycling
~ **im geschlossen Kreislauf** closed-loop recycling
Reduktion *f* reduction, deoxidation
Reduktionsmittel *n* reducing (deoxidizing) agent, deoxidant, deoxidizer
Reduktionsverfahren *n* reduction process
reduzieren to reduce, to deoxidize
katodisch ~ to reduce cathodically
Reed-Kontakt *m*, **Reed-Schalter** *m* *(magn)* reed [electrical] contact
Reflektor *m*/**Braggscher** Bragg reflector
Reflexion *f*/**diffuse** *(elopt)* diffuse reflection
Reflexionsgrad *m*/**äußerer** *(semic)* external reflectivity
Reflexionsoberfläche *f* reflecting surface
Reflexionstechnik *f* reflection technique
Reflexionsvermögen *n* *(semic)* reflectivity
Refraktaroxid *n* refractory oxide
Refraktion *f* refraction
Regel *f*/**Matthiessensche** *(semic)* Mathiessen's rule
Vegardsche ~ *(semic)* Vegard's law
Regelwiderstand *m* rheostat
Regelwidrigkeit *f* anomaly
Regeneration *f* recovery
Regenerationshalbleiterspeicher *m* volatile semiconductor memory
Regenerativgummi *m* reclaimed rubber
Regenerierung *f* recovery
Regressionsanalyse *f* regression analysis
Reibermüdung *f* fretting fatigue
Reibfaktor *m s.* Reibungskoeffizient
Reibkorrosion *f* fretting corrosion
Reibkraft *f* friction[al] force
Reiboxidation *f* fretting corrosion
Reibpolymer *n* frictional polymer
Reibschweißen *n* friction welding
Reibspannung *f* friction stress
Reibung *f* friction
gleitende ~ sliding friction
innere ~ internal friction
~ **zwischen den Teilchen** interparticle friction
Reibungsfaktor *m s.* Reibungskoeffizient
Reibungskoeffizient *m* friction coefficient
kinetischer ~ kinetic coefficient of friction, coefficient of kinetic friction
statischer ~ static coefficient of friction, coefficient of static friction
Reibungskraft *f* friction[al] force
Reibungsschweißen *n* friction welding
Reibungsverlust *m* frictional loss
reibungsvermindernd friction-reducing
Reibungsverschleiß *m* abrasion
Reibungswiderstand *m* friction resistance
Reifenkord *m* tyre cord
Reihe/in in series
Reihenfolge *f* sequence
Reihenschaltung *f* series connection
rein 1. pure *(material)*; unalloyed *(steel)*; 2. clean *(surface)*
sehr ~ high-purity
technisch ~ technical, commercially pure
Reinaluminium *n* pure aluminium
Reindarstellung *f* preparation in pure form, purification
Reinheit *f* 1. purity *(of a material)*; 2. cleanness *(of a surface)* • **von handelsüblicher** ~ commercially pure
ultrahohe ~ extremely high purity
Reinheitsgrad *m* degree of purity
reinigen 1. to purify *(materials)*; to refine *(esp. metals)*; 2. to clean[se] *(surfaces)*
Reiniger *m s.* Reinigungsmittel
Reinigung *f* 1. purification *(of materials)*; refining, refinement *(esp. of metals)*; 2. clean[s]ing *(of surfaces)*
Reinigungskraft *f* detergency
Reinigungsmittel *n* cleaner, detergent
Reinigungsvermögen *n* detergency
Reinkupfer *n* pure copper
Reinmetall *m* *(cond)* pure metal
Reinnickel *n* pure nickel
Reinstaluminium *n* super-purity (high-purity) aluminium
Reinstwasserstoff *m* high-purity hydrogen
Reinwasser *n* clean water
reißen to crack; to craze *(forming small cracks)*; to break, to rupture, to tear
Reißfestigkeit *f* tearing (tear) resistance (strength); rupture strength *(in the tensile test)*
Rekaleszenz *f* recalescence
Rekombination *f*/**direkte** *(semic)* direct recombination
strahlende ~ *(semic)* radiative recombination
strahlungslose ~ *(semic)* non-radiative recombination
Rekombinationsbereich *m*/**indirekter** *(semic)* indirect recombination range
Rekombinationskoeffizient *m* recombination coefficient
Rekombinationsniveau *n*/**tiefes nichtstrahlendes** *(semic)* deep non-radiative recombination level
Rekombinationswahrscheinlichkeit *f* *(elopt)* recombination probability
Rekombinationszentrum *n* *(semic)* recombination centre
rekombinieren/strahlend *(elopt)* to recombine radiatively
rekonstruieren to reconstruct, to remodel
Rekonstruktion *f* reconstruction
Rekristallisation *f* recrystallization

dynamische ~ dynamic recrystallization
gerichtete ~ directional recrystallisation
teilweise ~ partial recrystallization
verformungsinduzierte ~ deformation-induced recrystallization
Rekristallisationsgefüge *n* recrystallization structure
Rekristallisationsgeschwindigkeit *f* recrystallization rate
Rekristallisationsglühen *n* recrystallization annealing
Rekristallisationskinetik *f* recrystallization kinetics
Rekristallisationskorngröße *f* recrystallized grain size
Rekristallisationsregime *n* recrystallization regime
Rekristallisationstemperatur *f* recrystallization temperature
Rekristallisationstextur *f* recrystallization texture
Rekristallisationsverhalten *n* recrystallization behaviour
Rekristallisationszwilling *m* recrystallization twin
Rekristallisationszwillingsbildung *f* recrystallization twinning
rekristallisieren to recrystallize
Relaxation *f* relaxation
~ **der Polarisation** polarization relaxation
elastische ~ elastic relaxation
thermische ~ thermal relaxation
thermodynamische ~ thermodynamic relaxation
thermoelastische ~ thermoelastic relaxation
Relaxationsverlust *m* relaxation loss
Relaxationszeit *f* relaxation time
relaxieren to relax
REM (Rasterelektronenmikroskopie) scanning electron microscopy, SEM
Remanenz *f* remanence
Reparaturkosten *pl* cost of repairs
Repassivierung *f* repassivation
reproduzierbar reproducible
Reproduzierbarkeit *f* reproducibility
Reserveleistung *f* standby power
Resist *n* resist; photoresist
resistent resistant • ~ **sein** to withstand
Resistenz *f* resistance
Resistivität *f (magn)* [electric] resistivity
Resonanz *f* resonance
kernmagnetische ~ nuclear magnetic resonance
scharfe ~ *(semic)* sharp resonance
Resonanzdurchtunnelungs-Bauelement *n (semic)* resonant tunneling device
Resonanz-Empfindlichkeits-Kurve *f* resonance response curve
Resonanzfrequenz *f* resonance frequency
Resonanzkreisanwendung *f* resonant-circuit application
Resonanzprüfung *f* resonance testing
Resonator *m* **hoher Güte** *(semic)* high-Q resonator
quarzgesteuerter ~ quartz-crystal resonator
Resonatorstruktur *f (semic)* resonator structure
Restaustenit *m* retained austenite
Restferrit *m* retained ferrite
Restlebensdauer *f* remanent life
Restlebensdauerabschätzung *f* remanent life assessment
restlich residual, remaining
Restmagnetisierung *f* remanence
Restporosität *f* residual porosity
Restspannungszustand *m* residual stress state
Restspannung *f* residual (internal, initial) stress
Retortenverfahren *n* distillation process
reversibel reversible
Reversibilität *f* reversibility
Rezeptur *f* recipe
RFA (Röntgenfluoreszenzanalyse) X-ray fluorescence analysis
Rheostat *m* rheostat
Rhodium *n* Rh rhodium
Richardson-Konstante *f* A* *(semic)* effective Richardson constant
richten/parallel to collimate
Richtigkeit *f* accuracy
Richtlinie *f* guide
Richtung *f***/absolute** absolute sense
~ **der Polarachse** polar axis direction
~ **der spontanen Polarisierung** spontaneous polarization direction
~ **eines Lichtstrahls** direction of a light beam
senkrechte ~ perpendicular direction
richtungsabhängig anisotropic *(material property)*
Richtungsabhängigkeit *f* 1. anisotropy *(of material properties)*; 2. directionality
richtungsunabhängig isotropic *(material property)*
Richtungsunabhängigkeit *f* isotropy *(of material properties)*
Riefe *f* groove
riefen to corrugate
Riefung *f* corrugation
Rieselfähigkeit *f* flowability
riffeln to corrugate
Riffelung *f* corrugation
Ringoszillator *m (semic)* ring oscillator
Ringspannung *f* hoop stress
Ringstauchversuch *m* ring upsetting test
Ringstruktur *f* ring structure
Riß *m* crack, fissure
ebener ~ plane crack
flacher ~ shallow crack
keilförmiger ~ wedge crack
peripherer ~ circumferential crack
subkritischer ~ subcritical crack
Rißablenkung *f* crack deflection
Rißablenkungsverfestigung *f* crack deflection toughening
Rißabstumpfung *f* crack blunting (stopping)
rißanfällig susceptible to cracking
Rißanfälligkeit *f* susceptibility to cracking

rißartig cracklike
Rißauffangen *n* crack arrest
Rißauffangtemperatur *f* crack arrest temperature
Rißaufweitung *f* crack opening displacement
Rißausbreitung *f* crack propagation (extension, advance)
instabile ~ unstable crack extension
stabile ~ stable crack extension
Rißausbreitungsbeständigkeit *f* crack propagation resistance
Rißausbreitungskriterium *n* fast-fracture condition
Rißausbreitungswiderstand *m* crack propagation resistance
Rißauslösung *f* crack initiation (nucleation)
~ **bei Wiedererwärmung** reheating crack
Rißauslösungstemperatur *f* crack initiation temperature
Rißbeginn *m* crack start
Rißbegrenzer *m* crack stopper
rißbeständig resistant to cracking
Rißbeständigkeit *f* resistance to cracking
Rißbildung *f* cracking
~ **beim Spannungsarmglühen** stress-relief cracking
~ **durch Wasserstoff** hydrogen cracking
~ **in der Wärmeeinflußzone** heat-affected zone cracking
~ **infolge Wasserstoffsprödigkeit** hydrogen cracking
~ **innerhalb der Teilchen** intraparticle cracking
wasserstoffinduzierte ~ hydrogen-induced cracking
Rißbildungsmechanismus *m* cracking mechanism
Rißeindringverfahren *n* crack impregnation *(material testing)*
Rißeinheitsfläche *f* unit area of crack
rißempfindlich crack-sensitive
Rißempfindlichkeit *f* crack sensitivity
Rißende *n s.* Rißspitze
Rißerweiterung *f* crack extension
gleichmäßige ~ stable crack extension
Rißform *f* crack morphology
Rißfortpflanzung *f* crack propagation (advance)
Rißfront *f* crack front
Rißgebiet *n* crack zone
Rißgeometrie *f* crack geometry
Rißgeschwindigkeit *f* crack speed (velocity)
Rißgestalt *f* crack morphology
rissig cracked, flawy • ~ **werden** to crack
Rissigkeit *f* crackedness
Rissigwerden *n* cracking
Rißkeimbildung *f s.* Rißauslösung
Rißlänge *f* crack length
~ **beim Rißdurchtritt** length of the crack across the whole component
kritische ~ critical (final) crack length
Rißneigung *f* tendency to crack
Rißöffnung *f* crack opening
Rißöffnungsverschiebung *f* crack opening displacement
Rißprüfung *f* crack detection
Rißrichtung *f* crack direction
Rißschließen *n* crack closure
Rißspitze *f* crack tip, tip of the crack
Rißspitzenöffnungsverschiebung *f* crack tip opening displacement
Rißspur-Delaminierung *f (comp)* crack-wake debonding
Rißstopp *m* crack arrest
Rißtoleranz *f* crack tolerance
Rißverlauf *m* crack route
Rißverzweigung *f* crack branching
Rißwachstum *n* crack growth
stabiles ~ stable crack growth
Rißwachstumsrate *f* crack growth rate
Rißwachstumszähigkeit *f* crack-growth toughness
Rißwiderstand *m* crack growth resistance
Griffithscher ~ Griffith crack growth resistance
Rißzähigkeit *f* fracture toughness
ritzen to scratch
Ritzhärte *f* scratch hardness
Ritzhärteprüfung *f* scratch-hardness test
Ritzprüfung *f* scratch test
Rochelle-elektrisch Rochelle-electric
Rochellesalz *n* $NaKC_4H_4O_6 \cdot 4H_2O$ Rochelle (Seignette) salt, sodium potassium tartrate 4-water
Rockwellhärte *f* Rockwell hardness
~ **A** Rockwell A *(determined with steel ball)*
~ **B** Rockwell B *(determined with conical diamond)*
Rockwellhärteprüfer *m* Rockwell (superficial-hardness) tester, superficial Rockwell tester
Rockwellhärteprüfung *f* Rockwell hardness test
Rohblock *m (mech)* ingot, bloom
Rohdichte *f (mech)* bulk (apparent) density
Roheisen *n* pig iron
meliertes ~ mottled pig iron
Roheisenproduktion *f* pig iron production
Rohkautschuk *m* crude rubber
Rohling *m* blank
Rohr *n* tube, pipe
dünnwandiges ~ thin-walled tube
Röhrenofen *m (semic)* tube furnace
Röhrenvoltmeter *n* vacuum-tube voltmeter, electronic voltmeter
~ **mit Spitzenwertanzeige** *(noncond)* electronic peak-reading voltmeter
Rohrleitung *f* pipe
Rohstahl *m (mech)* crude steel
Rohstoff *m* raw material
Rohstoffvorräte *mpl* resources
Rohteil *n* blank
Rohvolumen *n* bulk volume
Rollreibung *f* rolling friction
Röntgenanalyse *f* X-ray analysis

energiedispersive ~ energy-dispersive X-ray analysis, EDX
Röntgenaufnahme *f* radiograph • **eine ~ anfertigen** to x-ray
Röntgenbeugung *f* X-ray diffraction, XRD
Röntgenfluoreszenz *f* X-ray fluorescence
Röntgenfluoreszenzanalyse *f* X-ray fluorescence analysis
Röntgenfotografie *f s.* Röntgenographie
Röntgenographie *f* X-ray photography, radiography
dreidimensionale ~ three-dimensional radiography
Röntgenprüfung *f* X-ray examination
Röntgenstrahlanalyse *f* X-ray analysis
Röntgenstrahlbeugung *f* X-ray diffraction
Röntgenstrahlung *f* X-ray radiation
Röntgenstrukturanalyse *f* X-ray analysis
Röntgentopographie *f* X-ray topography
Rosettengraphit *m* rosette graphite
Rost *m* rust
rostbeständig rust-resistant
Rostbeständigkeit *f* rust[ing] resistance
rosten to rust
rösten to roast, to calcine
Rösten *n* roasting, calcination
rostfrei rust-free
Rostinhibitor *m* rust inhibitor
Rostpenetriermittel *n* penetrating primer, penetrant
rostschützend rust-protective, rust-inhibitive
Rostschutzmittel *n* rust-protective compound
Röstung *f* roasting, calcination
Rotationsguß *m* centrifugal casting process
rotbrüchig red-short
Rotbrüchigkeit *f* red shortness
Rotgluthärte *f* red hardness
Rotorverfahren *n* rotor process
Rotwarmhärte *f* red hardness
Routineanwendung *f* routine application
Routineprüfung *f* routine testing
Roving *m (comp)* roving *(bundle of fibres slightly twisted)*
RSG (Reaktionsschaumguß) reinforced reaction injection moulding, RRIM
rückfedernd resilient, springy
rückgewinnbar recoverable, recyclable
Rückgewinnbarkeit *f* recoverability, recyclability
rückgewinnen to recover, to recycle
Rückgleiten *n* reversed slip
Rückkopplung *f*/**elektronische** electronic feedback
Rückprall *m* rebound
Rücksprunghärte *f* rebound hardness
Rücksprunghärteprüfung *f* **nach Shore** Shore scleroscope hardness test
Rückstand *m* residue
Rückstandsanalyse *f* sedimentation analysis
Rückstellung *f* resetting
Rückstreukammer *f* back-reflection camera
Rückstreuung *f* backscattering
Rückumwandlung *f (semic)* reverse transition
Rückverformung *f* recovery
Ruheleistung *f* standby power
Ruhemasse *f (semic)* rest mass
Ruhezustand *m (elopt)* quiescent state
Rumpfband *n*/**überlappendes** *(semic)* overlapping bulk band
rundhämmern to swage
Ruß *m* soot, [carbon] black
rußhaltig sooty
rußig sooty • **~ werden** to soot
Rutheniumoxid *n* ruthenium oxide
Rutschen *n* slip, gliding
rütteln to vibrate, to shake
Rütteln *n* vibration, shaking
Rüttelverdichtung *f (powd)* dynamic (vibrational) compaction

S

Salpetersäure *f* nitric acid
Salzbadabschrecken *n (mech)* brine quenching
Salzbadaufkohlen *n* salt bath carburizing
Salzbadnitrieren *n* salt bath nitriding
salzbeständig resistant to salt[s]
Salzbeständigkeit *f* resistance to salt
Salznebel *m* salt spray
Salzwasser *n* salt water
salzwasserbeständig resistant to salt water
Salzwasserbeständigkeit *f* resistance to salt water
sammeln to collect
Sand *m* sand
Sandguß *m* sand casting
Sandgußmaterial *n* sand-casting material
Sandgußstück *n* sand casting
Sandwichbauweise *f* sandwich construction
Sandwichstruktur *f* sandwich structure
Sandwichwerkstoffe *mpl* sandwich materials
Saphir *m* sapphire
Saphirfaser *f* sapphire fibre
Saphirsubstrat *n (semic)* sapphire substrate
sättigen to saturate
Sättigung *f* saturation
magnetische ~ magnetic saturation
~ **mit Sauerstoff** oxygenation
Sättigungsbereich *m* saturation region
Sättigungsdampfdruck *m* saturation vapour pressure
Sättigungsdichte *f* saturation density
Sättigungsdruck *m* saturation vapour pressure
Sättigungsgeschwindigkeit *f* saturation velocity
Sättigungsgrad *m* degree of saturation
Sättigungskoeffizient *m* saturation coefficient
Sättigungslöslichkeit *f* saturation solubility
Sättigungsmodus *m (semic)* saturation mode

Sättigungsmoment *n* saturation moment
Sättigungspolarisation *f (magn)* saturation polarization
Sättigungsspannung *f (semic)* saturation voltage
Sättigungsstromdichte *f* saturation current density
Sättigungswert *m* saturation value
Satz *m* 1. batch, charging stock; 2. sediment, bottoms
sauber clean
Sauberkeit *f* cleanliness, cleanness
Säubern *n* clean[s]ing
säubern to clean[se]
sauer acidic
Sauerstoff *m* O oxygen
  gelöster ~ dissolved oxygen
Sauerstoffangriff *m* oxygen attack
Sauerstoffaufblasverfahren *n (mech)* basic oxygen [converter] process
Sauerstoffaufnahme *f* oxygen adsorption
Sauerstoff-Blasstahlverfahren *n s.* Sauerstoffaufblasverfahren
Sauerstoffdiffusion *f* oxygen diffusion
Sauerstoffentwicklung *f* evolution of oxygen
sauerstofffrei oxygen-free
Sauerstoff-Frischverfahren *n s.* Sauerstoffaufblasverfahren
Sauerstoffgegenwart *f* presence of oxygen
Sauerstoffgehalt *m* oxygen content
Sauerstoff-Index *m (plast)* oxygen index
Sauerstofflanze *f* oxygen lance
Sauerstoffschicht *f* oxygen layer
Sauerstoffverarmung *f* oxygen exhaustion
Sauerstoffverbrauch *m* oxygen consumption
sauerstoffverzehrend oxygen-consuming
Sauerstoffzutritt *m* access of oxygen, oxygen access
Säure *f* acid
  verdünnte ~ dilute acid
säurebeständig acid-resistant, acidproof
Säurebeständigkeit *f* acid resistance
säurefest *s.* säurebeständig
säurehaltig acidic
Säurekorrosion *f* acid corrosion
Säurepolieren *n* acid polishing
säureresistent *s.* säurebeständig
SBR styrene-butadiene rubber, SBR
scannen to scan
Schaber *m* scraper
Schaden *m* damage
  kumulativer ~ cumulative damage
  spannungsinduzierter ~ stress-induced damage
Schadensakkumulation *f* damage accumulation
Schadensausmaß *n* extent of damage
Schadensbereich *m* damage zone
Schadenseinschätzung *f* damage assessment
Schadenskunde *f* damage analysis
schadenstolerant damage-tolerant
Schadenstoleranz *f* damage tolerance
Schadensumfang *m* extent of damage
Schadensvoraussage *f* damage prediction
Schadenszone *f* damage zone
schädigen to damage
schädlich detrimental, deleterious
Schadstoff *m* pollutant, polluting agent
Schale *f* shell
Schalenguß *m* 1. chill casting *(process)*; 2. chill cast iron, chilled iron
Schalenhartguß *m s.* Schalenguß 1.
Schälfestigkeit *f* peel strength
Schallemission *f* acoustic emission
Schallemissionsmethode *f* acoustic emission method
Schallerzeugung *f* sound generation
Schallimpedanz *f* acoustic impedance
Schaltdraht *m (noncond)* hook-up wire
Schalteigenschaft *f* switching property
Schalten *n (semic)* switching
  sehr schnelles ~ *(semic)* very fast switching
schaltend/schnell *(semic)* fast-switching
Schaltenergie *f* switching energy
Schalter *m* switch; circuit breaker
Schältest *m* peel test
Schaltferroelektrikum *n* switched ferroelectric
Schaltgeschwindigkeit *f*/**hohe** rapid switching speed
Schaltkreis *m*/**integrierter** *(semic)* integrated circuit, IC
  optoelektronischer integrierter ~ *(semic)* optical (optoelectronic) integrated circuit, OIC
  schneller integrierter ~ *(semic)* ultrahigh-speed integrated circuit
Schaltkreisregelung *f* circuit control
Schaltschütz *n (cond)* contactor
Schaltstück *n*/**bewegliches** moveable contact
Schalttemperatur *f* switching temperature
Schalttransistor *m* switching transistor
Schaltung *f*/**integrierte** *s.* Schaltkreis/integrierter
Schaltungsausgang *m* circuit output
Schaltverzögerung *f (semic)* switching delay
Schaltwiderstand *m* circuit resistor
Schamotteton *m* fire clay
Schattenstreifen *m* ghost line
Schaum *m* dross
Schaumabheben *n* drossing
schäumen to foam
Schaumglas *n* foam glass
Schaumstoff *m* foamed plastic
Scheibe *f* **nullter Ordnung** zero-order disk
Scheibenhalter *m*/**rotierender** *(semic)* rotating substrate holder
Scheinleitwert *m* admittance
Scheinporosität *f* apparent porosity
Scheinwiderstand *m* impedance
Scher... *s.a.* Schub...
Scherband *n* shear band
Scherbandbildung *f* shear band formation

Scherbruch *m* shear fracture (failure)
Scherdehnung *f* shearing strain
Scherfestigkeit *f* shear resistance (strength)
interlaminare ~ *(comp)* interlaminar shear strength
Scherfließen *n* shear yielding
Scherkraft *f* shear[ing] force
Scherlippe *f* shear lip
Schermodul *m* shear modulus, modulus of shear, modulus of elasticity in shear
Scherrißbildung *f* shear cracking
~ **an Grenzflächen** interfacial shear cracking
Schertransformation *f s.* Scherumwandlung
Scherumwandlung *f* shear transformation
diffusionsgesteuerte ~ diffusion-controlled shear transformation
Scherung *f* shear
Scherungsspannung *f* shear stress
Schicht *f* layer, *(if thin:)* film; [protective] coating
aktive ~ *(semic)* active layer
anodisch hergestellte ~ anodic coating
atomare ~ atom[ic] layer
dünne ~ film
dünne galvanisch hergestellte ~ plate
einatomige ~ monoatomic layer
gesputterte ~ sputtered layer
im Tauchverfahren erzeugte ~ immersion plate
lufttrocknende ~ air-setting coating
monomolekulare ~ *(semic)* monolayer
pyrolytische ~ pyrolytic film
stromlos im Tauchverfahren erzeugte ~ immersion plate
ummantelnde ~ cladding layer
Schichtanordnung *f* sandwich
Schichtaufnahmetechnik *f* tomography
Schichtdicke *f* layer thickness
Schichtdickenregelung *f (semic)* layer-thickness control
Schichteinlagerung *f (comp)* interleafing
Schichtenspaltung *f (comp)* [interlaminar] delamination, interlaminar separation
~ **bei Elektroden** electrode delamination
Schichtentrennung *f s.* Schichtenspaltung
Schichtgitter *n* layer lattice
Schichtkondensator *m* film capacitor
Schichtmetall *n (mech)* coating metal
Schichtpaket *n* multilayer
Schichtpreßstoff *m (comp)* laminated material
Schichtspaltung *f s.* Schichtenspaltung
Schichtstruktur *f* layer structure
Schichtträger *m* substrate
Schichtungsfehler *m* stacking fault
Schichtverbundwerkstoff *m (comp)* laminate
Schichtwerkstoff *m* sandwich
Schiebekontakt *m (cond)* sliding contact
Schieberegister *n* shift register
Schiebesystem *n (semic)* slider system
Schiebetechnik *f (semic)* sliding boat technology
Schiedsanalyse *f* arbitrary analysis
Schiedsverfahren *n* arbitration test
Schiefer *m* slate
Schienenstahl *m* rail steel
Schlacke *f* slag • ~ **bilden** to slag
Schlackenbildung *f* slagging
Schlag *m* impact
Schlagarbeit *f* impact work
Schlagbeanspruchung *f* impact load
Schlagenergie *f* impact energy
schlagfest impact-resistant
Schlagfestigkeit *f* impact resistance (strength, toughness)
Schlaghärte *f* impact hardness
Schlaghärteprüfung *f* impact hardness testing
Schlagprüfgerät *n* impact tester (machine)
Schlagprüfung *f* impact testing
Schlagversuch *m* impact test
Schlagwirkung *f* impact effect
Schlagzähigkeit *f s.* Schlagfestigkeit
Schlagzähigkeitsprüfung *f* **nach Charpy** Charpy test *(measuring the breaking strength under impact)*
Schlämmanalyse *f* elutriation analysis
Schlämmen *n* elutriation
Schlankheitsverhältnis *n* aspect ratio
Schleifabnutzung *f* abrasion
schleifbar grindable
Schleifbarkeit *f* grindability
Schleifdauer *f* grinding time
Schleifen *n* grinding
schleifen to grind
Schleifer *m s.* Schleifmaschine
Schleifkontakt *m (cond)* sliding contact
Schleifmaschine *f* grinder, grinding machine
Schleifmittel *n* abrasive
Schleifpapier *n* abrasive paper
Schleiftrimmen *n* abrasive trimming
Schleudergußteil *n (mech)* centrifugal casting
Schleudergußverfahren *n* centrifugal casting process
Schleuder-Kokillen-Verfahren *n (powd)* rotating crushable method
Schleuderverdüsung *f (powd)* centrifugal atomization
Schlicker *m* slurry
Schliere *f (semic)* stria (*pl* striae); schliere *(in fluids)*
Schließdruck *m* clamping pressure
Schliff *m* polished section
Schliffoto *n* optical micrograph
Schlußanstrich *m* finish
Schlüsselübergang *m (semic)* key transition
Schlußvergüten *n* final tempering
Schmalheit *f* **des Empfindlichkeitsmaximums** narrowness of the response peak
Schmelzabschrecktechnologie *f* melt-quenching technique
schmelzbar meltable, fusible
Schmelzbarkeit *f* meltability, fusibility

Schmelzbarren *m* ingot
Schmelzbehandlung *f* melt treatment
Schmelzbereich *m* melting range
Schmelze *f* melt
galliumreiche ~ *(semic)* gallium-rich melt
stöchiometrische ~ *(semic)* stoichiometric melt
unterkühlte ~ supercooled melt
schmelzen to melt, to fuse
nochmals (wieder) ~ to remelt
Schmelzen *n* melting, fusion
Schmelzenthalpie *f* melting enthalpy
Schmelzextraktion *f* melt extraction
schmelzflüssig molten
schmelzgeschweißt fusion-welded
schmelzgesponnen melt-spun
Schmelzglasur *f* [vitreous] enamel
Schmelzgut *n* meltstock
Schmelzimprägnierung *f* melt impregnation
Schmelzindex *m (plast)* melt flow index
Schmelzmagnet *m* fusion magnet
Schmelzmetallurgie *f* melting (fusion) metallurgy
Schmelzmittel *n* flux
Schmelzoxidation *f* melt oxidation
Schmelzpunkt *m* melting point
zusammenfallender ~ congruent melting point
Schmelzpunktbestimmung *f* determination of melting point
Schmelzpunkterniedrigung *f* melting point depression
Schmelzschweißen *n* fusion welding
Schmelzschweißplattieren *n* fusion welding *(of cladding material)*
Schmelzspinnen *n* melt spinning
Schmelztauchen *n* hot dipping
Schmelztauchmetallisieren *n* hot-dip coating, hot dipping
Schmelztemperatur *f* melting temperature
Schmelztiegel *m* crucible
Schmelztropfen *m* liquid-metal drop
Schmelzverfahren *n* **unter Vakuum** vacuum melting process
Schmelzviskosität *f* melt viscosity
Schmelzwärme *f* heat of fusion
Schmelzziehverfahren *n (semic)* bulk-growth technique
Schmelzzone *f (semic)* float zone
Schmelzzustand *m* molten state
schmiedbar forgeable
Schmiedbarkeit *f* forgeability
Schmiedeeisen *n* wrought iron
schmiedeeisern wrought-iron
Schmiedelegierung *f* forging alloy
Schmieden *n* forging
schmieden to forge
Schmiedestahl *m* forging (wrought) steel
Schmiedestück *n* forging
Schmiereigenschaft *f (cond)* lubricating property
Schmieren *n* lubrication; smear[ing]
schmieren to lubricate; to smear
Schmierfähigkeit *f* lubricity
Schmierfett *n* [lubricating] grease
Schmiermittel *n s.* Schmierstoff
Schmierstoff *m* lubricant
fester ~ solid lubricant
Schmierstoffilm *m*, **Schmierstoffschicht** *f* lubricating film
Schmierung *f* lubrication
hydrodynamische ~ hydrodynamic lubrication
Schmierwirkung *f* lubricating action
Schmutz *m* soil
Schmutzstoff *m* pollutant, polluting agent
~ **in der Luft** atmospheric pollutant
Schnappschalter *m (cond)* snap switch
Schneiden *n* cutting
schneiden to cut
Schneidfähigkeit *f* cutting property
Schneidverfahren *n* cutting process
Schnellabkühlung *f* **durch gekühlte Metallflächen** *(powd)* planar flow casting
Schnellanalyse *f* rapid analysis
Schnellarbeitsstahl *m* high-speed steel
Schnellaufkohlung *f* rapid (high-temperature) carburizing
Schnellkorrosionsversuch *m* rapid corrosion test
schnellrotierend spinning
Schnellstahl *m* high-speed steel
schnellumlaufend spinning
Schnellversuch *m* rapid test
Schnittfaser *f* chopped fiber
schnittfaserverstärkt chopped-fibre-reinforced
schnitzeln to chop
Schock *m* / **thermischer** thermal shock
Schöpf-Tiegelofen *m (mech)* bale-out crucible furnace
Schottky-Barriere *f (semic)* [Mott-]Schottky barrier
Schottky-Barrierenhöhe *f (semic)* Schottky-barrier height
Schottky-Diode *f (semic)* Schottky (metal-semiconductor) diode
Schottky-Gate-Feldeffekttransistor *m (semic)* Schottky-gate field-effect transistor, metal-gate transistor, metal semiconductor field-effect transistor, metal-semiconductor FET
schräg oblique, skew, tilted, inclined
Schramme *f* scratch
Schraube *f* screw
Schraubenmessing *n* free-cutting brass
Schraubenversetzung *f* screw dislocation
Schrecktiefe *f* chill depth
Schrittweite *f* **der Widerstandswicklung** pitch of resistive turns
Schrott *m* scrap [metal]
Schrottrecycling *n* scrap recycling
Schrumpfen *n* shrinkage
schrumpfen to shrink [in size]
Schrumpflunker *m (mech)* contraction cavity
Schrumpfriß *m* shrinkage crack
Schrumpfrißbildung *f* shrinkage cracking

Schrumpfspannung *f* shrinkage stress
thermische ~ *(semic)* thermal hoop stress
Schrumpfung *f* shrinkage
Schub *m* shear
Schub... *s.a.* Scher...
Schubmodul *m* shear modulus, modulus of shear, modulus of elasticity in shear
Schubspannung *f* shear stress
~ **an Grenzflächen** interface shear stress
kritische ~ critical shear stress
Schubtragfähigkeit *f* strength under shear
Schubumformung *f* shearing
Schuppenbildung *f* scaling
Schußfaden *m (comp)* weft thread
Schutt *m* debris
Schüttdichte *f (mech)* bulk (apparent) density
Schüttelapparat *m*, **Schütteleinrichtung** *f* shaker, shake apparatus
Schütteln *n* shake, shaking
schütteln to shake
Schüttvolumen *n* bulk volume
Schütz *n (cond)* contactor
Schutz *m* protection; shield[ing]
katodischer ~ cathodic protection
Schutzatmosphäre *f* inert (protective) atmosphere
Schutzbehandlung *f* protective treatment
schützen to protect
Schutzgasatmosphäre *f* inert (protective) atmosphere
Schutzgasschweißen *n* gas metal-arc melting
Schutzglas *n* safety glass
Schutzgrad *m* degree of protection
Schutzhülle *f* wrapper
äußere ~ *(noncond)* serving
Schutzkomponente *n (noncond)* protective member
Schutzmaßnahme *f* protective measure
Schutzmaterial *n* resist material
Schutzmedium *n* inert medium
Schutzmittel *n*/**katodisches** cathodic protective
Schutzoberfläche *f* protective surface
Schutzschicht *f* [protective] coating
abziehbare ~ peelable coating
anorganische ~ inorganic coating
~ **aus permanentmagnetischen Teilchen** coating of permanent-magnetic particles
~ **für Magnetdrähte** magnet-wire coating
konforme ~ conformal coating
organische ~ protective organic coating
oxidische ~ protective oxide film
Schutzschichtstoff *m* coating [material]
Schutzschlauch *m (noncond)* sleeving
Schutzverhalten *n* protective behaviour
Schutzvorrichtung *f* protection (protective) device
Schutzzustand *m*/**hochohmiger** high-resistance protective state
Schwachfeld-Effekt *m* weak-field effect
Schwachfeldeigenschaften *fpl* **des Elektronentransports** *(semic)* low-field electron-transport properties
Schwachstromanwendung *f (cond)* low-current application
Schwanz *m*/**verschwindender** *(semic)* evanescent tail
Schwarzblech *n (mech)* black plate
schweben lassen *(semic)* to levitate
Schwefel *m* S sulphur
Schwefelangriff *m* sulphur attack
Schwefeldioxid *n* sulphur dioxide
Schwefel(VI)-fluorid *n (noncond)* SF_6 sulphur hexafluoride
schwefelfrei sulphur-free
schwefelhaltig sulphurous, sulphur-containing
Schwefelhexafluorid *n s.* Schwefel(VI)-fluorid
Schwefelsäure *f* sulphuric acid
Schwefelsäurebad *n* sulphuric acid bath
Schwefelsäureelektrolyt *m* sulphuric acid electrolyte
Schwefelwasserstoff *m (semic)* H_2S hydrogen sulphide
Schweißbad *n* weld pool (bath)
schweißbar weldable
Schweißbarkeit *f* weldability
Schweißbruch *m* welding crack
Schweißen *n* welding
schweißen to weld
Schweißfehler *m* defect in welding, welding defect
Schweißgut *n* welding material
Schweißmetall *n* weld metal
Schweißmethode *f* welding technique
Schweißnachbehandlung *f* postweld treatment, post-welding heat treatment
Schweißnaht *f* weld
Schweißnahtkorrosion *f* weld decay
Schweißnahtrißbildung *f* weldment cracking
Schweißneigung *f* welding property
Schweißplattieren *n* fusion welding
Schweißpulver *n* welding powder
Schweißqualität *f* weld quality
Schweißrichtung *f* welding direction
Schweißriß *m* welding crack
Schweißstahl *m* welding steel
Schweißstelle *f* weld
Schweißtechnik *f* welding technique
Schweißung *f* weld
Schweißverbindung *f* welded joint
Schweißverfahren *n* welding technique
Schweißverhalten *n* welding behaviour
Schweißzone *f* weld zone
Schweißzyklus *m* welding cycle
Schwellbelastung *f* pulsating load
Schwellenbedingung *f* threshold condition
Schwellenenergie *f (noncond)* threshold energy
Schwellenspannung *f (semic)* threshold voltage
Schwellenstrom *m (semic)* threshold current

Schwellenstromdichte *f (semic)* threshold current density
Schwellentemperatur *f* threshold temperature
Schwellenwert *m* threshold value
Schwellspannung *f* threshold stress, stress threshold
Schwereseigerung *f* gravity segregation
Schwerkraft *f* gravity
Schwerkraftseigerung *f* gravity segregation
Schwermetall *n* heavy metal
Schwerpunktmethode *f* centre-of-gravity method
schwinden to shrink
Schwinden *n* shrinkage
~ **beim Sintern** sintering shrinkage
Schwindmaßzugabe *f* shrinkage allowance
Schwindung *f* shrinkage
Schwindungsriß *m* shrinkage crack
Schwindungsrißbildung *f* shrinkage cracking
Schwingbelastung *f* fatigue loading
schwingen to vibrate, to oscillate
Schwingspiel *n* stress cycle
Schwingung *f* vibration, oscillation
optische parametrische ~ optical parametric oscillation
thermische ~ thermal vibration
Schwingungsdämpfblech *n* vibration damping sheet
Schwingungsdämpfung *f* vibration damping
Schwingungsfreiheitsgrad *m* vibrational degree of freedom
Schwingungsmodus *m*/ **„weicher"** *(cryst)* soft mode
Schwingungsrißkorrosion *f* corrosion fatigue
Schwingversuch *m* fatigue test
Schwund *m* loss
Screeningeigenschaft *f* screening property
Sealen *n* sealing
sealen to seal
Sedimentationsanalyse *f* sedimentation analysis
Seeatmosphäre *f* marine atmosphere
Seewasserkorrosion *f* marine (seawater) corrosion
Segregation *f* segregation
Segregationskonstante *f (semic)* segregation coefficient
segregieren to segregate
Seigerung *f* segregation
dendritische ~ dendritic segregation
Seigerungsstreifen *m* ghost line
Seignette-elektrisch Seignette-electric
Seignettesalz *n* $NaKC_4H_4O_6 \cdot 4H_2O$ Rochelle (Seignette) salt, sodium potassium tartrate 4-water
Seitenflächeneffekt *m (semic)* facet effect
Seitenkette *f* side (lateral) chain
Sekundärbindung *f* secondary bond
Sekundärelektronenvervielfacher *m (semic)* photomultiplier
Sekundärhärte *f* secondary hardness
Sekundärhärtung *f* secondary hardening
Sekundärionenmassenspektrometrie *f* secondary-ion mass spectrometry, SIMS
Sekundärionisation *f* secondary ionization
Sekundärisolierung *f* secondary insulation
Sekundärmetallurgie *f* secondary steelmaking
Sekundärrekristallisation *f* secondary recrystallization
Sekundärriß *m* stage 2 crack
SE-Kupfer *n* **[/sauerstofffreies]** *(cond)* oxygen-free high-conductivity copper, OFHC
selbstauslöschend self-extinguishing
Selbstdiffusion *f* self-diffusion
Selbstentzündbarkeit *f* pyrophoricity
selbstentzündlich self-igniting, pyrophoric
Selbstentzündung *f* self-ignition
selbstheilend self-healing
Selbstkleber *m* pressure-sensitive adhesive
Selbstkompensation *f (semic)* self-compensation
selbstlöschend self-extinguishing
selbsttempernd self-tempering
selbsttragend self-supporting
selbstverlöschend self-extinguishing
selektieren to select
Selektion *f* selection
Selen *n* Se selenium
Selenwasserstoff *m (semic)* H_2Se hydrogen selenide
Seltenerdmetall *n* rare-earth metal
Senke *f (semic)* drain
Senkrechtziehverfahren *n (semic)* vertical pulling technique
sensibilisieren to sensitize
Sensibilisierung *f* sensitization
Sensibilität *f* sensitivity
Sensor *m*/ **magnetoresistiver** *(semic)* magnetoresistive sensor
S-Glas *n* S-glass
Shockley-Gleichung *f (noncond)* ideal diode equation
Shorehärte *f* Shore hardness
Shoreprüfung *f* Shore scleroscope hardness test
Sialon *n* sialon
Sicherheit *f* safety
Sicherheitsfaktor *m* safety factor
Sicherheitsglas *n* safety glass
geschichtetes ~ safety sheet glass
Sicherheitsmaßnahme *f* precaution
Sicherung *f* fuse
~ **der Dickentoleranz** *(semic)* thickness control
rückstellbare ~ resettable fuse
sichtbar visible • ~ **machen** to visualize
Sichtbarkeit *f* visibility
Sichtbarmachen *n* visualization
Sichtprüfung *f* visual examination (inspection)
Siebanalyse *f (powd)* sieve analysis
Siebdruck *m*, **Siebdruckverfahren** *n* silk screening, silk-screen printing
Sieben *n* screening
Siebkette *f* selective wave filter

Siebklassifizierung *f* screening
Sieb[öffnungs]weite *f* screen-opening size, mesh size
Siedelinie *f* boiling curve
Siedepunkt *m*, **Siedetemperatur** *f* boiling point (temperature)
Siemens-Martin-Ofen *m* open-hearth furnace
Siemens-Martin-Stahl *m* open-hearth steel
Sigma-Phase *f* Sigma-phase
Signal-Rausch-Verhältnis *n (semic)* signal-to-noise ratio
Si-H-Bindung *f* **an der Oberfläche** *(semic)* Si-H surface bond
Silan *n (semic)* SiH_4 silane
Silanol *n* silanol
Silber *n* Ag silver
silberähnlich silvery
Silber-Cadmium-Oxid *n (cond)* silver-cadmium-oxide
Silber-Cadmium-Oxid-Verbundwerkstoff *m* silver-cadmium-oxide composite
Silberelektrode *f* silver electrode
silberglänzend silvery
Silberglimmerkondensator *m* silver[ed]-mica capacitor
Silber/Graphit *m (cond)* silver-graphite
silberhaltig *f* silvery
Silberiodid *n (semic)* AgI silver iodide
Silberkomplex *m (elopt)* silver complex
Silberlot *n* silver solder
Silbermatrix *f (cond)* silver matrix
silbern silvery
Silber-Palladium *n* Ag-Pd silver-palladium
Silicat *n* silicate
  organisch modifiziertes ~ organically modified silicate, ormosil
Silicatglas *n* silicate glass
Silicium *n (semic)* Si silicon
  amorphes ~ a-Si amorphous silicon
  kristallines ~ crystalline silicon
  p-dotiertes ~ p-doped silicon
Siliciumcarbid *n (semic)* silicone carbide
  gesintertes ~ sintered silicon carbide
Siliciumcarbidfaser *f* silicon carbide fibre
Siliciumdioxid *n (semic)* SiO_2 silicon dioxide, silica
Siliciumdioxidfaser *f (semic)* silica fibre
Siliciumeisen *n* high-silicon iron
Siliciumgehalt *m* silicon content
Siliciummonoxid *n* silicon monoxide
Silicium-MOSFET *m (semic)* silicon MOSFET
Siliciumnitrid *n* silicon nitride
Siliciumoberfläche *f* **der Orientierung <100>** *s.* Si(100)-Oberfläche
Siliciumoxid *n* silica
Siliciumpaar *n*/ **wiedergebundenes** *(semic)* re-bonded silicon pair
Siliciumphotodiode *f (semic)* silicon photodiode
Silicium-PTC-Thermistor *m* silicon [PTC] thermistor
siliciumreich high-silicon
Silicium-Saphir-Technik *f (semic)* silicon-on-sapphire technology, SOS technology
Siliciumschaltkreis *m (semic)* silicon circuit
Silicium-Solarelement *n (semic)* silicon solar cell
Siliciumstahl *m* silicon steel
Siliciumthermistor *m* silicon [PTC] thermistor
Silicon *n s.* Silikon
Silika[bau]stein *m* silica brick
Silikat *n s.* Silicat
silikatisch siliceous
Silikon *n (noncond)* silicone
Silikongummi *m*, **Silikonkautschuk** *m (noncond)* silicone rubber
silizieren to siliconize
Silizieren *n* siliconizing
Silizium *n s.* Silicium
Silumin *n* alpax
SIMS (Sekundärionenmassenspektrometrie) secondary-ion mass spectrometry, SIMS
Sinken *n* drop
sinken to drop
Sinteraluminiumprodukt *n*, **Sinteraluminiumpulver** *n* SAP (sintered aluminium powder) alloy
Sinteranfangsstadium *n (powd)* initial stage sintering
sinterbar sinterable
Sinterbarkeit *f* sinterability
Sinterdichte *f (powd)* sintered density
Sintergeschwindigkeit *f* sintering rate
Sintergut *n (powd)* material being (*or* to be) sintered
Sinterhalskrümmungsradius *m (powd)* neck curvature radius
Sinterhartmetall *n* hard metal
Sinterhilfsmittel *n* sintering aid
Sinterhomogenisierung *f (powd)* homogenization in sintering
Sinterkeramik *f* hot-pressed ceramics
Sintermechanismus *m (powd)* mechanism of sintering
Sintermetall *n* powder metal
Sintermethode *f* sintering process
sintern to sinter
Sintern *n* sintering
  aktiviertes ~ activated sintering
  druckloses ~ pressureless sintering
  kontinuierliches ~ *(powd)* continuous sintering
  ~ **mit verschiedenen Sintermechanismen** *(powd)* multiple mechanism sintering
  verdichtungsgeschwindigkeitskontrolliertes ~ *(powd)* rate controlled sintering, RCS
Sinterpulver *n* sintering powder
Sinterschwund *m* sintering shrinkage
Sinterspätstadium *n* final stage sintering
Sintertränkwerkstoff *m* composite contact material
Sinterverdichtung *f* sintering densification
Sinterverfahren *n* sintering process

Sintervorgang *m* sintering process
Sinterwerkstoff *m* sintered material
Sinterzustand/im as-sintered
Sinterzwischenstadium *n (powd)* intermediate stage sintering
Si(100)-Oberfläche *f (semic)* Si(100) surface
rekonstruierte ~ reconstructed Si(100) surface
Skale *f* scale
Skleroskop *n* **nach Shore** Shore scleroscope
SM-Ofen *m* open-hearth furnace
SM-Stahl *m* open-hearth steel
Sodakalkglas *n* soda-lime glass
Sofortemission *f (elopt)* instantaneous emission
Solarelement *n* solar cell
Solarisation *f* solarization
Sol-Gel-Prozeß *m* sol-gel process (method)
Sol-Gel-Übergang *m* sol-gel transformation
Soliduskurve *f* solidus [line, curve]
Solubilisierung *f* solubilization
Sonar *n* sonar
Sonde *f* probe
Sonderlegierung *f* special-purpose alloy
sonnenlichtbeständig resistant to sunlight
Sonnenlichtbeständigkeit *f* resistance to sunlight
Sorbit *m* sorbite
SOS-Technik *f (semic)* silicon-on-sapphire technology, SOS technology
Source *f (semic)* source
Source-Drain-Strom *m (semic)* source-drain current
Spalt *m* crevice
Spaltbildung *f* crevice formation
Spaltbruch *m* cleavage failure (fracture)
transkristalliner ~ intragranular cleavage
Spaltbruchausbreitung *f* cleavage crack propagation
Spaltebene *f (cryst)* cleavage plane
spalten to cleave, to split
Spalten *n*/**thermisches** thermal cracking
Spaltfestigkeit *f (comp)* interlaminar strength
Spaltfläche *f (cryst)* cleavage plane
Spaltkorrosion *f* crevice corrosion
Spaltprodukt *n* fission product
Spaltscherfestigfeit *f (comp)* interlaminar shear strength
Spaltung *f* cleavage, splitting
Spaltungsebene *f* cleavage plane
natürliche ~ natural cleavage plane
Spaltzugprüfung *f* tensile splitting test
Spanform *f* chip form
Spannbeton *m* prestressed concrete
Spannbetonstahl *m* prestressed concrete steel
Spanndruck *m* clamping pressure
Spannung *f* 1. stress (mechanically); 2. [electric] voltage; potential difference • ~ **abbauen** to relieve stress
angelegte ~ applied voltage, voltage applied
~ **auf der Leitung** *(noncond)* line voltage
aufgedrückte ~ impressed voltage
äußere ~ applied stress
~ **eines Netzgerätes** power-supply voltage
innere ~ internal (initial) stress
kritische ~ critical stress
periphere ~ circumferential stress
quasikonstante ~ near-constant voltage
statische ~ *(mech)* static stress
wahre ~ true stress
zyklische ~ *(mech)* cyclic stress
Spannungsabbau *m* stress relief (relaxation)
spannungsabhängig stress-dependent
Spannungsabhängigkeit *f* stress dependence
Spannungsamplitude *f* stress amplitude
Spannungsanalyse *f* stress analysis
Spannungsarmglühen *n* stress-relief annealing
Spannungsbegrenzung *f (semic)* voltage limiting
Spannungsbereich *m* stress range
zyklischer ~ *(mech)* cyclic stress range
Spannungsbruch *m* stress rupture
Spannungs-Dehnungs-Kurve *f* stress-strain curve (line)
technische ~ engineering stress-strain curve
wahre ~ true stress/true strain curve
Spannungs-Dehnungs-Verhalten *n* stress-strain behaviour
Spannungsempfindlichkeit *f* voltage sensitivity (responsivity)
hohe ~ high voltage sensitivity
Spannungsentlastung *f* stress relief (relaxation)
Spannungsentlastungsbehandlung *f* stress-relief treatment
Spannungsexponent *m* stress exponent
Spannungsfeld *n* stress field
Spannungsfestigkeit *f (noncond)* dielectric strength
Spannungsfreiglühen *n* stress-relief annealing
spannungsgefördert stress-accelerated
Spannungsgeschichte *f* stress history *(of materials)*
spannungsinduziert stress-induced
Spannungsintensität *f* stress intensity, stress-intensity level
Spannungsintensitätsbereich *m* stress-intensity range
Spannungsintensitätsfaktor *m* stress-intensity factor
elastischer ~ elastic stress-intensity factor
Spannungskonzentration *f* stress concentration
Spannungskonzentrationsfaktor *m* stress concentration factor
elastischer ~ elastic stress-concentration factor
plastischer ~ plastic stress-concentration factor
Spannungskonzentrationspunkt *m*, **Spannungskonzentrationsstelle** *f* stress-concentration point (site), stress concentrator
Spannungskorrosion *f* stress corrosion
spannungskorrosionsbeständig stress-corrosion-resistant
Spannungskorrosionsbeständigkeit *f* stress-corrosion resistance

Spannungsniveau *n* stress level
Spannungsprobe *f (noncond)* high-voltage test[ing]
Spannungsreihe *f*/ **galvanische (praktische)** *(corr)* galvanic series
Spannungsrelaxation *f* stress relaxation
Spannungsrißbeständigkeit *f* stress cracking resistance
Spannungsrißbildung *f* stress cracking
~ **unter dem Einfluß des umgebenden Mediums** environmental stress cracking
Spannungsrißkorrosion *f* stress-corrosion cracking, SCC
interkristalline ~ intergranular stress-corrosion cracking
wasserstoffinduzierte ~ hydrogen stress-corrosion cracking
spannungsrißkorrosionsanfällig susceptible to stress-corrosion cracking
Spannungsrißkorrosionsanfälligkeit *f* susceptibility to stress-corrosion cracking
Spannungsschwingbreite *f* stress oscillation range
Spannungsspitze *f* peak stress
Spannungssystem *n* stress system
Spannungsteiler *m* potentiometer
Spannungsteilerschaltung *f* potential-divider circuit
Spannungsunterschied *m* voltage difference
Spannungszustand *m* stress state, state of stress
dreiachsiger ~ triaxial stress, triaxiality
Spannungszyklus *m* stress cycle
Speckstein *m* steatite
Speicher *m* storage, store, memory
~ **mit wahlfreiem Zugriff** random-access memory, RAM
multipler holographischer ~ multiple holographic storage
optisch löschbarer holographischer ~ optically erasable holographic storage
permanenter holographischer ~ permanent holographic storage
Speichersystem *n*/ **optisches** *(semic)* optical storage system
speisen to charge
Spektralanalyse *f* spectral (spectroscopic) analysis
Spektroskopie *f*/ **optische** optical spectroscopy
Spektrum *n*/ **sichtbares** visible spectrum
Sperrgrund *m* sealer
Sperrholz *n* plywood
Sperrleckstrom *m (semic)* reverse leakage current
Sperrmodus *m (semic)* cutoff mode
Sperrschicht *f* barrier layer
Sperrschichtelement *n (semic)* photovoltaic cell
Sperrschicht-Feldeffekttransistor *m (semic)* junction FET
Sperrschichthöhe *f* barrier height
Sperrschichttransistor *m*/ **bipolarer** *(semic)* bipolar junction transistor, BJT
Sperrspannung *f (semic)* reverse bias
Spezialglas *n* special-purpose glass
Speziallegierung *f* special-purpose alloy
Sphalerit *m* ZnS sphalerite, zinc blende, zink sulphide
Sphaleritstruktur *f (semic)* sphalerite (zinc-blende) structure
Spin-Bahn-Aufspaltung *f (semic)* spin-orbit split
Spindrehung *f (magn)* spin rotation
Spinell *m* spinel
Spinnfäden *f (comp)* melt-spun filament
Spinnwebwhisker *m (comp)* cobweb whisker
Spinodale *f* spinodal
Spitzenspannung *f* peak stress
Spitzenwert *m* peak value
Splittern *n* splintering
splittern to splinter
Spongiose *f* graphitic corrosion
sprenkeln to mottle
springen to crack
Spritzauftragsschicht *f* sprayed coating
spritzbar sprayable; *(plast)* extrudable
Spritzbarkeit *f* sprayability; *(plast)* extrudability
Spritzbeschichten *n* spray coating
Spritzen *n* 1. spraying *(as of coatings)*; spray coating *(of surfaces)*; 2. *(plast)* extruding, extrusion [moulding]
spritzen 1. to spray *(e.g. coating)*; 2. *(plast)* to extrude; to inject
spritzgegossen injection-moulded
Spritzgießen *n* injection moulding
Spritzgußmasse *f (noncond)* injection moulding compound
spritzmetallisieren to metallize
Spritzmetallisieren *n* metal spraying
Spritzpressen *n* [resin] transfer moulding
Sprödbruch *m* brittle (fast) fracture, brittle cracking
verzögerter ~ delayed fracture
vorzeitiger ~ premature brittle fracture
sprödbruchbeständig resistant to fast fracture
Sprödbruchbeständigkeit *f* resistance to fast fracture
Sprödbruchfläche *f* fast-fracture surface
Sprödbruchtemperatur *f* brittle fracture temperature
Sprödbruchübergangstemperatur *f* nil-ductility transition temperature
spröde brittle • ~ **machen** to embrittle • ~ **werden** to embrittle
Spröde *f* brittleness
Sprödigkeit *f* brittleness
Sprödverhalten *n* brittle behaviour
Sprödwerden *n* embrittlement
Spröd-Zäh-Übergang *m (mech)* brittle-tough transition temperature
Sprühabscheidung *f* spray deposition process
sprühen to spray
Sprühtrocknung *f (powd)* spray drying
Sprungtemperatur *f* critical temperature

Spule *f (ee)* coil
elektromagnetische ~ *(noncond)* electromagnetic coil
spülen to rinse
Spulendraht *m* magnetic wire
Spulenkörper *m*, **Spulenträger** *m (ee)* bobbin
Spurenanalyse *f* trace analysis
Spurenelement *n* trace element
Spurenmetallanalyse *f* trace metal analysis
Spurenverunreinigung *f* trace impurity
Spurenzugabe *f* trace addition
Sputtern *n* sputtering
SQUID superconducting quantum interference detector, SQUID
SRK (Spannungsrißkorrosion) stress corrosion cracking, SCC
Stab *m* rod, bar
stabil stable, resistant
thermisch ~ thermally stable, heat-resistant
Stabilglühen *n* stabilizing (stress-relief) annealing
stabilglühen to stabilize, to anneal
Stabilisator *m* stabilizer
stabilisieren to stabilize
stabilisiert/nicht unstabilized
Stabilisierung *f* stabilization
Stabilisierungsglühen *n s.* Stabilglühen
Stabilisierungsmittel *n* stabilizer
Stabilität *f* stability
~ **bei hohen Temperaturen** high-temperature stability
chemische ~ chemical resistance (stability)
thermische ~ heat resistance, thermal resistance (stability)
thermodynamische ~ thermodynamic stability
Stabstahl *m (mech)* bar steel
Stadium *n* stage
~ **des Sinterns** sintering stage
Stahl *m* steel
aluminiumberuhigter ~ aluminum-killed steel
ausscheidungsgehärteter ~ precipitation-hardened steel
ausscheidungshärtbarer ~ precipitation-hardening steel
austenitischer [nichtrostender] ~ austenitic [stainless] steel
beruhigter (beruhigt vergossener) ~ killed steel
chromhaltiger ~ Cr-bearing steel
durchhärtbarer ~ through-hardening steel
durchlaufgeglühter ~ *(mech)* continuously annealed steel
eutektoider ~ eutectoid steel
ferritischer ~ ferritic steel
gedeckelter ~ *(mech)* capped steel
gehärteter ~ hardened steel
halbberuhigter ~ semikilled (balanced) steel
halbweicher ~ medium-carbon steel
hitzebeständiger ~ heat-resistant steel
hochfester ~ high-strength steel
hochfester niedriglegierter ~ high-strength low-alloy steel
hochkohlenstoffhaltiger ~ high-carbon steel
hochlegierter ~ high-alloy steel
hochreiner ~ high-purity steel
höchstfester ~ ultra high-strength steel
kaltgewalzter ~ *(mech)* cold-rolled steel
kohlenstoffarmer ~ low-carbon steel
korngefeinter ~ *(mech)* grain-refined steel
korrosionsbeständiger ~ *(mech)* corrosion-resistant steel
korrosionsträger ~ weathering steel
kriechfester ~ *(mech)* creep-resisting steel
legierter ~ alloy steel
legierter austenitischer ~ austenitic alloy steel
leicht spanbarer ~ free-cutting steel, free-machining steel, automatic steel
lochfraßbeständiger ~ pitting-resistant steel
lufthärtender ~ air-hardening steel
martensitaushärtender ~ maraging steel
martensitischer ~ martensitic steel
mikrolegierter ~ microalloyed steel
mischkristallverfestigter ~ solid solution strengthened steel
~ **mit niedrigem Kohlenstoffgehalt** low-carbon steel
mittelfester ~ medium-strength steel
mittelgekohlter ~ medium-carbon steel
mittellegierter ~ medium-alloy steel
nichtrostender ~ stainless steel
niedriggekohlter ~ mild carbon steel
niedriglegierter ~ low-alloy steel
ölhärtender ~ oil-hardening steel
reiner ~ *(mech)* clean steel
rostfreier ~ stainless steel
rückgeschwefelter ~ resulphurized steel
spanbarer ~ machinable steel
superferritischer ~ superferritic steel
thermomechanisch hergestellter ~ thermomechanical controlled processing steel, TMCP steel
tiefhärtender ~ deep-hardening steel
übereutektoider ~ hypereutectoid steel
umformbarer ~ formable steel
unberuhigter (unberuhigt vergossener) ~ unkilled steel, rimmed (rimming) steel
unlegierter ~ *(mech)* carbon steel
untereutektoider ~ hypoeutectoid steel
vergüteter ~ quenched (hardened) and tempered steel
verzinkter ~ galvanized steel
warmgewalzter ~ hot-rolled steel
wasserhärtender ~ water-hardening tool steel
weicher ~ [dead] soft steel, dead mild steel
wetterfester ~ weather-resistant steel
zunderbeständiger ~ non-scaling steel
Stahlband *n* steel strip, strip steel
Stahlbeton *m* reinforced concrete
Stahlblech *n* sheet steel; steel plate
emailliertes ~ enameled sheet steel

Stahlblechband *n* steel strip, strip steel
Stahldesoxidationsmittel *n* steel deoxidant
Stahlerzeugung *f* steelmaking [process]
  ~ im Lichtbogenofen electric arc steelmaking
Stahlgewinnung *f s.* Stahlerzeugung
Stahlguß *m (mech)* cast steel; steel casting *(single part)*
  ferritischer ~ ferritic steel casting
Stahlherstellung *f s.* Stahlerzeugung
Stahlreduktionsmittel *n* steel deoxidant
Stahlreinheit *f* steel cleanness
Stahlschmelze *f* steel melt
Stahlschrott *m* steel scrap
Stahlzusammensetzung *f* steel composition
Stammlegierung *f* parent alloy
Stand *m* **der Technik** state of the art
Standard *m* standard
Standardabweichung *f* standard deviation
standardisieren to standardize
Standardkosten *pl* standard cost
Standardzeit *f* standard time
Standzeit *f* time-to-failure, time-to-rupture
Stange *f* rod, bar
Stanzabfall *m* punching
stanzen to punch; to blank
Stapelfaser *f* staple fibre
Stapelfehler *m* stacking fault
Stapelfehlerenergie *f* stacking fault energy
Stapelfolge *f (semic)* stacking sequence
Stapeln *n* stacking
Stärke *f* thickness
starr *s.* steif
Stauchtextur *f* compression texture
Stauchversuch *m* compression test
Steatit *m* steatite
Stecker *m*, **Steckverbinder** *m* connector
steif stiff, rigid
steifen to stiffen
Steifheit *f s.* Steifigkeit
Steifigkeit *f* stiffness, rigidity
  spezifische ~ specific stiffness
Stein *m* stone
Steingut *n* earthenware
Steinsalz *n* rock (native) salt
Steinsalzgitter *n (semic)* rock salt lattice
Steinzeug *n* stoneware
Stelle *f*/**weiche** soft spot
Stempel *m* plunger
Stengelkristall *m* columnar crystal
steuerbar controllable
Steuerbarkeit *f* controllability
Steuerkabel *n* control cable
Steuerschaltung *f* control circuit
Steuerung *f*/**rechnergeführte numerische** computer numerical control, CNC
Stichprobenentnahme *f s.* Stichprobennahme
Stichprobennahme *f* random sampling
  ausgewogene ~ balanced sampling
Stichprobenumfang *m* sample size
Stickstoff *m* N nitrogen
Stickstoffabsorption *f* nitrogen absorption (pickup)
Stickstoffatmosphäre *f* nitrogen atmosphere
Stickstoffaufnahme *f s.* Stickstoffabsorption
Stickstoffgehalt *m* nitrogen content
Stickstoffhärten *n* nitride hardening, nitridation, nitriding
Stickstoffhexafluorid *n (noncond)* nitrogen hexafluoride
Stickstoffverunreinigung *f*/**isoelektronische** *(semic)* isoelectronic nitrogen impurity
Stirnabschreckhärtekurve *f* end-quench curve
Stirnabschreckprobe *f* end-quench specimen
Stirnabschreckversuch *m* [Jominy] end-quech test, Jominy [hardenability] test
stöchiometrisch stoichiometric
Stoff *m* substance, matter, material
  ferroelektrischer ~ ferroelectric material
  flüchtiger ~ volatiles, volatile matter
  gelöster ~ solute
  ~ mit quadratischem elektrooptischen Effekt *(elopt)* quadratic material
  oberflächenaktiver ~ surfactant, surface-active agent
Stoffe *mpl* **mit nahezu gleichem Gitter** *(semic)* lattice matched materials
Stoffgesetz *n* constitutive equation
Stoffstruktur *f* structure of material
Stokes-Strahlung *f* Stokes emission
stoppen to stop
Stopper *m* pinning additive *(to restrain boundary motion)*
Störatom *n*/**elektrisch aktives** *(semic)* electrically active impurity
stören to disturb
Störniveau *n*, **Störpegel** *m* noise level
Störstelle *f (cryst, semic)* defect, imperfection, impurity
  chemische ~ chemical impurity
  flache (flachliegende) ~ shallow impurity
  ionisierte ~ ionized impurity
Störstellenanalyse *f* defect analysis
Störstellenanteil *m (semic)* impurity content
Störstellenband *n (semic)* impurity band
Störstellenchemie *f* defect chemistry
Störstellenhalbleiter *m* extrinsic semiconductor
Störstellenkonzentration *f (semic)* impurity concentration
Störstellenniveau *n (cond)* impurity level
Störstellenprofil *n (semic)* dopant profile
Störstellenzentrum *n (semic)* impurity centre
  tiefliegendes ~ deep-lying impurity centre
Störung *f* disturbance
Stoß *m* impact
Stoßbeanspruchung *f* impact load
Stoßbelastung *f* impact loading
stoßfest shock-resistant
Stoßfestigkeit *f* resistance to shock, shock resistance

Stoßionisation *f* impact ionization
stoßionisieren to impact-ionize
Stoßschweißen *n (mech)* butt welding
stoßsicher *(noncond)* immune to shock
Stoßstromgenerierung *f* surge generation
Stoßwirkung *f* impact effect
Strafabzug *m* penalty *(evaluation of products)*
Straffheit *f* **des Siebes** screen tautness
Strahl *m*/**gebeugter** diffracted beam
Strahlen *mpl*/**energiereiche** high-energy rays
  harte ~ high-energy rays
strahlenbeständig resistant to radiation, radiation-resistant
Strahlenbeständigkeit *f* resistance to radiation, radiation resistance
Strahlenresistenz *f s.* Strahlenbeständigkeit
Strahlenschaden *m* radiation damage
Strahlenwirkung *f (noncond)* radiation effect
Strahlpolieranlage *f* jet polishing system
Strahlputzen *n* grit blasting
Strahlung *f* radiation
  hochenergetische ~ high-energy radiation
  schwarze ~ black-body radiation
Strahlungsausbeute *f* emission efficiency
Strahlungsbeständigkeit *f s.* Strahlenbeständigkeit
Strahlungshärte *f (semic)* radiation hardness
Strahlungsmessung *f* photometric analysis
Strahlungspyrometer *n* radiation pyrometer
Strahlungsquelle *f* radiation source
Strahlungsschaden *m* radiation damage
Strahlungsspektralbereich *m (semic)* spectral-emission region
Strahlungsübergang *m* radiant transition
Strahlungsverfestigung *f* radiation hardening
Strahlungswirkung *f (noncond)* radiation effect
Strahlungszentrum *n* radiating centre
stranggegossen *(mech)* continuously cast
Stranggießen *n* continuous casting
Strangpressen *n* extrusion
streckbar ductile
Streckbarkeit *f* ductility
strecken to stretch
  sich ~ to yield
Streckformen *n* stretch forming
Streckgrenze *f* yield point
  obere ~ upper yield point
  untere ~ lower yield point
Streckspannung *f* yield stress
Streckung *f* stretching; elongation
streichbar brushable
Streichbarkeit *f* brushability
streichen to brush[-paint], to brush-coat
Streichen *n* brushing, brush painting (coating)
Streifen *m* streak; *(semic)* fringe
Streifenbildung *f* striation
streuen to scatter
Streumechanismus *m* scattering mechanism
Streustrom *m (cond)* stray current, [surface] leakage current

Streustromkorrosion *f* stray-current corrosion
Streuung *f* scattering
  ~ **am Verformungspotential** *(semic)* deformation-potential scattering
  ~ **an ionisierten Störstellen** *(semic)* ionized-impurity scattering
  ~ **an optischen Phononen** *(semic)* optical-phonon scattering
  ~ **an Störstellen** defect scattering
  ~ **durch akustische Phononen** scattering by acoustic phonons
  ~ **im piezoelektrisch-akustischen Modus** *(semic)* piezoelectric-acoustic-mode scattering
  ~ **im polar-optischen Modus** *(semic)* polar-optical-mode scattering
  ~ **von Ladungen** *(semic)* charge scattering
Streuungsvorgang *m* scattering process
Streuwinkel *m* scattering angle
Strom *m*/**schwacher** low current
  vagabundierender ~ *s.* Streustrom
Strombegrenzung *f* current limitation
Strombelastbarkeit *f* current-carrying capacity
Stromdichte *f* current density
  kritische ~ critical current density
Stromfluß *m* current flow
stromführend current-carrying
Strompfad *m (semic)* current path
Stromrauschpegel *m* current-noise level
Stromrichtung *f* current direction
Stromsättigung *f (semic)* current saturation
Strom-Spannung[s]-Beziehung *f*/**lineare** *(semic)* linear current-voltage relationship
Strom-Spannungs-Effekt *m*/**nichtlinearer** nonlinear current-voltage effect
Strömung *f*/**laminare** streamline flow
Strömungskorrosion *f* erosion-corrosion
Stromunterbrecher *m (cond)* circuit breaker
Stromverstärkung *f (semic)* current gain
  ~ **eines Transistors in Basisschaltung** *(semic)* common-base current gain
  ~ **eines Transistors in Emitterschaltung** *(semic)* common-emitter current gain
Strontiumniobat *n* strontium niobate
Strontiumtitanat *n* strontium titanate
Struktur *f*/**chemische** chemical structure
  ~ **der Übergänge** *(semic)* transition structure
  ~ **einer Versetzungsquelle** *(semic)* core structure
  flachdimensionierte ~ *(semic)* low-dimensional structure, LDS
  hexagonale ~ hexagonal structure
  inhomogene ~ *(semic)* inhomogeneous structure
  kubisch tetragonale ~ cubic tetragonal structure
  kubische ~ cubic structure
  modulationsdotierte ~ *(semic)* modulation-doped structure
  rhomboedrische ~ *(semic)* rhombohedral structure

tetragonale kristallographische ~ tetragonal crystallographic structure
untereutektische ~ hypoeutectic structure
verzweigte ~ branched structure
Strukturanalyse *f* structure (structural) analysis, analysis of structure
Strukturbeständigkeit *f* structural integrity
strukturempfindlich structure-sensitive
Strukturfehler *m* structural flaw
Strukturierung *f* patterning
Strukturkeramik *f* structural ceramics
strukturunempfindlich structure-insensitive
Stuckgips *m* stucco
Stückkosten *pl* unit cost
Stückzahl *f*/**erforderliche** quantity of pieces required
Stufe *f* stage
Stufenabschrecken *n* interrupted quenching
Stufenerwärmung *f* step heating
Stufenfolge *f* scale
Stufenhärten *n* step hardening
Stufenversetzung *f* *(cryst)* edge dislocation; *(semic)* terrace
stumpf matt[e]
Stumpfheit *f* mattness
Stumpfschweißen *n* *(mech)* butt welding
stürzen to tumble
Stütze *f* support, backing
Styren-Butadien-Kautschuk *m* styrene-butadiene rubber
Subband *n* *(semic)* sub-band
Subkorn *n* subgrain
Subkornbildung *f* subgrain formation
Subkornfehlorientierung *f* subgrain misorientation
Subkorngrenze *f* subgrain boundary
Subkorngrenzenverfestigung *f* subgrain boundary strengthening
Subkorngröße *f* subgrain size
Subkornkoaleszenz *f* subgrain coalescence
Subkornvergröberung *f* subgrain coarsening
Subkornwachstum *n* subgrain growth
Sublimation *f* sublimation
sublimieren to sublimate
Submikron *n* submicron
Substanz *f* substance
flüchtige ~ volatiles, volatile matter
monomere ~ monomer
Substanzbarren *m* ingot
Substanzen *fpl*/**inkrustierende** encrustants, encrusting materials
Substituent *m* substituent
substituieren to substitute
Substitution *f* substitution
Substitutionslegierung *f* substitutional alloy
Substitutionsmischkristall *m* substitutional solid solution
Substrat *n* substrate
bauelement-geeignetes ~ *(semic)* device-worthy substrate
binäres ~ *(semic)* binary substrate
großflächiges ~ *(semic)* large-area substrate
halbisolierendes ~ *(semic)* semi-insulating substrate
massives ~ *(semic)* bulk substrate
~ **mit geringer Defektdichte** *(semic)* low-defect-density substrate
nichtpolares ~ non-polar substrate
semiisolierendes ~ *s.* halbisolierendes ~
***p*-Substrat** *n* *(semic)* p-type substrate
Substratkristall *m* *(semic)* substrate crystal
Substratmetall *n* basis (base) metal
Sulfid *n* sulphide
Sulfidbildner *m* sulphide former
Sulfidschicht *f* *(cond)* sulphide film
Summenhäufigkeit *f* **der Teilchengrößenverteilung** cumulative particle size distribution
Summenverteilung *f* cumulative distribution
Supergitter *n* *(semic)* superlattice
synthetisches ~ *(semic)* synthetic superlattice
Superlegierung *f* superalloy
superplastisch superplastic
Superplastizität *f* superplasticity
Supersolidus-Flüssigphasensintern *n* supersolidus [liquid phase] sintering
Supraleiter *m* superconductor
~ **1. Art** type I superconductor
~ **2. Art** type II superconductor
harter ~ high-field superconductor
massiver ~ bulk superconductor
störstellenfreier ~ defect-free superconductor
weicher ~ soft superconductor
Supraleiterwerkstoff *m* superconducting material
Supraleitfähigkeit *f* superconductivity
Supraleitung *f* superconductivity
Supra[leitungs]strom *m* supercurrent [flow]
Suprastromdichte *f* supercurrent density
Süßwasser *n* fresh water
Symmetriepunkt *m* *(semic)* symmetry point
Symmetriezentrum *n* centre of symmetry
syndiotaktisch *(plast)* syndiotactic
synergistisch *(noncond)* synergistic
Synthesefaser *f* synthetic (man-made) fibre
Synthesekautschuk *m* synthetic rubber
Synthesekautschukmischung *f* synthetic rubber compound
synthetisch artificial, man-made
synthetisieren to synthesize
System *n* **aus Si und SiGe** *(semic)* Si/SiGe system
eutektisches ~ eutectic system
eutektoides ~ eutectoid system
hochhitzebeständiges (hochtemperaturbeständiges) ~ high-temperature-resistant system
invariantes ~ invariant system
nichtwäßriges ~ non-aqueous system
~ **optischer Fasern** optical-fibre system

peritektoides ~ peritectoid system
pseudobinäres ~ *(semic)* pseudobinary system
quaternäres ~ quaternary system
unitäres ~ *(semic)* unary system
unveränderliches ~ invariant system
Systemintegrität *f (noncond)* integrity of the system
Systemkomponente *f* system component
Szigeti-Parameter *m* **der effektiven Ladung** *(semic)* Szigeti effective-charge parameter
Szintillationszähler *m* scintillator
szintillieren to scintillate

T

Tabellierung *f* tabulation
Tafel *f* panel
Tageslichtbeständigkeit *f* resistance to sunlight
Tail-Zustand *m (semic)* tail state
Taktgenerator *m*/**quarzgesteuerter** crystal-controlled clock
Taktizität *f* tacticity
TANDEL *n s.* TGS-Element
Tangentialdehnung *f* hoop strain
Tangentialspannung *f* hoop stress
Tantal *n* Ta tantalum
Tantalcarbid *n* tantalum carbide
Tantalmetall *n* tantalum metal
Tantalnitrid *n* tantalum nitride
Tauchbeschichten *n* dip coating
tauchen to dip, to immerge, to immerse
Tauchen *n* dipping, immersion
Tauchhärten *n* dip hardening
Tauchtechnik *f* dipping technique
Tauchversuch *m* [continuous-]immersion test
Taupunkt *m* dewpoint
Taylor-Faktor *m (t)* Taylor factor
Technik *f* **des epitaxialen Aufwachsens** *(semic)* epitaxial-growth technique
Technologie *f* **magnetischer Werkstoffe** magnetics technology
Teer *m* tar
Teflon *n* polytetrafluoroethylene, teflon
teigig mushy
Teil *n* part; workpiece
Teilchen *n*/**geladenes** charged particle
streuendes ~ scattering particle, scatterer
~ **zur Korngrenzenverankerung** pinning particle
Teilchenbindung *f* interparticle bond
Teilchenbrücke *f (powd)* particle bridge
Teilchengestaltsakkommodation *f (powd)* particle shape accommodation
Teilchengröße *f*/**durchschnittliche** mean particle size
kritische ~ critical particle size
mittlere ~ mean particle size
Teilchengrößenbestimmung *f* particle sizing (size analysis)
Teilchengrößenverteilung *f* particle size distribution
Teilchenverbindung *f* interparticle bonding
Teilchenverfestigung *f* particle strengthening
Teilchenvergröberung *f* particle coarsening
Teilchen-Versetzungs-Wechselwirkung *f* particle-dislocation interaction
teilen to split
Teilgitter *n* sublattice
teilleitend *(elopt)* partially conducting
Teilstrahlungspyrometer *n* radiation pyrometer
Teilwerkstoff *m (comp)* submaterial
Tellur *n* Te tellurium
TEM transmission electron microscopy, TEM
Temperatur *f*/**abnehmende** decreasing temperature
absolute ~ absolute temperature
erhöhte ~ elevated temperature
eutektische ~ eutectic temperature
eutektoide ~ eutectoid temperature
kritische ~ critical (Curie) temperature, T_C
obere kritische ~ upper critical temperature
Temperaturabhängigkeit *f* temperature dependence
Temperaturänderung *f* change in temperature
Temperaturausgleichsschaltungstechnik *f* temperature-compensating circuitry
Temperaturbereich *m* temperature range
kritischer ~ critical temperature range; sensitizing range (zone) *(of intergranular corrosion)*
Temperaturfühler *m* temperature sensor
Temperaturgradient *m* temperature gradient
Temperaturkoeffizient *m* **der Kapazität** temperature coefficient of capacitance
~ **des Widerstands** temperature coefficient of resistance, TCR
Temperaturkompensation *f (magn)* temperature compensation
Temperaturkompensationsschaltungstechnik *f* temperature-compensating circuitry
Temperaturleitfähigkeit *f*, **Temperaturleitvermögen** *n* thermal diffusivity
Temperaturmessung *f* temperature measurement
Temperaturprofil *n* temperature profile
Temperaturregelung *f* temperature control
Temperaturschock *m* thermal shock
Temperatursteuerung *f* temperature control
temperaturunabhängig temperature-independent
Temperaturwechselbeständigkeit *f* thermal-shock resistance
Temperbehandlung *f s.* Tempern
Temperguß *m* malleable [cast] iron
Temperkohle *f* temper carbon
tempern to heat-treat, to anneal, *(relating to cast iron also)* to malleablize, *(relating to plastics also)* to temper
Tempern *n* heat-treatment, annealing, *(relating to cast iron also)* malleablizing, *(relating to plastics also)* tempering

Temperrohguß *m* white cast iron
Tensor *m* **2. Stufe** second-order (double) tensor, tensor of order two
~ **3. Stufe** third-order tensor
zweistufiger ~ *s.* Tensor 2. Stufe
teratogen teratogenic
Terbium *n* Tb terbium
Terbiumfluorid *n (elopt)* TbF_3 terbium fluoride
Terbiummolybdat *n* $Tb_2(MoO_4)_3$ terbium molybdate, TMO
ternär ternary
Terne-Beschichtung *f* terne coating *(a lead-tin alloy containing small amounts of antimony)*
Terne-Blech *n* terne [plate], roofing tin *(sheet of iron or steel coated with a lead-tin alloy containing small amounts of antimony)*
Terrassenbruch *m* lamellar tearing (fracture)
Tertiärbereich *m* **des Kriechens** tertiary stage of creep
Test *m* **unter Betriebsbedingungen** service test
testen to test
Tetraeder *m* tetrahedron
Tetrafluorethylen *n* tetrafluoroethylene, TFE
tetragonal *(cryst)* tetragonal
Tetragonalität *f (cryst)* tetragonality
Textilfaser *f* textile fibre
Textilien *fpl* textiles
Textur *f* texture, orientation structure
Texturbildung *f* texture formation
TGS-Element *n* temperature autostabilizing nonlinear dielectric, TANDEL
Theorie *f* **der Diffusion/kinetische** kinetic theory of diffusion
~ **von Bardeen-Cooper-Schrieffer** Bardeen-Cooper-Schrieffer theory, BCS theory
thermisch thermal
Thermoanalyse *f* thermal analysis
thermochemisch thermochemical
Thermodynamik *f* thermodynamics
thermodynamisch thermodynamic
thermoelastisch thermoelastic
Thermoelement *n* thermocouple
Thermographie *f (cryst)* thermography
Thermolumineszenz *f* thermoluminescence
thermomechanisch thermomechanical
Thermoplast *m* thermoplastic
glasfaserverstärkter ~ glass-fibre-reinforced thermoplastic
thermoplastisch thermoplastic
Thermoplastizität *f* thermoplasticity
Thermoplast-Prepreg *n* thermoplastic prepreg
Thermoschock *m* thermal shock
Thermoset-Verbundwerkstoff *m* thermoset composite
Thermospannung *f* thermoelectric potential
Thiokol *f* thiokol, polysulphide elastomer, PSE
Thorerde *f*, **Thoriumdioxid** *n*, **Thoriumoxid** *n* ThO_2 thorium dioxide
Thulium *n* Tm thulium
Thyristor *m (semic)* thyristor
Tiefenprofil *n* depth profile
tiefschmelzend low-melting
Tiefstenergie-Zustand *m (semic)* lowest-energy state
Tieftemperatur *f* low temperature, cryogenic temperature
Tieftemperaturbeständigkeit *f* low-temperature resistance
Tieftemperatureigenschaft *f* low-temperature property
Tieftemperaturverhalten *n* low-temperature behaviour
Tiefziehen *n* deep drawing
Tiefziehfähigkeit *f* deep drawability
Tiefziehstahl *m* deep-drawing steel
Tiegel *m* crucible
Tiegelstahl *m (mech)* crucible steel
Tinte *f*/**magnetische** magnetic ink
Titan *n* Ti titanium
Titancarbid *n* titanium carbide
Titanlegierung *f* titanium alloy
Titan(IV)-oxid *n*, **Titandioxid** *n* TiO_2 titanium(IV) oxide, titanium dioxide
Titanium... *s.* Titan...
Toleranz *f* tolerance
Tombak *m* tombac, tombak
Tomographie *f* tomography
tomographisch tomographic
Ton *m* clay
feuerfester ~ refractory (fire) clay
natürlicher ~ natural clay
Tonerde *f* alumina
Tonerdepaste *f* alumina paste
Tonerdesilikatglas *n* aluminosilicate glass
Tonerzeugung *f* sound generation
Tonschiefer *m* slate
Torelektrode *f (semic)* gate [electrode]
Torsion *f* torsion
Torsionsbeanspruchung *f* torsional load
Torsionsbruch *m* torsional fracture
Torsionsfestigkeit *f* torsion[al] strength
torsionsfrei torsion-free
Torsionsmoment *n* torsional moment
Torsionsschubspannung *f* torsional shear stress
Torsionssteifigkeit *f* torsional stiffness
Torsionsversuch *m* torsion test
Tracer *m*/**radioaktiver** *(semic)* radio tracer
Träger *m* 1. carrier, substrate *(medium)*; 2. *(cond)* backing; 3. *(mechanical)* support; bracket
Trägerdichte *f* carrier density
~ **in einem Eigenhalbleiter** *(semic)* intrinsic carrier density
Trägergas *n* carrier gas
Trägerinjektion *f (elopt)* carrier injection
Trägerkonzentration *f (semic)* carrier concentration
Trägerkörper *m* **aus Steatit** steatite bobbin
Trägermaterial *n*, **Trägersubstanz** *f s.* Träger 1. *und* 2.

Tragfähigkeit *f* bearing strength; *(t)* load capacity
Trägheit *f* slowness
Traglast *f* limit load
Tragwirkung *f (mech)* bearing effect
tränken to impregnate, to saturate
Tränken *n* impregnation
~ **mit Harz** *(noncond)* resin impregnation
Tränklack *m* impregnating varnish
Tränkung *f* impregnation, saturation
Tränkwerkstoff *m* / **leitfähiger** conductive infiltrant
Transduktion *f* transduction
Transferpressen *n* [resin] transfer moulding
Transformationstemperatur *f* transformation temperature
Transformationsverfestigung *f* transformation toughening
Transformatorenstahl *m* transformer steel
Transistor *m (semic)* transistor
adaptiver ~ adaptive transistor
~ **auf der Grundlage von Galliumarsenid** gallium-arsenide-based transistor
bipolarer ~ bipolar transistor
~ **mit Homoübergang/bipolarer** homojunction bipolar
Transitzeit *f* **einer Ladung** *(semic)* transit time for a carrier
transkristallin transgranular, intergranular
Transluzenz *f* translucency, transparency
Transmissions-Elektronenmikroskopie *f* transmission electron microscopy, TEM
Transmutierungsdotierung *f (semic)* transmutation doping
Transparenz *f* transparency
transpassiv transpassive
Transpassivierung *f* transpassivation
Transpassivität *f* transpassivity
Transportband *n* belt
Transportmittel *n* transporting agent
Trennen *n* 1. separation *(of phases, mixtures)*; 2. cutting *(as of sheet material)*
trennen 1. to separate *(phases, mixtures)*; 2. to cut *(e.g. sheet material)*
Trennfestigkeit *f* cohesive strength
Trennmittel *n* release agent
Trennung *f* separation
räumliche ~ *(semic)* spatial separation
Trennverfahren *n* cutting process
Trial-and-error-Methode *f* trial-and-error procedure
Trialkylcyanurat *n* trialkyl cyanurate
Tribokorrosion *f* fretting corrosion
Tribologie *f* tribology
Tribosystem *n* tribosystem
Triebkraft *f* driving force (potential); [chemical] affinity
Triethylarsin *n (semic)* $As(C_2H_5)_3$ triethylarsine
Triethylcellulose *f* ethyl cellulose
Triethylgallium *n (semic)* $Ga(C_2H_5)_3$ triethylgallium, TEG
Triglycinsulfat *n* triglycine sulphate, TGS
triklin triclinic
Trimethylaluminium *n (semic)* $Al(CH_3)_3$ trimethylaluminium
Trimethylarsin *n (semic)* $As(CH_3)_3$ trimethylarsine
Trimethylgallium *n (semic)* $Ga(CH_3)_3$ trimethylgallium, TMG
Trimmer *m* trimmer
Trimmpfad *m* trim path
Tripelpunktriß *m* triple-point crack
Triplexprozeß *m* triplex process
Trockengel *n* xerogel
Trockenkorrosion *f* dry [atmospheric] corrosion
Trockenmasse *f* dry weight
Trockenpreßverfahren *n* dry-press process
Trockenprozeß *m* drying process
Trockenstoffmasse *f* dry weight
Trockenverfahren *n* dry process
trocknen to dry
zu lange ~ to overdry
Trocknungsgeschwindigkeit *f* drying rate
Trocknungsschrumpfen *n* drying shrinkage
Trocknungsverfahren *n* drying process
Tropfen *m* drop
Tropfenschlagerosion *f* impingement corrosion
Trübung *f* opacity, cloudiness; *(plast)* haze; *(cond)* tarnish
Trübungsmittel *n* opacifier, opacifying agent
Tukon-Härteprüfer *m* Tukon hardness tester
Tunneleffekt *m* tunnelling effect
tunneln to tunnel
Tunneln *n* tunneling
quantenmechanisches ~ quantum-mechanical tunneling
Tunnelstrom *m* tunnel current
Turmalin *m* tourmaline *(a cyclosilicate)*
Tyndall-Effekt *m* Tyndall effect
Typ I-Supraleiter *m* type I superconductor
Typ II-Supraleiter *m* type II superconductor
Typenbezeichnung *f* designation

U

Überaltern *n* overageing *(UK)*
überaltern to overage
überbeanspruchen to overstress
Überbeanspruchung *f* overstress
überbelasten to overload
Überbelastung *f* overload[ing]
statische ~ static overload
Überdruck *m* overpressure
übereinstimmen to coincide
übereinstimmend/im Gitter *(semic)* lattice-matched
übereutektoid hypereutectoid
überführen to transform
Übergang *m*/**ferroelektrischer** ferroelectric reversal

~ **von der kristallinen zur amorphen Phase** crystalline to amorphous phase transition
~ **von *n*- zur *p*-Leitung** *(semic)* *n*- to *p*-type conversion
~ **von tetragonaler zu kubischer Struktur** tetragonal to cubic transition
Übergangselement *n* transition-metal element
Übergangsenthalpie *f (semic)* enthalpy of transition
Übergangsfestigkeit *f* transition strength
Übergangskriechen *n* transient creep
Übergangsmetall *n* transition metal
Übergangsmetalloxid *n* transition-metal oxide
gesintertes halbleitendes ~ sintered semiconductive transition-metal oxide
Übergangsschicht *f* transition layer
Übergangstemperatur *f* transition temperature; *(mech specif.)* brittle-tough transition temperature, ductile-to-brittle temperature
Übergangswahrscheinlichkeit *f (semic)* probability of recombinations; *(elopt)* transition probability
übergehen to transform
Übergitter *n (semic)* superlattice
schichtverformtes ~ strained-layer superlattice
Überhitzung *f* overheating
Überhitzungsschutz *m* over-temperature protection device
Überhitzungsunempfindlichkeit *f* overheating insensivity
überkrusten to encrust
Überkrustung *f* encrustation
überlagern to superimpose
Überlagerung *f* superimposition
Überlagerungstechnik *f* heterodyne technique
überlappen to overlap
sich ~ to overlap
Überlappung *f* [over]lap
~ **der Orbitale/direkte** *(semic)* direct orbital overlap
räumliche ~ *(semic)* spatial overlap
Überlappungsscherfestigkeit *f* lap-shear strength
überlasten to overload
Überlastung *f* overload[ing]
Überlastungsschutz *m* **der Installation** overhead protection of wiring
Überlegenheit *f* superiority *(as of a specified material)*
übermäßig excessive
übernächster second-neighbour
Überpressung *f (powd)* slumping
übersättigen to supersaturate
Übersättigung *f* supersaturation
Überschlag *m (noncond)* flash-over
Überschuß *m* excess
Überschußelektron *n (semic)* excess electron
überschüssig excessive
Überschußkomponente *f (semic)* excess component
Überschußlöslichkeit *f (semic)* excess solubility
Überspannung *f* transient
Überspannungsableiter *m* lightning arrester (arrestor)
übersteigen to exceed
überstöchiometrisch hyperstoichometric
Überstruktur *f (cryst)* superstructure
Überstrukturbildung *f (cryst)* superstructure formation
Übertemperatur-Warnsystem *n* over-temperature warning system
übertempern to overtemper
übertreffen to exceed
Übertrocknen *n* overdrying
übertrocknen to overdry
Überwärmung *f* overheating
überwinden/die verbotene Zone *(semic)* to cross the gap
überziehen 1. to cover *(with prefabricated plastic sheet)*; to clad *(with sheet metal)*; 2. *s.* beschichten
mit einer Kruste ~ to encrust
mit Vanadium ~ to vanadize
Überzug *m* 1. cover[ing] *(consisting of prefabricated plastic sheet)*; cladding *(consisting of sheet metal)*; 2. *s.* Schutzschicht
~ **aus permanentmagnetischen Teilchen** coating of permanent-magnetic particles
konformer ~ conformal coating
Überzugsmaterial *n* 1. covering material *(consisting of prefabricated plastic sheet)*; cladding material *(consisting of sheet metal)*; 2. *s.* Schutzschichtstoff
Ulltraschall *m* ultrasound
Ulltraschallerzeuger *m* ultrasonic transducer
Ulltraschallprüfergebnis *n* ultrasonic test result
Ulltraschalltomographie *n* ultrasonic tomography
Ulltraschallverfahren *n* ultrasonic technique
Ulltraschallwerkstoffprüfsystem *n* ultrasonic flaw detection system
ultrafeinkörnig ultrafine-grained
ultrahochfest ultrahigh-strength
Ultrahochvakuum-Reaktor *m (semic)* ultrahigh-vacuum (UHV) chamber
Ultrarot *n* infrared
Ultraschallabschwächung *f* ultrasonic attenuation
Ultraschallbohrgerät *n* ultrasonic drilling device
Ultraschall-C-Scan-Methode *f* ultrasonic C-scan method
ultraschallgereinigt ultrasonically washed
Ultraschallhärteprüfer *m* ultrasonic hardness tester
Ultraschallimpuls *m* ultrasonic pulse
Ultraschallmessung *f* ultrasonic measurement
Ultraschallprüfung *f* ultrasonic test[ing]
Ultraschallreinigung *f* ultrasonic cleaning
Ultraschallreinigungsanlage *f* ultrasonic cleaning device
Ultraschallschweißen *n* ultrasonic welding
Ultraschallverfahren *n* ultrasonic method

Ultraviolett *n* ultraviolet
Ultraviolett... *s.* UV-...
umarbeiten to remodel
umdrehen to invert
umformbar formable, workable
Umformbarkeit *f* formability, workability
schlechte ~ *(cond)* poor formability
Umformen *n* forming, [mechanical] working
umformen to form, to work [mechanically]
Umformung *f* 1. *(spontaneous)* deformation; 2. *s.* Umformen
gitterunabhängige ~ lattice-invariant deformation *(inhomogeneous deformation that results in a change of shape without altering the crystal structure)*
isotherme ~ isothermal deformation
stoßinduzierte ~ shock-induced deformation
Umformvorgang *m* deformation process
Umformwärme *f* deformation heat
Umformwiderstand *m* deformation resistance
umgeben 1. to embed, to enclose; 2. to surround, to environ
Umgebung *f*/**aggressive** hostile environment
korrosive ~ corrosive environment
Umgebungsbedingung *f* environmental condition
Umgebungsdruck *m* ambient pressure
Umgebungseinfluß *m* environmental effect
Umgebungsprüfbedingung *f* environmental test condition
Umgebungstemperatur *f* ambient temperature
Umgruppierung *f* rearrangement
umhüllen to wrap; *(using metal sheet:)* to clad
Umkehr *f* inversion *(of a process)*
umkehrbar reversible
Umkehrbarkeit *f* reversibility
umkehren /**den Richtungssinn** to reverse in sense
Umkehrfeld *n* reverse field
Umkehrung *f* inversion
Umkristallisieren *n* recrystallization
umkristallisieren to recrystallize
umlagern to rearrange
sich ~ to rearrange
Umlagerung *f* rearrangement
Umlaufverstärkung *f (semic)* round-trip gain
umleiten to by-pass
Ummagnetisierung *f* magnetization reversal, reversal of magnetism
ummanteln to jacket
Ummantelungsmaterial *n (noncond)* jacketing material
umorientieren to re-orient
Umorientierung *f* re-orientation
Umriß *m* shape
Umsatzgeschwindigkeit *f* rate of conversion (transformation)
umschlagen to revert, to change
umschließen to embed
umschmelzen to re-melt
Umschmelzofen *m* re-melting furnace
umsetzen to convert, to transform
Umsetzungsgeschwindigkeit *f* rate of conversion (transformation)
umverteilen to redistribute
Störstellen ~ *(semic)* to redistribute impurities
Umverteilung *f* redistribution
elektronische ~ electronic redistribution
umwandeln to transform, to convert, to invert
sich ~ to transform, to revert
Umwandlung *f (act or process:)* transformation, conversion, inversion, *(process also)* reversal
~ **bei gleichbleibender Temperatur** isothermal transformation
~ **bei stetiger Abkühlung** *(mech)* continuous cooling transformation, CCT
diffusionsgesteuerte ~ diffusion-controlled transformation
eutektische ~ eutectic transformation
gesteuerte ~ controlled transformation
isotherme ~ isothermal transformation
martensitische ~ martensitic transformation
spannungsinduzierte ~ stress-induced transformation
wechselseitige ~ *(semic)* interconversion
Umwandlungsdiagramm *n* transformation diagram
isothermisches ~ isotthermal transformation diagram
Umwandlungsdotierung *f (semic)* transmutation doping
Umwandlungsgefüge *n* transition structure
Umwandlungsgeschwindigkeit *f* rate of transformation (conversion)
Umwandlungsgrad *m* degree of conversion
Umwandlungshärtung *f* transformation hardening
Umwandlungskinetik *f* transformation kinetics
Umwandlungskurve *f* **für konstante Abkühlung** continuous cooling transformation curve
Umwandlungspunkt *m* transformation point
Umwandlungstemperatur *f* transformation temperature
kritische ~ critical transformation temperature
Umwandlungsverhalten *n* transformation behaviour
Umwandlungsversetzung *f* transformation dislocation
Umweltbedingung *n* environmental condition
Umweltbelastung *f* environmental impact
Umweltbeständigkeit *f* environmental resistance
Umweltchemie *f* environmental chemistry
Umwelteinfluß *m* environmental influence
Umweltfaktor *m* environmental factor
Umweltproblem *n* environmental problem
Umwelttechnik *f* environmental engineering
Umweltverschmutzung *f* environmental pollution
Umweltverträglichkeit *f* environmental compatibility (acceptability)
umwickeln to wrap

Umwicklung *f* wrapping
unabgesättigt unsaturated
unangegriffen unattacked
Unbedenklichkeit *f*/**ökologische** ecological harmlessness
unbehandelt untreated, as-received
unbeständig unstable, labile
Unbeständigkeit *f* instability, lability
unbrennbar fireproof
undicht leaky; porous • **sein** to leak
undotiert *(semic)* undoped
undurchlässig impenetrable, impermeable
Undurchlässigkeit *f* impenetrability, impermeability
Undurchsichtigkeit *f* opacity
Unebenheit *f* asperity, unevenness
uneinheitlich heterogeneous
Uneinheitlichkeit *f* heterogeneity
unelastisch inelastic
unempfindlich insensitive
Unempfindlichkeit *f* insensitiveness, insensitivity
unentflammbar flame-resistant, flame-proof
unerwünscht undesirable *(e.g. property)*
Ungänze *f* microvoid
ungeätzt unetched
ungefährlich non-hazardous
Ungenauigkeit *f* inaccuracy
ungesättigt unsaturated
ungesintert *(powd)* green
ungiftig non-toxic
ungleichartig heterogeneous
Ungleichgewichtsstruktur *f* non-equilibrium structure
Ungleichmäßigkeit *f* non-uniformity
unidirektional unidirectional
unlegiert unalloyed
unlöslich insoluble
Unlöslichkeit *f* insolubility
unmagnetisch non-magnetic
Unmischbarkeit *f* immiscibility
Unregelmäßigkeit *f* anomaly
unstabilisiert unstabilized
Unstetigkeitsstelle *f* discontinuity
unterbrechen to stop; to break; to isolate
Unterbrecher *m (cond)* circuit breaker
Unterbrecherkontakt *m (cond)* make and break contact
Unterbrechung *f* 1. interruption; breaking; isolation; 2. discontinuity
Unterbringung *f* housing
unterbrochen/zeitweilig *(cond)* make-and-break
Unterdiffusion *f (semic)* lateral diffusion
unterdrücken to suppress
Unterdrückung *f* suppression
~ **des Erstarrungspunktes** freezing-point depression
untereutektisch hypoeutectic
untereutektoid hypoeutectoid
Untergitter *n* sublattice
Unterkante *f* **eines Bandes** *(semic)* bottom of a band
Unterkorn *n* subgrain
unterkühlen to supercool
Unterkühlen *n*/**konstitutionelles** *(semic)* constitutional supercooling
Unterlage *f* 1. substrate, support material; 2. *(mechanical)* bracket
Unterpulver[lichtbogen]schweißen *n* submerged-arc welding
unterstöchiometrisch hypostoichiometric
untersuchen to examine, to investigate
Untersuchung *f* examination, investigation
elektronenmikroskopische ~ electron-microscope examination
lichtmikroskopische ~ light-microscope examination
metallographische ~ metallographic examination
unterteilen to classify, to class
Unterteilung *f* classification
unterwerfen to subject *(as to a treatment)*
unvermischbar immiscible
unversehrt unattacked
unverseifbar *(plast)* unsaponifiable
unverträglich incompatible
Unverträglichkeit *f* incompatibility
Unzulänglichkeit *f* shortcoming
Urethan *n* urethane
Urethanelastomer[es] *n* polyurethane elastomer
Urethankautschuk *n* polyurethane rubber, PUR
Urmuster *n*, **Urtyp** *m* prototype
UV-Beständigkeit *f* ultraviolet resistance
UV-Licht *n* ultraviolet light
UV-Spektroskopie *f* ultraviolet spectroscopy

V

Vakuum *n* vacuum
Vakuumaufdampfen *n* vacuum deposition
Vakuumaufkohlen *n* vacuum carburizing
Vakuumbedampfen *n* vacuum metallizing (metallization)
Vakuumbehandlung *f* vacuum treatment
vakuumerschmolzen vacuum-melted
Vakuumformen *n* vacuum forming
Vakuuminduktionsofen *m* vacuum induction furnace
Vakuuminduktionsschmelzen *n* vacuum induction melting
Vakuumlichtbogenentgasung *f* vacuum arc degassing
vakuumlichtbogengeschmolzen skull-melted
Vakuumlichtbogenschmelzen *n* skull melting technique
Vakuumlichtbogenumschmelzen *n* vacuum arc remelting

Vakuumschalter *m* vacuum switch
Vakuumschmelzverfahren *n* vacuum melting process
Valenz *f* valency
Valenzband *n (semic)* valence band
Valenzbandkante *f (semic)* valence-band edge
Valenzbandmaximum *n (semic)* valence-band maximum
entartetes ~ degenerate valence-band maximum
zweifach entartetes ~ doubly degenerate valence-band maximum
Valenzbandstruktur *f* **/ oberflächenprojizierte** *(semic)* surface-projected valence-band structure
Valenzelektronendichte *f (semic)* valence charge density
vanadieren to vanadize
Vanadium *n* V vanadium
Vanadiumkorrosion *f* fuel-ash corrosion
Van-der-Waals-Bindung *f* van der Waals bond
van-der-Waals-Kräfte *fpl* van der Waals forces [of attraction]
Varaktor-Diode *f (semic)* varactor diode
Varianzanalyse *f* analysis of variance
Varicapdiode *f (semic)* varactor diode
Vektor *m* **der elektrischen Polarisation** electric polarization vector
pyroelektrischer ~ pyroelectric vector
Ventil *n* valve
Ventilwerkstoff *m* valve material
verändern to modify, to alter
Veränderung *f* modification, alteration
Verankern *n* anchorage *(of coatings)*; *(cryst)* pinning *(as of grain boundaries)*
verankern to anchor *(coatings)*; *(cryst)* to pin *(e.g. grain boundaries)*
Verantwortung *f* responsibility
verarbeitbar processable, workable
Verarbeitbarkeit *f* processability, workability
Verarbeitung *f* processing
Verarbeitungsbedingungen *fpl* processing conditions
Verarbeitungsfähigkeit *f s.* Verarbeitbarkeit
Verarbeitungstemperatur *f* processing temperature
Verarmung *f* impoverishment
Verarmungsbetrieb *m (semic)* depletion mode
Verarmungsgebiet *n (semic)* depletion region
Verarmungs-MOSFET *m (semic)* depletion-mode MOSFET
verästelt dendritic
verbessern to improve
Verbesserung *f* improvement
verbinden *(mechanically, esp. pipes and parts:)* to connect, to join; to bond *(surfaces)*; *(chemically:)* to combine
sich ~ to bond *(surfaces)*; *(chemically:)* to combine
Verbindung *f* 1. *(act or process:)* connection, joining, linkage, *(of surfaces:)* bonding; 2. *(mechanical)* joint; bond *(between surfaces)*; *(chemical)* compound; 3. *(state:)* connection; *(between surfaces:)* bond
binäre ~ binary compound
chemische ~ compound
dissoziable ~ *(semic)* dissociable compound
flüchtige ~ volatile compound
intermetallische ~ intermetallic phase, intermetallic
mechanische ~ mechanical joint
quaternäre ~ quaternary compound
reibkorrosionsvermindernde ~ anti-fretting compound
spröde intermetallische ~ brittle intermetallic compound
ternäre ~ ternary compound
wurtzitähnliche ~ *(semic)* wurtzite-type compound
III-V-Verbindung *f (semic)* III-V compound
gemischte ~ mixed III-V compound, III-V mixed compound
~ mit Bandstruktur band-gap III-V compound
~ mit direktem Bandabstand direct-gap III-V compound
Verbindungsbildung *f* compound formation
Verbindungshalbleiter *m* compound semiconductor
Verbindungshalbleitermaterial *n* compound semiconductor material
Verbindungskristall *m* compound crystal
Verbrauch *m* consumption
verbrauchen to consume
Verbrennungskammer *f* combustion chamber
Verbrennungsprodukt *n* combustion product
Verbrennungssintern *n (powd)* combustion sintering
Verbund *m s.* Verbundwerkstoff
Verbundaufbau *m* composite structure
Verbundbauweise *f* sandwich construction
Verbundeigenschaften *fpl* composite properties
Verbundglas *n* safety [sheet] glass
Verbundlaminat *n* composite laminate
Verbundmetall *n* composite (laminated) metal
Verbundprinzip *n* composite principle
Verbundsicherheitsglas *n s.* Verbundglas
Verbundtechnologie *f* composites technology
Verbundwerkstoff *m* composite [material] *(heterogeneous mixture of two or more homogeneous phases which have been bonded together)*
~ auf der Grundlage von Silber *(cond)* silver-base composite
~ auf der Grundlage von Wolfram tungsten-base composite
~ auf der Grundlage von Wolframcarbid tungsten-carbide-base composite
fadenförmiger ~ filamentary composite
faserverstärkter ~ fibre[-reinforced] composite

hybrider ~ hybrid composite
laminierter ~ composite laminate
mehrphasiger ~ multiphase composite
neuerer ~ advanced composite
whiskerverstärkter ~ whisker composite
zweidimensionaler ~ 2-D fabric composite, two-dimensional fabric
zweiphasiger ~ two-phase composite
Verbundwerkstoffmatrix *f* composite matrix
verchromen to chromize
verdampfen to vaporize, to evaporate
Verdampfung *f* vaporization, evaporation
Verdampfungsenthalpie *f* evaporation enthalpy
Verdampfungsverluste *mpl* evaporative loss
Verdampfungswärme *f* heat of vaporization
verdichtbar densifiable
Verdichtbarkeit *f* compactibility
verdichten to compact, to densify
Verdichtung *f* compaction, densification
versetzungsgesteuerte ~ *(powd)* dislocation-controlled densification
Verdichtungsdruck *m* compaction pressure
Verdichtungsgeschwindigkeit *f* densification rate
Verdichtungsgrad *m* degree of compaction
Verdichtungshilfsmittel *n* densification aid
Verdichtungstechnologie *f* compaction technique
Verdickungsmittel *n* thickening agent, thickener
Verdrängen *n* displacement
verdrängen to displace
verdrehen to distort, *(intentionally:)* to twist
Verdrehfestigkeit *f* torsion[al] strength
Verdrehung *f* [dis]tortion
Verdrehungsfestigkeit *f* torsion[al] strength
verdrehungsfrei torsion-free
Verdrehungsgrenze *f* twist boundary
verdünnen to dilute
Verdünner *m* diluent
verdünnt dilute
Verdünnung *f* dilution
Verdünnungsgrad *m* degree of dilution
Verdünnungsmittel *n* diluent
verdunsten to evaporate, to vaporize, to volatilize *(below normal boiling point)*
verdüsbar atomizable
verdüsen to atomize
Verdüsungsdruck *m* atomization pressure
Verdüsungsmittel *n* atomization agent
Verdüsungspulver *n* atomization powder
Verdüsungstechnologie *f* atomization technique
Verdüsungstemperatur *f* atomization temperature
veredeln to improve, to refine; to finish *(a surface)*
Vered[e]lung *f* improvement, refinement; finishing *(of a surface)*
Vereinigung *f* coalescence
Verfahren *n* process, method, procedure
elektrolytisches ~ electrolytic process
kontinuierliches ~ continuous process
spanendes ~ cutting process
trockenes ~ dry process
Verfälschung *f* adulteration
verfärben to discolour
Verfärbung *f* discoloration
verfeinern to improve, to refine
Verfeinerung *f* improvement, refinement
~ **des Mikrogefüges** refinement of microstructure
Verfestigung *f* strengthening, hardening
~ **durch Kornfeinung** grain-refinement strengthening
~ **durch Subkorngrenzen** subgrain-boundary strengthening
Verfestigungseffekt *m* strengthening effect
Verfestigungskurve *f* stress-strain-curve
Verfestigungsmechanismus *m* strengthening mechanism
Verfestigungsmittel *n* strengthening agent
Verfestigungsrate *f* rate of work hardening
verflüchtigen/sich to volatilize
Verflüchtigung *f* volatilization
verflüssigbar liquefiable
verflüssigen to liquefy
sich ~ to liquefy, *(relating to crystals:)* to deliquesce
Verflüssiger *m* liquefier; condenser *(of a refrigerating machine)*
Verflüssigung *f* liquefaction, *(of crystals:)* deliquescence
verformbar deformable
Verformbarkeit *f* deformability
verformen to deform, *(esp. elastic material)* to strain
sich ~ to deform, *(esp. around an axis:)* to distort
sich plastisch ~ to yield
Verformung *f* deformation, *(esp. around an axis:)* distortion
adiabatische ~ adiabatic deformation
~ **an Orten hoher Spannungskonzentration/plastische** plastic flow at stress concentration
bleibende ~ permanent deformation
bleibende plastische ~ permanent plastic deformation
elastische ~ elastic deformation
homogene ~ homogeneous deformation
plastische ~ plastic deformation
plastische zyklische ~ cyclic plastic deformation
quasiplastische ~ quasiplastic deformation
reversible elastische ~ reversible elastic deformation
~ **unter Zugbeanspruchung** tensile deformation
viskoelastische ~ viscoelastic deformation
Verformungsarbeit *f*/**plastische** plastic work
Verformungsbruch *m* ductile fracture
Verformungsenergie *f* energy of deformation
Verformungsgefüge *n* deformation structure

Verformungsgeschwindigkeit *f* deformation rate
Verformungsgrad *m* degree of formation
verformungsinduziert deformation-induced
Verformungsmartensit *m* strain-induced martensite, deformation martensite
Verformungsriß *m* deformation crack
Verformungsstruktur *f* deformation structure
Verformungstextur *f* deformation texture
Verformungsverfestigung *f* work-hardening, strain hardening
Verformungsverhalten *n* deformation behaviour
Verformungsvorgang *m* deformation process
Verformungswiderstand *m* deformation resistance
verfügbar available
Verfügbarkeit *f* availability
kommerzielle ~ commercial availability
vergeuden to waste
vergießbar *(mech)* castable
Vergießen *n (mech)* casting
vergießen *(mech)* to cast
Vergilbung *f (plast)* yellowing
Vergilbungsbeständigkeit *f (plast)* resistance to yellowing, afteryellowing resistance
verglasen to vitrify; to glass *(metal surfaces)*
Verglasung *f* vitrification
Vergleich *m* comparison
Vergleichbarkeit *f* comparability
Vergleichbarkeitsstudie *f* comparability study
vergleichend comparative
Vergleichsgas *n* reference gas
Vergleichsmessung *f* comparative (comparison) measurement
Vergleichsprobe *f* comparison specimen
Vergleichsschmelze *f* comparison melt
Vergleichsspannung *f (mech)* equivalent (effective) stress
Vergleichsstahl *m* comparative steel
Vergleichstest *m* comparative (comparison) test
Vergleichsuntersuchung *f* comparative examination
vergleichsweise comparative
Vergleichswert *m* comparative value
vergröbern to coarsen
Vergußmasse *n* moulding compound
Vergüten *n* quenching (hardening) and tempering, quenching and tempering
vergüten to quench and temper, to harden and temper
Verhaken *n***/mechanisches** *(powd)* mechanical interlocking
Verhalten *n* behaviour
anelastisches ~ anelastic behaviour
~ **bei Zugbeanspruchung** tensile behaviour
duktiles ~ ductile behaviour
elastisches ~ elastic behaviour
elektronisches ~ *(semic)* electronic behaviour
makroskopisches ~ macroscopic behaviour
quasimetallisches ~ *(semic)* quasimetallic behaviour
sprödes ~ brittle behaviour
viskoelastisches ~ viscoelastic behaviour
verhalten/sich to behave
Verhältnis *n***/stöchiometrisches** stoichiometric ratio
~ **von Akzeptoren zu Donatoren** *(semic)* acceptor-to-donor ratio
verharzen to resinify
verholzen to lignify
Verholzung *f* lignification
verkapseln to encapsulate
Verkapselungsstoff *m* encapsulant
verkaufsfähig marketable
Verkaufsfähigkeit *f* marketability
verkleben to glue
Verkleidung *f* cover[ing], casing, jacket; *(esp. relating to metal:)* cladding
Verkohlung *f* carbonization
verkrusten to encrust, *(relating to metal, by oxidation:)* to scale
verkupfern to copper
Verlängerung *f* extension
verlangsamen to retard, to slow down
Verlangsamung *f* retardation, slowing-down
Verläßlichkeit *f* reliability
verleimen to glue
Verlust *m* loss
dielektrischer ~ *(semic)* dielectric loss
ohmscher ~ resistance loss
verlustbehaftet lossy
Verluste *mpl***/elektrische** *(noncond)* electrical losses
Verlustfaktor *m***[/dielektrischer]** *(noncond)* dissipation factor, tan δ
Verlustleistung *f* power dissipation
verlustreich lossy
vermahlen to mill
Vermehrung *f* multiplication
vermengen to mingle, to mix
vermessingen to brass
Vermiculargraphit *m* vermicular-type graphite
vermindern to reduce
Verminderung *f* reduction
vermischen to mingle, to mix, to blend
vernetzbar crosslinkable
vernetzen to crosslink, to cross-link
Vernetzungsdichte *f* crosslinking density
Vernetzungsgrad *m* degree of crosslinking
Vernetzungsmittel *n* crosslinking agent
Vernetzungstechnik *f* crosslinking technique
vernichten to annihilate
Vernichtung *f* annihilation
vernickeln to nickel[ize]
Vernickeln *n* nickelization
verpacken to pack[age], *(using paper)* to wrap
Verpackung *f* 1. package, *(consisting of paper:)* wrapping: 2. *s.* Verpackungsmaterial
Verpackungsmaterial *n* packaging material
verpressen/heiß to hot-press, *(relating to powders also)* to sinter under pressure

Verriegelung *f (magn)* latching
verringern to decrease
verrotten to rot
verrühren to mix
verrußen to soot
Versagen *n* failure
~ **der ersten Verbundschicht** *(comp)* first-ply failure
~ **durch Ausknicken im Mikrobereich** micro-buckling failure
~ **durch Ermüdung** fatigue failure
~ **durch Korrosion** corrosion failure
frühzeitiges ~ premature failure
mechanisches ~ mechanical failure
statisches ~ static failure
vorzeitiges ~ premature failure
zyklisches ~ cyclic failure
versagen to fail
vorzeitig ~ to fail prematurely
Versagensgrenze *f* failure limit
Versagensgrenzfall *m* limit case of failure
Versagensmechanismus *m* failure mechanism
Versagensmodus *m* failure mode
versagenssicher failsafe
Versagenssicherheit *f* safety from failure
Versagensvorhersage *f* failure prediction
verschärfen to exacerbate
verschäumen to foam
verschieben/Domänenwände to displace domain walls
Verschiebung *f* **von starren Körpern** rigid body shift
Verschiebungsvektor *m* displacement vector
verschlacken to slag
Verschlackung *f* slagging
verschlechtern to deteriorate, to degrade
sich ~ to deteriorate, to degrade
Verschlechterung *f* deterioration, degradation
~ **der Eigenschaften** degradation of properties
umgebungsbedingte ~ environmental deterioration
Verschleiß *m* wear[-out]
adhäsiver ~ adhesive wear
erosiver ~ erosive wear
furchender ~ scoring wear
korrosiver ~ corrosive wear
mechanischer ~ mechanical abrasion
reibender ~ abrasion
verschleißen to wear out
verschleißfest resistant to wear, wear-resistant, wearfacing
Verschleißfestigkeit *f* wear resistance
Verschleißgeschwindigkeit *f* wear rate
verschleißmindernd wear-reducing
Verschleißrate *f* wear rate
Verschleißschutzeigenschaften *fpl* anti-wear properties
Verschleißteilchen *n* debris particle
Verschleißversagen *n* wear failure
Verschleißwiderstand *m* wear resistance
verschlossen/luftdicht hermetically sealed
Verschmelzen *n* fusion
verschmelzen to fuse
miteinander ~ to coalesce
verschmieren to smear
verschmutzen to contaminate, *(by impact of toxic substances:)* to pollute
Verschmutzung *f* contamination, *(by impact of toxic substances:)* pollution
Verschmutzungsstoff *m* contaminant, *(if toxic:)* pollutant, polluting agent
verschweißen to weld
verschwenden to waste
versetzen/in Schwingung to vibrate
Versetzung *f* dislocation
bewegliche ~ unlocked dislocation
mobile ~ mobile dislocation
nichtgleitfähige ~ sessile dislocation
unbewegliche ~ immobile dislocation
α-**Versetzung** *f (semic)* alpha dislocation
β-**Versetzung** *f (semic)* beta dislocation
Versetzungsanhäufung *f* dislocation pile-up
Versetzungsannihilierung *f s.* Versetzungsauflösung
Versetzungsätzen *n* dislocation etching
Versetzungsauflösung *f* dislocation annihilation
Versetzungsauflösungsgeschwindigkeit *f* dislocation annihalation rate
Versetzungsaufstauung *f* dislocation pile-up
Versetzungsbeweglichkeit *f* dislocation mobility
Versetzungsbewegung *f* dislocation motion
Versetzungsdichte *f* dislocation density
versetzungsfrei dislocation-free
Versetzungsgeschwindigkeit *f* dislocation velocity
Versetzungsgleiten *n* dislocation glide (slip)
Versetzungsklettern *n* dislocation climb
Versetzungskriechen *n* dislocation creep
Versetzungsnetzwerk *n* dislocation network
Versetzungspopulation *f* dislocation population
Versetzungsquelle *f* dislocation source
Versetzungsring *m*, **Versetzungsschleife** *f* dislocation loop *(combination of screw and edge dislocations)*
Versetzungsstruktur *f* dislocation structure
zellartige ~ *(semic)* cellular dislocation structure
Versetzungsverankerung *f* dislocation pinning
Versetzungsverfestigung *f* dislocation strengthening
Versetzungswald *m* dislocation forest
Versetzungswall *m* dislocation wall
Versetzungswechselwirkung *f* dislocation interaction
versiegeln to seal
versilbern to silver
versorgen to supply
Versorgung *f* supply
verspröden to embrittle

Versprödung *f* embrittlement
Versprödungsanfälligkeit *f* susceptibility to embrittlement
Versprödungseffekt *m* embrittling effect
Versprödungsfaktor *m* embrittlement factor
Versprödungsproblem *n* embrittlement problem
Versprödungstemperatur *f* brittle (ductile-brittle transition) temperature
Versprühen *n* atomizing, atomization
verstärken to reinforce, to strengthen, *(relating to properties:)* to enhance
Verstärkung *f* reinforcement, strengthening, *(of properties:)* enhancement
feuerfeste ~ refractory reinforcement
optische ~ *(semic)* optical gain
unidirektionale ~ *(comp)* unidirectional reinforcement
Verstärkungsmaterial *m* reinforcing (reinforcement) material
Verstärkungsphase *f* reinforcing phase
versteifen to stiffen
Versuch *m* experiment, *(if conducted under specified conditions:)* test
~ unter Einsatzbedingungen service test
Versuchsbedingungen *fpl* test conditions
Versuchsanordnung *f* experimental (test) arrangement
Versuchsblech *n* test panel
Versuchsdurchführung *f* experimental (testing) procedure
Versuchsguß *m* test casting
Versuchsmedium *n* test medium
Versuchsmethode *f* experimental method
Versuchsobjekt *n* test object
Versuchsschmelze *f* test melt
Versuch-und-Irrtum-Methode *f* trial-and-error procedure
verteilen to distribute
verteilt/gleichförmig *(elopt)* uniformly distributed
Verteilung *f* distribution
~ effektiver Punktladungen effective point charge distribution
gleichmäßige ~ homogeneous (uniform) distribution
räumliche ~ spatial distribution
regellose ~ random distribution
statistische ~ random distribution
Verteilungsfunktion *f* distribution function
Verteilungskoeffizient *m*/**idealer** *(semic)* equilibrium distribution coefficient
Vertiefung *f* recess
Verträglichkeit *f* compatibility
verunreinigen *s.* verschmutzen
Verunreinigung *f s.* 1. Verschmutzung; 2. Verschmutzungsstoff
Verwendung *f* service
verwerfen/sich to warp
Verwerfung *f* warpage
verwinden/sich to twist
Verwindung *f* twisting
Verwirklichung *f* implementation
Verwischen *n* tailing *(of band edges)*
Verwitterung *f* 1. weathering; 2. *s.* Bewitterung
verzerren to distort
Verzerrung *f* distortion
~ der Bindungslänge *(semic)* bond length distortion
Verziehen *n* warpage, distortion
verziehen/sich to warp, to become distorted
Verzinken *n* zinc coating, *(esp. using zinc melts:)* galvanizing, galvanization
verzinken to galvanize
elektrochemisch (galvanisch) ~ to electrogalvanize
schmelzflüssig ~ to [hot-]galvanize
Verzinnen *n* tinning
elektrochemisches ~ electrotinning, tin plating
~ im Tauchverfahren immersion tinning
verzinnen to tin
elektrochemisch (galvanisch) ~ to electrotin, to tin-plate
im Tauchverfahren ~ to tin by immersion
verzögern to retard, to inhibit
Verzögerung *f* retardation, inhibition
Verzögerungseffekt *m* retarding effect
Verzögerungsmittel *n* retarder
Verzug *m* warpage
Verzundern *n* scaling
verzundern to scale
verzweigen/sich to branch
verzweigt branched *(e.g. crack or molecular chain)*; *(cryst)* dendritic
Verzweigung *f* branching *(as of a crack or molecular chain)*
V-Graben *m (semic)* V-groove
Vibration *f* vibration
Vibrationsverdichtung *f (powd)* dynamic (vibrational) compaction
vibrieren to vibrate
Vicat-Temperatur *f* (plast) Vicat softening temperature (point)
Vickershärte *f* Vickers (diamond-pyramid) hardness
Vickers-Härteprüfer *m* Vickers hardness tester
Vickers-Härteprüfung *f* Vickers hardness testing
Vidikonröhre *f*/**pyroelektrische** pyroelectric vidicon tube
Vieldomänen-Kristall *m*/**ferroelektrischer** polydomain ferroelectric crystal
Vielfachschicht *f* multilayer
Vielfachstreuung *f* multiple scattering
Vielgestaltigkeit *f* polymorphism
vielkristallin polycrystalline
Vielseitigkeit *f* versatility
Vierstofflegierung *f* quaternary alloy
viskoelastisch viscoelastic
Viskoelastizität *f* viscoelasticity

viskoplastisch viscoplastic
Viskoplastizität *f* viscoplasticity
Viskosität *f* viscosity
Vitrokeram *n* vitroceramic
Vlies *n* mat
Vliesstoff *m* non-woven fabric
VOD-Verfahren *n* vacuum oxygen decarburization
Vollastbetrieb *m (ee)* full-load use
Vollkommenheit *f***/physikalische** physical perfection
Vollmaterial *n* bulk material
Voltmeter *n* **mit Spitzenwertanzeige/elektronisches** *(noncond)* electronic peak-reading voltmeter
Volumenänderung *f* change of volume
Volumenanteil *m* volume fraction
Volumenaufwachsen *n (semic)* bulk growth
Volumendiffusion *f* volume diffusion
Volumendiffusionsfähigkeit *f* volume diffusivity
Volumenkristall *m (semic)* bulk crystal
Volumenmaterial *n* bulk material
Volumenschwund *m* dimensional shrinkage
Volumenverformung *f* bulk strain
Volumenverkleinerung *f* dimensional shrinkage
volumetrisch volumetric
Voraussage *f* prediction
~ **der Dauerfestigkeit** fatigue-life prediction
voraussagen to predict
Vorbedingung *f* preliminary condition
vorbehandeln to pretreat, to [pre]condition
Vorbehandlung *f* pretreatment, preconditioning
vorbeharzen to preimpregnate
vorbelasten to prestress
vorbereiten to prepare
Vorbereitung *f* preparation
Vordehnen *n* prestraining
Vordehnung *f***/elastische** elastic prestrain
Vorderfläche *f* front surface
voreutektoid proeutectoid
Vorformling *m* preform
vorgedehnt prestrained
vorherrschen to predominate
Vorhersage *f* prediction
vorhersagen to predict
vorimprägnieren to preimpregnate
Vorkommen *n* occurrence
vorkommen to occur
vorkommend/natürlich naturally occurring
Vorlast *f* initial load
Vorläufer *m* precursor
vorlegieren to pre-alloy
Vorlegierung *f* master alloy
vormagnetisieren *(ee)* to bias
Vorpolieren *n* rough polishing
vorpolieren to polish roughly
Vorpreßling *m (powd)* green body
vorreinigen to pre-clean, to clean roughly
Vorreinigung *f* pre-cleaning, pre-purification, rough (preliminary) cleaning
vorschäumen *(plast)* to pre-foam
vorsintern to pre-sinter
vorspannen 1. to pre-stress; 2. *(ee)* to bias
Vorspannung *f (ee)* bias voltage
~ **in Sperrichtung** *(semic)* reverse bias [voltage]
~ **Null** *(semic)* zero bias
vorverdichten to precompact
Vorverdichtung *f* precompaction
Vorwalzen *n* roughing [rolling]
vorwärmen to pre-heat
Vorwärtsstrom *m (semic)* forward current
vorzeitig premature
Vorzugsorientierung *f*, **Vorzugsrichtung** *f* preferred orientation
kristallographische ~ preferred crystallographic orientation
Vorzugstextur *f* preferred texture
vulkanisierbar vulcanizable
vulkanisieren to vulcanize
vulkanisierend/bei Raumtemperatur *(noncond)* room-temperature vulcanizable, room-temperature-vulcanizing

W

Wabenkern *m (comp)* honeycomb core
Wachsimprägnierung *f* wax impregnation
Wachstum *n***/diffusionsgesteuertes** diffusion-controlled growth
heteroepitaxiales ~ *(semic)* heteroepitaxial growth
orientiertes ~ oriented growth
selektives ~ selective growth
Wachstumsgeschwindigkeit *f* growth rate
Wachstumsrichtung *f* direction of growth
Wafer *m(n)* wafer
Wägemethode *f (semic)* weighing method
Wahl *f* selection
wählen to select
Wahrscheinlichkeit *f* **einer Strahlungsrekombination** *(semic)* probability of radiative recombination
~ **eines Korrosionsangriffs** probability of corrosion attack
Waldversetzung *f* forest dislocation
Walzdraht *m* rolled wire
Walzebene *f* rolling plane
walzen to roll
Walzen *n***/rekristallisationsgesteuertes** recrystallization controlled rolling
Walzkontakt *m* rolling contact
Walzplattieren *n (mech)* cladding by rolling, weld roll plating
Walzrichtung *f* rolling direction
Walzstahl *m* rolled steel
Walztextur *f* rolling texture
Walztexturorientierung *f* rolling texture orientation
Walzverdichtung *f (powd)* roll compaction

Walzverformung *f* rolling deformation
Walzwerk *n* mill
Walzzustand/im as-rolled
Wand *f*/**Blochsche** domain wall
Wanddickenabhängigkeit *f*, **Wanddickenempfindlichkeit** *f* section sensitivity
wandern to migrate
Wandern *n*, **Wanderung** *f* migration
~ **von Versetzungen** dislocation creep
Wandler *m* transducer
elektromechanischer ~ electromechanical transducer
mechanischer ~ mechanical transducer
optischer ~ optical transducer
thermischer ~ thermal transducer
~ **zur Schallerzeugung** transducer for sound generation
Wandler-Bauelement *n* transducer device
Warenzeichen *n* trademark
Warmarbeitsstahl *m* hot-work tool steel
warmausgehärtet artificially aged
Warmaushärten *n* artificial ageing
Warmbadhärten *n* martempering
Warmbiegsamkeit *f* hot ductility
Warmbruchfreiheit *f* freedom from hot-tearing
warmbrüchig *n* hot-short
Warmbrüchigkeit *f* hot shortness
Warmduktilität *f* hot ductility
Wärme *f*/**Joulesche** Joule heat
latente ~ latent heat
spezifische ~ specific heat
Wärmeabfuhr *f* thermal dissipation
Wärmeabführung *f* heat extraction
Wärmeabgabe *f* thermal dissipation
Wärmeableitung *f* heat extraction
Wärmeausdehnung *f* thermal expansion
Wärmeausdehnungskoeffizient *m* coefficient of thermal expansion, thermal expansion coefficient
Wärmeaustauscher *m* heat exchanger
wärmebeeinflußt heat-affected
wärmebehandelbar heat-treatable
wärmebehandeln to heat-treat
Wärmebehandlung *f* thermal (heat) treatment
Wärmebehandlungszyklus *m* heat-treatment cycle
wärmebeständig heat resistant
Wärmebeständigkeit *f* heat resistance, thermal resistance (stability)
~ **des Gitters** lattice thermal resistivity
Wärmedehnungskoeffizient *m s.* Wärmeausdehnungskoeffizient
Wärmedetektor *m* thermal detector
Wärmedurchgang *m* heat transition
Wärmeeinflußzone *f* heat-affected zone, HAZ
Wärmeerzeugung *f* heat generation
Wärmefestigkeit *f* thermal endurance; *(plast)* heat distortion resistance
Wärmefestigkeitsgrenze *f (plast)* heat distortion point (temperature)
Wärmefluß *m* heat flow
Wärmekapazität *f* heat (thermal) capacity
Wärmeleitfähigkeit *f* thermal conductivity
Wärmemesser *m* calorimeter
Wärmenachweis *m* thermal detection
Wärmeschockbeständigkeit *f* thermal-shock resistance
Wärmespannung *f (noncond)* thermal stress
Wärmestabilität *f s.* Wärmebeständigkeit
Wärmestrom *m* heat flux
Wärmetauscher *m* heat exchanger
Wärmetransport *m* heat transfer
Wärmeübergang *m* heat transfer
Wärmeübergangskoeffizient *m* heat transfer coefficient
Wärmeübertrager *m* heat exchanger
Wärmeverteilung *f* thermal distribution
Warmfestigkeit *f* hot strength
warmformbar thermoformable
Warmformen *n* thermoforming
Warmformgebung *f* hot forming
warmgewalzt hot-rolled
Warmhärte *f* hot hardness
warmpressen *(powd)* to hot-press
Warmpressen *n (powd)* hot pressing
Warmriß *m* hot tear
Warmrißbildung *f* hot cracking
Warmschmieden *n* hot forging
Warmspanen *n* hot machining
Warmstrangpressen *n* hot extrusion
Warmstreckgrenze *f* yield point at elevated temperature
Warmtorsionsversuch *m* hot-torsion test
Warmumformbarkeit *f* hot workability (ductility)
Warmumformen *n* hot forming (working)
Warmverarbeitbarkeit *f* hot-processability
Warmverformung *f s.* Warmumformen
warmwalzen to hot-roll
Warmwalzen *n* hot rolling
Warmziehen *n* hot drawing
Warmzugversuch *m* hot tensile test
Waschmittel *n* [laundry] detergent
Waschmittelbeständigkeit *f* resistance to detergents
Wasser *n*/**reines** clean water
Wasserabschrecken *n* water quenching
wasserabweisend hydrophobic
wasseraufnehmend hydrophilic
wasserbeständig water-resistant
Wasserbeständigkeit *f* resistance to water
Wasserdampf *m* water vapour
Wasserdampfdurchlässigkeit *f* water-vapour permeability
Wasserdampflöslichkeit *f* water-vapour solubility
Wasserentsalzungsapparat *m* desalter
wasserfest *s.* wasserbeständig
wasserfrei anhydrous
Wassergehalt *m* water content
wasserhärtbar water-hardenable

Wasserhärten *n* water hardening
Wasserhärtestahl *m* water-hardening tool steel
Wasserlöslichkeit *f* water solubility
Wasserschallortungsgerät *n* sonar
Wasserstoff *m* H hydrogen
chemisch absorbierter ~ *(semic)* chemisorbed hydrogen
Wasserstoffabsorption *f* hydrogen pickup (absorption)
Wasserstoffarmglühung *f* dehydrogenization annealing
Wasserstoffaufnahme *f* hydrogen pickup (absorption)
Wasserstoffbrüchigkeit *f* hydrogen embrittlement
Wasserstoffbrückenbindung *f* hydrogen [bridging] bond
Wasserstoffempfindlichkeit *f* susceptibility to hydrogen
Wasserstoffgehalt *m* hydrogen content
Wasserstoffmodell *n (semic)* hydrogenic (Bohr) model
Wasserstoffporosität *f* hydrogen porosity
Wasserstoffrißkorrosion *f* hydrogen cracking
Wasserstoff-Rißkorrosionsempfindlichkeit *f* susceptibility to hydrogen cracking
Wasserstoffsprödigkeit *f* hydrogen embrittlement
Wasserverdüsung *f (powd)* water atomization
wäßrig aqueous
Webband *n*, **Webstreifen** *m* woven tape
Wechselbeanspruchung *f* alternating stress
thermische ~ thermal cycling
Wechselbiegeprüfung *f* alternating bonding test
Wechselfestigkeit *f*/**thermische** thermal fatigue resistance
Wechsellastbeanspruchung *f* alternating stress
Wechselspannung *f* fluctuating stress
Wechselstromleitwert *m* admittance
Wechselstromwiderstand *m* impedance
Wechseltauchprüfung *f* alternate immersion testing
Wechseltauchtest *m*, **Wechseltauchversuch** *m* alternate immersion test
wechselwirken to interact
Wechselwirkung *f* interaction
indirekte ~ *(semic)* indirect interaction
Wechselwirkungspotential *n* interaction potential
weich soft
Weicheisen *n* soft iron
Weichfleckigkeit *f* soft-spottiness
weichglühen to spheroidize, to soft-anneal
Weichglühen *n* spheroidization, soft annealing
Weichheit *f* softness
weichmachen to soften
Weichmachen *n* **der Oberfläche** surface softening
Weichmacher *m* plasticizer
Weichmachung *f* plasticization, plastification
Weichmetall *n* soft metal
Weichstahl *m* mild steel
Weißblech *n* tinplate
Weißeinstrahlung[stiefe] *f* chill depth
Welle *f*/**elektromagnetische** electromagnetic wave, e.m.-wave
wellen to corrugate
Wellenfilter *n* wave filter
selektives ~ selective wave filter
Wellenfunktion *f (semic)* wave function
Wellenlänge *f* wavelength
mittlere freie ~ *(noncond)* mean free path, mean intercollision distance
Wellenlängenabbildung *f (elopt)* wavelength imaging
Wellenlängenbereich *m* wavelength range
Wellenleiter-Bauelement *n (semic)* wave-guide component
Wellenleitereffekt *m (semic)* wave-guide effect
Wellenleiterkoppler *m (semic)* wave-guide coupler
Wellenvektor *m*/**Blochscher** *(semic)* Bloch wave vector
Wellung *f* corrugation
Wendigkeit *f* manoeuvrability
Werksbescheinigung *f* certificate of compliance with the order
Werkstoff *m* material (*s.a. under* Material)
amorpher ~ amorphous material
anisotroper ~ anisotropic material
~ **2. Art/supraleitender** type II material
dispersionsverfestigter ~ dispersion-strengthened material
duktiler ~ ductile material
elektrooptischer ~ electrooptic material
feinkörniger ~ fine-grained material
flammhemmender ~ flame retardant
~ **für Bubble-Speicher (Magnetblasenspeicher)** *(magn)* bubble [domain] material
~ **für Magnetköpfe** magnetic-head material
~ **für Temperaturkompensationen** temperature-compensation material
~ **für Thermistoren mit negativem Temperaturkoeffizienten** NTC thermistor material
geschichteter ~ *(comp)* laminated material
hartmagnetischer ~ hard-magnetic material, permanent-magnetic material
hartmagnetischer ferrimagnetischer ~ hard-magnetic ferrite
hochfester ~ high-strength material
hygroskopischer ~ hygroscopic material
~ **im Gußzustand** as-cast material
korrodierender ~ corroding material
korrosionsbeständiger ~ corrosion-resistant material
linearer elektrooptischer ~ linear electrooptic material
magnetisch halbharter ~ semi-hard magnetic material
magnetischer ~ magnetic[al] material
mehrkomponentiger ~ multicomponent material

metallischer ~ metallic material
~ **mit geringem Verlustfaktor** *s.* verlustarmer ~
moderner ~ state-of-the-art material
nichtmetallischer ~ non-metallic material
optoelektronischer ~ *(semic)* optoelectronic material
oxidationsbeständiger ~ oxidation-resistant material
piezoelektrischer ~ piezoelectric material
piezomagnetischer ~ magnetorestrictive material
polykristalliner ~ polycrystalline material
pyroelektrischer ~ pyroelectric material
schadenstoleranter ~ damage-tolerant material
verlustarmer ~ *(noncond)* low-loss (low-dissipation-factor) material
wasseranziehender ~ hygroscopic material
weichmagnetischer ~ soft-magnetic material
weichmagnetischer ferrimagnetischer ~ soft[-magnetic] ferrite
Werkstoffanalyse *f* material analysis
Werkstoffanforderung *f* materials requirement
Werkstoffanwendung *f* **im Meerwasser** seawater application
Werkstoffausfall *m* material failure
Werkstoffcharakterisierung *f* materials characterization
Werkstoffdämpfung *f* damping capacity of materials
Werkstoffe *fpl* **der Elektrotechnik** electrical and magnetical materials
Werkstoffehler *m* material flaw
Werkstoffehlereinschätzung *f* flaw assessment
Werkstoffeigenschaft *f* material property
Werkstoffentwicklung *f* materials development
Werkstoffersatz *m* materials substitution
Werkstoffgefüge *n* material structure
Werkstoffgruppe *f* class of material
Werkstoffhärte *f* material hardness
Werkstoffherstellung *f* materials production
Werkstoffkennwerte *mpl* material characteristics
Werkstoffklasse *f* class of material
Werkstoffkomponente *f* material component
Werkstoffkonstante *f* material constant
Werkstoffkosten *pl* material costs
Werkstofflebensdauer *f* materials performance
Werkstofflegierung *f*/ **spröde** brittle alloy
Werkstoffnorm *f* material standard
Werkstofforschung *f* materials research
Werkstoffprobe *f* sample of material
Werkstoffprüfung *f* materials testing
zerstörende ~ destructive testing
zerstörungsfreie ~ non-destructive testing
Werkstoffprüfzeugnis *n* manufacture test certificate
Werkstoffrecycling *n* material[s] recycling
Werkstoffschädigung *f* materials damage
Werkstoffstandzeit *f* materials performance
Werkstoffstruktur *f* structure of material
Werkstoffsubstitution *f* materials substitution
Werkstofftabelle *f* material table
Werkstofftechnik *f* materials engineering
Werkstofftechnologie *f* material technology
Werkstofftextur *f* material texture
Werkstofftyp *m* material class
Werkstoffumformung *f* material forming
werkstoffunabhängig material-independent
Werkstoffverarbeitung *f* materials processing
Werkstoffverhalten *n* material characteristic (behaviour)
sprödes ~ brittle material behaviour
zähes ~ ductile material behaviour
Werkstoffversagen *n* material failure
katastrophales ~ catastrophic failure
Werkstoffvorgeschichte *f* material prior history
Werkstoffwissenschaft *f* materials science
Werkstoffzeugnis *n* manufacture test certificate
Werkstoffzusatz *m*/ **porenerzeugender** *(powd)* pore-forming material
Werkstoffzustand *m* material condition
Werkstück *n* workpiece
Werkzeug *n* 1. tool; 2. die *(for shaping metals)*; mould, form *(for shaping plastics)*
Werkzeugausstattung *f* tooling
Werkzeugstahl *m* tool steel
~ **für Sonderzwecke** special-purpose tool steel
legierter ~ alloy tool steel
niedriglegierter low-alloy steel
unlegierter ~ *(mech)* carbon tool steel
Werkzeugstandzeit *f* tool life
Werkzeugverschleiß *m* tool wear
Werkzeugwerkstoff *m* tool material
Wert *m* value
Wettbewerb *m* competition
Wettbewerbsfähigkeit *f* competitiveness
wetterfest weather-resistant
Wetterfestigkeit *f* weather[ing] resistance, weatherability
Whisker *m* whisker
keramischer ~ ceramic whisker
Whiskerkristall *m* whisker crystal
Whiskerverbundwerkstoff *m* whisker composite
whiskerverstärkt whisker-reinforced
Whiskerwerkstoff *m* whisker material
Wichte *f* specific weight
Wickeldraht *m* wire
Wickelkern *m (ee)* bobbin
Wicklung *f* winding; *(ee)* bobbin
Widerstand *m* resistance • **mit niedrigem spezifischen** ~ low-resistivity
adaptiver ~ adaptive resistor
~ **bei Zimmertemperatur/spezifischer** room-temperature resistivity
dielektrischer ~ insulation resistance
diskreter ~ discrete resistor
~ **einer Komponente** component's resistance

elektrischer ~ 1. resistance; 2. electrical resistor *(device)*
gedruckter ~ printed resistor
komplexer ~ impedance
~ **mit Anschlüssen/diskreter** discrete leaded resistor
parasitärer ~ parasitic resistance
spezifischer [elektrischer] ~ specific resistance, [electric, electrical] resistivity
Widerstandsänderung *f***/temperaturabhängige** change of resistivity with temperature
Widerstandscharakteristik *f* resistor characteristics
Widerstandschip *m* resistor chip
Widerstandsdämpfung *f* resistance loss
Widerstandsdraht *m* resistance wire
Widerstandselement *n* resistance element
Widerstandsentwurf *m* resistor design
widerstandsfähig resistant
Widerstandsfähigkeit *f* resistance
~ **gegen Schwingungsermüden** resistance to vibration fatigue
Widerstandsfunktion *f* resistive function
Widerstandsheizelement *n* resistive heating element
Widerstandskennlinie *f* resistance characteristics
Widerstandskonstanz *f* resistance stability
Widerstandskörper *m***/zylindrischer** cylindrical resistor core
Widerstandslegierung *f* resistive (resistance) alloy
Widerstandsmetall *n* resistive metal
Widerstandsnormal *n***/neues** *(semic)* new resistance standard, h/e^2i *(based on quantum Hall effect)*
Widerstandsschwingung *f (semic)* oscillation in the resistance
Widerstands-Temperaturkoeffizient *m* temperature coefficient of resistance, TCR
Widerstands-Temperaturkoeffizient-Kennlinie *f* temperature coefficient of resistance characteristics, TCR characteristics
Widerstandsthermometer *n* resistance thermometer
Widerstandswerkstoff *m* resistor material
heterogener ~ heterogeneous resistive material
Widerstandswert *m* resistance value
Ohmscher ~ ohm resistance value
Widerstandswindung *f* resistive turn
Widerstand-Temperatur-Kennlinie *f* resistance-temperature characteristic
Widerstand-Temperatur-Kurve *f***/spezifische** resistivity-temperature curve
widerstehen to withstand
Widmannstätten-Gefüge *n* Widmannstätten structure
Wiederausscheiden *n* reprecipitation
wiederausscheiden to reprecipitate
wiederbinden *(semic)* to rebond
wiedereinbauen to reintroduce
Wiedereinstellung *f* resetting
wiedererwärmen to reheat
Wiedererwärmung *f* reheating
Wiedergabeeinrichtung *f* display device
wiedergewinnen to recover
Wiedergewinnung *f* recovery
Wiederholbarkeit *f* repeatability
Wiederverwertung *f* recycling
willkürlich arbitrary
Windsichten *n (powd)* air classification
Windungsabschnitt *m***/benachbarter** neighbouring section
Windungsspannung *f (noncond)* turn-to-turn voltage
Windungszahl *f* number of resistive turns
Winkel *m* angle
Winkellaminat *n (comp)* cross-ply laminate
winkelversetzt *(comp)* angle-ply *(a basic arrangement of fibre in a laminate)*
Wirbel *m* vortex
Wirbelschichtverfahren *n* fluid[ized]-bed process
Wirbelstrom *m (ee)* eddy current
Wirbelstromprüfung *f* eddy-current test
Wirbelstromverfahren *n* eddy-current method
Wirbelstromverluste *mpl (ee)* eddy-current losses
Wirkkanal *m (semic)* effective channel
Wirksamkeit *f* effectiveness
Wirkung *f* effect
günstige ~ beneficial effect
reinigende ~ scavenging effect
schädliche ~ detrimental (deleterious, adverse) effect
unerwünschte ~ undesirable effect
Wirkungsgrad *m* **der Energieumwandlung** energy-conversion efficiency
innerer ~ *(semic)* internal efficiency
Wirrfaserverbundwerkstoff *m* random-fibre composite
wirrfaserverstärkt random-fibre-reinforced
Wirtsgitter *n* host lattice
Wirtsmatrix *f* host matrix
Wirtssubstanz *f* host material
Wismut *n* Bi bismuth
Wismutoxid *n* bismuth oxid
witterungsbeständig weather-resistant
Witterungsbeständigkeit *f* weather[ing] resistance, weatherability
Wolfram *n* W tungsten, wolfram
Wolframcarbid *n* tungsten carbide
Wolframfaser *f* tungsten fibre
Wolframpulver *n* tungsten powder
Wolframschnellarbeitsstahl *m* tungsten high-speed steel
Wolframstahl *m* tungsten steel
Wurtzitgitter *n (semic)* wurtzite lattice
Wurtzitstruktur *f (semic)* wurtzite structure

X

Xerogel *n* xerogel
Xeroradiographie *f* xeroradiography

Y

Yttriumoxid *n* Y_2O_3 yttrium oxide

Z

zäh tough • **machen** to toughen • **werden** to toughen
Zähbruch *m* ductile fracture
Zähigkeit *f* toughness
Zähigkeitsprüfung *f* toughness testing
Zähigkeitsverlust *m* loss in toughness
Zahl *f*/**Avogadrosche** *(semic)* Avogadro's number
  Poissonsche ~ Poisson rate
Zahnamalgam *n* dental amalgam
Zäh-Spröd-Übergang *m* ductile-brittle transition
Zeit *f* **bis zum Bruchversagen** time to fracture
  ~ **bis zum Versagen** time to failure; *(mech)* time to rupture
zeitabhängig time-dependent
Zeitabhängigkeit *f* time dependence
zeitraubend time-consuming
Zeitstanddiagramm *n* creep-rupture diagram
Zeitstandfestigkeit *f* stress-rupture strength
Zeitstandversuch *m* stress-[to-]rupture test
Zeit-Temperatur-Umwandlungs-Diagramm *n* time-temperature-transformation diagram, TTT diagram
  ~ **für kontinuierliche Abkühlung** continuous-cooling transformation diagram
Zelle *f*/**galvanische** galvanic cell
Zell[en]strom *m* cell current
Zement *m* cement
  glasfaserverstärkter ~ glass-reinforced cement
  stahlarmierter ~ steel-reinforced cement
  unverstärkter ~ unreinforced cement
Zementieren *n* carburizing *(introduction of carbon to the surface of steel to change the surface properties)*
zementieren to carburize
Zementit *m (mech)* cementite, iron carbide
  kugeliger ~ spheroidite
Zementitnetzwerk *n (mech)* cementite network
Zener-Diode *f (semic)* Zener diode
Zentrifugalgießen *n*, **Zentrifugalguß** *m* centrifugal casting
Zentrum *f* **der Brillouinzone** *(semic)* centre of the Brillouin zone
  ~ **der Energiebandlücke** *(semic)* centre of the energy band gap
Zeolith *m* zeolite
zerbrechen to crush
Zerfall *m* decomposition
  thermischer ~ *(semic)* pyrolytic decomposition
zerfallen to decompose, to decay
Zerfallskonstante *f* decay constant
Zerfallspunkt *m* decomposition point
zerhacken to chop
Zerkleinern *n* comminution, milling, disintegration, *(of hard material also)* crushing
zerkleinern to comminute, to mill, to disintegrate, *(hard material also)* to crush
zerlegen to decompose
Zerlegung *f* decomposition
zermahlen to grind, to mill
zerplatzen to burst
zerreißen to tear, to disrupt, to crack
Zerreißfestigkeit *f* tearing (tear) resistance (strength)
Zerreißpunkt *m (mech)* breaking point
zerschmelzen to melt
zersetzen/sich to decompose, to degrade, to undergo decomposition
Zersetzung *f* decomposition, degradation
  chemische ~ chemical decomposition
  ~ **durch Umwelteinflüsse** environmental degradation
  thermische ~ thermal decomposition
Zersetzungspunkt *m* decomposition point
Zersetzungsspannung *f*/**elektrolytische** electrolyte decomposition voltage
zerspanbar machinable, free-cutting
Zerspanbarkeit *f* machinability
  leichte ~ ease of machining
zerspringen to crack
Zersprühen atomizing, atomization
zersprühen to atomize
zerstäubbar atomizable
Zerstäuben *n* atomizing, atomization
zerstäuben to atomize
zerstören to destroy
zerstört werden to undergo destruction, to break down
Zerstörung *f* destruction; breakdown *(e.g. of a passive film)*
zerstörungsfrei non-destructive
zerstreuen to scatter
Zerstreuung *f* scattering process
Zickzackanordnung *f* zig-zag arrangement
ziehbar drawable
ziehen to draw
Ziehen *n* drawing
  ~ **bei hohen Temperaturen** hot drawing
  ~ **von Bohrkernen** coring
Ziehfähigkeit *f* drawability
Ziehstab *m (semic)* pull rod
Ziehvermögen *n* drawability
Ziel *n* aim, target, objective
Zielfunktion *f* objective function
Zimmertemperatur *f* room temperature
Zink *n* Zn zinc

Zinkbasislegierung *f* zinc-base alloy
Zinkblende *f* sphalerite, zinc blende *(chemically zinc sulphide)*
Zinkblendestruktur *f (semic)* sphalerite (zinc-blende) structure
zinkdiffundiert *(elopt)* zinc-diffused
Zinkdifluorid *n (elopt)* ZnF_2 zinc difluoride
Zinklegierung *f* zinc-base alloy
Zinkoxid *n* zinc oxide
gesintertes ~ sintered zinc oxide
Zinkschicht *f* zinc coating
Zinkselenid *n (semic)* ZnSe zinc selenide
Zinksulfid *n* ZnS zinc sulphide
Zink-Knetlegierung *f* wrought zinc alloy
Zinn *n* Sn tin
Zinnantimonoxidfilm *m* tin-antimony oxide film
Zinnoxidfilm *m* tin-oxide film
Zipfelbildung *f* earing
Zirconium *n* Zr zirconium
Zirconiumoxid *n* zirconium oxide, zirconia
MgO-teilstabilisiertes ~ partially magnesium-oxide-stabilized zirconia, Mg-PSZ
teilweise stabilisiertes ~ partially stabilized zirconia, PSZ
yttriumstabilisiertes ~ yttrium-stabilized zirconia, YSZ
Zirconiumpolykristall *m***/tetragonaler** tetragonal zirconic polycrystal, TZP
Zirkon *m* zircon *(zirconium orthosilicate)*
zittern *n* to vibrate
ZnS-Struktur *f s.* Zinkblendestruktur
Zone *f* zone, region
geschmolzene ~ molten zone
n-leitende ~ *(semic) n*-type region, *n*-region
oberflächennahe ~ subsurface
plastische ~ plastic zone, zone of plasticity
p-leitende ~ *(semic) p*-type region, *p*-region
verbotene ~ *(semic)* [forbidden energy] gap
wärmebeeinflußte ~ heat-affected zone, HAZ
Zonenbildung *f* zoning
Zonenhomogenisierung *f (semic)* zone leveling
Zonenreinigen *n* zone refining
Zonenschmelzen *n* zone melting
tiegelfreies ~ *(semic)* float zoning
Zonenschmelzverfahren *n* zone melting technique
Zonenversetzung *f* zonal dislocation
Zonenzeit *f* standard time
ZTU-Diagramm *n* **für kontinuierliche Abkühlung** continuous-cooling transformation diagram
züchten to grow *(e.g. crystals)*
Mehrschicht-Bauelementestrukturen ~ *(semic)* to grow multilayer-device structures
Zufallsstichprobe *f* random sample
Zufallsstreuung *f* random scattering
zuführen to supply
Zuführung *f* supply
Zug *m* tension
einachsiger ~ simple tension
reiner ~ simple tension
zweiachsiger ~ biaxial tension
Zugabe *f***/absichtliche** intentional (deliberate) addition
Zugachse *f* tensile axis
Zugausdehnung *f* tensile elongation
Zugbeanspruchung *f* tensile stress
Zugbelastung *f* tensile loading
Zugdehnung *f* tensile elongation
Zug-Druck-Wechselprüfung *f* alternating tension and compression test
zugeben to add
chargenweise ~ to charge
Zugfestigkeit *f* tensile strength
Zugfestigkeitsprüfung *f* tensile testing
Zugfestigkeitsversuch *m* tension test
Zuglast *f* tensile load
Zuglastspiel *n* tensile cycle
Zugmodul *m* tensile modulus
Zugprobe *f* tensile specimen
Zugprüfmaschine *f* tensile-testing machine
Zugprüfung *f* tensile testing
Zugseil *n* haulage rope
Zugspannung *f* tensile stress
Zugspannungsachse *f* tensile axis
Zugstab *m* tensile bar
Zugverformung *f* tensile deformation
Zugversuch *m* tensile (tension) test
dynamischer ~ dynamic tensile test
zulassen to permit
Zulassungsprüfung *f* acceptance testing (inspection)
zumischen to admix
Zumischen *n* admixing
zünden to ignite, to prime
Zunder *m* scale
zunderbeständig scaling-resistant, resistant to scaling, non-scaling
Zunderbeständigkeit *f* resistance to scaling, scaling resistance
zundern to scale
Zunderschicht *f* scale
Zunderstruktur *f* scaling structure
Zunderverlust *m* scale loss
Zundervorgang *m* scaling
Zündkerze *f* spark[ing] plug
zurückbleiben to remain
Zurückfedern *n* resilience, resiliency
zurückführen [/in den Kreislauf] to recycle
zurückgewinnen to recover
zurückhalten to retain, to trap
zurückprallen to rebound
zurückschnappen, zurückschnellen *s.* zurückspringen
Zurückspringen *n* resilience, resiliency
zurückspringen to spring back
Zusammenballen *n* agglomeration
Zusammenbrechen *n* breakdown
zusammendrückbar compressible
nicht ~ incompressible
Zusammenfließen *n* coalescence

zusammenfließen to coalesce
zusammenfügen to join, to unite, to fix together
zusammengesetzt composed; built-up
ungleichartig ~ heterogeneous
Zusammenhalt *m* coherence, coherency
Zusammenlagerung *f* clustering
Zusammenpressen *n* compression
~ **zu einem Schichtpaket** lamination
zusammenpressen to compress
zu einem Schichtpaket ~ to laminate
zusammenschmelzen to alloy
Zusammensetzung *f* composition
alkalimetallfreie ~ alkali metal-free composition
chemische ~ chemical composition
eutektoide ~ eutectoid composition
stöchiometrische ~ stoichiometric composition
Zusammensetzungsbeeinflussung *f* composition control
Zusammenstoß *m* impact
Zusammenwachsen *n* **von Mikroporen** microvoid coalescence
Zusammenziehung *f* contraction
Zusatz *m* 1. addition *(act)*; 2. *s.* Zusatzstoff
~ **zur Einschlußformbeeinflussung** inclusion shape-control addition
Zusatzfaktor *m* additional factor
Zusatzstoff *m* additive
zusetzen to add, to admix
Zustand *m* state, condition • **im abgeschreckten** ~ as-quenched • **im erstarrten** ~ as-consolidated • **im geschmiedeten** ~ as-forged **im geschweißten** ~ as-welded • **im gewalzten** ~ as-rolled • **im kugelgestrahlten** ~ as-peened • **im stranggepreßten** ~ as-extruded • **im verfestigten** ~ as-consolidated • **im wärmebehandelten** ~ as-heat-treated
angeregter ~ *(elopt)* excited state
besetzter ~ *(cond)* occupied state
delokalisierter ~ *(semic)* delocalized state
~ **der Sättigung** saturated state
eingeschwungener ~ steady state
entmagnetisierter ~ *(magn)* demagnetized state
erweiterter ~ *(semic)* extended state
fester ~ solid state
flüssiger ~ liquid state
gemischter ~ mixed state
gesättigter ~ saturated state
geschmolzener ~ molten state
glasartiger ~ vitreous state
gleich stabiler ~ equally stable state
isolierender ~ *(noncond)* insulating state
leitender ~ conducting state
lokalisierter ~ *(semic)* localized state
normalisierter ~ normalized condition
normalleitender ~ finite-resistance state
paariger ~ paired state
quantenmechanisch zulässiger ~ *(cond)* quantum-mechanically permitted state *(of an electron)*
smektischer ~ smectic state *(of a crystalline liquid)*
stabiler (stationärer) ~ steady state
supraleitender ~ superconducting state
unbesetzter angeregter ~ *(semic)* empty excited state
verdünnter ~ dilute state
vergüteter ~ quenched (hardened) and tempered condition
vorgespannter ~ prestressed state
Zustandsdiagramm *n* phase (equilibrium) diagram, constitutional diagram
metastabiles ~ metastable diagram
Zustandsgleichung *f*/**lineare** linear equation of state
Zustandsschaubild *n s.* Zustandsdiagramm
zuteilen to dose, to charge, to proportion
zuverlässig reliable
Zuverlässigkeit *f* reliability
hohe ~ high reliability
Zwanzigflächner *n (semic)* icosahedron (*pl* icosahedra)
zweckmäßig suitable
Zweckmäßigkeit *f* suitability
Zweifachtempern *n* double tempering
Zweigwegformgedächtnislegierung *f* two-way shape-memory alloy
Zweiphasengebiet *n* two-phase region
Zweiphasengefüge *n* dual phase structure
Zweiphasenverfestigung *f* dual phase strengthening
Zweistofflegierung *f* binary alloy
Zweistufenglühen *n* two-stage annealing
Zweistufenverfahren *n* duplex process
Zweiwegeffekt *m* two-way shape-memory effect
Zwilling *m (cryst)* twin
Zwillinge *mpl*/**mechanische** *(cryst)* mechanical twins
Zwillingsbildung *f (cryst)* twin formation, twinning
mechanische ~ mechanical twinning
Zwillingsebene *f* twin plane
Zwillingsgrenze *f* twin boundary
Zwischenätzen *n* intermediate etch
Zwischenbandrekombination *f*/**strahlende** *(semic)* band-to-band radiative recombination
Zwischendiffusion *f* interdiffusion
Zwischenebenenabstand *m (cryst)* interplanar spacing (distance)
zwischengeglüht intermediate-annealed
zwischengelagert interposed
Zwischengitteratom *n (cryst)* interstitial [atom], lattice interstitial
Zwischengitterion *n* interstitial ion
Zwischengitterlücke *f* vacancy
Zwischengitterplatz *m* interstice • **auf** ~ interstitially
Zwischengitterplatzdiffusion *f* interstitial diffusion

Zwischengitterverunreinigung *f* interstitial impurity
Zwischenglühen *n* intermediate (process) annealing
Zwischenlage *f (comp)* ply
zwischenlagern to intercalate
Zwischenphase *f* intermediate phase
hochschmelzende ~ *(semic)* high-melting intermediate phase
Zwischenphasenenergie *f* interfacial energy
Zwischenprodukt *n* intermediate product
Zwischenraum *m* spacing; *(cryst)* interstice
Zwischenschicht *f* interlayer
intrinsische ~ *(semic)* intrinsic interlayer
zwischenschichten to sandwich
Zwischenstufe *f* 1. intermediate stage; 2. bainite *(of iron)*
mittlere ~ intermediate bainite
obere ~ upper bainite
untere ~ lower bainite
Zwischenstufenbildung *f* bainite formation
Zwischenstufenhärtung *f* intermediate hardening
Zwischenstufenvergüten *n* austempering
Zwischentalstreuung *f (semic)* intervalley scattering
Zwischenzustand *m* intermediate condition
Zyklenzahl *f* number of cycles
Z-Diode *f (semic)* Zener diode

Leiterplatten

Technologie und Anschlußtechnik

Englisch-Deutsch / Deutsch-Englisch

Von Günther Böhss
Mit etwa 10500 Wortstellen je Sprachrichtung
und mehr als 15000 Entsprechungen in den Zielsprachen
2., stark bearbeitete und erweiterte Auflage 1992
272 Seiten · ISBN 3-86117-034-5

Künstliche Intelligenz

Englisch-Deutsch / Deutsch-Englisch

Von Dr. rer. nat. Werner Kolbe
Mit etwa 6500 Wortstellen je Sprachrichtung
und mehr als 8500 Entsprechungen in den Zielsprachen
1. Auflage 1990
236 Seiten · ISBN 3-86117-010-8

Chemie und chemische Technik

Herausgegeben von der Technischen Universität Dresden (Gross)

Englisch-Deutsch

Mit etwa 60000 Wortstellen
und mehr als 115000 deutschen
Entsprechungen
5. bearbeitete Auflage 1994
752 Seiten · ISBN 3-86117-064-7

Deutsch-Englisch

Mit etwa 62000 Wortstellen
und mehr als 100000 englischen
Entsprechungen
4., stark bearbeitete und
erweiterte Auflage 1992
760 Seiten · ISBN 3-86117-035-3

Landwirtschaft-Forstwirtschaft-Gartenbau

Von Dr. agr. Peter Mühle

Englisch-Deutsch

Mit etwa 60000 Wortstellen
und mehr als 110000 deutschen
Entsprechungen
1. Auflage 1990
732 Seiten · ISBN 3-86117-012-4

Deutsch-Englisch

Mit etwa 65000 Wortstellen
und mehr als 120000 englischen
Entsprechungen
1. Auflage 1993
736 Seiten · ISBN 3-86117-025-6

VERLAG ALEXANDRE HATIER BERLIN-PARIS